9.11.95

VATICAN II COMMENCE...

INSTRUMENTA THEOLOGICA: ISSN 0773-4433

UITGEGEVEN DOOR
DE BIBLIOTHEEK VAN DE FACULTEIT DER GODGELEERDHEID
VAN DE K.U. LEUVEN (ED. M. SABBE)

1. Tijdschriftencatalogus 1984 van de Bibliotheek van de Faculteit der Godgeleerdheid van de K.U.Leuven, 1984.
2. Lijst van de dissertaties en proefschriften voorgelegd aan de Faculteit der Godgeleerdheid van de K.U.Leuven. 1970-1984, 1985.
3. Thomas a Kempis. De imitatione Christi en andere werken. Een short-title catalogus van de 17de en 18de eeuwse drukken in de bibliotheken van Nederlandstalig België, 1985
4. Lexicon pseudonymorum jansenisticorum; Répertoire de noms d'emprunt employés au cours de l'histoire du jansénisme et de l'antijansénisme, 1989.
5. Tijdschriftencatalogus van de Bibliotheek van de Faculteit der Godgeleerdheid van de K.U.Leuven, 1989.
6. Conseil International des Associations de Bibliothèques de Théologie, 1961-1990.
7. Frans Rosenzweig, A Primary and Secondary Bibliography, 1990.
8. Sources locales de Vatican II, 1990.
9. À la veille du Concile Vatican II, 1992
10. Bibliografie van het Jodendom en Israël, 1992.
11. Bibliotheca auctorum, traductorum et scriptorum Ordinis Cisterciensis, 1992.
12. Vatican II commence..., 1993.

VATICAN II COMMENCE...

Approches Francophones

É. FOUILLOUX (Éd.)

LEUVEN
BIBLIOTHEEK VAN DE
FACULTEIT DER GODGELEERDHEID
1993

ISBN 90-73683-10-6

Typographie BP

AVANT-PROPOS

Le groupe international de chercheurs qui prépare, sous l'impulsion de l'Institut des sciences religieuses de Bologne, une histoire approfondie du concile Vatican II, a fait étape près de Lyon l'an passé. Le Centre André Latreille (Université Lumière-Lyon 2), l'Institut d'histoire du christianisme (Université Jean Moulin-Lyon III) et le Centre Thomas More de l'Arbresle y ont organisé conjointement du 27 au 29 mars, dans le couvent Le Corbusier de La Tourette, un colloque sur la première période conciliaire (11 octobre – 8 décembre 1962). Cette rencontre était le troisième maillon d'une chaîne commencée à Leuven en 1989, sur les sources de Vatican II, et continuée à Houston en 1991, sur la préparation de Vatican II (1959-1962). De façon logique mais particulièrement bienvenue, la collection qui a déjà publié les actes de Leuven et, pour partie, ceux de Houston[1], présente aujourd'hui ceux de l'Arbresle.

Ces rencontres sont des rencontres préparatoires. Elles ne prétendent donc pas à l'exhaustivité, mais ont pour but de fournir des matériaux à l'histoire du concile en chantier. Leur originalité est accentuée par le fait qu'elles croisent, volontairement, l'étude d'une phase chronologique de l'évolution conciliaire et une approche de cette évolution par grandes aires culturelles. Près de trente ans après la réunion de Vatican II, venait le tour de la première période, à bien des égards décisive. Et sans chauvinisme excessif, il paraissait opportun de diriger le projecteur sur la francophonie, tant le rôle de celle-ci fut important à Rome dès l'automne 1962. N'est-ce pas le cardinal Liénart, évêque de Lille, qui par deux fois donna le branle à une fronde épiscopale contre les projets curiaux? Le 13 octobre, il obtint que les élections aux commissions conciliaires soient repoussées le temps d'une indispensable concertation; le 14 novembre, il sonna le premier la charge contre le schéma *De fontibus* de la commission théologique préparatoire.

La démarche du colloque de La Tourette a parcouru successivement quatre étapes qui se retrouvent bien évidemment dans le présent ouvrage. Il s'agissait d'abord de faire un état des lieux au moment où s'ouvre le Concile: conjoncture internationale et conjoncture plus proprement ecclésiale, mais aussi bilan de la préparation, avec l'ultime mise

1. J. GROOTAERS et Cl. SOETENS éd., *Sources locales de Vatican II*, 1990, 97 p.; M. LAMBERIGTS et Cl. SOETENS éd., *À la veille du Concile Vatican II. Vota et réactions en Europe et dans le catholicisme oriental*, 1992, 277 p.

au point du règlement et des schémas qui doivent être soumis aux évêques.

Ensuite et après examen du premier acte posé par Vatican II – ce message au monde dont la paternité demeure contestée entre quelques théologiens et quelques évêques, tous Français d'ailleurs – il convenait de s'interroger sur l'attitude des principaux acteurs, à savoir les évêques, pendant cette première période. Non seulement les évêques français ou belges, selon l'optique choisie, mais aussi les évêques d'Afrique francophone, dont le soutien déterminé à la majorité en voie de constitution fut l'une des principales surprises de l'automne 1962. Grâce à leur bonne organisation, une partie au moins de l'Afrique entrait ainsi avec vigueur en Concile.

Mais d'autres acteurs méritaient tout autant attention: le pape Jean XXIII bien sûr, dont l'allocution inaugurale, pas toujours comprise des auditeurs eux-mêmes, devint rapidement l'une des références majeures de ladite majorité. D'abord réduits à la portion congrue, les théologiens retenus comme experts, les observateurs non-catholiques invités et la foule des journalistes venus couvrir l'événement ne tardèrent pas à affirmer leur influence autour de la basilique Saint-Pierre. Et ils furent parmi les agents les plus efficaces de l'audience croissante du concile dans l'opinion, chrétienne ou pas. Rien de plus difficile à mesurer de façon précise que cette audience, tant chez les fidèles du rang d'une zone de chrétienté comme la Bretagne, que parmi les intellectuels français, inégalement touchés par Vatican II en ses débuts.

Certes, la première période créa plus de sensation qu'elle ne rédigea de textes: deux schémas seulement paraissent en bonne voie à son issue. Il était cependant inévitable d'accorder une place, pour terminer, aux travaux conciliaires eux-mêmes: adoption des principes généraux de la réforme liturgique; refus passablement dramatique du schéma romain sur les sources de la foi; premiers débats sur l'ecclésiologie que le Concile allait proposer aux hommes du XXe siècle.

Un tel programme ne pouvait cependant couvrir tous les aspects d'une aventure aussi inattendue: d'un simple point de vue francophone, l'absence du Québec fut regrettable. Mais il voulait continuer de prouver que l'histoire entreprise est possible, parce que fondée sur une documentation originale de plus en plus abondante à mesure que le travail de recherche avance. Aux lecteurs de juger sur pièces, puisque ce volume reprend l'essentiel des communications présentées à l'Arbresle. À tout le moins, ils y trouveront un nouveau lot d'informations inédites, élaborées par des historiens qualifiés. M. Lamberigts, Cl. Soetens et J. Famerée ont contribué à la mise au point de cet ouvrage et ont composé l'index. Je les en remercie vivement.

Lyon 1992, Würzburg 1993: la chaîne se prolongera en Allemagne du 16 au 19 décembre prochain par un quatrième colloque se situant à l'intersection de la seconde période (automne 1963) et de l'influence germanique, mais aussi scandinave ou slave.

Étienne FOUILLOUX

TABLE DES MATIÈRES

I. CONJONCTURE ET PRÉPARATIFS

VATICAN II
ENTRE GUERRE FROIDE ET DÉTENTE
(1962)

ROBERT FRANK

Le concile de Vatican II, ouvert par Jean XXIII le 11 octobre 1962, est annoncé par lui, dix mois plus tôt, comme 'saint, oecuménique, et universel'[1]. D'emblée, il s'affirme comme un énorme événement international, et il est important de voir dans quelle conjoncture internationale précise il s'inscrit. Celle-ci pourrait être considérée comme détestable, puisque la crise de Cuba, une dizaine de jours après l'ouverture solennelle du concile, conduit le monde au bord de la guerre atomique et qu'un conflit militaire éclate, à propos du Tibet, entre la Chine et l'Inde.

*

En réalité, le contexte est nettement meilleur que celui des années 1948-1951, pendant lesquelles Pie XII avait tenté en vain d'organiser un concile. On était alors en pleine guerre froide, avec la première crise de Berlin, puis la guerre de Corée. L'affrontement entre les deux blocs était à son apogée, déchaînant une guerre idéologique d'une rare violence. Les pays de l'Est étaient entièrement verrouillés et ne disposaient d'aucune marge de manoeuvre sous la férule soviétique. Certes, les causes profondes de l'échec de la tentative de Pie XII sont à chercher à l'intérieur du monde de l'Église; pendant les années suivantes celle-ci a bénéficié d'une maturation interne décisive, et, à ce titre, les

1. Ce sont les qualificatifs qu'utilise Jean XXIII dans la bulle d'indiction, la constitution apostolique 'Humanae salutis', c'est-à-dire l'acte officiel de convocation du Concile (25 décembre 1961).

années 1951-1962 sont considérées par René Rémond[2] comme un 'bienheureux délai'. Mais cette formule s'applique aussi à merveille pour rendre compte des avantages du temps écoulé dont le concile a profité sur le plan international.

En effet, depuis le milieu des années cinquante, un triple processus favorable s'est mis en route: en dépit de la crise de Cuba en 1962, la guerre froide proprement dite est terminée; la bipolarisation s'est évanouie puisque les deux blocs qui s'affrontent ne sont plus monolithiques; l'émergence du Tiers monde a contribué à la naissance de ce monde multipolaire, moins figé, plus fluide à la circulation des idées et des messages.

Ces trois phénomènes sont bien connus, et leur description n'a d'intérêt dans la présente et modeste étude que s'ils sont mis en perspective avec les perceptions qu'en a l'Église. Une série de documents, trouvés dans les archives du Quai d'Orsay, permet une esquisse d'analyse. Maurice Couve de Murville, ministre des Affaires étrangères, suit de près, dès 1961, les incidences diplomatiques de la préparation du concile, telles qu'elles sont décrites par ses ambassadeurs, en particulier par Guy de La Tournelle, ambassadeur près le Saint-Siège. D'autre part, pendant l'été 1962, quelques mois avant l'ouverture de Vatican II, il demande à ses diplomates en poste quelles sont les réactions des communautés catholiques face à l'événement. Les renseignements fournis, certes indirects, lacunaires, plutôt significatifs de l'état d'esprit des auteurs des rapports, donnent malgré tout une assez bonne photographie de la catholicité dans le monde et dans le contexte international de 1962.

1. La fin de la guerre froide, une opportunité pour l'Église

La guerre froide avait été l'occasion pour Pie XII d'épouser la cause de l'Occident et son anticommunisme en avait été fortifié[3]. Dans ce contexte, tout discours oecuménique pouvait être perçu par l'autre camp comme une arme de guerre.

La mort de Staline en 1953, la fin des guerres de Corée et d'Indochine, le dégel à l'Est, l'acceptation par les Soviétiques d'évacuer

2. Conclusion de René Rémond au *Deuxième Concile de Vatican (1959-1965)*, Collection de l'École française de Rome, 13, 1989 (le colloque s'est tenu à Rome en mai 1986).

3. Jean-Marie Mayeur, *Histoire du christianisme*, tome 12, *Guerres mondiales et totalitarismes, 1914-1958*, Desclée/Fayard, 1990, pp. 334-344.

l'Autriche en 1955, puis le XXe Congrès du PCUS et la dénonciation des crimes de Staline en 1956, ainsi que l'arrivée au pouvoir la même année de Gomulka en Pologne, voilà un ensemble de faits qui montre les changements de climat international. Le dialogue devient possible, et toute parole proférée dans un camp n'est plus automatiquement considérée comme une agression par l'autre. Cette 'première détente' n'est pas durable, loin de là, puisqu'à partir de 1956 le chaud et le froid soufflent alternativement sur les relations internationales.

Si, pendant cette année 1956, la tentative de 'libéralisation', limitée et contrôlée par l'URSS, peut commencer en Pologne (le cardinal Wyszynski est libéré), la même expérience aboutit à une véritable révolution en Hongrie, réprimée dans le sang par les chars soviétiques. Et, au même moment, la crise de Suez atteint son plein développement avec l'intervention israélo-franco-britannique contre l'Égypte. À la mort de Pie XII et à l'avènement de Jean XXIII en 1958, cette période de tension n'est pas terminée, car en lançant son ultimatum aux Occidentaux pour qu'ils laissent l'ancienne capitale du Reich s'ériger en ville libre, Khrouchtchev ouvre la seconde crise de Berlin.

La phase antépréparatoire de Vatican II se déroule au contraire sous de meilleurs auspices, car l'année 1959, avec le voyage de Khrouchtchev aux États-Unis, semble constituer le premier signe tangible d'une véritable détente. Mais celle-ci est vite remise en question par l'incident de l'avion espion U2 en 1960, par l'affaire de la Baie des Cochons en avril 1961 (tentative de débarquement à Cuba des opposants à Castro, aidés par les Américains), et par la construction du mur à Berlin en août de la même année. Tel est le contexte international de la phase préparatoire proprement dite du concile de Vatican II.

Malgré le maintien des tensions, les temps ont changé. Les crises ne sont plus ce qu'elles étaient. Pendant les événements de Suez en 1956, les États-Unis et l'URSS penchent dans une certaine mesure du même côté, car chacun à sa manière fait pression sur la France et l'Angleterre pour qu'elles mettent fin à leur expédition. La construction du 'mur de la honte' en 1961, est un acte de guerre froide, et pourtant, en mettant fin à l'hémorragie des réfugiés est-allemands, en calmant ainsi les inquiétudes soviétiques, elle supprime une des causes majeures de conflit entre les États-Unis et l'URSS (même si l'Occident est en bonne position pour en tirer parti, comme Kennedy dans son discours de 1963: *'Ich bin ein Berliner'*). La crise des missiles en octobre 1962 met la planète au bord du gouffre, mais, par son issue heureuse, elle prouve que le nouvel équilibre de la terreur fonctionne au profit de la paix.

Celle-ci se voit d'ailleurs renforcée par un changement de perspective dans le rapport établi par les deux Grands entre leurs ambitions intérieures et leur action à l'extérieur. Priorité est donnée aux premières, car l'explosion de la croissance économique et la brusque accélération des progrès techniques suscitent des espoirs et des projets de bien-être collectif. Khrouchtchev fixe à son pays des horizons nouveaux: il procède à la 'conquête des terres vierges' dans le cadre du territoire soviétique, part à l'assaut de l'espace (Spoutnik en 1957, vol de Gagarine en 1961) et lance des réformes qui devraient, selon lui, faire passer l'URSS du stade du 'socialisme' à celui du 'communisme', c'est-à-dire au régime d'abondance pour tous. Kennedy réveille le même esprit pionnier en offrant à l'Amérique de 'nouvelles frontières', avec comme objectif principal la lutte contre la pauvreté. La détente internationale n'exclut pas la compétition, mais elle est nécessaire à la réalisation de tous ces rêves.

Quels que soient les aléas superficiels de la conjoncture internationale entre 1959 et 1962, ces mutations profondes (le dégel à l'Est, la nouvelle politique soviétique, les perspectives ouvertes par les progrès économiques et techniques) sont largement intériorisées par l'Église au moment où elle prépare Vatican II. Dans la bulle d'indiction de Noël 1961, Jean XXIII se plaît à relever que le Concile interviendra à un moment particulièrement opportun pour l'Église et le monde. Si jusqu'alors les hommes ont eu tendance à organiser l'ordre temporel sans Dieu, si les progrès matériels n'ont pas suscité un égal élan vers les valeurs spirituelles, si 'un athéisme militant' – il s'agit du communisme – s'est donné des ambitions mondiales, heureusement sont apparus récemment les 'signes des temps' comportant des indices favorables: les enseignements utiles laissés par tant de guerres et de ruines, les interrogations provoquées par l'anxiété de l'homme devant des progrès si rapides, et la nouvelle tendance, certes encore hésitante, des individus, des classes et des nations à chercher la collaboration et l'intégration[4].

Dans ce contexte nouveau et dans la perspective d'un Concile qu'elle veut oecuménique, Rome suit maintenant de très près les efforts déployés par les protestants pour unir tous les non-catholiques. Le Conseil oecuménique des Églises, créé en 1948, n'a pas réussi à attirer

4. Voir le commentaire de la bulle d'indiction par Guy de La Tournelle, ambassadeur près le Saint-Siège: archives du ministère des Affaires étrangères (MAE), série EU, Saint-Siège, 1850, 30-9-2, dépêche adressée à Maurice Couve de Murville, 28 décembre 1961, direction Europe, n° 259 EU.

les orthodoxes, sinon quelques patriarcats comptant peu de fidèles et les trois Églises orthodoxes des États-Unis. Par l'intermédiaire du nouveau Secrétariat pour l'unité des chrétiens, dirigé par le cardinal Bea, le Saint-Siège entretient depuis peu 'de discrètes relations' avec cette institution, dominée par la personnalité du Docteur Visser't Hooft. Or, événement important, le Conseil oecuménique des Églises reçoit de la part du patriarcat de Moscou une demande d'admission en juin 1961. En 1948, dans les premières tempêtes de la guerre froide, ce même patriarcat, sollicité d'assister à l'assemblée constitutive, s'était récusé, alléguant alors les liens des Églises protestantes avec 'les puissances impérialistes'[5]. Ainsi, les orthodoxes russes peuvent participer en novembre-décembre 1961 à la troisième Assemblée mondiale organisée par le Conseil oecuménique en Inde à New Delhi. Entre autres choses, les questions débattues sont la coexistence, le colonialisme, l'apartheid, l'antisémitisme. Un climat de confiance commence à s'établir à cette occasion entre chrétiens d'URSS et des États-Unis. Par son action, 'l'Église russe est apparue plus libérale que l'Église grecque'. Sa modération a été récompensée par l'Assemblée qui a évité toute motion contre le communisme athée[6]. Ce changement d'attitude à l'égard des protestants ne signifie pas que le patriarcat de Moscou accepte aussitôt de se rapprocher de Rome, car en 1961 les attaques contre les catholiques sont encore acerbes[7]. Mais cet événement préfigure, un an plus tard, après de nombreuses péripéties et négociations, la présence au concile du Vatican de deux observateurs mandatés à la dernière minute par Alexis, patriarche de Moscou. Le paradoxe est grand, dans la mesure où, Athénagoras, patriarche de Constantinople n'envoyant pas de représentants, les orthodoxes du 'monde libre' sont absents de Rome. La décision russe est prise le jour même de l'ouverture, après l'allocution de Jean XXIII, quand il est avéré que le pape ne dit rien de négatif qui puisse choquer les autorités à l'Est.

Dans toute cette affaire, le poids du gouvernement soviétique paraît évidemment décisif. L'agence Tass rend hommage au Concile et au pape le 11 octobre 1962, le jour de l'ouverture de Vatican II:

5. MAE, série EU, Saint-Siège, 1850, 30-9-2, Guy de La Tournelle à Maurice Couve de Murville, direction Europe, 22 juin 1961, n° 134 EU.

6. MAE, série EU, Saint-Siège, 1850, 30-9-2, note de la direction Europe, sous-direction Europe méridionale, janvier 1962.

7. MAE, série EU, Saint-Siège, 1850, 30-9-2, Guy de La Tournelle à Maurice Couve de Murville, direction Europe, 22 juin 1961, n° 134 EU.

> 'Le Concile va discuter de nombreuses questions ayant surtout trait à la théologie et aux rites. Mais en dehors de cela le concile abordera sans doute des questions relatives à la situation internationale présente [...]. Il est de notoriété publique que le pape actuel, Jean XXIII, a pris position en maintes occasions en faveur de la paix, contre la course aux armements atomiques et pour la solution pacifique des questions internationales en litige'[8].

Ce même communiqué fustige les hommes d'État catholiques de trois pays – allusion à Kennedy, de Gaulle et Adenauer – qui 'sont loin de suivre l'avis du pape' en matière de désarmement. Outre sa volonté de propagande sur ce sujet, le Kremlin poursuit un objectif plus précis: il incite les orthodoxes russes à une action dynamique, qui, en remettant en cause la primauté du patriarcat de Constantinople, augmenterait l'audience du patriarcat de Moscou auprès des communautés orthodoxes du Moyen-Orient[9]. À l'évidence, l'URSS découvre que l'Église peut être utilisée comme arme diplomatique pour introduire son influence dans cette région importante du monde et pour s'insérer dans la compétition et la coexistence pacifiques avec l'Ouest. Preuve que la guerre froide est finie. Si la concurrence entre les deux mondes subsiste, les Grands renoncent aux règles de la querelle frontale et de la 'partie de bras de fer', préférant désormais la méthode indirecte de la politique de séduction. Ainsi, tous les dialogues, y compris entre les Églises, sont favorisés.

2. L'Église et la fin des blocs

Le monde ne vit plus dans un régime de bipolarisme absolu, et le changement s'est opéré avant 1962, avant la crise de Cuba. Les deux camps ne sont plus des blocs, car leur monolithisme a disparu. À l'intérieur du monde communiste, le schisme est même déclaré entre Chinois et Soviétiques depuis 1961. Les super Grands sont obligés de laisser une plus grande autonomie politique à leurs alliés respectifs, ce

8. 'L'agence Tass rend hommage au pape', *Le Monde*, 12 octobre 1962, p. 1.

9. MAE, série EU, Saint-Siège, 1850, 30-9-2, Guy de La Tournelle à Maurice Couve de Murville, direction Europe, 22 juin 1961, n° 134 EU; note de la direction Europe, sous-direction Europe méridionale, janvier 1962; série EU, Saint-Siège, 1851, 30-9-2, Guy de La Tournelle à Maurice Couve de Murville, direction Europe, 18 octobre 1962.

qui favorise l'émergence d'autres pôles. Le concile du Vatican a là encore pu bénéficier de cette évolution.

Celle-ci est d'autant plus visible à l'Est que l'alignement des démocraties populaires sur Moscou était jusqu'alors strict et entier. En 1956, Khrouchtchev dans son rapport officiel au XXe Congrès du parti communiste soviétique reconnaît avec éclat qu'il existe plusieurs voies possibles vers le socialisme, et il cite les cas yougoslave et chinois. L'URSS reste la patrie du socialisme, mais n'en est plus le modèle unique. La réconciliation entre le Kremlin et Belgrade l'année précédente annonçait déjà l'évolution. Cette libéralisation est timide et partielle, puisque la Hongrie qui tentait de s'engager plus avant dans la conquête de la liberté a dramatiquement fait les frais de cette expérience. Le cardinal Mindszenty, emprisonné en 1948, libéré pendant la révolution de 1956, doit aussitôt se réfugier après l'échec de celle-ci à l'ambassade américaine de Budapest (où il séjourne jusqu'en 1971). Les autres prélats hongrois sont malgré tout autorisés à se rendre à Vatican II. En Pologne, le nouveau cours est maintenu, et le cardinal Wyszynski peut prendre, avec les autres évêques, le chemin de Rome. Il faut dire que la satisfaction a été vive dans tout le pays, lorsque le pape a désigné la ville de Breslau sous son nouveau nom polonais, Wroclaw, donnant une certaine légitimité à la ligne Oder-Neisse. La République démocratique allemande, qui refuse pourtant la politique de libéralisation, laisse ses évêques partir pour le concile. Les démocraties populaires se distinguent donc de l'URSS: celle-ci encourage les orthodoxes à envoyer deux observateurs, mais refuse que les catholiques russes et ukrainiens soient présents.

Les problèmes d'Europe occidentale sont évidemment très différents. Les pays de cette région du monde ont eu d'emblée une relative autonomie d'action diplomatique par rapport à leur allié américain, même pendant la guerre froide. Les succès de la construction européenne (CECA en 1951, traités de Rome en 1957, mise en place de la PAC, la politique agricole commune en 1962) les mettent dans une position de force face à leur protecteur d'outre-Atlantique. Il faut bien préciser que cette indépendance accrue à partir de la fin des années cinquante (en France, le phénomène est amplifié par la politique du général de Gaulle revenu au pouvoir en 1958) n'offre pas spécialement d'opportunité nouvelle à l'Église. En revanche, la constitution de l'Europe occidentale comme un pôle de puissance ne laisse pas indifférent le Saint-Siège. La part prise par les différents partis démocrates-chrétiens dans la construction européenne a pu lui être bénéfique et contribuer à accroître son influence. Pie XII avait encouragé ces efforts. La solidarité entre évêques de l'Europe des Six - les Italiens sont évidemment à mettre à part - a été marquée et remarquée dès le début des travaux conciliaires. Elle est sans doute moins la conséquence de cette évolution géopolitique que le révélateur significatif d'une identité géoculturelle antérieure. Il n'en reste pas moins vrai que, dans la conjoncture de 1962, tous ces facteurs interfèrent, et les observateurs de l'époque ont su le noter. Au Quai d'Orsay, on a conscience de la complicité entre évêques français et allemands, et on s'en réjouit. Leurs positions novatrices sont très proches les unes des autres. Quelques mois avant l'ouverture de Vatican II, Marcel Schublin, vice-consul de France, chargé de la chancellerie détachée de Trèves, analysait ces convergences. À la veille du Concile, les catholiques allemands attendent beaucoup des prélats français pour obtenir les réformes jugées nécessaires. Parmi celles-ci, ils considèrent comme indispensable une plus grande internationalisation de la Curie, car 'le privilège des Italiens est un anachronisme'. Une personnalité très proche de Mgr Wehr, évêque de Trèves, va jusqu'à conclure 'à la nécessité d'une entente préalable entre évêques français et allemands'. De toute façon, on s'attend à 'des résistances sournoises ou déclarées' à 'des oppositions tenaces' contre l'esprit novateur de Jean XXIII.

> 'Aussi, estime-t-on, que dès la première assemblée plénière, il sera nécessaire qu'un homme de taille se lève pour lancer et forcer les débats que l'on attend. C'est assurément plus qu'un hommage, qu'en cette heure solennelle les yeux se portent sur l'Église de France'[10].

La prophétie est impressionnante. On sait dans quelles conditions, trois mois plus tard, le 13 octobre, au cours de la première congrégation générale, le cardinal Liénart, évêque de Lille, prenant le micro d'une façon quelque peu intempestive, bouscula l'ordre du jour et obtint que les pères conciliaires établissent leurs propres listes de candidats aux commissions. Dans cette affaire qui aboutissait à l'abandon des listes préparées par la Curie, Liénart fut soutenu par le cardinal Frings, archevêque de Cologne. Alors, pourquoi un événement de ce type était-il quasiment prévu dès l'été précédent? S'agit-il d'un complot? ou plus probablement une forte complicité entre Français et Allemands? En tout cas, un vent de liberté soufflait, et 'l'élaboration de ces listes a permis de nouer des relations internationales entre des évêques qui, hier encore, ignoraient jusqu'à leur nom'[11]. Parmi ces

10. MAE, série EU, Saint-Siège, 1850, 30-9-2, dépêche de Marcel Schublin, consulat de France à Trèves, à l'ambassadeur de France à Bonn, 26 juillet 1962, n° 53.

11. Henri Fesquet, envoyé spécial à Rome, 'Au Concile, les évêques remettent en

listes, on trouve des listes nationales ou plus ou moins internationales... L'une d'entre elles est européenne, avec la collaboration de dix nations, mais où les Français, Allemands et Néerlandais sont fortement représentés. Ce qui lui a valu le nom, 'en manière de plaisanterie' de 'liste du Marché commun'[12]. Assurément, l'axe franco-allemand de la construction européenne est aussi celui de la rénovation conciliaire.

Cette convergence peut faire surgir l'image d'une 'Europe vaticane', et cette image est ambivalente. Elle fait peur aux uns, comme aux protestants norvégiens redoutant que l'entrée éventuelle de leur pays dans la CEE ne signifie un accroissement d'influence du catholicisme en Scandinavie[13]. Pour d'autres, elle constitue un attrait: ainsi en Espagne, auprès de ceux qui sont partisans de la réforme politique et religieuse. En effet, le clergé espagnol est divisé sur la question de la reconnaissance ou non d'un statut légal de droit public aux Églises protestantes. Jean XXIII encourage le gouvernement à aller dans ce sens. Les libéraux utilisent précisément l'argument 'européen' pour obtenir une décision positive en faveur de ce statut: l'afflux de touristes étrangers, parmi lesquels de très nombreux protestants, et, d'autre part, la nécessité d'intégrer un jour l'Espagne dans l'Europe en construction[14].

Les milieux ecclésiastiques et les cercles diplomatiques comprennent que le déclin de l'Europe dans les relations internationales du fait de la Seconde Guerre mondiale et de la décolonisation est une chance pour l'unité du continent, à laquelle l'Église peut fortement contribuer.

Cet affaiblissement 'suscitera peut-être, par réaction un resserrement des liens entre les vieilles nations d'Europe, leur faisant mieux prendre conscience de leur solidarité et de la nécessité de s'unir pour survivre dans un monde qui n'est plus exclusivement le leur. Le Concile facilitera-t-il ainsi, indirectement, l'unification européenne?'[15]

cause les 'schémas' doctrinaux préparés pour Vatican II', *Le Monde*, 17 octobre 1962, p. 1.

12. Henri Fesquet, 'Le Concile adresserait un message au monde', *Le Monde*, 20 octobre 1962, p. 11.

13. MAE, série EU, Saint-Siège, 1851, 30-9-2, dépêche de Jacques Lecompte-Boinet, ambassadeur de France en Norvège, 12 septembre 1962.

14. MAE, série EU, Saint-Siège, 1851, 30-9-2, dépêche de l'ambassadeur de France en Espagne, n° 828 EU, 22 septembre 1962.

15. MAE, série EU, Saint-Siège, 1851, 30-9-2, étude préparée par M. Blanchard, 'À l'approche du Concile', 12 septembre 1962, 27 pages.

3. Église, Tiers monde et nouvelle universalité

Cette interrogation sur l'Europe est largement suscitée par les problèmes posés par la décolonisation, la naissance du Tiers monde, la conférence de Bandoung en 1955, la crise de Suez en 1956 qui se termine par la victoire politique de Nasser et de l'Égypte, et la conférence de Belgrade de 1961 qui lance le mouvement des non-alignés. Tous ces événements contribuent à faire sortir le monde de sa bipolarité d'après-guerre.

Pie XII avait encouragé la décolonisation à sa manière. Dans son message de Noël 1955, il prônait une libération politique juste et progressive, pour éviter de favoriser le communisme dans les pays d'out re-mer. Lorsque Vatican II commence, le processus de décolonisation se termine à peu près, et cette coïncidence est jugée bénéfique.

> 'Heureusement pour l'Église, le Concile arrive à un moment où la décolonisation est pratiquement terminée, ce qui lui donnera les coudées plus franches, n'ayant pas à ménager des attitudes antagonistes'[16].

François Mauriac aussi pense que cette émancipation des peuples et la fin de la guerre d'Algérie sont une chance pour l'Église, car le message du missionnaire ne sera plus perçu de la même manière:

> 'Ce n'est pas par hasard que le Concile oecuménique s'est ouvert lorsque le général de Gaulle eut écrit le mot 'Fin' au bas du dernier chapitre de l'histoire des guerres coloniales. O esprits lents à croire, ne voyez-vous pas que ces peuples devenus libres vont enfin recevoir la parole, mais non plus imposée par des maîtres qui les exploitent et qui les méprisent ! A l'égard de l'Islam, c'est l'ère des croisades qui vient de se clore'[17].

De fait, si les jeunes nations ne sont pas très représentées au Concile, elles le sont assez pour faire de Vatican II une rencontre exceptionnelle. Les évêques africains et asiatiques sont choyés et courtisés. Les diplomates français pressentent que leurs préoccupations sont plus

16. *Ibid.*
17. François Mauriac, *Le Figaro littéraire*, 19 octobre 1962.

pratiques que doctrinales[18] et que leur présence peut faire pencher la balance vers une décentralisation de l'Église et une plus grande attention à la périphérie.

Dans cet ordre d'esprit, la question du latin est primordiale. Son remplacement par la langue nationale, réclamé par les catholiques chinois par exemple, représente un enjeu essentiel et peut servir à définir une nouvelle universalité. En effet, la 'délatinisation' est aussi une 'décolonisation' qui permet de rapprocher les peuples sur un pied d'égalité. Telle est l'analyse faite pour le compte du Quai d'Orsay à la veille de Vatican II:

> 'Le Concile constituera une étape vers l'effacement de la latinité dans le monde, un nouvel aspect du déclin relatif de l'Occident. Désormais 'décolonisée', l'Église commencera à se 'désoccidentaliser'. [...] Indirectement au moins, le Concile facilitera l'oeuvre oecuménique puisque se sera atténué le monolithisme latin et que l'Église apparaîtra plus ouverte'[19].

*

Le monde aussi apparaît plus ouvert, moins bloqué, géré par deux géants qui essaient de se montrer moins dominateurs. Les nouvelles possibilités à l'Est, l'influence de l'Église sur ses terres de mission en Afrique et en Asie, désormais purifiée de la tentation colonialiste, le besoin absolu de paix après l'alerte de la crise de Cuba, le dynamisme ouest-européen, voilà toute une conjonction heureuse qui a permis le succès de Vatican II. Ce nouvel ordre mondial continue à se construire en dehors de l'ordre divin tel que le conçoit l'Église, mais celle-ci, malgré tout, l'accepte tel qu'il l'est dans sa globalité et décide de s'y insérer. En effet, pendant la plus grande partie du XXe siècle, cette insertion était difficile, car la planète était divisée en deux camps opposés. En 1962, dans ce monde devenu multipolaire, il est plus facile de mettre fin définitivement à la parenthèse de l'isolationnisme catholique.

18. MAE, série EU, Saint-Siège, 1851, 30-9-2, Roger Lalouette, ambassadeur de France au Vietnam, à Maurice Couve de Murville, n° 635 EU, 8 septembre 1962; étude préparée par M. Blanchard, 'À l'approche du Concile', 12 septembre 1962.

19. MAE, série EU, Saint-Siège, 1851, 30-9-2, 'À l'approche du Concile', *op. cit.*

CURIA E CHIESA ALL'APERTURA DEL VATICANO II

ANDREA RICCARDI

1. Una situazione difficile

La Chiesa all'inizio degli anni Sessanta porta i segni dei grandi problemi maturati lungo tutto il Novecento e, in particolare, dopo la seconda guerra mondiale. La questione del comunismo e dei regimi dell'Est è uno dei problemi più gravi della Chiesa cattolica europea, così rilevante nel complesso del cattolicesimo. Per il pontificato di Pio XII il comunismo nei paesi dell'Est e in alcune nazioni occidentali aveva costituito il grande avversario, nei confronti del quale doveva dispiegarsi un'azione di resistenza a tutti i livelli. Il card. Mindszenty, primate d'Ungheria, recluso nella legazione americana di Budapest, rappresentava il simbolo di questo impegno. Durante il conclave in cui era stato eletto Giovanni XXIII, i cardinali avevano fatto un tentativo di far raggiungere Roma al primate magiaro in cambio dell'impegno a non ritornare più in Ungheria. Il prosegretario di Stato, Tardini, giudicava molto negativamente questa iniziativa, che peraltro non era riuscita.

Giovanni XXIII si è trovato di fronte, nell'Est europeo, a Chiese cattoliche in vistoso deperimento (forse con l'eccezione di quella polacca) e tra gravissimi problemi. In Vaticano mancavano informazioni sulla vita religiosa in questi paesi; ma si era a conoscenza delle tante sedi episcopali vacanti e dell'invecchiamento complessivo dei quadri ecclesiastici, dovuto anche alle difficoltà frapposte dai governi al reclutamento dei seminaristi. La Segreteria di Stato, anche dopo il 1958, continuava a seguire una politica di continuità verso i governi socialisti. Alcuni segnali distensivi, provenienti in particolare da Mosca, a partire dal 1954, sembravano agli ambienti vaticani espressioni di un chiaro tatticismo. La diplomazia sovietica avrebbe desiderato alleggeri-

re la contrapposizione con il Vaticano per giungere ad una migliore distensione nei suoi rapporti con l'Occidente.
La S. Sede aveva manifestato la sua posizione fin dagli ultimi anni del pontificato di Pio XII (e continuava a farlo sulla stessa linea nei primi anni di Giovanni XXIII). Le aperture sovietiche apparivano strumentali e propagandistiche, mentre non si manifestava la volontà di cambiare nulla riguardo alla libertà religiosa dei cattolici in URSS. Nella visione della S. Sede esisteva poi una forte sensibilità alla ricaduta della politica orientale sull'Occidente europeo, ed in particolare sull'Italia. Un cambiamento nell'atteggiamento vaticano verso Mosca avrebbe immediatamente avuto un riflesso politico sul rapporto dei cattolici con le forze di sinistra in Occidente. Negli ultimi anni del pontificato di Pio XII, gli ambicnti vaticani avevano guardato con preoccupazione alcuni fenomeni di incrinatura nella contrapposizione del blocco cattolico alle sinistre e nella sua unità. In Italia era aperto il dibattito – fatto di un qualche rilievo per il Vaticano – sulla collaborazione politica tra democristiani e socialisti.

Del resto nelle Chiese occidentali i problemi non mancavano, nonostante le manifestazioni di vitalità. La Chiesa di Francia, per fare solo il caso più noto, aveva avuto con la S. Sede un vasto contenzioso per tutti gli anni Cinquanta, dalla questione della *nouvelle théologie* a quella dei preti operai. In Italia la S. Sede ed i vescovi vedevano con preoccupazione le trasformazioni della società, che interpretavano alla luce dell'influenza laicista nel paese e persino all'interno della Chiesa stessa (nel 1960 viene dedicata una lettera pastorale a *Il laicismo*). Quella che era stata chiamata polemicamente l''Europa vaticana' presentava dei sintomi, più o meno nuovi, di mutamento nei comportamenti, che si differenziavano da quelli proposti dalla Chiesa cattolica. Un sintomo significativo – in Francia, ma pure in Italia – era un'incipiente diminuzione delle vocazioni sacerdotali.

Molto diversa era ovviamente la situazione delle Chiese iberiche – quella portoghese e quella spagnola – nel loro intreccio con il regime autoritario all'interno del modello dello Stato cattolico: erano una realtà forte, ma i cambiamenti apparivano urgenti sia negli ambienti ecclesiali che nel rapporto con il potere politico (ed anche nelle stesse colonie africane del Portogallo). Eppure il modello di Stato spagnolo appariva ad alcuni ambienti della Curia quello più vicino ai principi cattolici (il card. Ottaviani ne aveva parlato in questo senso durante il pontifcato di Pio XII). Ben presto, con il Concilio, il problema della libertà religiosa avrebbe costituito un capitolo di difficoltà tra Roma, la Chiesa e lo Stato spagnolo. Figure come il primate Plà y Deniel rappresentano la complessità della situazione spagnola. Il portoghese Gouveia, arcivescovo di Lourenço Marques in Mozambico, salutato come il primo cardinale africano di Pio XII, esprime il nodo irrisoluto tra colonialismo dello Stato cattolico e presenza della Chiesa.

Al di là delle limitate frontiere del mondo coloniale portoghese, la decolonizzazione era una realtà con cui le Chiese dovevano far i conti. La linea, impressa da Propaganda Fide sotto l'impulso di mons. Costantini, nel quadro del processo di decolonizzazione, era quella della creazione di una gerarchia autoctona che sostituisse progressivamente i vescovi missionari. Queste posizioni avevano trovato alcuni ostacoli non solo nella persistenza di altri modelli di Chiesa, ma nel timore di favorire eccessivamente l'influenza sovietica al posto delle vecchie potenze coloniali. La vicenda della Chiesa patriottica cinese, negli anni Cinquanta, era stata un argomento a favore della prudenza in un processo che non si poteva impedire, ma forse rallentare. D'altra parte gli anni Cinquanta erano stati caratterizzati da una rinnovata attenzione delle Chiese euroatlantiche all'impegno missionario, proprio su impulso di Pio XII.

Si può dire, però, che alla vigilia del Vaticano II il mondo africano si avviava massicciamente verso l'indipendenza. Gli anni di Giovanni XXIII – soprattutto il 1960 – vedono la realizzazione del maggior numero di Stati indipendenti nel continente africano. Nel 1962 si determina anche la fine del dominio francese in Algeria, dove la Chiesa di mons. Duval, con l'appoggio del papa, assume una posizione favorevole all'autodeterminazione seppure nella speranza che continui la coabitazione dei cristiani con ebrei e musulmani. Nel 1960 Giovanni XXIII aveva nominato il primo cardinale di origine africana, il tanzaniano Rugambwa. Lo stesso anno, per la Pentecoste, aveva inviato un messaggio agli africani in cui si prospettava un rafforzato impegno della Chiesa per il continente: 'Così soffia, ancora una volta, – aveva detto – sull'Africa, un vento di Pentecoste'.

Un'azione particolarmente sistematica era stata condotta in America Latina, già dalla fine del pontificato di Pio XII, con la nascita del CELAM (a cui fa da corrispettivo in Curia la Pontificia Commissione per l'America Latina). Roma aveva iniziato un processo di responsabilizzazione dei vescovi rispetto al cattolicesimo del continente. Si trattava di una delle più notevoli decisioni nell'ultima parte del governo di Pio XII. Il discorso di Giovanni XXIII alla riunione del CELAM a Roma nel 1958 conferma la via intrapresa dai vescovi, attorno a cui si stringe una notevole solidarietà internazionale. Nel 1959, le conferenze

episcopali latino-americane rappresentano ormai un terzo di quelle funzionanti nel mondo cattolico.
Negli anni Sessanta, mentre perdurava la contrapposizione con il comunismo, si poneva con forza il problema del rapporto con alcune grandi religioni mondiali. La questione dell'olocausto in Europa (e l'inizio del dibattito sui cosidetti 'silenzi' di Pio XII) e il consolidamento dello Stato d'Israele rendevano evidente il problema del rapporto tra la Chiesa di Roma e l'ebraismo. Il Vaticano, apprezzato nel mondo arabo per il suo atteggiamento sulla Palestina, si misurava con la questione del riconoscimento d'Israele di fronte ad una certa pressione internazionale in questo senso. Ma anche l'Islam, con la crescita del nazionalismo arabo di cui Nasser era l'espressione più nota, rappresentava una realtà con cui fare i conti, specie per le Chiese orientali cattoliche inserite in un contesto di coabitazione multireligiosa. Era iniziato quell'esodo dei cristiani dal mondo arabo, che sarebbe aumentato nei decenni successivi. Con la fine dell'Algeria francese, era crollata la più numerosa presenza cattolica nel mondo arabo, dopo il Libano.

2. *Il governo del papa*

Il governo della Chiesa cattolica, negli anni di Pio XII, era stato gestito in maniera molto diretta dal papa. Pio XII, come è noto, aveva rinunciato ben presto alla collaborazione del Segretario di Stato; ma aveva accresciuto il numero degli impiegati della Segreteria di Stato (unico ufficio vaticano a subire una vistosa crescita di personale). Il governo centrale della Chiesa era vissuto in un clima di emergenza, mentre il pontefice procedeva difficilmente a nomine (il collegio cardinalizio era piuttosto depauperato alla sua morte) ed erano piuttosto scarsi i rapporti tra lui ed i vescovi. Il papa aveva segnato con la sua decisione personale le grandi e piccole questioni sottoposte alla S. Sede.

Era possibile operare una revisione degli orientamenti del pontificato pacelliano da parte di Giovanni XXIII? Si prenda una questione non marginale, come quella dei rapporti con i governi comunisti: la Segreteria di Stato, guidata da Tardini, era decisamente per la continuità della linea della fermezza. Su questa posizione convergeva il S. Offizio del card. Ottaviani, il quale dichiara ad un suo interlocutore ecclesiastico a proposito della distensione: 'questa politica tende ad affievolire la lotta in campo ideologico, che invece permane, secondo le parole di Togliatti e Kruscev'. A questo proposito cambiamenti non erano immaginabili anche con il nuovo pontificato.

D'altra parte l'atteggiamento complessivo del mondo cattolico verso l'amministrazione romana era piuttosto critico sulla sua funzionalità. La lettura dei *vota* episcopali per il Vaticano II, che fotografano uno stato d'animo non passeggero, registra con puntualità i malumori dei vescovi cattolici verso Roma. Consapevole di questo, Giovanni XXIII tende a ridare alla Curia romana la sua funzionalità tradizionale. La nomina del Segretario di Stato nella persona dell'antico prosegretario di Pio XII, mons. Tardini, la fine dell'accentramento della guida di più congregazioni nelle mani di uno stesso porporato, i concistori più frequenti per la nomina di nuovi cardinali, fanno uscire il mondo curiale da quella situazione di 'ristagno' che aveva segnato gli anni di Pio XII.

Non si inaugurano riforme della Curia, la quale resta modellata sulle istituzioni di Pio X, dopo la caduta dei progetti di rinnovamento coltivati durante il pontificato di Pio XII, ma mai attuati. Di fronte all'idea dell'introduzione dei limiti d'età soprattutto per i livelli apicali dei dicasteri vaticani, avanzata tra gli altri da p. Lombardi, Giovanni XXIII si mostra contrario. La Curia, configurata dal suo governo, non è un'amministrazione riformata, ma sostanzialmente normalizzata. Il suo personale resta tendenzialmente italiano (già con Pio XI l'elemento italiano era cresciuto rispetto a quello di origine romana), anche se tra i funzionari non manca qualche non italiano. Ai livelli apicali la preponderanza italiana è forte: alla fine del 1961 ci sono undici capi di dicastero italiani e tre stranieri (quattro segretari di congregazione non italiani contro quattordici). Su sette cardinali non italiani residenti a Roma alla fine del 1961, solo tre sono capi di dicastero, Agagianian, Tisserant, Copello. La presenza italiana è lievemente moderata verso la fine del pontificato. Nel 1963 i cardinali non italiani, su trentadue residenti a Roma, sono dieci (tra questi Bea).

Ad un anno dall'inizio del pontificato, l'ambasciatore di Francia, de Margerie, notava una continuità tra le linee di fondo del governo di Pio XII e quello di Giovanni XXIII, anche se i metodi erano stati addolciti per l'intervento stesso del papa. Il diplomatico osservava che 'tout l'entourage politique ou domestique de Pie XII est en place, mais à un rang plus élevé, avec une responsabilité et une autorité plus grande'. In effetti il gruppo dirigente negli anni di Pio XII restò in larga parte lo stesso, ma Giovanni XXIII, con una politica di nomine regolare, diede a tutti una collocazione più stabile, che invece il suo predecessore non aveva consentito.

Il perno della continuità è rappresentato dal card. Tardini, responsabile della Segreteria di Stato con una naturale funzione di coordinamento tra le congregazioni romane. Tardini, che ha un''expérience strictement romaine', secondo la diplomazia francese, non è portato dai suoi cinquant'anni di vita vaticana 'à considérer les hommes et leurs desseins avec beaucoup de confiance et d'estime'. La nomina di mons. Felici a segretario del Concilio Vaticano II rappresenta la scelta di un uomo di fiducia del Segretario di Stato. Tardini risparmiava al papa una parte del peso del governo ordinario. Giovanni XXIII disse a Confalonieri: 'essere giusto che il Segretario di Stato sapesse e vedesse tutte le pratiche di governo, ma quanto ai discorsi pastorali il Papa credeva di poterli fare da sé'. Tardini infatti – notano diplomatici – non è più un esecutore ma un autorevole collaboratore, la cui influenza è assolutamente preponderante rispetto ad altre personalità. Accanto al Segretario di Stato, mons. Samoré seguiva le questioni internazionali in maniera coerente con la visione del cardinale, come si vede dal *dossier* dell'Est europeo. La stessa coabitazione con mons. Dell'Acqua, Sostituto fin dai tempi di Montini, personalmente legato a Giovanni XXIII (fin da essere considerato uno dei pochi del gabinetto personale del papa con mons. Capovilla), non era stata senza difficoltà, tale da prospettare una promozione del prelato bergamasco ad altri incarichi. L'ambiente dei funzionari della Segreteria di Stato è abituato 'à vivre dans l'atmosphère raréfiée, irréelle parfois du Vatican, ils ne sont pas rapprochés, mais bien au contraire éloignés encore...' – notano i diplomatici.

Complessivamente i diplomatici accreditati in Vaticano hanno la sensazione che 'la machine fonctionne, sans doute': la Curia romana ha ripreso la sua funzionalità con le nomine fatte da Giovanni XXIII, con l'impulso regolare che il papa ha dato all'organizzazione vaticana. Il pontefice ha ripreso con puntualità le udienze di tabella previste per i dirigenti vaticani, che costituiscono un tramite importante attraverso cui il lavoro dei vari dicasteri della S. Sede viene sottoposto al papa. Così la decisione pontificia o la sanzione all'operato delle congregazioni è immediata; il che sveltisce il funzionamento della burocrazia romana.

Tuttavia in questo contesto di restaurazione della funzionalità amministrativa della Curia, gli osservatori non possono non notare due tratti che caratterizzano il governo di Giovanni XXIII. Il primo è un accresciuto ruolo dell'amministrazione vaticana nelle decisioni della S. Sede. Indubbiamente il governo di Pio XII, nonostante le lentezze e le tortuosità amministrative, sembrava assai più marcato dalla decisione personale del pontefice. Non è un caso che i diplomatici affermino a proposito del papa che 'l'on croit distinguer chez lui... une tendance à laisser faire'.

Ormai gli studi biografici sulla personalità roncalliana hanno messo in luce il suo consolidato metodo di lavoro, che – come dice alla commissione sinodale romana – consiste nel 'lasciar fare, dar da fare, far fare'. Tuttavia, anche da un punto di vista di relazioni umane, la situazione del rapporto tra papa e Curia è estremamente complessa. C'è il precedente del governo pacelliano, che mostra un indirizzo di guida molto forte sull'amministrazione romana, con molti interventi personali, senza un Segretario di Stato ma con il tramite della Segreteria di Stato, con relativa valorizzazione dei responsabili dei dicasteri vaticani. Ben diversamente Pio XI aveva guidato la Curia romana, che teneva completa nel suo organico: il governo di papa Ratti sulla Curia era stato ugualmente molto forte. Ma con gli anni i problemi erano cresciuti ed il lavoro di Roma era indubbiamente aumentato. Non era facile dominare tutta la materia che veniva sottoposta al suo vaglio.

La scelta roncalliana è quella della restaurazione della funzionalità curiale, dando ai vari centri amministrativi le responsabilità previste dalla riforma di Pio X e dalla tradizione romana. Questo orientamento rafforza la sensazione di una continuità tra la guida pacelliana, ora in posizione rafforzata, e il nuovo governo. Ma anche il ristabilimento della funzionalità tradizionale della Curia non riesce a rispondere a tutti i problemi che vengono posti a Roma. Infatti un secondo tratto che caratterizza la Curia di papa Giovanni è la crescente inadeguatezza del sistema amministrativo romano a gestire la soluzione di tanti problemi nuovi.

3. *Timide novità*

Una questione grave è quella dell'informazione sulle diverse situazioni politiche ed ecclesiali. Nota un diplomatico: 'quant à l'information de la Secrétairerie d'État, il faut constater qu'elle est, de nos jours, très incomplète'. I rapporti dei nunzi sono generalmente più attenti ai problemi ecclesiastici e religiosi che a quelli politici. Il servizio informazioni sulla stampa italiana ed internazionale funziona in maniera abbastanza ridotta. Il maggior canale di notizie politiche sono i rapporti con gli ambasciatori accreditati presso la S. Sede, che talvolta, su istruzioni dei loro governi, trasmettono informazioni al Vaticano. In particolare le diplomazie occidentali svolgono questo servizio per quel che riguarda i paesi socialisti, non solo comunicando le lettere dei vescovi impossibilitati a tenere contatti diretti con la S. Sede, ma anche dando quelle informazioni sul quadro politico che il Vaticano non possiede.

La S. Sede non sembra rappresentare più uno snodo importante di notizie e di informazioni. Charles Roux ha descritto i colloqui dei non molti diplomatici accreditati in Vaticano con il Segretario di Stato Pacelli, come un momento d'importante scambio ad alto livello. I paesi rappresentati in Vaticano sono aumentati di numero. Ma le diplomazie, specie quelle più importanti, non hanno la sensazione che il Vaticano costituisca un osservatorio di primo piano.

Una rivitalizzazione della Curia sarebbe stata legata alla chiamata, in qualità di Segretario di Stato, di un grande esperto del governo vaticano dalle idee innovative, quale mons. Montini. Fin dagli anni Quaranta nell'ufficio del Sostituto della Segreteria di Stato si progetta una riforma della Curia, che l'avrebbe aperta ad una maggiore internazionalizzazione del personale dirigente e l'avrebbe liberata da molti aspetti arcaici dei suoi metodi di lavoro. Come è noto Giovanni XXIII vuole immediatamente alla responsabilità di Segretario di Stato, mons. Tardini, che Pio XII aveva lasciato alla testa della congregazione per gli affari straordinari come pro-Segretario. Il nuovo papa spiega ai cardinali francesi, la decisione di non chiamare Montini in Segreteria di Stato. Giovanni XXIII dice al card. Feltin che vorrebbe alla testa della Conferenza episcopale italiana il card. Montini 'qui trouverait ici le plein emploi de ses rares qualités'. Il papa darebbe così nuovo impulso alla CEI. Ed aggiunge: 'le Pape n'oublie pas l'Archevêque de Milan, en dépit de l'hostilité que continue de manifester à son égard les plus âgés cardinaux de Curie'.

All'ambasciatore de Margerie, non molto dopo la nomina del Segretario di Stato, Giovanni XXIII aveva teso quasi a giustificare i motivi della sua scelta in favore di Tardini; ma riconosceva l'esistenza di un'aspettativa generale nei confronti dell'arcivescovo di Milano: 'Personne ne l'apprécie plus que moi, mais ce n'était pas possibile au lendemain de la mort de Pie XII; pour des raisons que je n'ai pas à apprécier, mon prédécesseur avait cru devoir se séparer de Mgr Montini et je ne pouvais commencer mon règne par un geste qui eût paru désavouer sa décision'.

La chiamata di Montini in Segreteria di Stato avrebbe significato un cambiamento nei metodi di governo della Curia, per la presenza di un cardinale dalla profonda conoscenza dell'ambiente e dalle idee piuttosto chiare sui mutamenti da operare. Tardini rappresentava invece la continuità del governo romano di lungo periodo, maturata negli anni di Pio XI, generalmente accetta a tutti, seppure negli ultimi tempi si levarono nei sui confronti varie ondate di malumore. Con la morte di Tardini nel 1961, Giovanni XXIII può operare una scelta di suo gradimento per la Segreteria di Stato nella persona di Amleto Cicognani, che accompagna tutto lo svolgimento del Concilio ecumenico.

La nomina del settantottenne cardinale faentino, fratello di Gaetano Cicognani antico nunzio in Spagna, era sorretta da molti motivi. Il nuovo Segretario di Stato proveniva da quel seminario di Faenza, dove forte si era sentita l'influenza di mons. Lanzoni, 'illustre storiografo' secondo papa Giovanni, che aveva grande stima di lui. Ma soprattutto il cardinale proveniva dai ranghi della carriera diplomatica con una posizione assai particolare. Era estraneo alle vicende politiche italiane per il suo lunghissimo soggiorno, come delegato apostolico, negli Stati Uniti, dov'era stato più di vent'anni dal 1933 al 1958. Si trattava di un ecclesiastico che parlava inglese ed aveva importanti relazioni nel cattolicesimo nordamericano (qui il card. Spellman aveva, ad esempio, avuto espressioni critiche sull'iniziativa conciliare).

La presenza di Cicognani, che aveva lavorato all'Orientale (da cui Roncalli dipendeva quando era delegato in Bulgaria) si sente immediatamente sulla politica internazionale della S. Sede. In particolare si fa notare su due capitoli, quello dei rapporti con l'Est da cui, fin dal 1954, giungevano *avances* verso il Vaticano, e su quello dei rapporti con l'Italia (la S. Sede era impegnata a contrastare l'apertura a sinistra). Le direttive del nuovo Segretario di Stato sono chiare: 'il card. Cicognani rinnovò l'esortazione ad essere pacati e signorili nelle polemiche, specialmente in quelle tra cattolici...'. Gli orientamenti della Segreteria di Stato sono nel senso di un invito alla prudenza ed alla moderazione anche nei toni.

Il card. Cicognani ha un approccio con la politica italiana molto più distaccato del suo predecessore e in questo si vede il peso dell'esperienza americana. Non si tratta di un cambiamento delle posizioni tradizionali: è favorevole all'unità politica dei cattolici, mentre esprime preoccupazioni per il rapporto tra questi ed i partiti di sinistra. Cicognani intende innovare soprattutto i metodi dell'intervento vaticano sulle questioni italiane: 'In linea generale il cardinale diceva di preferire l'opera persuasiva presso i singoli responsabili che non gli interventi clamorosi; la differenza di metodi di Pio XII e del card. Tardini era giustificata dalla diversità delle situazioni e delle esperienze' – così si legge in un verbale a proposito di alcune confidenze del cardinale.

Questa posizione è rilevante perchè attenua, nella visione vaticana, lo stretto legame tra la vicenda italiana e i rapporti con i regimi socialisti dell'Est. Sulle questioni del latino e della Veterum Sapientia il cardinale assume una posizione molto sfumata. A p. Lombardi che lo va a visitare e gli denuncia drammaticamente la grave situazione della Chiesa e l'avanzata del comunismo, Cicognani risponde con un tono distensivo: 'noi possiamo dire solo qualche buona parola'. Nell'aprile 1963 il card. Cicognani è scontento dell'intervista di Ottaviani a 'Famiglia Cristiana', in cui prende chiara posizione sulle questioni elettorali.

4. Verso la fine del pontificato

Il 1962 ed il 1963 sono il periodo in cui si sviluppa la politica orientale di papa Giovanni. Nella commissione centrale il card. Cicognani ha un ruolo influente: fa riflettere sulle ricadute di una condanna dei comunisti sulle Chiese dell'Est, pone il problema se il Concilio non debba spendere qualche parola sui musulmani qualora intervenga sugli ebrei. Il pronunzio ad Ankara, mons. Lardone, un ecclesiastico che aveva soggiornato a lungo negli Stati Uniti, vicino a Cicognani ed avviato da questi al servizio diplomatico, veniva incaricato personalmente dal papa di trattare con l'ambasciatore Rizhov per ottenere la presenza dei vescovi dell'Est al Concilio (l'iniziativa suscita qualche perplessità nel Segretario di Stato). Questo inizio di contatti sarebbe stato un canale decisivo attraverso cui giunse a Mosca il segnale che la S. Sede era disponibile a negoziati con il Cremlino.

La Segreteria di Stato di Cicognani rappresenta per Giovanni XXIII uno strumento più docile di quella di Tardini, per condurre una politica maggiormente marcata dalle sue visioni personali. Il capitolo delle relazioni con l'Est è forse il campo dove maggiormente Giovanni XXIII si sente libero dopo la scomparsa di Tardini, che rappresentava la continuità della politica vaticana su queste frontiere. Ma anche sulla situazione italiana si realizza una presenza meno forte della S. Sede, che lascia alla Conferenza Episcopale Italiana la responsabilità dei contatti con i dirigenti politici. Nel quadro di questi nuovi orientamenti della Segreteria di Stato, il Sostituto Dell'Acqua può esplicare più serenamente il suo ruolo di stretta collaborazione con il papa. Del resto Giovanni XXIII è legato al Sostituto da un antico rapporto e da grande fiducia personale.

Nella Curia romana Giovanni XXIII conta su pochi ecclesiastici strettamente legati a lui (si può pensare alle due personalità, così differenti, dei cardinali Bea e Testa). Con il passare degli anni, però, egli tende a collocare in posizioni di responsabilità uomini che possano garantire un governo ecclesiastico ispirato da criteri tradizionali e più obiettivi: è il caso della nomina del card. Confalonieri alla testa dell'importante congregazione concistoriale alla morte del card. Mimmi. Un porporato, molto legato all'eredità ed all'impostazione di Pio XI, sembra garantire a papa Giovanni una gestione delle nomine episcopali più capace di recepire alcuni criteri che egli aveva indicato sulla figura del vescovo.

Alla vigilia del Vaticano II Confalonieri da una parte, Cicognani dall'altra, accanto allo stesso card. Agagianian, prefetto di Propaganda Fide, delineano una posizione intermedia nella Curia romana. Del resto la nomina del card. Agagianian, negli ultimi mesi del pontificato di Pio XII, alla testa della congregazione di Propaganda Fide aveva dato una sistemazione equilibrata a questo importante dicastero, dopo che molte critiche erano state rivolte alla direzione americana del card. Stricht. La diplomazia francese aveva visto nella presenza d'un esponente di quella che definiva 'l'Eglise cotisante', la manifestazione della crescita dell'influenza americana nella politica della Chiesa nel Terzo Mondo, fatto estremamente sgradito soprattutto nella fase della decolonizzazione. Il card. Agagianian, che era stato un candidato forte al conclave da cui era stato eletto Giovanni XXIII, da lui definito persona 'degnissima' e 'veneranda', era stato nominato nel 1960 prefetto di Propaganda Fide, dopo le sue dimissioni da patriarca di Cilicia degli armeni. La morte del card. Canali aveva consentito a Giovanni XXIII di intervenire sulle questioni dell'amministrazione economica della S. Sede. Non nasceva con il passare degli anni un gruppo curiale fortemente legato alla persona di Giovanni XXIII; ma forse l'attività della Curia veniva segnata dalla presenza del papa in misura maggiore del primo periodo del pontificato.

I primi tempi del pontificato erano stati marcati da una forte attività del S. Offizio, dove ormai Ottaviani aveva acquistato la preminenza totale (anche con l'immissione dell'assessore Parente). Il rinnovo della scomunica dei comunisti nel 1959 non è che un esempio del ruolo rafforzato della Suprema Congregazione. La lettera del card. Pizzardo che conferma il divieto dei preti operai si colloca anch'essa nella stessa linea: 'je demeure très impressionné par les motifs mis en avant' — scrive il card. Richaud al card. Feltin. Del resto, fin dall'annunzio del Vaticano II, c'era stato un tentativo di far rientrare la preparazione del Concilio nell'alveo del S. Offizio (Confalonieri ricorda una proposta in questo senso del card. Canali ancora nell'abbazia di S.Paolo dopo il primo discorso del pontefice ai cardinali sull'evento conciliare). I tempi lunghi, necessari alla preparazione, erano un problema su cui insisteva il segretario del S. Offizio, che prevedeva l'inizio della celebrazione del Vaticano II non prima del 1967.

All'inizio del pontificato giovanneo il S. Offizio conserva la sua centralità nella Curia romana; anzi aumenta il suo spazio nel nuovo clima che dà maggiore autonomia al lavoro delle congregazioni romane. Progressivamente la situazione viene a mutare con uno spostamento del card. Ottaviani e del suo dicastero su posizioni meno forti. La scomparsa del card. Tardini e la nomina del card. Cicognani alla Segreteria di Stato contribuiscono a questo arretramento. Complessivamente i rapporti tra il segretario del S. Offizio e il papa divengono più difficili attraverso differenti fasi, soprattutto a motivo dell'azione troppo autonoma di Ottaviani condotta anche al di fuori degli ambienti vaticani. L'interesse puntuale che il cardinale porta alla situazione politica italiana – peraltro nella medesima direzione del card. Siri – è un elemento di distacco da Giovanni XXIII. Alcuni stralci del diario del cardinale del S. Offizio, recentemente pubblicati, offrono qualche squarcio sui non facili rapporti tra questi e Giovanni XXIII.

Non si tratta solo di rapporti personali che, con il 1962, entrano in una fase difficile. Come emerge anche dai lavori delle commissioni, da quella centrale a quella teologica, progressivamente il card. Ottaviani perde la centralità nei dibattiti anche di fronte agli altri esponenti curiali. Non solo il card. Bea si fa portatore di un orientamento tanto diverso da quello di Ottaviani; ma sembra che la maggioranza dei più notevoli personaggi curiali, almeno il Segretario di Stato Cicognani, credano sempre meno che il Concilio possa essere affrontato con le posizioni ed i metodi di Ottaviani. La pubblicità di alcune posizioni del segretario del S. Offizio che sono definite 'inopportuni interventi' dal card. Cicognani, nuocciono alla sua credibilità curiale, quasi rivelando uno stile che la maggior parte dei porporati non condivide e che sarebbe stato impensabile ed impraticabile negli anni di Pio XI e di Pio XII.

Bisogna riconoscere che la Curia romana negli anni di Giovanni XXIII non subì modifiche incisive. Il papa non puntò alla riforma del governo ordinario e dell'amministrazione centrale della Chiesa cattolica, bensì mise in campo un processo straordinario di cambiamento, che si identificava con la convocazione, la preparazione e l'avvio del Concilio. Il Vaticano II appare come il fulcro dell'impegno di tutto il pontificato. Tuttavia si può anche constatare che, con il passare degli anni, qualcosa comincia a cambiare nell'assetto vaticano. Lo stesso lavoro delle commissioni preparatorie, nonostante la saldezza della presenza romana e la sua preponderanza, comincia a far misurare i prelati di curia con le ragioni dei vescovi.

Il confronto del metodo di governo di Roncalli con la proposta di p. Lombardi appare illuminante. Il gesuita aveva incarnato, negli anni del pontificato di Pio XII, la pastorale della mobilitazione in un clima di emergenza, in cui lo scontro con la presenza comunista appariva un fatto decisivo. Egli aveva operato nel mondo cattolico, coperto spesso dall'autorità del pontefice, proponendo una maggiore concentrazione delle forze e tracciando un'analisi preoccupata, se non negativa, dello stato della Chiesa. In una lettera del 18 agosto 1961 a p. Lombardi, la S. Sede prendeva le distanze dalle sue posizioni e dai suoi metodi: 'La S. Sede non vuole che si usino certi toni e certi metodi. – si legge – Non si deve parlare di crociata, non si deve gettare l'allarme, non si deve parlare di rivoluzione, di riforma... Parlando di comunismo non si dia l'impressione che esso sia il male. Si dica che ci sono tanti mali...'. E Giovanni dice in un colloquio con Lombardi: '...la pietà normale del sacerdote deve essere nella pace, nella pace!'.

La convocazione del Vaticano II era stata salutata positivamente da p. Lombardi, che aveva visto un'occasione per realizzare i suoi progetti riformatori della Chiesa. Aveva pubblicato un volume programmatico, *Il Concilio*. Per una riforma *nella carità*, che riprendeva in sostanza le idee che già aveva comunicato riservatamente a Pio XII per una riforma della Chiesa. Il libro venne aspramente criticato su 'L'Osservatore Romano', su proposta di De Luca, e venne poi ritirato. Era la sconfessione totale di una visione della Chiesa che aveva nel gesuita il suo simbolo. L'impressione suscitata da questa condamna negli ambienti che si preparavano al Vaticano II non fu positiva per la libertà del Concilio, come osserva Haering. Confalonieri dice a Lombardi: il volume va ritirato perchè la sua pubblicità è 'inopportuna e dannosa'. Il card. Cicognani afferma: '...anche il S. Padre ne era rimasto male, che il libro era del tutto imprudente ed inopportuno'. Da parte del papa si temeva soprattutto che il libro di Lombardi potesse apparire come un autorevole suggerimento per lo sviluppo dei prossimi lavori conciliari.

Qualcosa va cambiando negli orientamenti complessivi della politica della S. Sede. Alla fine del 1961 il papa, in un'udienza privata, 'ribadì l'idea della polemica serena e sacerdotale nei nostri interventi, anche quando si trattava di avversari e, più ancora, di cattolici poco avveduti o erranti; è vero, diceva, che bisogna dire sempre la verità, ma che non ogni verità era necessario manifestare in ogni occasione e in maniera aggressiva'. Del resto per il papa i commenti critici alle sue aperture verso l'Est costituivano un'esperienza amara:

'Il S. Padre manifestò vivo dolore per quanto si andava pubblicando sulle sue intenzioni a proposito della risposta al messaggio di Krusciov, quasi che esse fossero improntate a ingenuità; esse volevano essere invece permeate dello spirito di mitezza evangelica sull'esempio di Gesù che presentando se stesso aveva detto: *discite a me quia mitis et humilis corde*. Quanto agli interventi in campo politico il S. Padre dimostrò di preferire il distacco da un impegno troppo evidente e la prudenza verso i politici, di qualunque corrente, poiché facilmente costoro cercano di servirsi della Chiesa per i loro interessi umani più che non servire puramente la verità e la giustizia.'

Non si può dire che questa sensibilità del papa sia stata recepita ampiamente nel lavoro di governo della Curia romana o nella preparazione del Concilio Vaticano II. Tuttavia, con il passare degli anni, mentre si avvicina l'evento conciliare, Giovanni XXIII marca con maggiore incisività le linee e gli orientamenti della Chiesa del suo tempo. Certo il suo governo non si qualifica come una 'dittatura' (tale era stato definito drammaticamente quello del suo predecessore nei colloqui tra porporati che avevano portato alla designazione del card. Roncalli); il papa tiene conto del parere dei suoi collaboratori curiali, in particolare dei cardinali. Tuttavia, con la scomparsa di Tardini e con la nuova situazione di Ottaviani, qualcosa è mutato nel panorama della Curia. Non si tratta di grandi novità, ma una maggiore articolazione di sensibilità introdotta da qualche nuova personalità e dal confronto con i vescovi nella preparazione del Vaticano II.

Del resto Giovanni XXIII – come ho detto – non mira ad una riforma curiale, ma all'apertura del Concilio che dovrà introdurre nella vita della Chiesa elementi nuovi destinati ad agire sul lungo periodo. Parlando all'episcopato melkita, segnalatosi per il suo impegno riformatore, alla fine della prima sessione conciliare, Giovanni XXIII si esprime in un modo che tradisce la sua sensibilità e la prospettiva con cui guardava il presente ed il futuro della Chiesa: 'Abbiate pazienza, vi prego. Non pensate facilmente che il papa possa fare tutto d'un colpo. Lavoriamo lentamente, ma con fiducia. E' più facile cambiare le istituzioni che cambiare le mentalità'.

LA MESSA A PUNTO DEI TESTI
LE COMMISSIONI NELLA FASE PREPARATORIA
DEL VATICANO II

R. BURIGANA M. PAIANO G. TURBANTI M. VELATI

La nostra relazione si propone di illustrare il lavoro di tre commissioni (Teologica, Liturgica, per l'Apostolato dei laici) e del Segretariato per l'unità dei cristiani nella fase preparatoria del Concilio: è un campione che permette di comprendere le dinamiche interne delle commissioni, il loro procedere nell'elaborazione degli schemi da discutere in Concilio, il loro rapporto con il Pontificato giovanneo e la Curia. In queste commissioni sono presenti situazioni che possono offrirci un quadro d'insieme della fase preparatoria, poiché esse elaborarono gli schemi, che daranno origine ai principali documenti conciliari, fatta eccezione per il decreto sulle missioni.

Per quanto riguarda il rapporto con la Curia, due di queste commissioni (Teologica e Liturgica), come del resto quasi tutte le commissioni, avevano alle spalle una congregazione (S.Uffizio e Riti), anche se il rapporto tra commissione e congregazione era molto diverso a seconda dei casi. Infatti per la Teologica si trattava di un legame molto forte, in quanto era considerata da molti una sezione della Suprema Congregazione. La Liturgica invece si trovava in una condizione per certi versi opposta. Era diffusa l'idea che la commissione si ponesse in antitesi alla congregazione: tanto aperta la prima alle istanze di rinnovamento quanto chiusa la seconda proprio a queste, anche se questa schematizzazione non appare del tutto esaustiva, perché non dà conto della presenza nella stessa Congregazione di elementi favorevoli al rinnovamento liturgico, come era il caso di Bugnini.

La commissione per i laici costituisce l'eccezione tra le commissioni preparatorie perché non vi era nessuna congregazione che le corrispondesse e doveva la sua creazione alla volontà dello stesso Pontefice secondo un suggerimento trasmesso al segretario della Commissione Antepreparatoria da Dell'Acqua.[1]

La presenza di un segretariato per l'unità dei cristiani era ancora più significativa dell'idea di Concilio che aveva papa Giovanni: il segretariato rappresentava uno dei segni più chiari del carattere ecumenico del futuro concilio.

Per la composizione di queste commissioni un primo elemento è fornito dalla scelta dei presidenti e dei segretari: era nella tradizione la nomina di Ottaviani e Gaetano Cicognani, segretario e prefetto delle congregazioni corrispondenti, mentre Cento e Bea rappresentano due novità. Infatti il Segretariato, nel quale pure figurano personaggi di primo piano del movimcnto ecumenico, era dominato dalla figura del gesuita tedesco, mentre nella Commissione per l'Apostolato Cento doveva la sua nomina alla familiarità di lunga data con Roncalli più che alla sua specifica competenza.[2] In quest'ultima commissione appare centrale il ruolo del segretario, Glorieux, segretario del Comitato Permanente dei Congressi Internazionali per l'Apostolato dei Laici (COPECIAL). Gli altri segretari erano Tromp, un gesuita olandese, professore emerito della Gregoriana, membro attivo del progetto di Concilio di Pio XII, collaboratore di Ottaviani al S. Uffizio dal 1936; Bugnini, un lazzarista, consultore della II sezione (Sacra Liturgia) della Congregazione dei Riti e segretario della commissione piana per la Liturgia, e Willebrands, delegato dell'episcopato olandese per l'ecu-

1. Cf. A. GLORIEUX, *Histoire du décret 'Apostolicam Actuositatem' sur l'Apostolat des laïcs* in *Vatican II - L'Apostolat des laïcs*, Paris, Cerf, 1970, pp. 91-92. E'parzialmente noto il biglietto trasmesso da Dell'Acqua a Felici, segretario della Commissione Antepreparatoria: *Aggiungere sotto una denominazione distinta dal Concilio [distinta cioè dai temi della 'disciplina del clero e del popolo cristiano'] quanto concerne l'apostolato dei laici, l'azione cattolica, religiosa e sociale. Questa sarebbe la nota novissima [...]. Io. XXIII'*. Vedi: V. CARBONE, *Il cardinale Domenico Tardini e la preparazione del Concilio Vaticano II* in 'Rivista di storia della Chiesa in Italia' 45 (1991) pp. 42-88, p. 73. Da questo articolo risulta che comunque il tema dei laici era già presente nelle prime ipotesi di istituzione delle commissioni della fase preparatoria, durante la quale la Commissione per i Laici fece riferimento al COPECIAL (Comité permanent des Congrès Internationaux pour l'Apostolat des laïcs) che le servì anche come struttura organizzativa.

2. Cento fu nunzio apostolico a Bruxelles tra il marzo 1946 e l'ottobre 1953, in coincidenza cioè con la nunziatura parigina di Roncalli (1944-1953). La sua fu una delle prime nomine cardinalizie volute da Giovanni XXIII appena eletto Sommo Pontefice. Cf. L. BOGLIOLO - F. CASOLINI, *Il cardinale Cento*, Roma, Città Nuova, 1983, pp. 97ss; pp. 113ss.

menismo e segretario della Conferenza cattolica per le questioni ecumeniche. Tromp e Bugnini rappresentano gli elementi di continuità con il periodo precedente, ma va detto che la loro nomina non fu così scontata come poteva apparire.[3]

E' opportuno ricordare che le commissioni non vennero composte una volta per tutte tra il luglio e il settembre del 1960 ma progressivamente. E' facile rilevare una netta divisione tra romani e non romani, tra coloro cioè che di fatto risiedevano a Roma o avevano ottimi rapporti con i principali poli dell'ambiente romano e coloro che invece avevano operato lontano dalla Curia. La composizione di queste commissioni era varia e si andava dalla Teologica nella quale fortissima era la presenza di Atenei e Accademie romani[4] alla liturgica dove, accanto alla componente romana, era presente anche un folto gruppo proveniente dal movimento liturgico d'oltralpe;[5] nel segretariato un ruolo di primo piano era tenuto dai membri d'oltralpe: soprattutto la presenza di sette vescovi residenziali[6] appariva molto significativa per la loro notevole esperienza in campo ecumenico. Nella Commissione per l'apostolato dei laici furono inseriti nomi rappresentativi delle maggiori associazioni di laici: secondo Glorieux era '*celle dont le caractère "inter-*

3. Ottaviani avrebbe desiderato come segretario il rettore di una Università pontificia o di un Ateneo romano e, solo in un secondo momento, per l'opposizione del Papa e di Tardini al nome da lui indicato, accettò Tromp come segretario. Anche il nome di Bugnini emerse a seguito di proposte e veti incrociati su una rosa di candidati.

4. Gli istituti romani erano rappresentati dai rettori della Lateranense (Piolanti), dell'Urbaniana (Garofalo), dell'Angelico (Gillon), del Pontificio Istituto Biblico (Vogt), dal preside della facoltà teologica 'San Bonaventura' (Di Fonzo), della facoltà teologica dei Carmelitani Scalzi (Filippo della SS.Trinità), da quattro professori della Gregoriana (Dhanis, Gundlach, Hürth e Witte) e dell'Antoniano (Balic, Betti, Kerrigan), da tre dell'Angelico (Gagnebet, Ciappi e Sigmond), da uno del Collegio di S.Monica (Trapè), uno del Collegio S.Alberto (Xiberta) e uno della Lateranense (Lattanzi). Infine vi erano due membri della Pontifica Accademia Teologica Romana (Fenton e Schmaus) residenti '*extra urbe*'.

5. I residenti a Roma erano, oltre che Bugnini, Vagaggini e Schmidt. Gli italiani erano Bevilacqua, Borella, Cattaneo e Moneta Caglio; i francesi Jounel, Gy, Martimort, Jenny e Roguet. Di area tedesca erano Klauser, Pasher, Guardini e Wagner; i benedettini Capelle e Botte provenivano dal Belgio. Poco rappresentati erano i paesi extra-europei: McManus, docente alla Catholic University di Washington, Mesjia Gomez, direttore di apostolato liturgico in Colombia, e Diekmann, direttore di 'Workships'.

6. I vescovi erano: Jaeger (Paderborn), Martin (Rouen), Heenan (Liverpool), Charrière (Lausanne), De Smedt (Bruges), Van Velsen (Kroonstad) e Nierman (Groningen).

national" était le plus accentué', ma in realtà furono quasi esclusivamente i membri romani a gestirne il lavoro.[7]

Per quanto riguarda la redazione degli schemi si possono rilevare alcune caratteristiche comuni sia da un punto di vista formale che sostanziale. A tutte le commissioni era richiesto il segreto nei lavori: naturalmente la natura di questo segreto era diversa tanto che la commissione Teologica non lo paragonava a quello richiesto ai membri del S. Uffizio, ma lo riteneva in ogni caso superiore a quello a cui erano tenute le altre commissioni.[8] Quel '*sub secreto*' stampato sui documenti sarà così forte da erigersi a barriera insormontabile per le comunicazioni non solo tra commissioni e chiesa universale ma tra le stesse commissioni, anche se vi saranno delle eccezioni. All'inizio assistiamo a uno sforzo per determinare il rapporto tra membri e consultori, cioè quale doveva essere il grado di partecipazione di quest' ultimi ai lavori delle sottocommissioni o delle sessioni plenarie. Vi è un primo tentativo di dividere i membri dai consultori, attribuendo ai primi diritto di parola e voto nelle sessioni plenarie e ai secondi solo il compito di partecipare alle sottocommissioni e intervenire nelle plenarie sui punti da loro trattati; successivamente si delinea una differenza solo tra chi è a Roma e chi non vi risiede e non può più seguire il rapido procedere delle commissioni. La redazione e correzione degli schemi viene così affidata indistintamente a membri e consultori.

Un altro elemento da considerare è la dialettica interna presente in ogni commissione. Nella Teologica vi era un acceso dibattito tra il gruppo della Lateranense (Piolanti, Parente, Lio) e quello della Gregoriana (Tromp, Dhanis, Hürth), un dibattito nel quale compaiono anche rivalità personali oltre che sostanziali differenze teologiche, presenti in modo più evidente nell'ultimo periodo dei lavori, quando si manifesta uno scontro tra scuole teologiche, tra romani e non.[9] Nella Liturgica vi era il contrasto tra la Curia e la commissione e nell' Apostolato vi

7. Cf. A. GLORIEUX, *Histoire du décret...cit.*, p. 96. I membri più attivi furono nelle tre sottocommissioni: Castellano, Guano, Papali, Tucci, Sabattani, Prosperini e Lambruschini per la prima; Hengsbach, Pavan, Ferrari Toniolo, Quadri, Jarlot, Hirschmann e Geraud per la seconda; Baldelli, Gasbarri, Bogliolo, Menichelli, Ferree e Rodhain per la terza.

8. Ottaviani aveva insistito su questo punto fin dalla riunione del 21 luglio. Cf. [*Verbale della riunione della 'commissio praevia'*] (CT 4/60:37) pp. 1-5 in Archivio del Concilio Vaticano II.

9. Due esempi significativi sono dati dalla discussione nella IV sessione plenaria nell'ottobre/novembre 1961 sul capitolo 10 della '*De Deposito*' sulla sorte dei fanciulli morti senza aver ricevuto il battesimo e dall'approvazione del capitolo sull'ecumenismo, approvazione giunta solo nel maggio del 1962.

erano le varie anime del movimento per il laicato che si agitavano, mentre nel Segretariato era forte la dialettica con la Curia.

Per il lavoro delle commissioni il punto di partenza comune è dato dalle '*quaestiones*', approvate dal Papa il 2 luglio,[10] che lasciavano la più ampia libertà alle singole commissioni; per gli argomenti attingevano alla *Sintesi finale sui consigli e suggerimenti degli Ecc.mi Vescovi e prelati di tutto il mondo per il futuro concilio Ecumenico* di 18 pagine, redatta il 12 marzo e posta alla fine del rapporto sintetico dei vota dei vescovi per area geografica.[11] Il carattere frammentario delle '*quaestiones*' sta all'origine della scarsa collaborazione tra le commissioni: pensiamo ai tentativi fatti dalla Liturgica e dal Segretariato nei confronti della Teologica, tentativi che fallirono anche per l'opposizione di Ottaviani che voleva così ribadire la sostanziale differenza tra gli aspetti dottrinali, di competenza della Teologica, e quelli pratici, che riguardavano tutte le altre commissioni. Dobbiamo comunque ricordare che vi erano stati degli incontri fruttuosi della Liturgica con la commissione sulle Missioni, con quella dei Seminari e gli Studi e con quella per l'Apostolato dei laici; quest'ultima ebbe dei contatti con il Segretariato per l'Unità dei Cristiani e quello per la Stampa.

Passiamo ora alla ricostruzione del lavoro delle singole commissioni, proponendo una sommaria cronologia e cercando di indicare i temi trattati.

La commissione Teologica fu la prima a avviare la stesura dei suoi schemi; infatti fin dal giugno del 1960 si mise al lavoro un gruppo ristretto di membri del S.Uffizio, che elaborò tre schemi: uno sulla Chiesa,[12] uno sul deposito della fede[13] e un terzo sull'ordine morale.[14] A questi ne venne aggiunto un quarto sulla Scrittura, dietro

10. Cf. *Quaestiones Commissionibus praeparatoriis Concilii Oecumenici Vaticani II positae* in *Acta et Documenta in Concilio Vaticano II apparando* II, II/I, pp. 408-415.

11. L'8 febbraio era stato completato quello su Stati Uniti e Canada (13pp.); l'11 quelli su America Latina (28pp.), Germania e Austria (29pp.), Francia (26pp.), Spagna e Portogallo (27pp.), Africa (28pp.), Belgio, Danimarca, Finlandia, Inghilterra e Malta, Irlanda, Islanda, Lussemburgo, Norvegia, Canada, Svezia e Svizzera (25pp.), delle Filippine, della Cina, dell'Asia Orientale, dell'India e dell'Oceania (15pp.), della Grecia e dell'Asia Minore (20pp.), Polonia, Ungheria e Jugoslavia (20pp.) e dei superiori generali esenti e non esenti (25pp.). Senza data era quello sull'Italia (26pp.). Per le osservazioni fatte dal Pontefice cf. V. CARBONE, *Il card. Tardini...art. cit.*, pp. 68-69.

12. Cf. S. TROMP, *Constitutio De Ecclesia* p. 1 in Archivio Gagnebet (Gn) I,18,1.

13. Cf. S. TROMP, *Constitutio De deposito fidei custodiendo* p. 1 in Gn I,18,4.

14. Cf. S. TROMP, *Constitutio de rebus moralibus et socialibus* p. 1 in Gn I,18,5.

esplicita richiesta del pontefice, nella prima metà di luglio.[15] Il 21 luglio una '*commissio praevia*'[16] si riunì per mettere a punto questi quattro schemi, prima di farli circolare tra i membri della commissione in vista della prima sessione plenaria prevista per l'ottobre seguente. Questo lavoro preliminare, che tante osservazioni e rilievi sollevò, condizionò tutta la vita della commissione, che non riuscì a liberarsi da questa impostazione iniziale, che dipendeva in larga misura dal S. Uffizio tanto che rimasero soffocati tutti i tentativi di cambiare il carattere degli schemi.

Il '*De Ecclesia*' fu il risultato di lunghe discussioni e continue correzioni; doveva completare la costituzione ecclesiologica del Concilio Vaticano I, aggiornandola con le varie istanze sviluppatesi sotto Pio XII. Per questo grande peso aveva l'immagine della Chiesa corpo mistico di Cristo, anche se non mancavano delle integrazioni, che cercavano di impedirne la sua totale affermazione; infatti per mesi vi fu una ferma opposizione da parte del gruppo dell'Università del Laterano, che cercò in tutti i modi di far passare una definizione prettamente giuridica di Chiesa, che impedisse qualsiasi passo non solo di riavvicinamento ma anche di dialogo o di semplice ascolto di altre realtà ecclesiali cristiane non cattoliche. Il gruppo romano mostrava una scarsa conoscenza della teologia di oltralpe e personaggi qualificati, come Journet, non poterono partecipare pienamente ai lavori. In questa fase lo stesso Philips vide limitato il suo impegno alla stesura di un capitolo, per altro fondamentale, quello sui laici, data la sua assenza durante gran parte delle riunioni della sottocommissione.

Già nell'ottobre del 1960 la sottocommissione cominciò i suoi lavori, ma solo nella metà di novembre acquistò una sua configurazione precisa con la nomina del domenicano francese Gagnebet a presidente. Nel gennaio successivo Lattanzi, professore alla Lateranense, aggregato alla commissione il 13 novembre, presentò il primo capitolo, sulla natura della Chiesa, che doveva costituire il prologo a tutta la costituzione. Il testo incontrò subito notevoli difficoltà, perché venne considerato arretrato dal punto di vista dottrinale, non chiaro per la lingua latina, pieno di ripetizioni. Nella sessione plenaria di febbraio vennero presentati undici paragrafi in forma '*sat provisoria*'.[17] Nella primave-

15. Cf. S. TROMP - S. GAROFALO, *Schema de fontibus revelationis* pp. 1-2 in Gn I,18,2.

16. A questa riunione parteciparono Ottaviani (presidente), Tromp (segretario), Ciappi, Gagnebet, Garofalo, Hürth, Philippe, Piolanti e Staffa.

17. Cf. *Constitutio 'De Ecclesia'* (CT 20/60 4.2.1961) in Archivio Philips (Ph) 007.04

ra-estate cominciarono a giungere le redazioni dei capitoli: sulla residenza dei vescovi (Schauf), sul sacramento episcopale (Lécuyer), sui membri della Chiesa (Tromp/Philips), sulla Vergine Maria (Balic), sul Magistero (Colombo), sulle relazioni tra stato e chiesa e sulla predicazione (Gagnebet), sui laici (Philips) e sull' ecumenismo (Witte). Tutto questo materiale non possedeva alcuna organicità, anzi denunciava spesso ripetizioni; vi era la predilezione per gli aspetti giuridici, una scarsissima attenzione ecumenica, la preferenza accordata a fonti non bibliche. Faceva eccezione il capitolo sui laici di Philips e in parte quello di Witte, un gesuita olandese della Gregoriana; il capitolo di quest'ultimo, pur non contenendo niente di originale rispetto al movimento ecumenico, costituiva un passo in avanti nella riconsiderazione dei rapporti con le chiese non cattoliche. Dopo una riunione della sottocommissione a Ariccia nel luglio 1961 nella sessione di settembre fu possibile discutere solo alcuni capitoli e non approvare la costituzione nel suo insieme, come Ottaviani avrebbe voluto, in modo che fosse la prima presentata in Commissione Centrale per influenzare così il lavoro di revisione. La redazione proseguì durante l'autunno e la primavera seguente, con due novità. Al francescano Betti, nominato consultore il 7 ottobre 1961, venne affidato il compito di redigere un capitolo sui religiosi, richiesto da Philippe per avere delle indicazioni dottrinali da seguire nella commissione dei Religiosi; Tromp era stato incaricato di redigere il primo capitolo, tolto a Lattanzi, nel dicembre 1961.[18]

Nell'ultima sessione plenaria (1-10 marzo 1962) vennero approvati tutti i capitoli, fatta eccezione per quello sull'ecumenismo, che non venne ritenuto ancora pronto per la discussione, perché continuavano a permanere differenti impostazioni tra chi era, almeno, per una valutazione meno rigida delle altre chiese e chi invece voleva un capitolo in linea con le posizioni del S.Uffizio. Alla fine di aprile Witte propose una nuova versione di questo capitolo che venne approvata e inviata alla commissione centrale, una versione che mostrava alcuni segni di maggiore apertura rispetto alle precedenti, grazie al contributo di alcuni consultori, come Congar e Betti.

Nonostante la partecipazione finale alla redazione dello schema di teologi non-romani la costituzione denunciava un'impostazione giuridica, una quasi totale assenza di citazioni scritturistiche e al contrario

18. Lattanzi ebbe una reazione violenta a questa decisione, che Gagnebet gli aveva comunicato via telefono. Cf. U. Lattanzi a R. Gagnebet, Roma, 16.12.1961 p. 1 in Gn II,6,53.

una massiccia presenza di riferimenti al magistero dei papi, soprattutto di Pio XII. Inoltre mancava lo spirito di rinnovamento e aggiornamento del pontificato di Giovanni XXIII.

Nell'ultima sessione plenaria dal '*De Ecclesia*' si era staccato il capitolo su Maria per formare uno schema autonomo, sotto la direzione di Balic, a cui interessava definire come centrale il ruolo di mediazione di Maria, in termini che non trovavano d'accordo Tromp, che voleva limitare il valore di questa definizione. Il testo venne approvato, dopo un compromesso sulla formula proposta, che rinviava al Concilio una decisione definitiva.

Lo schema '*De Fontibus Revelationis*' aveva avuto una vita più breve e meno travagliata del '*De Ecclesia*'. Già nel febbraio 1961 questa sottocommissione, diretta da Garofalo, aveva redatto una prima parte della costituzione che sviluppava alcuni temi, come l'inerranza biblica e la storicità dei libri sacri, in una prospettiva non di discussione ma di condanna.[19] Nel maggio vennero elaborati altri due capitoli sul valore dell' Antico e del Nuovo Testamento e la costituzione ebbe una sua prima definitiva redazione nel giugno del 1961. Nel mese di luglio venne rivista e data alle stampe[20] per essere discussa nella sessione di settembre, nel corso della quale emersero numerose critiche, soprattutto sul valore della tradizione.

La redazione del '*De Deposito fidei pure custodiendo*' procedette molto rapidamente, poiché la sottocommissione era molto omogenea, sotto la direzione di Ciappi. L'omogeneità della sottocommissione stava nella comune decisione di utilizzare questo schema per colpire tutti coloro che erano sfuggiti alla '*Humani Generis*' e alle disposizioni del S.Uffizio. A luglio il testo era pronto,[21] ma già appariva all'orizzonte il problema della redazione del decimo capitolo sulla sorte dei fanciulli morti senza aver ricevuto il battesimo, che, dopo aver avuto una lunga gestazione, non aveva ottenuto un'unanime approvazione nella sua stesura definitiva. Così nel corso della sessione plenaria di settembre si arrivò ad uno scontro tra chi era soddisfatto della formula e chi non lo era, perché la riteneva o troppo blanda o troppo severa. In ottobre venne fatta una nuova consultazione tra i membri,[22] per giun-

19. Cf. *Constitutio 'De fontibus revelationis'* (CT 20/60 21.1.1961) pp. 1-13 in Gn I,19,10.

20. Cf. *Constitutio 'De fontibus revelationis'* (CT 6/61:39 S/C De Fontibus) pp. 1-18 in Ph 012.15.

21. Cf. *Constitutio 'De deposito fidei pure custodiendo'* (CT 7/61:56 S/C De Deposito) pp. 1-47 in Ph 011.43.

22. Cf. S. TROMP, *Ad omnia Membra* Roma, 24.10.1961 1 in Archivio Van den

gere a un unico testo definitivo, ma tutto risultò inutile perché Dhanis non volle accettare il compromesso proposto da Tromp e così vennero inviate tre differenti redazioni alla Commissione Centrale. Legata a questa sottocommissione è la '*Nova Professio Fidei*' non solo perché venne discussa e redatta al suo interno,[23] ma perché questo testo interpreta forse più che la stessa costituzione '*De Deposito*' lo spirito del gruppo più conservatore della commissione. Infatti si tratta della riproposizione del giuramento antimodernista, ampliato e aggiornato; la '*professio*' doveva rappresentare il manifesto del Concilio così come lo aveva pensato Ottaviani, un Concilio di condanna e approvazione degli schemi, senza discussione, ma ne rivelò invece la debolezza, poiché la '*Nova Professio Fidei*' venne fatta cadere in Commissione Centrale.

La sottocommissione '*De Ordine Morali*' ebbe una vita tormentata fin dall'inizio; infatti già nella prima sessione plenaria venne deciso di separare alcuni punti dello schema '*De Ordine Morali*' per farne materiale per una nuova sottocommissione, la '*De Ordine Sociali*', che non si riunì sino alla fine del febbraio 1961. Questa sottocommissione aveva poi degli aspetti formali del tutto particolari: vi partecipava Philippe, che pure non era né membro né consultore della Teologica; non vi era un presidente fisso, ma questa carica venne di volta in volta ricoperta da Franic, Wright, Anastasio del S. Rosario, nonostante che la personalità di spicco fosse Hürth, che doveva essere solo il relatore per desiderio di Ottaviani, come Tromp comunicò al gesuita tedesco nel dicembre del 1960. Preoccupazione della sottocommissione era di dare delle indicazioni di massima, le più restrittive possibili su alcuni problemi, come il matrimonio; per questo Hürth si impegnò nella stesura del '*fundamentum*' della morale cristiana, configurata come una serie di divieti e norme da rispettare. Il lavoro di questa sottocommissione venne compiuto principalmente da Lio e Gillon, che seguirono le indicazioni date da Hürth nel '*fundamentum*', posto all'inizio dello schema. Contro questa impostazione vi furono le osservazioni di Häring, che furono respinte, definendole troppo pastorali, in sede di sottocommissione e nella sessione plenaria di settembre, durante la quale venne discusso il testo, approvato a luglio. Lo schema, dopo un'ultima revisione nell'ottobre del 1961, venne inviato alla Centrale.

Eynde 001.21.

23. La '*Nova professio fidei*' ebbe tre redazioni: in marzo/aprile (*De nova componenda professione orthodoxae fidei* pp. 1-6), in aprile (*Professio orthodoxae fidei* pp. 1-5) e infine in settembre, prima della III sessione plenaria (*Formulae novae Professionis fidei* 1-3).

Nella sessione di settembre questo schema aveva subito l'amputazione dei capitoli sul matrimonio che confluirono con quelli sulla famiglia della '*De Ordine Sociali*' in una nuova costituzione sul matrimonio e la famiglia cristiana. Questa operazione era stata favorita anche dalle difficoltà che la '*De Ordine Sociali*' aveva avuto; infatti era stato praticamente impossibile approvare i testi per l'ostilità tra i vari membri. Mentre la nuova sottocommissione sarebbe riuscita a presentare e a far approvare il proprio schema, a cui venne aggiunto il capitolo (*De castitate et de pudicitia*) del '*De Ordine Morali*' rinviato alla commissione Teologica dalla Centrale, la '*De Ordine Sociali*' non riuscì neanche nell'ultima sessione del marzo 1962 a presentare uno schema definitivo e così il 19 maggio si riunirono Ottaviani, Tromp, Sigmond e Cereceda per redigere uno schema, visto che i vescovi ne richiedevano uno. In una riunione dal 9 al 13 giugno la sottocommissione approvò questo testo che, già rivisto da Hürth, alla fine del mese fu inviato alla commissione Centrale, dopo aver subito un'ultima revisione da parte di Tromp.

La commissione liturgica ebbe soltanto tre sessioni plenarie: la prima il 12 e il 15 novembre 1960;[24] la seconda nei giorni 12-22 aprile 1961;[25] la terza dall'11 al 13 gennaio 1962.[26] I suoi lavori si svolsero secondo modi diversi nel primo e nel secondo periodo di pausa. Nel primo fu svolto principalmente dalle sottocommissioni che prepararono il materiale di studio e operarono una prima organizzazione dei contenuti delle varie parti dello schema nonché una prima formulazione dei 'vota' per il Concilio. Nel secondo periodo invece la maggior parte del lavoro fu svolto dalla segreteria con l'aiuto di qualche membro o consultore. In questo periodo, come vedremo, tornò a riunirsi diverse volte la prima sottocommissione, per le questioni sollevate dai contenuti del primo capitolo, il più importante in quanto relativo ai principi dottrinali cui andava improntata la riforma liturgica conciliare.

Nella prima sessione (12 e 15 novembre) si discussero e definirono, sulla base di una proposta della segreteria, organizzazione dei lavori, modalità di costruzione dello schema e suoi contenuti generali. Le

24. Cf. A. BUGNINI, [*Relazione*] in *Acta et documenta, op. cit.*, series II, vol. III, p. 47.

25. Cf. A. Bugnini a tutti i membri, Roma, 28.2.1961, in *Archivio Braga* (AB). In questa lettera si fissa il giorno di inizio della sessione per il 12 aprile e se ne prevede una durata di 15 giorni. In realtà essa si concluse prima del previsto, il 22 aprile. Cf. C. BRAGA, *La preparazione della costituzione Sacrosanctum Concilium*, Paris 1983, pp. 381-403, p. 384.

26. Cf. C. BRAGA, *La preparazione...cit.*, p. 387.

'*Quaestiones*'[27], proposte dal segretario relative ai temi da trattare nello schema, erano già state inviate ai membri e consultori della commissione unitamente alla lettera di convocazione per la prima sessione.[28] Esse affrontavano alcuni problemi di fondo in ordine al rinnovamento della liturgia, con attenzione sia ad aspetti specifici (lingua latina, concelebrazione, ufficio divino) che ad altri più generali e direttamente connessi a problematiche ecclesiologiche e pastorali (partecipazione dei fedeli e adattamento). Non mancava una certa sensibilità per la dimensione teologica e storica di specifiche questioni (concelebrazione, ufficio divino, istruzione liturgica, partecipazione dei fedeli, arte sacra). Per quanto alcuni punti vengano ripresi quasi letteralmente dalle indicazioni della segreteria centrale, rispetto a queste vi è sicuramente una forte differenza di impostazione globale. Questa emerge soprattutto dai temi delle nuove questioni aggiunte dal segretario (istruzione liturgica, partecipazione dei fedeli, adattamento alle tradizioni dei popoli, musica e arte sacra) e dalla ripetuta indicazione nella loro formulazione di studiarne l'aspetto pastorale, teologico e storico. Se tale impostazione era sicuramente diversa da quella rubricistica delle questioni poste dalla segreteria centrale, essa risultava tuttavia ancora frammentaria, priva di una visione di insieme del problema del rinnovamento della liturgia.

Questo limite sarà superato a conclusione della prima sessione plenaria, la cui discussione aveva portato alla rielaborazione, più o meno significativa, delle '*quaestiones*' di Bugnini. La variazione più importante è costituita dalla introduzione di un primo punto dottrinale in cui si chiede di definire gli '*altiora principia*' sull'importanza della liturgia nella vita della chiesa soprattutto riguardo alla centralità del mistero di Cristo e il valore latreutico, soteriologico, ascetico e catechetico della stessa liturgia. Questa valorizzazione dell'aspetto dottrinale si riflette poi nella riformulazione degli altri quesiti in cui è accentuata l'attenzione per i principi generali che presiedono alla riforma con particolare attenzione alla precisazione degli elementi strutturali (ad esempio nei sacramenti), evidentemente immutabili, e agli aspetti pastorali che richiedevano di apportare delle innovazioni (in particolare la promozione della partecipazione attiva dei fedeli).[29]

27. Cf. *Quaestiones membris commissionis de Sacra liturgia propositae pro sessione diei 12 novembris* pp. 1-6 in Archivio Righetti (AR).

28. Cf. A. Bugnini a M. Righetti [s.d.] p. 1 in AR.

29. Cf. *Quaestiones membris commissionis de sacra liturgia propositae et approbatae in sessione diei 12 novembris 1960* 1-6 in AR.

La commissione si divise in 13 sottocommissioni a ciascuna delle quali fu assegnato lo sviluppo dei temi di una '*quaestio*',[30] accettando la proposta organizzativa del segretario. E' importante qui segnalare alcune tra le indicazioni di metodo date dal segretario, che saranno effettivamente seguite sia nella redazione delle relazioni delle sottocommissioni che nella costruzione dello schema di costituzione. Bugnini raccomandava il rispetto di due criteri fondamentali: completezza e scientificità. In ordine alla completezza, ciascun problema avrebbe dovuto essere affrontato sotto l'aspetto teologico, storico, pastorale, pratico, legislativo. In ordine alla scientificità, avrebbe dovuto dotarsi di un ampio apparato documentario da apporre alla parte espositiva.[31]

Le sottocommissioni cominciarono a lavorare subito dopo la prima sessione plenaria, nel pomeriggio del 15 novembre. In queste prime riunioni furono definiti metodo di lavoro e problemi generali dei temi assegnati a ciascuna. Esse avrebbero dovuto preparare una relazione da presentare nella successiva sessione plenaria che si sarebbe tenuta nell'aprile 1961.[32] Prima di tale sessione, ciascuna di esse ebbe tuttavia un incontro intermedio in febbraio in cui fu discussa la bozza di relazione preparata dal rispettivo presidente sulla base degli studi e delle proposte dei consultori e fu approvato collegialmente il testo da presentare in sede di seconda sessione plenaria.[33]

Nella seconda sessione plenaria (12-22 aprile) alla pluralità di posizioni relative a questioni particolari, spesso anche all'interno di una stessa relazione, corrisposero istanze e sensibilità molto simili nell'ordine delle esigenze e degli orientamenti generali del rinnovamento.[34] Venne confermata la sensibilità per l'aspetto pastorale, con particolare riferimento all'esigenza di promuovere la partecipazione attiva dei fedeli e al valore didattico della liturgia; ma ritornò più volte anche l'attenzione alla tradizione delle chiese orientali, non solo rispettata e apprezzata ma talora ritenuta più fedele di quella occidentale al rispetto di alcuni principi costitutivi della natura stessa della liturgia. Nella relazione della prima sottocommissione il rinnovamento della liturgia era finalizzato ad una migliore celebrazione e una maggiore intelligibi-

30. Cf. *Subcommissiones* pp. 1-3 in AR.

31. *Quaedam normae ad relationes subcommissionum apparandas*, in *Acta sessionum dierum 12 et 15 novembris 1960* pp. 1-3 in AB.

32. Cf. A.BUGNINI, *[Relazione]* in *Acta et Documenta...cit.*, p. 47.

33. Per la metodologia di lavoro delle sottocommissioni tra la prima e la seconda sessione plenaria vedi: *La commissione della sacra liturgia* in *L'Osservatore romano* 5.1.1962, p. 1.

34. Cf. *Acta sessionis aprilis 1962* in AB.

lità della stessa, ma era ritenuto anche una delle vie per l'unione con le chiese cristiane. Vi era il frequente riferimento alla centralità della Scrittura nella liturgia e alla conseguente esigenza di estendere lo spazio ad essa assegnato. Al richiamo dei problemi pastorali e all'importanza della Scrittura venne associata l'esigenza dell'uso del volgare come lingua liturgica, almeno nelle parti che prevedevano e richiedevano la partecipazione del popolo. L'introduzione del volgare era richiesta con alcuni limiti sui quali vi erano posizioni differenziate, talvolta riportate all'interno di una stessa relazione. La questione della lingua del resto aveva costituito sin dall'inizio una delle più delicate: le tensioni e i malumori generatisi su essa tra la commissione liturgica ed ambienti della curia romana avevano portato ad evitare che fosse presentata nella seconda sessione plenaria la relazione preparata dalla sottocommissione '*De lingua latina*', ritenendo più opportuno che il tema fosse discusso in relazione a ciascuno specifico argomento.

Terminata questa sessione rimaneva il lavoro di redazione dello schema che fu svolto a partire da maggio dalla segreteria con l'aiuto di alcuni membri e consultori. La redazione del proemio e del primo capitolo fu affidata a Cipriano Vagaggini.[35] I contenuti e le vicende del primo capitolo sono le più importanti nella storia dei lavori della commissione e della redazione della costituzione sulla liturgia; infatti esso costituisce l'impianto dottrinale dell'intera costituzione, dando ragione non solo del fondamento dottrinale del rinnovamento della liturgia, ma anche dei principi generali, fatti scaturire da questo fondamento e dalla natura stessa della liturgia, che devono orientare lo svolgimento delle singole questioni affrontate negli altri capitoli. Vagaggini lo redasse infatti utilizzando non solo il materiale della relazione della prima sottocommissione, ma anche le parti riguardanti aspetti più generali delle relazioni delle altre sottocommissioni. Del primo schema di costituzione inviato ai membri e consultori il 10 agosto 1961[36] fu il più discusso: la segreteria dovette riconvocare la prima sottocommissione allargata almeno altre due volte costringendo a rimandare la convocazione della terza sessione plenaria dal novembre 1961 al gennaio 1962.

Nel preambolo del primo schema di costituzione, inviato a tutti i membri e i consultori il 10 agosto 1961, il rinnovamento della liturgia

35. Cf. C. BRAGA, *La preparazione...cit.*, pp. 385-386. Questo viene confermato anche dalla documentazione dell'archivio Vagaggini a Camaldoli.

36. Cf. *Constitutio de sacra liturgia fovenda atque instauranda. Schema transmissum Sodalibus Commissionis die 10 augusti 1961* [s.e.] pp. XIV-252.

era collocato entro il processo più ampio di adattamento delle istituzioni ecclesiastiche alle esigenze del tempo presente e si indicavano gli obiettivi della costituzione nel richiamo dei principi di dottrina e nella definizione di alcune norme pratiche relative alla promozione e allo sviluppo della liturgia. Tale rinnovamento era visto in continuità sia con la riflessione del movimento liturgico che con i contenuti della *Mediator Dei*, una delle '*auctoritates*' più ricorrenti nel primo capitolo e, in generale, in tutto lo schema, definita in una '*declaratio*' la '*Magna Charta hodiernae vitae liturgicae*'. Importante è anche la sottolineatura del peso della liturgia nelle relazioni con i cristiani separati e nell'opera missionaria della Chiesa; del resto tutta la costituzione manterrà sempre, anche nelle relazioni successive, questa attenzione e sensibilità per le questioni ecumeniche e per le particolari esigenze pastorali dei territori di missione.[37] Il primo capitolo è diviso in tre parti. Nella prima, '*De natura sacrae liturgiae eiusque momento in vita ecclesiae*', la natura e la forza della liturgia sono fondate nella economia della salvezza il cui fatto centrale è indicato nella incarnazione. Vi è qui indubbiamente uno spostamento di accento rispetto alla relazione della prima sottocommissione della sessione di aprile: questa individuava infatti il fatto centrale della economia della salvezza nel mistero pasquale. In una '*declaratio*' del testo di Vagaggini si spiegava che l'economia dell'incarnazione era l'aspetto della persona di Cristo più attinente alla natura della liturgia, definita '*quasi continuatio ipsius personae et operis Christi inter nos*'. La liturgia era definita il modo più alto attraverso cui Cristo continuava ad essere presente e operare nella sua Chiesa, essa stessa sacramento di salvezza, l'azione sacra per eccellenza, '*culmen et fons*' della vita della chiesa; alla sua '*mens*' doveva essere ispirata la pietà extra-liturgica, pure qui raccomandata, e ad essa conducevano, e da essa scaturivano, tutte le altre opere e attività della chiesa.

La seconda parte del capitolo sviluppava gli aspetti pastorali del rinnovamento liturgico ed era intitolata '*De actuosa participatione populi prosequenda et de institutione liturgica populi et cleri ad hoc necessaria*'. In essa la partecipazione attiva dei fedeli era indicata come il primissimo fine da perseguire nella promozione e nella riforma della liturgia. Di conseguenza si sottolineava l'importanza dell'istruzione liturgica del popolo e del clero.

La terza e ultima parte indicava le norme generali di riforma, '*De reformatione liturgica eiusque generalibus normis*'. In essa l'esigenza

37. Cf. *Ivi*, pp. 1-8.

dell'adattamento e la necessità della partecipazione dei fedeli erano fatte scaturire dalla stessa natura e struttura della liturgia. In quanto aveva una natura teandrica e si componeva di una parte immutabile di istituzione divina e di una mutabile nel tempo, la liturgia consisteva anche di segni sensibili che dovevano esprimere le cose divine che significano in modo tale da renderle facilmente percepibili ai fedeli, i quali possono così parteciparvi attivamente. Si poneva l'esigenza di rispettare, nel rinnovamento, i criteri della conservazione della sana tradizione e della apertura al legittimo progresso: a tal fine si riteneva necessario far precedere tale opera da una accurata indagine teologica, storica e pastorale, nonché avere sempre presenti le leggi generali di struttura e la '*mens*' della liturgia. Sull'adattamento alla cultura e alle tradizioni dei diversi popoli lo schema riportava due proposizioni che differivano sulla opportunità o meno di conservare, in tale adattamento, l'unità sostanziale del rito romano dove esso fosse ancora in vigore. In questa parte si sottolineava la natura pastorale e didattica della liturgia, da cui si faceva scaturire l'ammissione di un più ampio uso del volgare e in relazione alla quale si affermava l'importanza delle lezioni della Scrittura, della predicazione e della catechesi liturgica. Infine si rilevava la natura comunitaria e gerarchica della liturgia, sottolineando come le azioni liturgiche non fossero azioni private, ma di tutta la chiesa; si affermava la preferibilità delle celebrazioni comunitarie a quelle private e la necessità di promuovere le celebrazioni diocesane e parrocchiali come alimento della vita di queste comunità.

Il soggetto abilitato alla introduzione e sperimentazione di riforme era indicato nella gerarchia. Negli altri capitoli del primo schema frequente sarà il riferimento ai singoli vescovi o alle conferenze episcopali regionali e nazionali, fermo restando la necessità della approvazione della S. Sede.[38]

Le osservazioni allo schema inviato il 10 agosto inducevano la segreteria a riconvocare la prima sottocommissione allargata per una revisione del primo capitolo di cui alcuni avevano richiesto una nuova formulazione.[39] Questa si riunì dall'11 al 13 ottobre alla *Domus Mariae* e vide messi a confronto due testi: quello dello schema del 10 agosto elaborato da Vagaggini e quello di Martimort. Le correzioni proposte da Martimort accentuavano, nell'economia della salvezza, l'importanza dell'evento pasquale, fondando principalmente in esso la natura della liturgia. Va rilevato pure il diverso atteggiamento nei confronti

38. Cf. *Ivi* pp. 9-10.

39. Cf. Bugnini ai membri e consultori, Roma, 27.9.1961 in AB.

degli esercizi di pietà: approvati e raccomandati nel testo di Vagaggini Martimort riteneva opportuno talvolta moderarli perché non dovevano oscurare il senso e il primato della liturgia che doveva sempre e comunque costituirne la fonte.

La riunione della *Domus Mariae* sembra costituire uno dei momenti più importanti della elaborazione del documento sulla liturgia. In essa si sono confrontate principalmente due linee (tra le tante) di rinnovamento della liturgia nelle quali si riflette l'alternativa incarnazione/escatologia che nel corso degli anni Cinquanta aveva attraversato teologie e spiritualità.[40] Ad esse corrispondono probabilmente anche due diverse *strategie politiche* nell'articolare la proposta di riforma. Vagaggini e Bugnini erano infatti più attenti, fatta salva la sostanza dei principi e della proposta di riforma, a costruire il documento in modo tale da eliminare pronunciamenti troppo netti su questioni controverse, tanto più se relative ad aspetti secondari: in tal modo si intendeva evitare sia discussioni interne troppo lunghe o divisioni nella commissione, sia attacchi esterni. La linea che faceva capo a Martimort sembrava invece meno disponibile alla mediazione con gli ambienti romani e i loro modelli teologici.

Nel nuovo schema, inviato a membri e consultori il 15 novembre 1961,[41] il primo capitolo è riformulato in termini che riflettono l'intenzione di mediare tra il testo della segreteria del 15 agosto e quello proposto da Martimort. Restava la sottolineatura, in apertura, della natura umana di Cristo come origine della salvezza, ma nel punto successivo veniva ricuperata la valorizzazione richiesta da Martimort del mistero pasquale come fondamento della chiesa e dei sacramenti. Diversi punti risultavano dalla integrazione dei due testi. In particolare quello sulla natura della liturgia assume già nel titolo la definizione che ne dava Martimort di '*caelestis Liturgiae praelibatio*' e nel suo svolgimento veniva dato maggiore risalto a questo aspetto. Tuttavia, in ordine alla posizione dei fedeli celebranti nei confronti della Gerusalemme celeste l'espressione usata da Martimort '*iam adspicimus*' era sostituita con il termine '*peregrinamur*': all'idea di una realtà in qualche modo già in atto si sostituiva, cioè, l'idea di un cammino iniziato ma ancora

40. Cf. É. FOUILLOUX, *Le due vie della pietà cattolica nel XX secolo* in *Chiesa e papato nel mondo contemporaneo* a cura di G. Alberigo e A. Riccardi, Bari, Laterza, 1990, pp. 287-353, p. 337; ID., *La piété catholique* in *Histoire du christianisme*, pp. 186-215, p. 208; sul tema specifico: B. BESRET, *Incarnation ou Eschatologie?*, Paris, 1964.

41. Cf. *Constitutio de sacra liturgia. Schema transmissum Sodalibus Commissionis die 15 novembris 1961*, Roma 1961, pp. XII-96.

da compiere. Una soluzione di mediazione si raggiungeva anche riguardo agli esercizi di pietà: raccomandati se conformi alle leggi della Chiesa, si poneva anche l'esigenza di moderarli qualora rischiassero di oscurare l'eccellenza della liturgia da cui derivavano.[42]

Lo schema definitivamente approvato dalla commissione liturgica nella sua terza sessione plenaria (11-13 gennaio 1962) non presentava significative variazioni rispetto a quello precedente.[43] Firmato da Gaetano Cicognani il 22 gennaio,[44] la morte di questi[45] e la sua sostituzione con Larraona[46] fecero temere che nel corso del suo iter successivo fino all'arrivo in concilio esso subisse interventi che ne mutassero la sostanza dell'impianto e dei contenuti. Il nuovo presidente infatti aveva una formazione canonistica ed era lontano dagli ambienti di provenienza della maggior parte della commissione e diede segnali di non benevola disposizione verso il testo firmato dal suo predecessore.[47] Nel dibattito in commissione centrale sullo schema della commissione liturgica svoltosi tra il 26 marzo e il 3 aprile, Larraona ne diede una interpretazione restrittiva e ne contestò apertamente alcuni passi. Nonostante la presentazione del nuovo presidente della commissione liturgica, lo schema venne approvato con 12 *placet*, 52 *placet iuxta modum* e solo 3 *non placet*. Vennero poi apportate delle significative variazioni dalla sottocommissione per gli emendamenti che lo discusse il 9 maggio 1962. Furono eliminate le *declarationes* che spiegavano il significato dei singoli articoli o ne ipotizzavano alcune possibili applicazioni pratiche. La loro eliminazione, tra l'altro, recepiva una delle istanze della relazione di Larraona in commissione centrale, in cui aveva più volte sottolineato che scopo del documento e competenza del concilio era limitarsi ad indicare i principi generali della riforma liturgica, come postulato dal motu proprio *Rubricarum instructum*, mentre le applicazioni della riforma sarebbero state di competenza della S. Sede a conclusione del concilio stesso. Larraona aveva pertanto sostenuto che al concilio andava presentato il solo testo dello schema senza le '*declarationes*'. Questo intervento venne interpretato dai membri e consultori della commissione come il tentativo di evitare che le indicazioni del concilio fossero troppo vincolanti per la sua traduzione con-

42. Cf. *Ivi*, pp. 4-15.

43. Cf. *Constitutio de sacra liturgia. Textus approbatus in sessione plenaria diebus 11-13 ianuarii 1962*, Roma 1962, pp. IX-79.

44. Cf. C. BRAGA, *La preparazione...cit.*, p. 387.

45. Cf. *Acta apostolicae Sedis* 54 (1962) p. 128.

46. Cf. *Ivi* p. 189.

47. Cf. A. BUGNINI, *La riforma...cit.*, p. 37.

creta, riservata alla congregazione dei riti. Nella stessa direzione della affermazione dell'autorità romana e della limitazione delle competenze e facoltà delle autorità ecclesiastiche locali erano altri emendamenti che riservavano alla sola S. Sede la decisione sui modi e i limiti della introduzione del volgare, dei casi in cui concedere la concelebrazione e, in genere, delle decisioni da prendere in materia liturgica.[48] L'insoddisfazione per l'intervento della sottocommissione per gli emendamenti è rilevata in diverse memorie e ricostruzioni dell'iter della costituzione.[49] Bugnini parla anche di una *piccola commissione segreta* costituita da Larraona e di cui avrebbero fatto parte F. Antonelli e G. Löw[50] allo scopo di elaborare correzioni al documento.[51]

Dopo l'invio dello schema ai padri conciliari il 13 luglio 1962, l'iniziativa di alcuni membri della commissione liturgica fece sì che fosse portato a conoscenza dei padri conciliari anche il testo non emendato dello schema sulla liturgia, facendo compilare da specialisti una lista su due colonne in cui il testo originario e il testo ufficiale erano posti a fronte.[52] Il concilio poi ripristinò il testo nel suo significato originario.

La commissione per l'Apostolato iniziò i propri lavori il 15 novembre e pochi giorni dopo cominciarono a riunirsi le tre sottocommissioni.[53]

La prima sottocommissione doveva occuparsi delle nozioni generali e dell'Azione Cattolica, sotto la presidenza di Castellano. In vista della seconda Sessione Plenaria Castellano indicò i quattro temi discussi dalla sottocommissione: un'adeguata definizione di laico, l'apostolato della Chiesa e l'apostolato dei laici, gli elementi fondamentali dell'apostolato dei laici e la questione del '*mandato*'.[54]

48. Cf. G. CAPRILE, *Cronistoria della...cit.*, pp. 109-115.

49. Cf. *Ivi*, pp. 113-115; H. SCHMIDT, *La costituzione...cit.*, pp. 120-122; A. BUGNINI, *La riforma...cit.*, p. 38.

50. Antonelli e Löw erano stati membri della commissione piana per la riforma della liturgia. Cf. A. BUGNINI, *La riforma...cit.*, p. 902.

51. Cf. A. BUGNINI, *La riforma...cit.*, p. 38.

52. Cf. H. SCHMIDT, *La costituzione...cit.*, pp. 122-123; G. CAPRILE, *Cronistoria della...cit.*, pp. 116-117.

53. E' bene ricordare che la Commissione tenne in tutto sette sessioni plenarie: la I (15-17.11.1960), la II (31.1-4.2.1961), la III (25-29.4.1961), la IV (4-8.7.1961), la V (23-28.10.1961), la VI (24-31.1.1962) e la VII (4-8.4.1962). Durante queste sessioni si svolgevano delle riunioni delle sottocommissioni, allargate ai membri non residenti a Roma. La triplice ripartizione fu proposta dallo stesso Cento il 15 novembre e derivava indirettamente dalle '*Quaestiones positae*'.

54. Cf. I. CASTELLANO, *Esposto riassuntivo dei lavori della I Sottocommissione* in

La caratteristica particolare del laico, per la quale avrebbe potuto pretendere uno statuto giuridico proprio, doveva essere ricercata nel vivere il cristianesimo nelle ordinarie condizioni della vita familiare e sociale, operando per la consacrazione del mondo. All'obiezione se fosse corretta una definizione canonica di laico a partire dall'ambito della vita civile, cioè in sostanza dalla condizione di cittadino piuttosto che di fedele, la sottocommissione rispose che, ovunque operasse, il laico collaborava alla consacrazione del mondo e all'edificazione della Chiesa, in quanto agiva secondo verità e per virtù e grazia di Cristo.[55]

Difficoltà maggiori riguardarono la questione del 'mandato', termine giuridico utilizzato da Pio XII per indicare l'atto con il quale la gerarchia ecclesiastica affidava a singoli laici o alle organizzazioni un compito specifico; secondo molti il carattere giuridico dell'apostolato dei laici nella Chiesa poteva derivare solo da un simile mandato. Non era chiaro, però, come esso si distinguesse dalla semplice 'approvazione' canonica e se il mandato dei laici avesse davvero una natura diversa da quello della gerarchia. Per risolvere queste difficoltà la sottocommissione ricorse alla distinzione tra 'missione' e 'mandato' che Montini aveva già autorevolmente proposto nel suo discorso al II Congresso Internazionale per l'Apostolato dei laici.[56]

Nonostante le vivaci discussioni la sottocommissione riuscì ad elaborare, tra febbraio ed aprile, un testo abbastanza unitario che ottenne un'approvazione di massima alla terza sessione plenaria. Sarebbe stato il testo base per la prima parte dello schema, anche se appariva mancante del tema del sacerdozio dei fedeli, che stava particolarmente a cuore a Cento.[57]

Archivio della Civiltà Cattolica, fondo 'Tucci / Concilium Vaticanum' (ATuc) 32/101.

55. I contributi più rilevanti discussi in sottocommissione riguardo a questo problema furono: E. GUANO, *I laici nella Chiesa* in ATuc 30a/4; B.C. PAPALI, *Notio apostolatus* in ATuc 30a/2; R. SPIAZZI, *Testo sui fondamenti teologici dell'apostolato dei laici* in ATuc 30a/3; *Sulla nozione di laico - riassunto e integrazione delle osservazioni del p. Lener* ATuc 30a/10.

56. Per i testi fondamentali sulla questione del mandato e del rapporto con la gerarchia vedi: S. LENER, *Sul concetto di 'mandato' come criterio di classificazione delle varie forme di apostolato dei laici* in ATuc 30b/33; F. KLOSTERMANN, *De mandato a S. Hierarchia organizationibus apostolicis laicorum collato* in ATuc 30b/37; B.C. PAPALI, *Diversae formae apostolatus laicorum* in ATuc 30a/1; ID., *De missione canonica et mandato Hierarchiae* in ATuc 30b/34; H. DONZE, *Remarques sur le mandat et notions annexes* in ATuc 32/149.

57. Cf. *Caput II De relatione* in ATuc 32/120; *Caput III: De apostolatu individuali* in ATuc 32/121.

Il tema dell'Azione Cattolica fu al centro delle riunioni della sottocommissione riunita al completo in occasione della sessione plenaria dell'ottobre 1961. Qualcuno, tra cui Papali, un carmelitano indiano, professore all'Urbaniana, non voleva rinunciare a vedere nell' Azione Cattolica l'organizzazione privilegiata dell'apostolato, strutturata e istituita rigidamente su un rapporto di speciale dipendenza dalla gerarchia, su uno speciale mandato che le era proprio e sullo stretto coordinamento delle sue forze. Altri proponevano di sottolineare, con formule prudenti e moderate, che l'Azione Cattolica era una forma generica di apostolato dei laici. Su quest'ultima posizione si ritrovava la maggioranza della sottocommissione dagli italiani (Guano e Tucci), ai francesi (Garrone), ai membri di lingua tedesca (Hirschmann).[58]

La polemica più accesa che caratterizzò la quinta Sessione Plenaria (ottobre 1961) non fu però quella sull'Azione Cattolica, ma quella sul diaconato permanente; Rodhain propose un voto per la restaurazione di tale ministero, perché tornasse ad essere esercitato nella sua autonomia rispetto a quello sacerdotale. Secondo Rodhain con ciò si sarebbe dato maggiore vigore all'apostolato dei laici e si sarebbe dato una risposta efficace a quei gravi problemi che l'apostolato incontrava soprattutto nelle regioni con penuria di sacerdoti, in particolare in America Latina. A questo voto si oppose Papali richiamandosi a motivazioni di tipo dottrinale e tradizionale, per le quali si doveva continuare a considerare il diaconato come stadio preliminare dell'ordine sacerdotale, o come elevazione dei religiosi alla gerarchia, cioè mezzo per integrare nella compagine ecclesiale i pastori protestanti convertiti. Anche Hirschmann si oppose al ripristino del diaconato dei laici, ma con motivazioni contrapposte a quelle di Papali: egli fece notare che esso avrebbe potuto svantaggiare lo sviluppo dell'apostolato dei laici finendo per sottrarre alle attività dei laici forze appartenenti al loro status. Tra il 29 novembre e il 1 dicembre 1961 la sottocommissione tenne una sessione speciale in cui si arrivò alla redazione pressoché definitiva della prima parte sulle 'nozioni generali' e si cominciò a strutturare il materiale già raccolto in abbondanza per la parte sull'Azione Cattolica e le altre forme di apostolato.[59]

58. Cf. Verbali delle riunioni del 23-24-27-28.10.1961 in ATuc 32/102-109. Tra i contributi più importanti: E. GUANO, *De Actione Catholica* in ATuc 30b/22; L. CIVARDI, *Note caratteristiche dell'Azione Cattolica* in ATuc 30b/22.

59. Su questo punto sono interessanti i verbali delle riunioni del 29-30 novembre e 1 dicembre, presenti nell'archivio Tucci. A Papali era stata affidata la correzione della prima parte e vi aveva aggiunto, tra l'altro, materiale sul sacerdozio dei fedeli. Cf. B. PAPALI, *Sacerdotium spirituale christifidelium* in ATuc 30a/18; un'altra

A questa seconda parte si lavorò piuttosto intensamente tra il dicembre 1961 e il gennaio 1962. In una nuova sessione speciale tra il 16 e il 20 gennaio furono esaminate tutte le osservazioni pervenute e i testi furono portati ad uno stadio redazionale quasi definitivo.

Il 18 novembre 1960 al primo incontro della seconda sottocommissione, Pavan si presentò con un programma di lavoro abbastanza dettagliato.[60] Nella relazione che tenne alla seconda Sessione Plenaria (31 gennaio 1961) Pavan organizzava tutto il programma intorno al concetto di '*consecratio mundi*', ma successivamente la sottocommissione preferì adottare uno schema di lavoro più libero e un approccio di tipo induttivo.[61] Una prima redazione della parte generale fu approntata già per la terza Sessione Plenaria (aprile 1961), poi la sottocommissione cominciò ad affrontare alcuni dei problemi più urgenti del mondo contemporaneo, che richiedevano una particolare attenzione apostolica: la famiglia, la scuola, l'ordine economico, i corpi intermedi, l'ordine politico, le strutture internazionali, i paesi sottosviluppati, i mass-media, la questione femminile.[62]

Intanto in Germania intorno a Hengsbach e Hirschmann aveva cominciato a riunirsi un gruppo di esperti, tra i quali anche alcuni laici economisti e imprenditori, che avevano lavorato durante quei mesi in modo parallelo al gruppo romano e che alla fine di giugno presentarono un loro schema. La reazione del gruppo romano all'iniziativa tedesca non fu negativa e prevalse l'idea di un'integrazione tra i due testi. In questa sottocommissione non ci fu dunque, almeno apparentemente, quella rottura che vedremo verificarsi nella terza sottocommissione.[63] Nei mesi successivi continuò l'opera di revisione e di redazione dei nuovi capitoli da parte del gruppo romano. Tra il 2 e l'8 gennaio 1962 la sottocommissione tenne una sessione speciale per l'esame delle osservazioni ricevute e per la revisione dei testi in vista della sesta Sessione Plenaria. L'ultima rifinitura redazionale fu affidata ad un comitato ristretto. Da ultimo Pavan preparò una '*notam explicativam [...] quae non est pars integrans textus conciliaris, sed nota adiuncta*', in

redazione di questo testo si trova in: Archivio dell'Istituto Paolo VI, fondo Guano, busta 67.

60. Cf. Verbale della riunione del 18.11.1960 in ATuc 33/1.

61. Cf. Verbale della riunione del 24.2.1961 in ATuc 33/9.

62. Il testo della parte generale si trova in ATuc 33/41; quello della discussione in sessione plenaria in ATuc 32/15; il programma per la parte speciale fu proposto da Pavan in sottocommissione il 12 maggio 1961. Per questo vedi ATuc 33/13.

63. Cf. Verbale delle riunioni del 24-30.6.1961 e 3.7.1961 in ATuc 33/17.

cui si esplicitavano i fondamenti dottrinali, le ragioni storiche, il metodo e l'ordine generale seguiti dalla sottocommissione.[64]

La terza sottocommissione, sull'azione caritativa, era presieduta da Baldelli, presidente della Pontificia Opera Assistenza. Alla lettura dei verbali si rimane stupiti dal fatto che essa abbia tenuto così poche riunioni: se si escludono gli incontri in occasione delle Sessioni Plenarie e un periodo di maggior frequenza degli incontri tra marzo e giugno 1961, la sottocommissione si riunì solo pochissime volte. Il problema maggiore da affrontare non era tanto quello di una nuova formulazione della dottrina della carità, quanto quello della necessità di risvegliare un nuovo spirito caritativo. Nella terza Sessione Plenaria (aprile 1961) il progetto complessivo proposto dalla sottocommissione ricevette una sostanziale approvazione. Piuttosto che come uno studio sulla carità il testo fu presentato come un elenco dei principi per l'azione caritativa, che della carità doveva essere l'espressione concreta.[65] Nei mesi di maggio e giugno proseguì l'elaborazione e nella Sessione Plenaria di luglio fu presentata, ormai completata, una prima parte del testo.[66] Proprio in questa occasione, tuttavia, ci fu una presa di posizione del gruppo tedesco contro quanto era stato elaborato fino ad allora dal gruppo romano: i tedeschi preannunciarono una redazione alternativa di questa parte dello schema, che a settembre, quando fu proposta, provocò non poche tensioni.[67] L'ultima revisione del testo fu affidata comunque al gruppo romano. La discussione sul concetto di carità impiegato nello schema coinvolse anche le altre sottocommissioni. Quadri, assistente delle Acli, riteneva che esso non dovesse limitarsi all'azione assistenziale, ma riguardare anche tutta l'azione sociale della Chiesa. Ancora nella sesta Sessione Plenaria (gennaio 1962) Castellano presentò consistenti obiezioni sul concetto di carità impiegato nel testo.[68]

Il Segretariato non aveva ricevuto '*quaestiones*' dalla segreteria generale e così la scelta degli argomenti da affrontare fu affidata ad una ristretta consultazione interna, con la raccolta di alcuni pareri tra i

64. Cf. *Acta Commissionis Conciliaris de Apostolatu laicorum*, p.106 in Archivio Glorieux presso il 'Pontificium Consilium pro laicis' a Roma.

65. Cf. Verbale della III sessione plenaria in ATuc 32/15.

66. Cf. *Praembulum. III Caput: De obligatione actionis caritativae. IV De iustitia et actione caritativa. Caput VII De formatione clericorum ad actionem caritativam exercendam* in ATuc 33/80-83.

67. Cf. Verbale delle riunioni del 5-7.7.1961 in ATuc 33/74; verbale della sessione speciale del 21-23.9.1961 in ATuc 33/71.

68. Cf. Verbale della VI sessione plenaria in ATuc 32/41.

membri più autorevoli. Proprio l'esperienza e la competenza di vescovi e teologi impegnati da anni nel complesso mondo dei rapporti ecumenici potevano rappresentare la possibilità di un accesso diretto alle questioni più importanti, insieme all'ascolto delle esigenze e dei desideri espressi dagli stessi ambienti protestanti, tanto che alcuni argomenti proposti (libertà religiosa e matrimoni misti) del Consiglio ecumenico delle Chiese furono fatti propri dal Segretariato.

Dopo la prima riunione plenaria (14-15 novembre) la prima fase di lavoro, fino a febbraio, fu quasi interamente occupata dal dibattito sulla possibilità di invitare al Concilio esponenti non cattolici, i cosiddetti 'osservatori'. Il punto di partenza era una bozza preparata da Willebrands, approvata nell'aprile 1961. Il principio di un invito a rappresentanti delle comunità separate ad assistere al Concilio veniva affermato con l'unico e fondamentale scopo di fare conoscere la chiesa cattolica per ciò che essa era, al di là di ogni pregiudizio, e nello stesso tempo per mostrare ad essi il suo amore e la sua sollecitudine pastorale. Il problema più delicato era però stabilire gli ambiti di partecipazione al Concilio da parte degli osservatori. Si chiedeva di non limitare questa partecipazione alle sole sessioni pubbliche, proprio per stabilire una doverosa distinzione tra gli osservatori e i semplici giornalisti, ma non veniva specificato in quali ambiti 'preparatori' si sarebbero inseriti gli osservatori. Inoltre veniva avanzata la proposta di riunioni apposite, a lato del Concilio, gestite dal Segretariato stesso con lo scopo di spiegare e discutere l'andamento dei dibattiti conciliari, oltre che di raccogliere i desideri e le proposte degli stessi osservatori.[69]

Per quanto riguarda il tema della libertà religiosa il lavoro di una sottocommissione era cominciato molto presto con la stesura, nel dicembre 1960, del cosiddetto '*Documento di Friburgo*', elaborato durante una riunione ristretta sulla base di un primo testo proposto da De Smedt.[70] In questa prima redazione erano presenti alcune delle novità che avrebbero contraddistinto l'evoluzione di questo tema. Si partiva ancora dal concetto di 'tolleranza' ma con l'avvertenza di fondarlo su

69. Copia del promemoria di Willebrands si trova nel Fondo Thils (FT) 0800, ds, 6-9.2.1961, 6 p. Per uno sguardo generale sull'attività del Segretariato cfr. T. STRANSKY, *The foundation of the Secretariat for promoting unity* in *Vatican II by those were there*, edd. A. Stacpoole, London, 1986, pp. 62-87.

70. Alla riunione, svoltasi presso l'arcivescovado di Friburgo, erano presenti l'arcivescovo della stessa città, Charrière, Bavaud (che non era ufficialmente membro del segretariato), De Smedt, Hamer, allora rettore di Le Saulchoir. Per questa notizia e per uno sguardo generale sull'iter del documento vedi: J. HAMER, *Histoire du texte de la déclaration* in *La liberté religieuse*, Paris, 1967, pp. 53-60.

un'attenta considerazione della dignità della persona umana. Vi erano in questo numerosi elementi di novità insieme a riferimenti critici ad alcuni concetti base della posizione di Ottaviani, come l'espressione, 'i diritti della verità', giudicata ambigua e inopportuna. Il documento sarebbe passato attraverso il doppio vaglio delle sessioni plenarie di febbraio e aprile fino alla definitiva approvazione da parte dei membri del Segretariato in una versione però assai differente che eliminava totalmente il concetto di 'tolleranza' per dare spazio a quello di libertà religiosa.

La sottocommissione liturgica elaborò un testo su alcune delle questioni più discusse nel rapporto con i non cattolici, come il ruolo della Parola di Dio nella celebrazione, il problema della lingua liturgica e la '*communicatio in sacris*'. Lo scopo non era quello di redigere un trattato sulla liturgia ma di affrontare alcuni temi specifici. I vota preparati furono discussi all'interno di una commissione mista con la Commissione preparatoria per la Liturgia, in un clima di notevole sintonia, testimoniato anche dal successivo inserimento dei tratti essenziali della proposta del Segretariato nel progetto di costituzione sulla liturgia presentato ai padri conciliari. [71]

Venne anche discusso in una sottocommissione apposita, il problema sollevato da molti vescovi nei vota e cioè il rapporto tra primato papale e collegialità episcopale, nel tentativo di completare la dottrina del Vaticano I limitata alla definizione del primato e dell'infallibilità del papa. In relazione a questo nella sessione di febbraio sorse un vivace dibattito sul ruolo delle Congregazioni romane, viste come '*écran entre le pape et les Évêques*'.[72] Il documento approvato fu inviato alla Commissione teologica nell'aprile del 1961, insieme ad altri due testi preparati nelle rispettive sottocommissioni, sul rapporto dei battezzati non cattolici con la chiesa e sul sacerdozio dei fedeli.

Nell'agosto 1961, durante la quarta sessione plenaria a Bühl, il dibattito si concentrò sulla questione delle relazioni tra lavoro ecumenico e opera di conversione in vista della stesura di una nuova *Istruzione*, che sostituisse quella del S.Ufficio del 1949, ormai superata dallo

71. Si tratta di un esempio di proficua collaborazione, assai raro durante i lavori preparatori. Ben maggiori difficoltà incontrò il tentativo di collaborare con la Commissione teologica a causa della pretesa di quest'ultima di occuparsi in modo esclusivo delle questioni dottrinali, senza accettare contributi da altre commissioni e tanto meno dal Segretariato. Sul lavoro svolto dalla sottocommissione '*De quaestionibus liturgicis*' vedi: G. TAVARD, *Praying together:'communicatio in sacris' in the Decree on Ecumenism* in *Vatican II by those...cit.*, 202-219.

72. Cf. Verbale della riunione in FT 0822.

sviluppo degli eventi. Proprio per questo nacque il '*De oecumenismo catholico*', un documento assai importante che divenne l'ossatura del futuro decreto conciliare sull'ecumenismo. Dopo un lungo e travagliato iter esso fu approvato e inviato alla Commissione centrale alla metà del 1962.[73] A Bühl vennero istituite anche tre nuove sottocommissioni: la prima '*De permanentia Secretariatus*' raccoglieva l'esigenza, espressa in vari momenti, di esercitare adeguate pressioni perché il Segretariato fosse trasformato in una vera e propria Congregazione di Curia. Come aveva sottolineato più volte Bea durante i lavori delle sessioni il futuro dei rapporti interconfessionali era legato al futuro del Segretariato come istituzione.[74] Le altre due si occupavano invece del rapporto tra Scrittura e Tradizione e della preparazione di un Direttorio ecumenico che fissasse le linee generali dell'azione pastorale della Chiesa. In origine si era pensato di non affrontare il tema delle 'due fonti' poiché sembrava inopportuna la sua trattazione in Concilio. Le notizie però provenienti dalla Commissione teologica – che andava elaborando proprio in quei mesi un documento apposito di orientamento assai problematico per i rapporti ecumenici – resero necessario un intervento del Segretariato che inviò in seguito il documento elaborato dalla sottocommissione proprio alla Commissione teologica.

Nell'agosto 1961 fu discusso il documento '*De Judaeis*', preparato da una sottocommissione speciale che aveva come membri alcuni importanti esponenti del cattolicesimo nordamericano, particolarmente sensibili a tale tematica.[75] Il testo fu approvato nella sessione successiva (novembre 1961) ed era pronto per l'invio in Commissione centrale ma i complessi addentellati politici della questione fecero sorgere molti dubbi sulla reale opportunità di un vero e proprio decreto. La votazione voluta da Bea durante la sessione plenaria di novembre rivelava una totale mancanza di accordo all'interno del Segretariato (17

73. Non esiste ancora una ricostruzione attenta e rigorosa del cammino complesso di questo documento. Alcuni cenni in: C. DUMONT, *La genèse du décret sur l'oecuménisme* in 'Istina' 10 (1964) pp. 443-466.

74. Si veda ad esempio l'intervento durante la sessione plenaria del novembre 1961 in FT 0697: '*Le Saint Père a eu l'intention de créer un secrétariat permanent qui ne fût pas limité au Concile; mais il a profité du concile pour le créer: la continuation du mouvement oecuménique dépendra de la continuation du Secrétariat*'.

75. I membri della sottocommissione erano: Gregory Baum, agostiniano canadese, proveniente proprio dalla fede ebraica, Österreicher, vescovo di Newark, Leo Rudloff, abate del monastero di S.Anna a Gerusalemme. Buona parte del lavoro di preparazione dei testi si svolse negli Stati Uniti.

voti favorevoli al decreto e 13 contrari). Gli oppositori al decreto vedevano molto più opportuna l'eventualità di stendere semplicemente alcuni vota da inviare alla Commissione teologica e alla sottocommissione che - dentro al Segretariato - si occupava della libertà religiosa. Il decreto venne alla fine redatto ma l'intervento diretto della Segreteria di stato lo avrebbe cancellato dall'ordine del giorno della Commissione centrale.[76]

Un altro tema importante che coinvolgeva il rapporto con il Consiglio ecumenico delle Chiese e in particolare con il mondo protestante era quello dei matrimoni misti, a proposito del quale vi furono alcuni diretti interventi del Segretariato generale del Consiglio ecumenico. Dopo aver espresso in diverse occasioni il desiderio che il tema fosse affrontato in Concilio, Visser't Hooft inviò una lettera al Segretariato nel giugno 1961 che contribuì non poco ad orientare il lavoro della sottocommissione incaricata di studiare il problema. Alla fine del 1961 era pronto un documento che sollecitava una mitigazione della prassi canonica vigente e che sarebbe stato inviato alla Commissione per la disciplina dei Sacramenti.[77]

Ormai il lavoro del Segretariato volgeva al termine e all'ultima sessione plenaria, nel marzo 1962, furono approvati i rimanenti schemi da sottoporre all'esame della Commissione centrale. Il decreto pastorale '*De verbo Dei*', elaborato da una sottocommissione presieduta dal teologo tedesco Volk, sottolineava l'importanza della Scrittura non tanto dal punto di vista dogmatico quanto da quello spirituale e pastorale. Infine l'ultimo testo sulla necessità della preghiera per l'unità dei cristiani conteneva un progetto di esortazione dei padri conciliari alla preghiera, elaborato da Dumont al termine di un lavoro assai travagliato in sottocommissione. Se infatti l'importanza della preghiera era un fatto assodato esistevano però alcune divergenze sui contenuti di tale preghiera e quindi sulle formule da adottare.[78]

76. Per il dibattito sull'eventualità di un decreto sull'argomento vedi: FT 0698. La comunicazione della Segreteria di Stato si trova in *Acta et Documenta...cit.*, series II, vol. II, pars IV, pp. 21-23.

77. Si veda la testimonianza concorde dei cardinali Aloisi Masella e Bea nelle relazioni lette a nome delle rispettive commissioni durante i lavori della Centrale (10.5.1962) in *Acta et Documenta ...cit.*, series II, vol. II, pars III, p. 1191.

78. Alcuni cenni ai dibattiti interni alla sottocommissione si trovano in C. DUMONT, *La genèse...cit.*, pp. 453-454. I testi dei documenti presentati in Commissione Centrale sono in *Acta et Documenta cit.*, series II, vol. II, pars 4 pp. 813-821 ('*Necessitas orationis pro unitate christianorum maxime temporibus nostris*' e '*De verbo Dei*') e pp. 785-792 ('*De oecumenismo catholico*').

LA PREPARAZIONE DEL REGOLAMENTO DEL CONCILIO VATICANO II

GIUSEPPE ALBERIGO

1. Premesse

Il giorno stesso dell'apertura del concilio i padri ricevono, insieme a molta altra documentazione, anche un fascicolo contenente l'*Ordo Concilii*[1], cioè l'insieme delle norme che avrebbero regolato i lavori dell'assemblea. Se sulla preparazione del concilio si avevano informazioni molto povere, sul Regolamento non si sapeva praticamente nulla e, d'altronde, i vescovi erano particolarmente estranei e disattenti rispetto a una problematica tanto arida e – apparentemente – priva di interesse.

Il Regolamento, approvato dal Papa con il motu proprio 'Appropinquante concilio', datato 6 agosto 1962, ma pubblicato solo un mese più tardi, era frutto di un'elaborazione non priva di interesse, svoltasi nell'arco dei dodici mesi intercorsi tra il giugno 1961 e il giugno 1962. La pubblicazione, nella serie degli *Acta et documenta* relativi alla preparazione del concilio, sia degli atti relativi ai lavori della Commissione centrale che di quelli della Sottocommissione *de normis condendis* consente ora un'analisi non induttiva di tale elaborazione[2]. Tuttavia

1. *Ordo concilii oecumenici Vaticani II celebrandi*, Typis Polyglottis Vaticanis MCMLXII, pp. 52.

2. Rispettivamente nei volumi II/1 (Roma 1980) e IV/1 (Roma 1988, ma in realtà 1989) degli *Acta et Documenta Concilio Oecumenico Vaticano II apparando* s. ii (praeparatoria) [d'ora in avanti = AD], editi per l'infaticabile zelo di mons. V. CARBONE; malgrado sia stato redatto prima di questa edizione, è sempre utile Ph. LEVILLAIN, *La mécanique politique de Vatican II. La majorité et l'unanimité dans un concile*, Paris 1975; ricco di informazioni anche a questo proposito G. CAPRILE, *Il Concilio Vaticano II*, 5 voll. in 6 t., Roma [1966-1969].

essa dovrà esssere integrata con la documentazione non ufficiale via via disponibile e con quella – ancora meno accessibile – relativa a organi della S. Sede diversi da quelli istituzionalmente preposti alla preparazione conciliare, ma che vi hanno egualmente avuto un ruolo considerevole, a partire dalla Segreteria di Stato[3].

Solo il Vaticano I, tra i grandi concili del passato, aveva avuto norme regolamentari preparate in precedenza e fondate sull'autorità del Papa e non sul consenso del concilio stesso[4]. Se dopo il 1870 l'esperienza delle assemblee parlamentari si era considerevolmente sviluppata e estesa, tuttavia in seno al cattolicesimo si era sviluppata anche più l'autorità del papa e ciò spiega perché l'accurata preparazione del regolamento per il Vaticano II si sia svolta essenzialmente all'interno dell'orizzonte determinato dalle definizioni sul primato e sull'infallibilità papali, i cui dati istituzionali erano codificati nei canoni 222-229 del *Codex iuris canonici*. Non è del tutto paradossale affermare che il *soggetto* del regolamento del Vaticano II è il papa, il concilio ne è solo l'*oggetto*.

Infatti l'esperienza parlamentare sembra estranea alla elaborazione del regolamento[5] e la stessa massiccia dipendenza dalle norme vigenti per il Vaticano I trova un limite nello ulteriore rafforzamento della dipendenza dalla volontà del papa; è significativo che la scelta di 1/3 dei membri delle Commissioni conciliari fosse sottratta all'assemblea e riservata al papa, mentre 90 anni prima le Commissioni del concilio erano state esclusivamente elettive.

L'esperienza assembleare di tutti i tempi testimonia l'importanza tutt'altro che solo tecnica delle norme regolamentari destinate a reggerne i lavori. Tali norme possono influenzare in misura elevata gli orien-

3. Un esempio è costituito dalla richiesta rivolta, già nell'autunno 1961, dal Sostituto della Segreteria di Stato, mons. Dell'Acqua, al p. Tromp, segretario della Commissione teologica, perchè gli sottoponesse un memorandum sulle questioni 'De methodo sequendo pro Concilio'.

4. I vari testi regolamentari sono editi in MANSI 50, 215*-222* (=1271-1278), 225*-230* (=1281-1286), 235*-248* (=1291-1304), 854-855 e nella *Collectio Lacensis*, 7, 17-24; cf. R. AUBERT, *Vatican I*, Paris 1964, 66-69, 96-97 e 140-142 e K. SCHATZ, *Kirchenbild und päpstliche Unfehlbarkeit bei den deutschsprachigen Minoritätsbischöfe auf dem I. Vatikanum*, Roma 1975, 140-150, 169-176, 495-498, che documenta le reazioni dell'episcopato germanofono contro l'impostazione papalista delle norme regolamentari del nuovo concilio, paragonate con quelle seguite a Trento.

5. Alcuni dei membri della Commissione centrale preparatoria rifiutano che il concilio sia assimilato a un parlamento, ma questa istanza non è mai sorretta da uno sforzo di caratterizzazione in positivo dell'assemblea conciliare.

tamenti di un'assemblea, tanto più quanto i membri non ne sono adeguatamente consapevoli. É su questa base che sempre più le assemblee rivendicano gelosamente la libera determinazione delle proprie norme di lavoro. Di più, il regolamento di un'assemblea diviene frequentemente lo strumento, implicito ma efficacissimo, per orientare politicamente l'assemblea stessa. Le modalità di lavoro non sono politicamente equivalenti e possono avviare a risultati tra loro molto diversi. Ciò è altrettanto vero per un concilio, per il quale il regolamento è inevitabilmente la proiezione della concezione della chiesa che ne ispira gli orientamenti. Le prime opzioni ecclesiologiche di un concilio sono contenute nel suo regolamento. Come nei parlamenti il Regolamento ha portata politica, così nei concili esso ha rilievo teologico.

Per il Vaticano II, che avrebbe avuto la funzione di cerniera di transizione dalla stagione ecclesiologica post-tridentina e controriformistica a una stagione di comunione e ecumenica, il Regolamento era destinato a essere il *test* cruciale della transizione stessa. Il concilio di Trento aveva dovuto darsi norme procedurali che rispondessero alle condizioni poste da Lutero per un concilio 'libero e cristiano'[6], il Vaticano I si era difeso dalle interferenze dei poteri politici e dal gallicanesimo ecclesiastico; il Vaticano II aveva un compito meno polemico, ma anche più arduo. Esso avrebbe dovuto vivere e lavorare come l'icona della chiesa del terzo millennio: docile alla Parola e allo Spirito, fraterna con gli uomini e attenta alla loro storia, fedele alla Tradizione, libera nel rinnovamento.

2. *La preparazione remota*

Il primo atto della preparazione del regolamento si ebbe nel marzo 1961 con l'invio di 7 *Quaestiones* da parte del Segretario generale Felici ai Consiglieri della Commissione centrale preparatoria[7]. Si trattava di una buona griglia di argomenti: chi convocare al concilio, secondo quali criteri scegliere i teologi che avrebbero collaborato con i vescovi, come comporre le commissioni conciliari, come prevedere lo

6. L'istanza di Roma perché si tematizzassero solo gli argomenti di dissenso teologico con i Protestanti fu ostacolata dall'imperatore, secondo il quale invece era urgente affrontare la riforma degli abusi ecclesiastici. Si giunse al compromesso di discutere alternativamente un problema dogmatico e uno di riforma, cf. H. JEDIN, *Storia del concilio di Trento*, I Brescia ^{2}1970, 225-249.

7. AD II/1 21; dagli atti editi non risulta come siano state preparate né chi ne sia stato l'estensore; si può congetturare che fosse V. Carbone, il futuro estensore del Regolamento?

svolgimento dei dibattiti generali, con quali maggioranze il concilio avrebbe adottato le decisioni. Chi aveva elaborato le *quaestiones* aveva omesso qualsiasi cenno alla fisionomia del prossimo concilio, ma si poteva ritenere che ciò dipendesse dal livello essenzialmente tecnico di questa primissima fase della preparazione.

Infatti i destinatari delle *Quaestiones* erano una trentina di esponenti o funzionari della Curia romana (di cui 2/3 italiani). Le loro risposte rispettano sostanzialmente questo livello tecnico, collocandosi su un piano pratico-giuridico[8]. Vi sono espressi punti di vista molto disparati, che prendono spesso le mosse dal regolamento del Vaticano I, ma vanno anche al di là, come quando si tematizza l'ammissione al concilio di osservatori laici e di non cattolici. Alcuni sottolineano la necessità di non mortificare il dibattito, altri propongono la creazione di una Commissione centrale, che coordini il lavoro conciliare; un esegeta della Compagnia di Gesù suggerisce che i periti conciliari siano scelti in base alla loro conformità all'enciclica *Humani generis* di Pio XII. Nessuno ritiene di stabilire connessioni tra i criteri di funzionamento della assemblea e la sua natura 'pastorale', alla cui delineazione erano espressamente dedicati tanti interventi pubblici di Giovanni XXIII.

Sulla base delle *Quaestiones* della Segreteria, la Commissione centrale preparatoria dedica interamente la prima sessione di lavoro del giugno 1961 a uno scambio di punti di vista sui problemi regolamentari[9]. Ciascuno dei sette quesiti è introdotto dalla relazione di un cardinale di curia esperto di questioni giuridiche (il francese Jullien, lo spagnolo Larraona e lo scozzese Heard[10]). Non sembra, invece, che i lavori della Commissione siano stati introdotti anche da una presentazione organica dei problemi maggiori relativi al funzionamento di un'assemblea atipica come un concilio generale. È possibile che un'introduzione di questo tipo potesse evitare la accentuata frammentazione degli orientementi espressi durante questa sessione.

A loro volta i membri della Commissione formulano il proprio punto di vista sugli stessi argomenti[11], soprattutto facendo riferimento alla sintesi dei pareri dei consiglieri predisposta dalla Segreteria. Non è

8. I testi delle risposte in AD II/1 31-103; alle pp. 104-114 un sommario predisposto dalla Segreteria.

9. Uno degli scopi assegnati dal m. p. *Superno Dei nutu* alla Commissione centrale era appunto 'proponendi normas quae ad ordinem in Concilio servandum pertineant'. In generale sulla Commissione centrale preparatoria si veda A. INDELICATO, *Difendere la dottrina o annunciare l'Evangelo*, Genova 1992.

10. I testi delle sette relazioni sono editi in AD II/1 169-212.

11. AD II/1 213-354, seguiti dai voti inviati dagli assenti (355-403).

chiaro se vi sia stato di volta in volta anche un vero e proprio dibattito, oppure solo una ordinata lettura dei pareri, uno dopo l'altro[12]. Non sembra che vi siano state votazioni conclusive, dato che è toccato alla segreteria, redigendo una sintesi finale destinata alla Sottocommissione preposta alla redazione del Regolamento, quantificare le diverse posizioni[13].

Quanto ai partecipanti al concilio, viene sottolineato che i vescovi, in quanto successori degli apostoli, ne sono membri a pieno diritto, ma si diverge sulla fonte della partecipazione alla successione apostolica. Secondo alcuni, essa è trasmessa mediante il carattere episcopale conferito nella consacrazione e pertanto devono essere convocati tutti i vescovi, anche i titolari[14]; secondo altri solo il conferimento della giurisdizione da parte del papa inserisce nella successione apostolica: sono i sostenitori della limitazione della convocazione ai vescovi residenziali. Meno convincente apparirebbe l'eventualità di una partecipazione per rappresentanza[15]. Molto differenziati sono i pareri sui limiti della partecipazione dei superiori delle famiglie religiose e sulla natura, deliberativa o consultiva di tale partecipazione. È confermata l'opportunità di invitare anche a-cattolici e laici, sia pure in una condizione marginale[16].

Per la scelta dei teologi e dei canonisti sarà opportuno andare al di là di quelli già coinvolti nei lavori preparatori; tutti dovranno essere nominati dal papa, a condizione che abbiano preparazione e affidabilità; ma solo alcuni condividono l'orientamento a condizionarne la

12. I voti dei membri della Commissione centrale sono editi tutti insieme secondo l'ordine di precedenza dei membri stessi; tuttavia non è indicato il momento della loro effettiva presentazione, come si evince ad esempio dal riferimento di Liénart (233) al voto di Alfrink, edito quaranta pagine dopo (271-273) o da quello di Cento (249) al voto di Ottaviani (275-279). Curiosamente, i verbali delle sedute (II/1 115-122) menzionano ogni volta i presenti, ma non coloro che prendono la parola.

13. AD IV/1 21-75.

14. È particolarmente lucido e tassativo nell'esprimere questo punto di vista il parere del patriarca dei Melchiti Massimo IV, secondo il quale dovevano essere convocati al concilio con voto deliberativo *tutti e solo* i vescovi, appunto in base alla consacrazione episcopale ricevuta (AD II/1 376-377).

15. La possibilità di farsi rappresentare è chiesta per i vescovi dei Paesi del blocco sovietico, qualora fossero impediti a intervenire personalmente. Il concetto di rappresentanza è invocato anche per sottolineare la necessità che il computo delle votazioni conciliari non fosse aridamente aritmetico, ma tenesse conto dell'equilibrio tra le diverse tradizioni cattoliche, quelle occidentale e orientale, la cui rappresentanza numerica era del tutto sbilanciata a favore del cattolicesimo latino.

16. Sostengono questo punto di vista soprattutto Döpfner AD II/1 263; Concha 274; Léger 368; Muench 372; Massimo IV 378; Meouchi 381; Yago 398.

scelta in base alla conformità all'enciclica *Humani generis*[17]. Si afferma l'opportunità di consentire ai singoli vescovi di scegliere propri periti privati.

Sulle Commissioni conciliari il primo orientamento è di fare riferimento al numero, alla competenza e persino alla composizione delle Commissioni preparatorie, lasciando trasparire un preciso punto di vista sulla continuità e omogeneità tra apparato preparatorio e concilio, che condizionerà in misura rilevante la redazione del Regolamento. Forse non pochi condividevano, magari inconsciamente, la dichiarazione del cardinale messicano Garibi y Rivera: 'non video quomodo Commissiones conciliares denuo examinare debeant et approbare schemata et decreta iam confecta'[18]! Comunque, ci si orienta a commissioni formate in parte da membri eletti dal concilio e in parte nominati dal papa; il precedente del Vaticano I, dove le commissioni erano completamente elettive, viene abbandonato[19]. Non sembra che vi sia consapevolezza del fatto che così si vulnera la sovranità dell'assemblea e si introduce implicitamente una distinzione tra papa e assemblea, aprendo l'eventualità di una loro potenziale tensione[20]. Moltissimi formulano, infine, il suggerimento che per le elezioni delle commissioni sia chiesto per tempo alle Conferenze episcopali di presentare dei candidati. Per il dibattito in assemblea generale, l'attenzione è concentrata sulla possibilità di introdurre nuovi argomenti nell'ordine del giorno e sulle limitazioni della durata degli interventi dei padri. Per i nuovi argomenti – problema acutamente dibattuto a Trento e minuziosamente regolato per

17. Riprendono la proposta del p. Vaccari: Micara AD II/1 213; Ottaviani 277; Garibi y Rivera 256; Godfrey 258; Santiago 310; Alter 319; O'Connor 333; Janssens 353; Doi 374. La respingono esplicitamente: Döpfner 264; Hurley 325; Léger 368; Alfrink (271) si preoccupa soprattutto che non si ecceda nel nominare periti troppi canonisti.

18. AD IV/1 57.

19. Solo alcuni preferirebbero che i membri delle commissioni fossero tutti elettivi: Confalonieri AD II/1 261; Browne 347-348; Massimo IV 378; Soegijapranata 403. Altri, all'opposto, propongono che tutti siano scelti dal papa: Janssens 353; D'Alton 366; Meouchi 382; Ryan 384; Gonzalez 385; Beras 386; Cooray 388; Poirier 396. Più d'uno, tra i quali Ottaviani (279), preferirebbe che fosse la stessa Commissione centrale a sceglierli.

20. È signficativo che l'argomento principale per sostenere l'opportunità che il papa designasse un terzo dei membri delle commissioni conciliari sia stato che ciò avrebbe assicurato il riequilibrio della composizione delle commissioni stesse dal punto di vista della rappresentatività. Restò invece del tutto in ombra il significato istituzionale generale che avrebbe avuto la sottrazione al concilio della elezione integrale delle proprie commissioni.

il Vaticano I, dove era stato causa di aspri scontri, ma invece irrilevante al Vaticano II – si prevede una dettagliata procedura, ispirata alla garanzia del completo controllo da parte del papa. Per gli interventi nelle discussioni, si ammette l'inopportunità di restrizioni troppo severe, che potrebbero dare l'impressione di voler ridurre il concilio a un sinodo diocesano.

Malgrado la convinzione che la parte principale del lavoro si svolgerà nelle commissioni, i criteri per il loro funzionamento non sono particolarmente approfonditi; resta, ad esempio, inascoltata la proposta di prevedere, accanto al relatore, che riferirà in assemblea sul lavoro di ciascuna commissione, anche un co-relatore, che esprima il punto di vista della minoranza[21].

Il voto potrà essere espresso, oltre che con *placet* e *non placet*, anche con *placet iuxta modum*. Con *placet iuxta modum*, cioè, si esprimeva un voto favorevole, ma accompagnato dalla richiesta di modifiche (i *modi*, cioè gli emendamenti). Era una novità[22], che introduceva un voto di incerta qualificazione, inconsueto sia nell'esperienza conciliare e ecclesiastica[23] che nelle procedure parlamentari. Le prime esperien-

21. Ottaviani AD II/1 277 e Marella 269 ritengono che il relatore dovrebbe essere eletto dalla commissione e non scelto dal presidente. Bea (305) sottolinea la necessità di un co-relatore di minoranza.

22. La proposta fu avanzata da Larraona nella sua relazione alla Commissione centrale (AD II/1 193-194) e fu accolta nella elaborazione del Regolamento nella II stesura, verso la fine di giugno 1962 (AD IV/1 166). Questa formula di voto è assente sia dal *Decretum* di Graziano che dal *Codex iuris canonici*. Al concilio Vaticano (I) il *Methodus servanda in sessionibus s. concilii oecumenici* al n. 81 – riprendendo alla lettera il n. 117 del *Methodus servanda in prima sessione s. concilii oecumenici* (entrambi Romae MDCCCLXIX) – prevedeva che un padre potesse far annotare una approvazione 'cum aliqua mutatione aut conditione' (=Cecconi, *Storia* I/1 [288]); tale inciso però non compare nell'edizione dello stesso documento inserita in Mansi (50, 247*=1303) né nella *Collectio Lacensis*. Esso tuttavia è ripreso quasi alla lettera al n. 14 delle modifiche del 20 febbraio 1870 alle norme regolamentari (ibidem 855), pur restando fermo che i modi di espressione del voto erano due soli: *placet/non placet*. È interessante che nel Congressus praesidum perdurante concilio del 5 febbraio 1870 il segretario Fessler annotasse tra le decisioni di quella seduta:'In Congr. gen. votum dari potest: Placet – Non placet – Placet iuxta modum, sed non in Sessionibus.'(ASV *Concilio Vaticano I*). La decisione fu pubblicata nel 'Monitum' del 18 aprile in vista della III sessione solenne: 'non liceat aliter suffragium dare, nisi pure et simpliciter per verba: *placet* aut: *non placet*, excluso alio quovis modo.' (ASV, ibidem). Debbo le indicazioni relative all'ASV alla squisita cortesia di d. G. M. Croce, che ringrazio. Politicamente, la possibilità di votare *placet iuxta modum* appare finalizzata alla riduzione dei dissensi, nella misura in cui consentiva di dare un'approvazione, sia pure condizionata.

23. La prassi seguita nell'istruzione della cause di canonizzazione prevede pareri

ze, fatte nei mesi successivi nel corso dei lavori della stessa Commissione centrale[24], quasi sempre con esiti ambigui, non avrebbero impedito di mantenere questa modalità anche nel Regolamento conciliare[25].

L'ultimo argomento delicato di questa fase dei lavori riguardava i *quorum* richiesti per le decisioni conciliari. Sulla scia della distinzione dei concili precedenti tra argomenti dottrinali e materie disciplinari, si ritiene che solo per le decisioni su argomenti dottrinali sia necessaria una maggioranza qualificata: 2/3 o 3/4. In seno alle Commissioni potrà continuare a valere il criterio della maggioranza dei presenti, come già nelle commissioni preparatorie.

Per un'adeguata comprensione della delibazione dei problemi regolamentari da parte della Commissione centrale, è utile tenere presente che i pareri sono stati palesemente e ininterrottamente condizionati dal riferimento ai canoni del *Codex* relativi al concilio ecumenico, redatti nella scia dell'esperienza del concilio Vaticano del 1870[26]. I diversi punti di vista appaiono tutti formulati a partire dal dato dei cann. 222-229; ne conseguiva che le implicazioni ecclesiologiche delle opzioni regolamentari restavano implicite o, addirittura, inavvertite. Anche a causa di ciò, i risultati dell'esame in commissione centrale sarebbero stati di modesto significato per l'ulteriore elaborazione.

3. *Il lavoro di redazione*

Conclusa questa rassegna dei problemi, la Commissione centrale non avrà più occasione di occuparsi del Regolamento, che diventa competenza esclusiva di una piccola Sottocommissione, nominata dal Papa il

'affermativi', 'negativi' o 'sospensivi'; non sembra tuttavia che questa terza forma di parere, che chiede un rinvio per un supplemento istruttorio, sia analoga al *placet iuxta modum*.

24. AD II/1 110-111 dove sono pubblicate le norme per i lavori della Commissione centrale: uno schema è licenziato se ha i 2/3 dei voti; *placet iuxta modum* si intende voto di approvazione, a meno che non raggiunga 1/4 dei voti, nel qual caso il fatto va segnalato al papa, destinatario dei testi prodotti dalla Commissione stessa. Non si prevede invece a una relazione di minoranza.

25. Un certo numero di voti non menziona il *placet iuxta modum*: Pla y Deniel AD II/1 240; Valeri 244; Ottaviani 278; Godfrey 259; Graner 322; Sépinski 351. Non è neppure chiaro se diversi padri non confondessero questa modalità con l'astensione.

26. È esemplare da questo punto di vista il lungo voto del card. Larraona, AD II/1 284-299.

27 ottobre 1961 e composta proprio dai cardinali che avevano presentato le relazioni introduttive nella sessione plenaria di giugno: Jullien, Larraona e Heard con l'aggiunta del brasiliano J. de Barros Camara (il quale peraltro non interverrà mai ai lavori) e del card. Francesco Roberti come presidente; segretario della Sottocommissione è designato mons. V. Carbone, il quale ne sarà l'infaticabile *factotum*[27]. Dato che anche Larraona parteciperà solo molto raramente alle 28 sedute della Sottocommissione, essa avrà una composizione particolarmente snella e compatta; ciò consente una mole notevole di lavoro, sia pure riducendo la dialettica interna[28].

Non vi fu neppure alcun apporto analogo a quello dato in vista del Regolamento del Vaticano I dallo storico dei concili Hefele[29]. L'orizzonte appare circoscritto al Vaticano I[30]: le norme regolamentari e l'esperienza di questo concilio saranno abitualmente decisive, frequentemente tramite trascrizioni letterali. Malgrado molto presto Giovanni XXIII avesse precisato che il prossimo concilio non sarebbe stato la ripresa di quello sospeso nel 1870, l'elaborazione del Regolamento sembra ispirarsi senza riserve a quel precedente, prescindendo sia dalla brevità dell'esperienza di 90 anni prima che dalla sostanziale differenza della composizione delle due assemblee, dato che la nuova sarebbe stata tre volte più numerosa e a composizione multiculturale e non solo europea. La dipendenza dal Regolamento del Vaticano I avrebbe, infine, implicitamente condizionato ecclesiologicamente l'assetto normativo previsto per il Vaticano II.

Il lavoro della Sottocommissione si è svolto tra il novembre 1961 e la fine di giugno 1962 attraverso una complessa elaborazione di quattro successive redazioni, dopo avere dedicato le prime tre sedute a indicazioni sulle persone da convocare al concilio, onde specificare quanto

27. AD IV/1 11-14; era stata proposta la nomina del card. Valeri, in luogo del quale venne inserito de Barros Camara.

28. Una eccezione, documentata negli atti pubblicati, è costituita dalle memorie presentate in alcune occasioni dal card. Larraona. Esse tentavano di dialettizzare gli orientamenti della Sottocommissione e, almeno su alcuni argomenti, anticipavano contraddizioni che sarebbe esplose nel corso dei lavori conciliari.

29. Del marzo 1869: Mansi 49, 431-448 e *Collectio Lacensis* 7, 1087-1100.

30. Cf. H. JEDIN, *Die Geschäftsordnungen der beiden letzten ökumenischen Konzilien in ekklesiologischer Sicht*, [relazione dell'1. IV. 1960], *Catholica* 14(1960)105-118 e in *Kirche des Glaubens-Kirche der Geschichte*, Freiburg 1966, II 577-588 e *Die Geschäftsordnung des Konzils*, LThK. *Das zweite Vatikanische Konzil*, III Freiburg 1968, 610-623; nonchè il già ricordato saggio di LEVILLAIN; invece è solo compilativo B. ROMANO - U. SANTINO, *Lo sviluppo storico della procedura conciliare*, Milano 1962.

non era tassativamente già regolato dal can. 223 del *Codex iuris canonici*. A questo proposito si suggerisce di convocare con voto deliberativo, oltre agli aventi diritto secondo il codice, tutti i vescovi titolari e inoltre i superiori delle congregazioni religiose non esenti con più di 3.000 sacerdoti professi[31]. Era d'altronde la formalizzazione del fatto che già ai lavori antepreparatori e preparatori avevano partecipato numerosi vescovi titolari: sarebbe stato paradossale escluderli dal concilio.

Dalla IV seduta del gennaio 1962 inizia l'esame di redazioni di lavoro, attinte in larga misura alle norme del Vaticano I, ma che tengono anche conto degli orientamenti espressi nella Commissione centrale. Unica eccezione al monopolio della Sottocommissione, il Segretariato per l'unità propone alcune formulazioni sulla presenza al concilio di osservatori inviati da chiese cristiane non romane[32]. Tali formulazioni sono ripetutamente prese in considerazione dalla Sottocommissione, senza che si giunga mai a una decisione sino alla seduta del 23 giugno 1962, quando è ormai certo che tali osservatori interverranno al concilio[33]. Non è possibile approfondire in questa occasione – come d'altronde ho già fatto[34] – la portata innovativa che questa ammissione aveva; era una novità che trascendeva l'orizzonte ecclesiologico che aveva circoscritto tutto il lavoro preparatorio. D'altronde essa avrebbe acquistato nella successiva prassi conciliare un significato ancora maggiore, solo parzialmente previsto anche dai promotori di quel coinvolgimento.

I verbali consentono di seguire lo svolgersi dei lavori che culminano alla fine del giugno 1962 nella approvazione della (IV) redazione finale, che – mediante il segretario mons. Felici – viene sottoposta qualche giorno più tardi al papa[35]. È così possibile ripercorrere sinteticamente questo itinerario di preparazione; mi soffermerò sulle opzioni più significative.

La struttura finale del regolamento organizza 70 articoli in tre parti, dedicate rispettivamente alle 'personae', alle 'normae' e alla 'ratio procedendi'. Il primo gruppo di 18 articoli inizia dalle sessioni solenni

31. AD II/1 76.
32. AD IV/1 79-81.
33. AD IV/1 219-221.
34. G. ALBERIGO, *Ecclesiologia in divenire. A proposito di 'concilio pastorale' e di Osservatori a-cattolici al Vaticano II*, Bologna 1990 (trad. ted. *Ekklesiologie im Werden. Bemerkungen zum 'Pastoralkonzil' und zu den Beobachtern des II. Vatikanums*, Ökumenische Rundschau 40 (1990) 24-34).
35. AD IV/1 108-109; il testo ivi 230-250.

per passare poi alle congregazioni generali e alle commissioni, secondo un ordine di importanza che capovolge l'iter fisiologico dei lavori conciliari. L'articolo sulle sessioni a partire dalla III redazione, invece di dedicare due distinti periodi al voto dei Padri e a quello del Papa, li coordina felicemente come momenti successivi di un unico atto. Secondo l'art. 4 i presidenti delle Congregazioni generali, 5 nelle redazioni I e II, come al Vaticano I, sono 7 e costituiscono la Presidenza. Le commissioni (artt. 5-7) nelle prime tre redazioni sono previste in numero di 9, e non 10 come quelle preparatorie[36]; solo la IV redazione ripristina il numero e l'ordine delle Commissioni come era nel periodo preparatorio.

Quanto agli esperti ci si limita a prevedere che siano nominati dal papa; nelle congregazioni generali assisteranno senza diritto di parola, mentre parteciperanno pienamente al lavoro delle commissioni. Periti privati sono previsti a partire dalla II redazione.

Dopo un nutrito gruppo di articoli (12-17) sui vari addetti al funzionamento dell'assemblea, viene inserito l'articolo sugli osservatori, secondo la proposta espressa dal Segretariato alla fine del 1961 e integrata nel marzo 1962; tuttavia l'assistenza degli Osservatori al concilio è retta dal verbo 'permittere' mentre secondo il Segretariato essi avrebbero dovuto essere 'ammessi'; inoltre è omessa la menzione della facoltà del Segretariato di promuovere sessioni speciali con gli Osservatori sui temi del concilio. Tale menzione continuò tuttavia a figurare nelle norme comunicate agli osservatori stessi dal Segretariato all'atto del loro invito.

Seguono norme (artt. 19-43) di carattere generale sulla dinamica dell'assemblea conciliare. Il testo sulla professione di fede, atto di apertura di ogni concilio, ha conosciuto qualche oscillazione nelle prime redazioni – forse in relazione con il proposito della Commissione teologica preparatoria di varare una nuova *professio fidei* – per stabilire infine che solo i Padri vi sono tenuti secondo il testo stabilito dal Papa. Due articoli sono dedicati a una severa determinazione del segreto, che si sarebbe rivelata alla prova dei fatti una delle norme meno felici. Infatti l'accezione rigorosa del segreto frenava la comunicazione all'interno dello stesso concilio – impedendo la formazione di

36. Non è chiara l'omissione della commissione dei 'Vescovi e governo delle diocesi', mentre veniva sdoppiata quella per la 'Disciplina del clero e del popolo cristiano'; questa seconda commissione prendeva il titolo di 'Disciplina del popolo cristiano e dell'apostolato dei fedeli', riassorbendo così quella per l''Apostolato dei laici', ignota alla struttura curiale.

opinioni comuni – e, *a fortiori*, la paralizzava all'esterno, con l'effetto di essere ben presto del tutto disattesa.

Uno dei dibattiti più aspri degli anni della preparazione, quello sull'egemonia della lingua latina[37], ha avuto eco anche nel Regolamento (artt. 28-29); il rispetto generalizzato per l'uso del latino nelle Congregazioni generali[38] ha tuttavia inciso sul grado di coinvolgimento di moltissimi padri, che non hanno mai preso la parola e che spesso faticavano non poco a avere una percezione personale dell'andamento dei lavori.

Sei articoli (31-36) erano dedicati alle modalità per l'esame degli schemi. Questo esame sarebbe iniziato direttamente in Congregazione plenaria, evidentemente nella convinzione – diffusa nella fase preparatoria – che gli schemi potessero essere approvati rapidamente e con minime modifiche. Dopo pochi giorni di lavoro, ci si sarebbe dovuti rendere conto che un vaglio preliminare in Commissione – prassi d'altronde abituale nelle assemblee parlamentari – era indispensabile per non indurre il concilio a traumi superflui.

Sempre seguendo il modello del Vaticano I, il Regolamento, pur suggerendo che gli interventi dei padri fossero dedicati anzitutto ai princìpi generali di ciascuno schema e poi ai contenuti particolari, non prevedeva però che l'assemblea esprimesse, dopo un dibattito generale, un voto per la presa in considerazione o meno di ciascun schema. Stando ai verbali dei lavori della Sottocommissione, sembra che queste possibilità non fossero neppure prese in considerazione. Dopo qualche oscillazione, era stato introdotto il limite di 10 minuti per ogni intervento; dalla seconda redazione per le votazioni il *quorum* previsto è della metà più uno per i problemi minori, per quelli di procedura e in seno alle commissioni, del 60% per le altre votazioni; dalla III redazione si prevede il 60% sempre, salvo che per le elezioni.

37. Cf. A. MELLONI, *Tensioni e timori nella preparazione del Vaticano II. La* Veterum sapientia *di Giovanni XXIII (22 febbraio 1962), Cristianesimo nella Storia* 11(1990) 275-307.

38. Nella Commissione centrale erano stati tuttavia numerosi quelli che – indipendentemente dall'appartenenza a un gruppo o a un altro – avevano chiesto che funzionasse un sistema di traduzioni simultanee, in modo che fosse consentito ai Padri di usare le principali lingue moderne: Liénart AD II/1 233; Micara 215-216; Cerejeira 230; Tappouni 235; Caggiano 242; Cento 249; Alfrink 272; Ottaviani 278; Bea 306; Santiago 313; Lefebvre 317; Graner 323; Bernard 322; Frings 363; Léger 370; Massimo IV 379-380.

Infine uno spazio apposito era dedicato ai criteri per l'ammissione di nuovi argomenti; era una norma destinata a rimanere inerte, a differenza che al concilio di Trento, mentre la fiducia nella bontà degli schemi preparatori indusse a non ipotizzare l'eventualità che fosse presentato al concilio uno schema nuovo su un argomento già previsto dall'ordine del giorno.

La terza e ultima parte (artt. 44-70) regolava lo svolgimento delle tre istanze conciliari: sessioni solenni (44-51), congregazioni generali (52-63) e commissioni (64-70). Come ho già osservato, il fatto di ordinare le norme regolamentari prima per le sessioni, poi per le congregazioni e infine per le commissioni rovesciava l'ordine fisiologico dell'attività dell'assemblea e, forse, ha ridotto la prevedibilità delle possibili contraddizioni interne a tale dinamica. Per le sessioni pubbliche, che avrebbero concluso le varie fasi del lavoro conciliare, il punto più delicato riguardava l'approvazione da parte del papa delle decisioni votate dall'assemblea. Il problema venne regolato allo stesso modo che al Vaticano I, riprendendo la formula *sacro approbante concilio*, tipica dell'ecclesiologia che guidava i concili papali del medioevo. Non appena il concilio giunse alla vigilia delle prime approvazioni, ci si rese conto della inadeguatezza dell'art. 49, che venne riformulato secondo una diversa ecclesiologia[39]. D'altronde, in conformità con la concezione dell'istituzione papale che ne esasperava l'isolamento, il Regolamento – pur attribuendo al papa un'autorità illimitata nei confronti del concilio – non prevedeva mai modalità di intervento papale nei lavori conciliari.

Le congregazioni generali sarebbero state la sede dei dibattiti conciliari veri e propri; il loro svolgimento si sarebbe aperto con la celebrazione della messa alla quale sarebbe seguita la discussione, ordinata secondo le precedenze ecclesiastiche: prima i cardinali, poi i patriarchi, gli arcivescovi e, infine, i vescovi, in ordine decrescente di anzianità. Ciò avrebbe reso quasi impossibile, come si sarebbe visto subito, un autentico dibattito, con un effettivo intreccio dialettico degli interventi. Non sarebbe stata cioè mai possibile una risposta tempestiva da parte di un padre all'intervento di un altro. Un'assemblea dunque più adatta a esprimere approvazioni o, al massimo, dichiarazioni di voto che a realizzare un confronto approfondito e fecondo.

39. Cf. G. ALBERIGO, *Una cum Patribus. La formula conclusiva delle decisioni del Vaticano II*, in *Ecclesia a Spiritu Sancto edocta*. Mélanges G. Philips, Gembloux 1970, 291-319.

Le norme sul lavoro delle commissioni, relativamente sobrie rispetto al peso determinante che le Commissioni stesse avrebbero avuto di fatto, ruotavano intorno alla figura del presidente, nominato dal Papa – come già al Vaticano I – e non eletto da ciascuna commissione. Forse si confidava (con fondamento!) che essi potessero essere ancora, come già durante la preparazione, i massimi responsabili dei settori corrispondenti della Curia romana. Certo è che la discrezionalità del presidente appare l'asse portante di ciascuna commissione. È il presidente che decide l'ordine del giorno, guida la discussione, sceglie la lingua del dibattito, designa il segretario della Commissione nonché il relatore, incaricato di informare dei lavori l'assemblea conciliare[40]. Dopo vari tentennamenti, veniva prefigurata la possibilità di commissioni miste.

4. *Il Motu Proprio e le modifiche papali*

La Sottocommissione provvide anche a formulare una bozza del *motu proprio* papale, che avrebbe approvato e pubblicato il Regolamento. In effetti le tre successive bozze così prodotte tra il 6 e il 27 giugno 1962 non risultarono soddisfacenti, se si giunse a una riformulazione quasi integrale ad opera di mons. Felici, che porta la data del 2 agosto[41]. Su questa base, alla quale furono apportate ancora consistenti modifiche, è redatto il definitivo motu proprio *Appropinquante concilio*[42]. Merita di segnalare che esso sottolinea l'importanza della partecipazione dei padri conciliari, i quali 'una nobiscum graviora ecclesiae negotia pertractent'. Più avanti per gli a-cattolici usa l'espressione 'qui extra ipsius septa versantur', invece delle precedenti formule più intransigenti 'qui foris sunt' e 'qui extra ipsius sinum versantur'. Ancora, il testo papale rafforza il riferimento ai *tria munera* dei vescovi con l'uso di 'spectant' in luogo di 'concreditur'; la parte centrale del MP è dedicata alla chiesa [*ad intra*?] e al progresso umano [*ad extra*?], dove la con-

40. Il 22 ottobre 1962 la commissione liturgica demandò a una apposita sottocommissione di preparare un Regolamento per la propria attività. Il testo è stato edito da CAPRILE, *Il Concilio Vaticano II...*, II, 98-100. Sembra che sia stata l'unica commissione conciliare a dotarsi di una norma scritta di procedura, che peraltro ricalcava molto da vicino l''Ordo'. Quando poi il concilio prolungò i lavori al di là del periodo iniziale, sorse il problema di un rinnovo o meno della composizione delle commissioni, in analogia a quanto avviene in molti parlamenti; in proposito il Regolamento era muto.

41. AD IV/1 187, 197-198, 227, 228-229.

42. AD IV/1 281-283.

nessione con la salvezza è meglio coordinata che non precedentemente. Da ultimo, nella conclusione, prima della promulgazione, si menziona il concorso di tutti i partecipanti al buon esito del concilio.

Nel frattempo, il 12 luglio 1962, dal papa erano giunte alcune modifiche al testo del Regolamento, che gli era stato sottoposto per l'approvazione[43]. Anzitutto i membri del Consiglio di presidenza erano portati da 7 a 10: ciò avrebbe verosimilmente consentito una più articolata rappresentanza, ma contribuì anche a appesantire la funzionalità del Consiglio stesso e perciò la sua idoneità a dirigere adeguatamente i lavori conciliari. In secondo luogo si inseriva un *Secretariatus de concilii negotiis extra ordinem*, preposto a vagliare tutte le proposte avanzate dai padri[44]. Ancora, l'art. 39 era modificato, elevando il *quorum* necessario per tutte le votazioni conciliari – escluse quelle per le elezioni di persone – dal 60% ai 2/3. Ciò avrebbe garantito meglio l'ampiezza del consenso, ma non aveva previsto difficoltà come quelle che sarebbero sorte il 20 novembre successivo a proposito dell'accettazione o meno dello schema *De fontibus revelationis*. È comprensibile che Giovanni XXIII si sentisse allora tenuto a intervenire per sciogliere una impasse derivata da tale modifica.

L'assemblea conciliare iniziava dunque i suoi lavori dotata di un organico complesso di norme regolamentari, di cui si sarebbe dovuto sperimentare e correggere *in itinere* l'adeguatezza[45]. La loro elaborazione era avvenuta nella prospettiva implicita di un concilio numerosissimo, ma breve e unanimistico. In tale assemblea sarebbero stati via via solennemente sanzionati i documenti prodotti dal grande apparato preparatorio, nel quale erano confluite le istanze dei vescovi e le richieste delle congregazioni romane sotto lo sguardo benevolo del papa. É un altro aspetto della confidenza non sufficientemente avvertita che aveva guidato i diversi aspetti della preparazione. Neppure le occasio-

43. L'approvazione del Regolamento da parte del concilio fu rivendicata solo a lavori iniziati in un'isolata istanza al Consiglio di presidenza del card. Motta a nome dell'episcopato brasiliano del 18 ottobre 1962, AD IV/1 333-334.

44. AD IV/1 253-280 pubblica su colonne parallele il testo inviato a Giovanni XXIII e quello definitivo; una nota a p. 253 segnala le principali modifiche introdotte per volontà del Papa. Felici interpretò la proposta (formulata negli ambienti della Segreteria di Stato?) come una duplicazione del Consiglio di Presidenza o, comunque, come un'interferenza e tentò invano di opporvisi, V. CARBONE, *Il segretario generale del concilio ecumenico*, in *Il card. Pericle Felici*, Roma 1992, 170.

45. Cf. G. ALBERIGO, *Dinamiche e procedure nel Vaticano II. Verso la revisione del Regolamento del Concilio (1962-1963)*, *Cristianesimo nella Storia* 13(1992)115-164.

nali percezioni di possibili inquietudini dell'assemblea, come a proposito della indicazione preliminare dei candidati per le elezioni delle commissioni conciliari da parte delle conferenze episcopali[46], avevano avuto seguito.

5. Osservazioni globali

Il clima ecclesiologico che si era affermato negli ambienti romani, soprattutto dopo il Vaticano I, ha costituito lo sfondo e il contesto in cui si è proceduto anche a questo aspetto della preparazione del Vaticano II. Ma, mentre il concilio si sbarazzò ben presto di gran parte degli altri prodotti del lavoro preparatorio, il Regolamento sopravvisse, malgrado le diffuse critiche, molti aggiustamenti estemporanei e due successivi cicli di modifiche, costringendo spesso i lavori dentro un contenitore angusto, frutto di un'ispirazione dottrinale estranea alla coscienza conciliare. Ci si può anche chiedere in quale misura abbia pesato un certo disorientamento forse derivato dall'atteggiamento di Giovanni XXIII. Infatti il papa – dopo avere deciso secondo modalità spiccatamente primaziali[47] di celebrare il concilio – aveva però lasciato libero corso all'istanza del card. Tardini di una preparazione guidata dalla Curia romana. Papa Roncalli sembrava infatti perseguire la caratterizzazione del futuro concilio a un livello apparentemente solo parenetico. É interessante che parecchi autorevoli vescovi, tra i quali anche alcuni vicini a papa Roncalli, lamentassero la mancanza di un progetto sul concilio. La preferenza del papa per un concilio che prendesse nelle proprie mani i suoi compiti era ecclesiologicamente – oltre che psicologicamente – ancora troppo estranea alla loro teologia.

In un certo senso, gli aspetti che lungo la preparazione del Regolamento erano parsi cruciali come la determinazione dei partecipanti al concilio, l'ammissibilità di procuratori, la fissazione dell'ordine del giorno, la prevalenza di un gruppo molto numeroso, come erano stati gli italiani, soprattutto al Tridentino, in effetti non sono stati invece veri problemi nello svolgimento del Vaticano II. Era stata ripetutamen-

46. Così il card. Heard nella sua relazione alla Commissione centrale (AD II/1 177-180) e poi nuovamente nelle sedute del 9 gennaio e del 28 maggio della Sottocommissione per il regolamento (AD IV/1 142-145 e 159-170). Dello stesso avviso erano stati numerosi voti espressi nella Commissione centrale, tra i quali si possono ricordare: G. Cicognani II/1 224; Döpfner 266; Jullien 283; Hurley 326.

47. Cf. G. ALBERIGO, *Giovanni XXIII e il Vaticano II*, in *Papa Giovanni*, a cura di G. ALBERIGO, Bari-Roma 1987, 211-243.

te sottolineata la difficoltà costituita dall'inedito numero di membri dell'assemblea (la previsione era di 2.500 e in effetti non furono mai meno di 2.000), ma essa non aveva trovato nel Regolamento efficaci bilanciamenti. Infatti non solo non è mai stato possibile evitare durante i dibattiti in aula la ripetizione di interventi simili, ma, per la difficoltà di moltissimi padri a sintonizzarsi sugli argomenti via via discussi, non esisteva alcuna occasione di informazione, mentre l'obbligo del segreto finiva per costituire piuttosto un inciampo, senza impedire – anzi talora maggiorando – dimensioni improprie del rapporto tra il concilio e l'opinione pubblica.

L'ipotesi di articolare il lavoro in gruppi linguistici[48] non sarebbe stata del tutto convincente, rischiando di frenare l'imponente processo di osmosi operatosi in seno all'assemblea. Invece durante il concilio di Trento i vescovi avevano avuto agio di informarsi sui diversi problemi assistendo, durante apposite sedute, a un approfondito confronto delle diverse tesi in gioco da parte di teologi qualificati. Un'istanza analoga non avrebbe potuto ridurre il disorientamento e la passività dei due terzi dei Padri, che non hanno mai preso la parola in congregazione generale[49]? Oppure si è pensato che la caratteristica non dottrinale, ma 'pastorale' del concilio – il cui significato peraltro restava nebuloso a molti – non esigesse chiarificazioni istruttorie dei vari argomenti[50]?

48. Avanzata da mons. Hurley (AD II/1 326-327), ma realizzata solo dopo il concilio per i lavori del Sinodo dei vescovi; cfr. lett. di mgr Hurley al card. Roberti con all. 'De modo agendi in concilio' (AD IV/1 87-89 e anche 158-159). A sua volta il card. Léger ipotizzò che le Commissioni conciliari fossero articolate in sottocommissioni linguistiche, dove la discussione sarebbe stata più agevole (AD II/1 369).

49. Solo il maestro generale dei Domenicani, p. Browne, suggerì in Commissione centrale l'opportunità di prevedere, accanto alle commissioni conciliari composte da padri, altrettante commissioni composte da teologi, AD II/1 348.

50. Un argomento delicato era costituito dalla qualificazione formale delle decisioni conciliari. Il Regolamento non ne faceva parola, forse rinviando implicitamente alla forma che le decisioni stesse avrebbero ricevuto all'atto della promulgazione da parte del papa. Era un *test* della 'pastoralità' del concilio, infatti la qualificazione delle sue conclusioni avrebbe rispecchiato fedelmente o meno tale qualità, a seconda che fossero ammesse oppure escluse definizioni dogmatiche e condanne. Solo il 6 marzo 1964 la Commissione dottrinale, richiamando esplicitamente il 'fine pastorale del presente concilio', precisò i diversi livelli di obbligatorietà delle decisioni; la precisazione, che escludeva definizioni in materia di fede e di costumi, fu ribadita il 15 novembre dell'anno successivo. È altresì noto che le decisioni del Vaticano II sono state caratterizzate in modi molto articolati: costituzioni, costituzioni dogmatiche, costituzioni pastorali, decreti, dichiarazioni, messaggi.

Da un altro punto di vista, l'altissimo numero di partecipanti esaltò oltre ogni previsione il ruolo delle Commissioni, rendendo cruciale la loro congruità con gli orientamenti dell'assemblea plenaria, corrispondenza che però le norme regolamentari non si erano preoccupate di assicurare. Ci si sarebbe presto avveduti della mancanza di contrappesi all'autorità del presidente di ciascuna commissione, come anche della impossibilità dell'assemblea a esprimere chiari orientamenti, che guidassero il lavoro in commissione[51]. L'ambiguità del voto *placet iuxta modum* seppelliva infatti le commissioni sotto montagne di emendamenti, che apparentemente riscuotevano pari consenso.

Più in generale, la direzione dei lavori conciliari in un senso più complesso della mera moderazione esterna, sarebbe rimasta insoddisfacente – anzi vacante – , almeno sino alla costituzione della Commissione di coordinamento. A lungo non era chiaro se il papa stesso avrebbe presieduto di persona le sedute[52]; è noto che l'inizio dei lavori dallo schema sulla liturgia fu deciso *in extremis*.

Il Regolamento scontava una 'supplenza' da parte della Curia romana alle eventuali debolezze della struttura conciliare? Si ha l'impressione che gli avvertimenti perché si evitasse ogni confusione tra 'la direzione del concilio e gli organi del governo del S. Padre', come aveva scritto Giovanni XXIII in una nota per il Segretario di stato sin dal maggio 1962[53], non abbiano inciso sulla redazione delle norme regolamentari[54]. Infine, la divaricazione tra l'assemblea, prevista in filigrana dal Regolamento, e il concilio in carne ed ossa ha avuto il suo apice a proposito del rigetto degli schemi preparatori, eventualità non solo remota, ma del tutto estranea al regolamento stesso. Ciò innescò crisi ripetute, soprattutto durante il primo periodo di lavoro, con una drastica contrapposizione tra chi riteneva illegittima la redazione e soprattutto la presa in considerazione di schemi alternativi e chi ne propugnava l'assoluta necessità per consentire al concilio di esprimere le

51. Già a metà novembre 1962 la Congregazione generale avrebbe votato sull'accettazione di principio dello schema sulla liturgia.

52. Questa eventualità era presente a Giovanni XXIII ancora il 9 settembre 1962, *Giornale dell'anima*, a cura di A. MELLONI, Bologna 1988, 757.

53. GIOVANNI XXIII, *Lettere 1958-1963*, a cura di L. CAPOVILLA, Roma 1978, 537-539; cf. anche la memoria di Larraona in AD IV/1 286-287.

54. Secondo Larraona (AD II/1 286), la separazione (*sic!*) tra Curia e Commissioni antepreparatoria e preparatorie, ottima per quelle fasi, avrebbe dovuto essere ormai superata. . .

proprie convinzioni. Era un'aspra tensione tra legittimità formale e sanità sostanziale, tensione apparentemente insanabile[55].

Di fatto questa carenza dell'assetto regolamentare, come d'altronde le altre prima ricordate, si sarebbe invece risolta fecondamente nella misura in cui avrebbe stimolato la maggioranza del concilio a prendere coscienza delle proprie responsabilità guadagnando, – sia pure faticosamente e parzialmente – spazi di libertà. A sua volta il papa, sul cui ruolo *nel* concilio il Regolamento era rimasto muto[56], si è visto spinto a esercitare una funzione di integrazione delle lacune e di superamento delle incongruenze regolamentari.

La riappropriazione della propria dinamica interna da parte dell'assemblea conciliare è stata lenta, onerosa e talora insoddisfacente. Molti malumori risalgono all'impressione di essere costretti a lavorare secondo norme inadeguate, a volte vissute come oppressive, che erano responsabili sia di allungare inutilmente la lontananza dalle rispettive diocesi che di complicare un impegno già di per sè complesso e irto di difficoltà. Nel medesimo tempo i padri conciliari sono stati costretti a farsi carico di cercare una correlazione bilanciata tra la progressiva formazione della coscienza assembleare e criteri di lavoro che ne assicurassero una effettiva fecondità, garantendo anche le opinioni minoritarie e, non meno, la libera ispirazione dello Spirito. Gradualmente, ma inesorabilmente l'assemblea conciliare diviene il *soggetto* del proprio Regolamento.

55. A tale tensione risale la natura ibrida di varie decisioni conciliari, che risentono non solo dei necessari compromessi tra le diverse posizioni presenti in concilio, ma anche dell'improbo sforzo per riutilizzare nella massima misura i testi preparatori, che ha presieduto la redazione di schemi alternativi.

56. Il card. Bea due settimane prima dell'apertura del concilio esprimeva la convinzione che 'Il faut aider le Saint-Père à réaliser ses idées sur le Concile. Celles qu'il exprime dans le radio-message [11. 09] et dans ses exhortations, qui ne sont pas celles des schémas, soit parce que la Commission théologique, qui en est l'élément moteur, est fermée au monde et aux idées de paix, de justice et d'unité, ou à cause de morcellement des travaux et d'un manque de coordination. Toutes les places sont prévues. Où est la place du Saint-Esprit? Elle est pourtant essentielle', A. WENGER, *Les trois Rome. L'Église des années soixante*, Paris 1991, 96.

II. PAPE ET ÉVÊQUES

GIOVANNI XXIII
E L'AVVIO DEL VATICANO II

ALBERTO MELLONI

1. Gaudet

L'11 ottobre 1962 segna per Giovanni XXIII e per il suo progetto di concilio una rottura ed un nuovo inizio: coll'allocuzione ai padri il papa scioglie per quanto lo riguarda le ambiguità della fase antepreparatoria e preparatoria, e consegna al concilio libertà ed obiettivi inediti.

Neppure lui, papa Roncalli, è 'preparato' in senso tecnico a ciò che accadrà, ma decide ed ottiene, col suo discorso, la rottura del clima che aveva pervaso il lavoro di predisposizione degli schemi e evocato una immagine di concilio di mero consenso, per non pochi preoccupante. Una decisione ed un successo, dunque, misurati sulla natura epocale del concilio. Anche se, mentre ritorna nell'appartamento papale dopo la lunga cerimonia nella quale ha preso la parola, Giovanni confida al segretario 'Badavo ogni tanto al mio amico di destra [Ottaviani]'[1] – egli intende l'allocuzione *Gaudet mater ecclesia* non come un atto di guerriglia teologica interna alle mura vaticane, ma come l'adempimento del dovere[2] del papa di aiutare il concilio ad assumere la sua fisionomia.[3]

1. Così recita una nota della agenda personale del segretario del papa, L.F. Capovilla, in data 10/10/1962, comunicatami da lui stesso insieme ad altre fonti più oltre citate, con cortesia di cui gli sono particolarmente grato.

2. G. LERCARO, *Linee per una ricerca storica su Giovanni XXIII*, in *Per la forza dello Spirito*, Bologna, 1984, 287-310.

3. Il papa è già al corrente della propria malattia al piloro.

1.1. La preparazione

All'allocuzione dell'11 ottobre, papa Roncalli lavora dalla fine dell'estate di quel 1962:[4] e la pensa come un intervento eminentemente primaziale – al punto da 'spostare' sul radiomessaggio dell'11 settembre almeno uno dei più autorevoli e graditi suggerimenti ricevuti nell'ultimo semestre in tema di concilio.[5] Sono settimane nelle quali egli accumula gli elementi del suo intervento per approssimazioni, saggiando espressioni e formulazioni attraverso tentativi empirici, ed in un dialogo a distanza con il formarsi delle prime impressioni da parte dell'episcopato, che contemporaneamente reagisce ai primi schemi sbucati dal tunnel della commissione centrale e delle sue sottostrutture.[6] Spinte e ripensamenti, che troveranno soluzione nella *Gaudet*, si affacciano le une accanto agli altri, in una fluidità dalla quale resta pregiudizialmente esclusa una sola possibilità – l'ulteriore dilazione dell'apertura del concilio.[7]

4. Per questo mons. Zannoni, latinista (e forse qualcosa di più) di fiducia del papa, iniziò a tradurre in latino fin dall'agosto, come riferisce G. MARTINA, *A proposito di studi recenti su Giovanni XXIII*, in *Rivista di storia della chiesa in Italia* 39(1985) 531-532.

5. Per le proposte avanzate dall'arcivescovo di Malines fin dall'aprile precedente, cfr. L.-J. SUENENS, *Aux origines du Concile Vatican II*, in *Nouvelle Revue Théologique* 107(1985) 3-21. Per la concentrazione sul discorso cfr. la nota del 10/9/1962, in GIOVANNI XXIII, *Il Giornale dell'Anima*, ed. critica ed annotazione da me curata, Bologna 1987, 757 (in seguito *GdA*).

6. Cfr. anche le lettere spedite dai vescovi prima dell'avvio dei lavori (non si sa se il papa le abbia lette o meno): Ancel 8/9/1962, AS App. 1, 91, sulla pastoralità come scopo del concilio; Bekkers, 9/9/1962, AS App. 1, 111 contro il *de unitate*; de Vet, 11/9/1962, AS App. 1, 171; Elchinger, 11/9/1962, AS App. 1, 174; Nguyen-Van Thien, 12/9/1962, AS App. 1, 214; Jäger, 13/9/1962, AS App. 1, 211-212 che s'appella al discorso del 5 u.s. per l'ordine e la qualifica teologica degli schemi; Kampe e Kempf di Limburg il 18/11/1962 sulla maturità dello schema liturgico, AS App. 1, 231; Ménager 30/9/1962, AS App. 1, 261-262; Pignedoli, preoccupato che il *de unitate* faccia pensare ad una rinunzia alla discussione sull'ecumenismo, 3/9/1962, AS App. 1, 277; Ruotolo 8/9/1962, AS App. 1, 295; Schoiswohl, 15/9/1962, AS App. 1, 304, notando l'opposizione fra il *de fontibus* e la *mens* del papa.

7. Così s'erano espressi Frings, Döpfner e Bengsch di Berlino, in una lettera dell'agosto (circa) che Capovilla ha letto; test. all'A. 9/3/1992. Pare che i primi due porporati, secondo una testimonianza di mons. V. Carbone, archivista del concilio, avessero anche convinto il papa nel corso dell'udienza del 6/5/1961 (documentata dai fogli conservati in copia presso il fondo roncalliano dell'Istituto per le scienze religiose di Bologna) a rinunciare al proposito d'aprire il concilio a Natale di quell'anno.

Non c'è – nemmeno, verrebbe da dire – per il discorso d'inizio del Vaticano II un progetto, ma solo dei *poli*. Uno è rappresentato dal problema della dottrina e delle formulazioni: se, a maggio 1962, il papa immaginava la 'trattazione dottrinale' del concilio come la definizione di 'principi, riforme, ordinamenti, decreti', a settembre egli giudica necessario chiarire e ribadire l'esclusione delle 'nuove formule' dall'agenda e dallo scopo dell'assemblea.[8] Un altro è quello della natura del concilio come illuminazione e progressione: Giovanni prova per un verso a calibrare un invito alla prudenza, anzi alla diffidenza verso un 'malinteso aggiornamento' nel discorso del 9 settembre ai direttori spirituali,[9] ma di contro sperimenta anche alcune frasi, palesemente scritte per il discorso d'apertura[10] – e in parte riprese vuoi nel manoscritto dei *Punti maestri* per quella allocuzione,[11] vuoi nei *Soliloqui* che raccolgono citazioni e pensieri sul concilio, vuoi nel quaderno da cui viene l'ultima pagina del *Giornale dell'Anima*, vuoi nell'allocuzione stessa.[12] Un terzo polo è quello della epocalità del Vaticano II,

8. 2/9/1962, [GIOVANNI XXIII], *Discorsi messaggi colloqui di S.S. papa Giovanni XXIII*, 5 voll. + indici, Roma 1960-1967, IV, 457-458 (in seguito DMC): 'Qu'il ne s'agisse pas de doctrines nouvelles, de formules sensationnelles c'est trop évident!'.

9. DMC4 512-518.

10. L'uso d'un participio (*convenuto*) in una frase documenta che in questo discorso confluiscono anche brani o prove del discorso d'apertura: il pensiero infatti richiama la preparazione nella quale è stato 'ha radunata una ricchezza così sovrabbondante di elementi di ordine dottrinale e pastorale, da offrire all'episcopato del mondo intero, *convenuto sotto le volte della Basilica Vaticana*'; ma è evidente che 'convenuto' avrebbe potuto esser detto solo l'11 ottobre!

11. Il che spiega l'uso degli 'ecc. ecc.' del ms, rilevabili nell'ed. critica apparsa in G. ALBERIGO-A. MELLONI, *L'allocuzione Gaudet Mater Ecclesia (11 ottobre 1962), Sinossi critica dell'allocuzione*, in *Fede Tradizione Profezia. Studi su Giovanni XXIII e sul Vaticano II*, Brescia 1984, 187-283 (il testo 223-283).

12. Il radiomessaggio dell'11/9 e l'allocuzione dell'11/10 condividono alcuni periodi o sintagmi. Fra gli altri i seguenti: 'splende negli occhi e nei cuori'; 'nella successione di tre anni di preparazione'; 'applicazione dell'evangelico magistero di Cristo, da venti secoli luce dell'umanità redenta dal sangue suo'; 'la scelta d'una 'parola profetica' di Gesù [Lc 21, 20-33]'; 'i termini della contraddizione: il bene e il male permangono e resteranno'; 'che è mai infatti un concilio ecumenico se non il rinnovarsi di questo incontro della faccia di Gesù risorto, re glorioso ed immortale, radiante su tutta la chiesa, a salute, a letizia e a splendore delle genti umane? '; 'ripresa più energica'; 'richiamare e deplorare'; 'è naturale che il concilio nella sua struttura dottrinale e nell'azione pastorale che promuove, voglia esprimere l'anelito dei popoli a percorrere il cammino della provvidenza segnato a ciascuno, per cooperare nel trionfo della pace e rendere più nobile, più giusta e meritoria per tutti l'esistenza terrena'; 'l'unità della 'catena d'amore''; 'Pietro e Paolo'; 'più mite'.

rispetto alla quale Giovanni tenta diverse periodizzazioni: si incontra il riferimento al centenario del Tridentino, ma anche il richiamo ai 17 anni postbellici nel radiomessaggio dell'11 settembre e infine il 'mezzo secolo' della *Gaudet*.[13]

Questa insoddisfatta fluidità caratterizza gran parte dei mesi di agosto e settembre: in questo senso il ritiro dedicato alla preparazione del papa al concilio non è 'riuscito nello scopo e spirito che mi ero prefissato'.[14] Perciò, man mano che il tempo s'abbrevia per il concilio e per il papa,[15] la sperimentazione procede più spiccia. Tentativi interessanti vengono abbandonati: c'era stata infatti un'insistenza sul concilio come 'possente sinfonia',[16] insieme al richiamo a non attardarsi sui 'fatui giuochi di polemica amara', per iniziare un dialogo di pace che vuol 'convincere gli uomini e le genti ad imitare il suo linguaggio';[17] rapidamente essi cadono. Altri concetti vengono enunciati in forma sempre meno provvisoria: come l'alternativa che il concilio impone fra ciò che si deve fare e ciò che può attendere,[18] ovvero il ricordo dello 'spirito di adattabilità' che l'ascetica cristiana 'da secoli consente e insegna'.[19]

1.2. La redazione

La redazione del discorso precipita negli ultimissimi giorni a ridosso dell'apertura dei lavori: predisposto in forma autografa[20] per larghi tratti prima del pellegrinaggio a Loreto ed Assisi,[21] il testo viene ri-

13. Cfr. MELLONI, *Sinossi critica dell'allocuzione*, in *Fede Tradizione Profezia* cit., 254.

14. GdA, 761.

15. Il 5/9/1962 era uscito il motu proprio *Summi Pontificis electio*, AAS 54(1962) 632-640, di cui *supra*.

16. DMC4 550-551, 26/9/1962.

17. DMC4 530-532, 16/9/1962.

18. 'La chiesa questo e non altro vuol fare col suo concilio. Perciò - come nelle epoche eroiche della sua storia - essa sa anche conservare in cuor suo legittime rimostranze, e sa soffrire in silenzio pene strazianti' DMC4 532, 16/9/1962. Inoltre cfr. il discorso di Loreto del 4/10/1962, DMC4 561-563 sulla 'fermezza di proposito' davanti al concilio e sul 'valore assoluto' delle indicazioni evangeliche.

19. DMC4 538, 22/9/1962. Inoltre DMC4 549-550, 26/9/1962 sui contenuti della 'trepida vigilia'.

20. Sulla indicazione del papa che ne vanta la paternità 'dalla prima all'ultima parola', cfr. ALBERIGO, *Formazione, contenuto e fortuna dell'allocuzione*, in *L'allocuzione 'Gaudet Mater Ecclesia'* cit., 190-191.

21. DMC4 555-566; cfr. inoltre l'agenda del papa sull'ultima udienza, 3/10/1962.

visto e raggiunge uno stato definitivo nella riunione del 10 ottobre fra il papa, Dell'Acqua, Samoré e Zannoni; segue di poco una consultazione telefonica col cardinal Urbani.[22]

1.3. Le linee portanti

Con la *Gaudet* il papa 'dice tutto',[23] ma chiude anche l'interstizio nel quale egli si è sentito libero di elaborare ed esprimere le sue tesi: essa apre al tempo stesso la fase – inedita anche per il papa e ricca d'incognite – del rapporto coll'assemblea. I profeti di sventura, anche a questo riguardo, non dovevano mancare, ma trovano in Giovanni una inattesa durezza. Sempre il 10 ottobre 1962, come ricorda l'interessato nella propria agenda, mons. Felici sottolinea al papa la pericolosità dell'avvio della macchina conciliare e paventa la possibilità dello scacco e dello stallo: il papa gli replica secco che 'il Concilio riuscirà'.[24] È per questo, perché il concilio 'riesca', che Giovanni pronuncia la *Gaudet*, rinunciando all'intervento sui meccanismi istituzionali dell'assemblea, ma anche alla mera passività cerimoniale: con la *Gaudet* il papa rischia in proprio su temi scottanti. L'allocuzione introduce alcuni argomenti non nuovi al magistero roncalliano, ma certo espressi con una forza ed una eco che solo la circostanza straordinaria poteva dare: a) l'affondo contro i profeti di sventura;[25] b) la distinzione fra ciò che meritava e ciò che non avrebbe avuto bisogno di un concilio; c) la distinzione fra sostanza ed espressione della dottrina;[26] d) l'immagine non concentrica dell'unità.[27]

22. Agenda Capovilla, 10/10/1962. Queste ultime correzioni sono quelle da cui discendono alcune delle varianti fra il latino ed il testo ufficioso italiano, più aderente del latino al ms e su cui cfr. la *Sinossi* cit. più sopra.

23. Agenda L.F. Capovilla 11/10/1962.

24. P. FELICI, *Il lungo cammino del concilio*, Milano 1967, 125.

25. Si veda per questa consapevolezza anche la nota del 10/10/1962, in Archivio Roncalli, Istituto per le scienze religiose di Bologna, sulla traduzione: 'veder bene se la espressione *indulgentiae plenam* non offrirà motivo di qualche irritazione per qualcuno dei militanti sotto l'emblema del *frangar non flectar*, così bello in sé, ma così infelice nella incertezza delle sue applicazioni'.

26. Cfr. il passaggio sul vangelo che non muta del 28/10/1962, DMC4 617.

27. Rispettivamente *Sinossi critica* cit., 277-278.

2. *Un passo indietro*

La *Gaudet*, dunque, segna la svolta di discontinuità fra concilio e preparazione; essa recupera alcuni degli elementi, che dopo il primo infiammato semestre del 1959[28] avevano assunto un grado di incisività molto modesto, ma che Giovanni stesso aveva ricapitolato in quel 'riassunto di grandi grazie fatte a chi ha poca stima di se stesso' proprio alla vigilia dell'apertura.[29]

2.1. *Le scelte del papa*

Già nel corso della estate del 1959, il segretario di stato, che il papa aveva liberamente scelto di privilegiare e di porre a capo di tutta la preparazione,[30] aveva infatti raffreddato l'impulso ecumenico che era risuonato a san Paolo fuori le mura; e pur avendo il papa saputo imporre – e imporgli – la scelta della consultazione generalizzata dell'episcopato, la gestione dell'informe materiale derivatone e l'abile regia del segreto[31] avevano reso reciprocamente indipendenti i discorsi di Giovanni XXIII e le linee di sviluppo degli organismi preparatori – sui quali, fra l'altro, ricadeva la tensione, tutta interna alla dinamica curiale per la suddivisione delle competenze e per la supremazia effettiva nell'organigramma vaticano, che rischiava di disarticolare il lavoro delle congregazioni stesse.[32]

28. Cfr. sia PH. CHENAUX, *Le Conseil oecuménique des Églises et la convocation du Concile*, che A. MELLONI, *Governi e diplomazie all'annuncio del Vaticano II*, in *À la veille de Concile Vatican II. Vota et réactions en Europe et dans le Catholicisme oriental*, éd. M. Lamberigts et Cl. Soetens, Leuven 1992, rispettivamente 200-213 e 214-257.

29. GdA 762-765, 11/19/1962.

30. Le ricadute sull'assetto della curia e l'occupazione di spazi tematici del concilio in vista di quegli stessi assetti devono ancora essere documentate e studiate; importanti spunti in PH. LEVILLAIN, *La Mécanique politique de Vatican II. La majorité et l'unanimité dans un Concile*, Paris 1975, 34-103.

31. Cfr. al proposito il diario del p. Congar, *passim*.

32. Manca ancora uno studio sullà attività 'ordinaria' delle principali congregazioni nel corso della preparazione, ma è evidente che più di un protagonista gioca sul tavolo dell'amministrazione anche questioni di portata generale e vice versa: sarebbe perciò importante, come è facile fare per la costituzione apostolica sul latino *Veterum sapientia*, capire quando e in che misura le condanne contro le *Esperienze pastorali* di don Milani, o i *Punti fermi* dell'*Osservatore romano* sulla politica italiana, o anche il *monitum* contro Teilhard de Chardin e, volendo, la stessa enciclica *Mater et magistra* si iscrivano nella lotta per il concilio.

2.2. La rottura

Una lenta ripresa d'iniziativa di Roncalli nella preparazione (e non solo *sul concilio*) s'era data dopo tre anni[33] di lavori, 'di letizia e anche di qualche sofferenza'[34] – *post vel propter* la morte di Tardini: il papa non rinnega il ruolo guida della segreteria di stato,[35] ma cerca di rimediare al naufragio di una seconda scelta da lui compiuta, cioè quella di mantenere una netta divisione fra compiti di curia e preparazione conciliare, indicazione sempre disattesa.[36]

Lo fa rompendo la tendenza della commissione preparatoria centrale a diluire all'infinito il ritmo dei lavori: il 25 dicembre il pontefice firma la bolla di convocazione del concilio per il 1962,[37] e quaranta giorni dopo comunica[38] la data di convocazionc dcll'assemblea per l'11 ottobre.[39] A questi atti solenni seguono disposizioni operative ad ampio raggio – dalla richiesta della segreteria generale agli aventi diritto sul mezzo e l'ora di arrivo a Roma,[40] fino alla singolarmente rilevante creazione cardinalizia pre-conciliare.[41]

Il clima della commissione centrale muta: non solo perché la discussione diviene più incalzante, ma anche perché il papa funge per la prima volta da riferimento degli scontenti. È noto, a questo livello, il

33. Siamo al di là della controversa costituzione apostolica sul latino su cui cfr. A. MELLONI, *Tensioni e timori alla vigilia del Vaticano II. La costituzione apostolica Veterum Sapientia di Giovanni XXIII (22 febbraio 1962)*, in *Cristianesimo nella storia* 11(1990) 275-307; il 16/9/1961 il papa aveva approvato il regolamento della commissione preparatoria centrale, G. CAPRILE, *Il Concilio Vaticano II*, 5 voll. in 6 t., Roma [1966-1969], 1/2 225-227.

34. DMC4 617, 28/10/1962.

35. Se ne accorgerà il segretario generale Felici, quando si vedrà aggiungere al regolamento, il segretariato per i *negotia extra ordinem*, che svuota la regia ed il senso del suo regolamento, cfr. V. CARBONE, in *Segretario Generale del Concilio Ecumenico Vaticano II*, in *Il Card. Pericle Felici*, Roma 1992, 169-170.

36. Cfr. il discorso della Pentecoste 1960, DMC2 394.

37. AD=AAS 54(1962) 5ss; sulle modalità e le procedure della convocazione, cfr. B. ROMANO-U. SANTINO, *Lo sviluppo storico della procedura conciliare*, Milano 1963, specie 276.

38. Per l'estraneità di Felici, cfr. CARBONE, *Segretario Generale* cit., 170.

39. Motu proprio *Consilium diu* del 2 febbraio 1962, AAS (1962) 65; dal 22 gennaio è al lavoro la sottocommissione per gli emendamenti, su cui cfr. A. INDELICATO, *Annunciare il Vangelo o difendere la dottrina. La Commissione Centrale Preparatoria del Vaticano II*, Genova 1992.

40. Lo stesso giorno secondo CAPRILE 1/2 235-236!

41. La porpora dava la precedenza negli interventi; fra i nuovi cardinali c'è anche Suenens, AAS 54(1962) 237.

caso di Suenens che, dopo il 7 febbraio 1962, diventa (o almeno crede d'essere) la cerniera fra Giovanni ed alcuni porporati il cui disagio viene formalizzato e portato fino al suo tavolo (attraverso il segretario di Stato) e poi elaborato in una riunione al collegio belga nel luglio.[42]

2.3. *La finestra giugno-ottobre 1962*

Le richieste di Suenens e di questo gruppo[43] entrano nell'agenda di Giovanni XXIII in quella 'finestra' che va dalla chiusura dei lavori della commissione centrale all'apertura del concilio[44]. È il momento nel quale il papa (in controtendenza rispetto alla caotica fine dei lavori della commissione centrale, coperti da un riserbo tanto ostentato, quanto necessariamente smagliato in un assise così ampia) definisce con maggiore chiarezza la propria immagine di concilio.

Se nei mesi primaverili si trovavano frequenti accenni alla tipologia del Vaticano II, in continuità con la linea – comunque più sommessa – dei mesi precedenti,[45] dal giugno 1962 in poi Giovanni XXIII conquista l'intera 'scena' pubblica e la 'tiene', non senza abilità diplomatica,[46] per oltre quattro mesi.

Non sono disponibili fonti sulla percezione del papa di queste settimane: non gli era comunque ignoto che chi aveva guidato la preparazione e predisposto le bozze di decreti conciliari pensava che alla loro approvazione si potessero interporre soltanto piccoli contrattempi, da ridurre al minimo prolungando il silenzio sugli schemi e 'collaudando', nella commissione degli emendamenti, le procedure di svuotamento delle eventuali osservazioni dei padri. Contro tale tendenza il papa

42. Cfr. ALBERIGO, *Giovanni XXIII e il Vaticano II* cit., 223 e L.-J. SUENENS, *Aux origines du Concile Vatican II*, in *Nouvelle Revue Théologique* 107(1985) 3-21; di difficile utilizzazione ID., *Souvenirs et Espérances*, Paris 1991.

43. Suenens aveva individuato due poli, non necessariamente contraddittori, per il lavoro conciliare: da un lato che 'le Concile soit, par excellence, un Concile pastoral', SUENENS, *Aux origines* cit., 8, dall'altro che gli schemi si articolassero fra loro e al loro interno secondo un 'plan architectural à la fois large et cohérent'. Convenivano su questo punto Montini, Siri e Liénart, secondo il verbale di Suenens del 4/7/1962 inviato al papa, edito dallo stesso in *Aux origines* cit., 9-10.

44. 12 giugno – 11 ottobre 1962.

45. Il papa ribadisce che il concilio non si occupa di un punto dottrinale, 7/3/1962, CAPRILE 1/2 349-350; interviene contro Mazzini nei panni di profeta di sventure del Vaticano I, 25/3/1962, CAPRILE 1/2 366-367; cfr. inoltre gli interventi del 16, 17, 23, 28/5/1962, CAPRILE 1/2 passim.

46. Cfr. la scelta di pubblicare il 30/7/1962 la pagina dell'agenda di Tardini relativa al colloquio del 20/1/1959 fra il papa ed il suo segretario di Stato, nel corso del quale Tardini aderì alla idea del concilio; cfr. CAPRILE 1/2 555-556.

reagisce: fin da maggio – dopo aver appreso da dell'Acqua le rimostranze dell'episcopato francese[47] – chiede un'adeguata informazione dell'episcopato ed ottiene soddisfazione solo il 13 luglio.[48] Quel giorno ai vescovi – esclusi da oltre 30 mesi dalla preparazione – vengono spediti i primi sette schemi:[49] sono 5 testi della commissione teologica, a cui s'aggiungono il *de liturgia* e la dichiarazione sugli strumenti di comunicazione sociale. Essi hanno avuto l'approvazione tanto sbrigativa quanto necessaria del papa, il quale li ha vistati per la spedizione che avrebbe potuto ridurre la montante delusione dei vescovi ancora all'oscuro di tutto.[50] È questa la sua preoccupazione: lo si capisce bene confrontando quei visti con l'appunto del 24 luglio, sullo schema 'Ut omnes unum sint' destinato anch'esso alla spedizione ai padri, a

47. Dopo la lettura d'un appunto dell'incontro Dell'Acqua-Gouet sui sentimenti dell'episcopato francese, cfr. *Lettere 1958-1963*, 536.

48. 20/5/1962: '*Al Signor Cardinale Segretario di Stato*. L'ansia dell'episcopato di tutto il mondo, - da parte di quanti non hanno partecipazione al lavoro delle commissioni, e che solo interverranno al Concilio dopo la sua solenne apertura dell'11 ottobre 1962 -, l'ansia di prepararsi per tempo e di non attendere settembre per essere pronti in ottobre è giusta ed edificante. Per questo conviene informare tutti i Vescovi del mondo che non in settembre, ma nei mesi del luglio e dell'agosto, la Commissione Preparatoria manderà a tutti i Vescovi e aspettati al Concilio quanto loro occorre per studiare e rendersi conto degli ordinamenti da discutersi nelle solenni adunanze dall'ottobre in poi. Anche una prima comunicazione su questo invio di materiale da studiarsi sarà bene farla presto: così da arrestare subito una reazione che tenta di delinearsi qua e là. Assai meglio prevenire chiacchiere inutili o noiose e nocevoli, che doverle poi dissipare con sciupio di tempo e di energie. Ioannes XXIII PP.' *Lettere 1958-1963*, 535-536.

49. Giovanni XXIII confida al p. Tucci, direttore della *Civiltà Cattolica* il 27/7/1962, CAPRILE 1/1 279, che alcuni schemi non gli furono neppure sottoposti.

50. Il regolamento della commissione centrale prevedeva che essa proponesse al papa gli schemi dei documenti, che quindi iniziavano l'*iter* conciliare come schemi proposti *dal papa* stesso. L'argomento della irrecusabilità dei documenti proposti dalla suprema autorità, verrà spesso evocato ed innescherà più di una polemica nel corso dei dibattiti.

proposito del quale l'opinione di Giovanni è assai più pungente.[51]

La 'preparazione' del papa al concilio, come si diceva all'inizio, si focalizza progressivamente sul discorso d'apertura. È palese, ad esempio, la flessibilità colla quale egli considera l'*ordo concilii* – succube delle norme e dello spirito del Vaticano I – ed il suo atto di promulgazione. Giovanni li riceve troppo tardi per poter pensare d'impegnarsi sui contenuti e li licenzia ai primi di settembre[52] – sicché legge il 'regolamento definitivo' solo dopo la pubblicazione.[53] Sempre più concentrato nella concezione e redazione della *Gaudet*, Giovanni veicola nell'*ordo* le istanze di controllo della segreteria di Stato quasi passivamente:[54] si pensi alla fisionomia della 'presidenza' del concilio, per la quale Roncalli sceglie alcuni nomi il 4 settembre,[55] senza che questo

51. '*Questo studio è veramente prezioso*, ma non sembra di buon gusto il mosaico di testi biblici con cui si inizia. E, in generale, questo infarcire di testi biblici la esposizione di nozioni e di principi di carattere elementare, con dei pronti richiami biblici, di cui ciascuno ha un proprio riferimento anche ad altro, che non è il tema in discorso, crea confusione alle anime semplici di media capacità, che sono la maggioranza dei buoni cristiani. Ciò che è formazione dottrinale non occorre presentarlo in due lingue. Il latino può essere messo nelle annotazioni. In questo *de ecclesiæ unitate* è particolarmente ben fatto quanto riguarda i suggerimenti pratici per accendere il fervore dei *fratelli* tanto cattolici quanto ortodossi, o protestanti', 24/7/1962, *Lettere 1958-1963*, 546.

52. AAS (1962) 609, CAPRILE 1/2 599-604. Cfr. per la redazione del motu proprio *Appropinquante*, datato alla Trasfigurazione, che promulga il regolamento (i diversi rifacimenti in AD2 4/1); il 2/8/1962 il papa aveva fatto le sue 'proposte' per il motu proprio *pro Sede vacante*, cfr. *Lettere 1958-1963*, 549-550.

53. GdA 756: 8/9/1962; il che significa che l'approvazione del 3 o era di principio o addirittura non c'era stata – così ALBERIGO, *Giovanni XXIII e il Vaticano II* cit., 225.

54. L'elevazione ai 2/3 della maggioranza decisionale e particolarmente la costituzione del *secretariatus de negotiis extra ordinem*, su cui *infra*.

55. 'Cardinali della Presidenza del Concilio: Tisserant, Spellman, Liénart, Siri, Frings, Ruffini, Tappouni, Gilroy, Pla-y-Deniel, Caggiano. 1 - il successo e l'andamento del Concilio affidato a loro. 2 - formano il Consiglio di Presidenza: non solo presiedere, ma anche consigliare opportunamente. 3 - esigere l' ordine del giorno in anticipo e ben formato d'intesa col Segretario Generale. 4 - chi presiede giorno per giorno si consideri mio Legato. 5 - indicazione affidata a loro di due sottosegretari del Concilio, in collaborazione col mgr. Segretario Generale. Siano due Vescovi. 6 - provvedere a che le notificazioni siano ripetute in francese, inglese, tedesco e spagnolo. 7 - in tutto grande discrezione, pazienza, cortesia, *in supereminenti effusione charitatis. Veritas et charitas ad aedificationem totius mundi*', *Lettere 1958-1963*, 553-554 data l'appunto coi nomi e le potestà dei membri al 15/10/1962, che è forse il giorno in cui l'appunto passò al segretario particolare per l'archiviazione, non certo quello di redazione: AS 1/1 11; CAPRILE 1/2 604, AAS (1962) 687-688, pubblicano l'atto come se fosse del 4/9/1962, anche se la tendenza di

gli impedisca di escludere[56] e prevedere[57] a ritmi alterni una sua 'presidenza diretta' dell'aula vaticana; e si pensi anche all'organo che alla fine prende il nome di segretariato per gli affari straordinari e che istituzionalmente è la proiezione nel concilio del ruolo del segretario di Stato e nel quale, *ab origine*, si trovano insieme allo stesso Cicognani uomini del peso di Montini, Suenens, Döpfner, Confalonieri e

queste settimane preconciliari è quella di antedatare.

56. Il 23/5/1962, *Lettere 1958-1963* 537-539, il papa non ha ancora messo a punto le idee sull'assetto e il fine del Concilio: '*Note per sua Eminenza [il] card. Segretario di Stato*. Primo progetto aula conciliare. Bene riuscito, e buon auspicio di ordine e di armonia. Occorre ora un incontro: Segretario di stato con card. Testa e mgr Pericle Felici circa competenze definitive: Segretario Concilio, commissione centrale e card. Testa: ciascuno nell'ordine suo, senza confusioni, e definitivamente impostato nelle speciali mansioni. Il Segretario del Concilio sarà presumibilmente lo stesso arciv. mgr Pericle Felici che ha dato buona prova di saggezza e di discrezione. Ma nell'intensificarsi di questa preparazione conciliare è necessario che appariscano i limiti e i contorni di ciò che il Concilio dovrà essere in funzione perfetta dei suoi compiti, considerato nel suo duplice aspetto: 1) di trattazione dottrinale circa principi, riforme, ordinamenti, decreti per il governo della chiesa nel mondo intero; 2) di accoglienze ospitali dei Padri del Concilio, invitati ed intervenuti: loro trattenimento in Roma durante il Concilio, disposizioni di carattere logistico, cioè posti nell'aula conciliare, comodità di carattere liturgico, trattenimento *extra* gli atti e i ritrovi conciliari propriamente detti: tutto ciò insomma che importa bene stare per ben lavorare. È evidente la necessità di una ben qualificata distinzione circa le esigenze di questi due aspetti delle sollecitudini per il successo del grande avvenimento. A suo tempo verrà nominata una commissione suprema di signori Cardinali, forse 5 o 7, proporzionata alla appartenenza ai vari paesi. Questa commissione rappresenterà il papa, che non potrà né dovrà personalmente presiedere a tutte le adunanze. Mgr Segretario vi avrà un compito di presenza e di parola notevole. La distinzione fra i due compiti: dottrina e soggiorno, non esclude la buona e frequente intesa. Preoccupazione importantissima del Concilio sarà l'ufficio stampa, e corrispondenza con tutto il mondo. Conviene allestirlo con ampiezza e con grande garbo. Questo sarà *opus et labor*. Non può essere il Segretario del Concilio che ne dirige la funzione. Ma occorrono al vertice due periti che tutto provvedano con sicurezza di occhi e di capacità professionale, per esempio, Vallainc e Manzini. Contributo prezioso potrà assicurare nella precisazione della sostanza e della forma Cesidio Lolli, e altri pratici dello stile del Vaticano. Altra cosa importante. *Distinzione e accordo* fra la direzione del Concilio e gli organi del governo del S. Padre. Ciò significa presenza del card. Segretario di Stato dappertutto, e cooperazione cercata e mantenuta colle due sezioni della segreteria di (stato). Lo svolgimento della azione conciliare avrà grandi vantaggi o incontrerà quotidiana confusione dalla felice intesa o dalla mancata coordinazione di queste due energie. Guai alle fratture'.

57. GdA 757, nota del 9/9/1962. Cfr. il volume sull'*Aula Sancti Concilii*, a cura della segreteria generale, [Roma] 1967, per l'installazione della TV a circuito chiuso attraverso la quale il papa segue direttamente i lavori dal suo appartamento senza presiederli fisicamente.

Meyer.[58] Giovanni è solo l'ultimo che non tematizza – e forse non coglie neppure[59] – il problema delle relazioni fra l'assemblea ed il suo presidente-nato: non ci sono segni che lascino intendere un suo desiderio di prolungare in forma antagonistica rispetto all'aula il protagonismo di cui s'è fatto carico nella 'finestra' estiva, ma nemmeno dubbi sulle norme che impediscono alla assemblea di dotarsi da sé degli organismi direttivi e dei funzionari.

3. *Il papa e il suo concilio*

Si ritorna, dunque, alla *Gaudet*, alle sue istanze, ai suoi limiti – soprattutto al suo destinatario: il concilio.

3.1. *Un dialogo improvvisato*

L'attesa per la verifica dell'esito e dell'impatto dell' allocuzione fra i padri dura alcuni giorni: ma la stessa sera dell'11 ottobre il papa mostra come lo scambio con l'assemblea sia entrato, per parte sua, in un rodaggio promettente. Quella sera, infatti, il papa vede dalle finestre la fiaccolata organizzata per l'apertura del concilio – ma non vuole parlare alla folla. Al segretario, che cerca di convincerlo, Giovanni dice d'aver già 'detto tutto' la mattina, in san Pietro. Com'è noto, alla fine cede alla richiesta di benedire i convenuti e pronuncia un discorso di grande impatto emotivo,[60] ma anche di non poca rilevanza per il concilio, perché non solo pubblicamente (il che non era nuovo[61]), ma anche *coram episcopis* svincola il concilio dalle previsioni di (breve) durata, strettamente legate alla tipologia della discussione ed alla natura meramente ratificante del voto dei padri così tenacemente carezzate da alcuni.[62]

58. Poi saranno aggiunti Siri e Wyszynski, nonché Felici come segretario.

59. Il riferimento all'ONU che viene nelle stesure del regolamento è significativo proprio perché sottovaluta – se non annulla – la possibilità di solidarietà dei vescovi (per nazioni, schieramenti, ecc.). Cfr. comunque LEVILLAIN, *La mécanique* cit., e G. ALBERIGO, *Dinamiche e procedure nel Vaticano II. Verso la revisione del regolamento del Concilio (1962-1963)*, in *Cristianesimo nella storia* 13(1992) 115-164.

60. DMC4 591-593, 11/10/1962. Sul rapporto di Giovanni XXIII con l'opinione pubblica cfr. M. MARAZZITI, *I papi di carta. Nascita e svolta dell'informazione religiosa da Pio XII a Giovanni XXIII*, Genova 1990, 47-81.

61. Cfr. GIOVANNI XXIII, *Il concilio della misericordia*, discorsi sul concilio a cura di A. e G. Alberigo, Assisi 1985.

62. 'Il concilio è cominciato e non sappiamo quando finirà' DMC4 593,

È il primo d'una serie di atti coi quali Giovanni XXIII si fa carico d'interpretare l'aula, sempre più compressa dai limiti regolamentari. L'ondata di consenso[63] e la presenza dell'assemblea rincuorano il papa quando questi, insieme al suo più stretto *entourage*, sente attorno a sé 'un'impressione di sabotaggio'.[64] È un giudizio che non dipende dal montare della tensione fra il consiglio di presidenza ed il segretariato per gli affari straordinari, il cui collegamento avrebbe dovuto essere garantito dal segretario generale, che era stato ideatore dell'uno e feroce nemico dell'altro:[65] Giovanni conosceva origine e dettagli di tale antagonismo, tuttavia non si mostra preoccupato; e, d'altronde, la sua scontentezza non risale neppure alla decisione di avviare il dibattito conciliare dal *de liturgia* – presa il 15 ottobre (per 5 voti contro 4!) dal consiglio di presidenza recependo la prima delle *Animadversiones* estive dei vescovi olandesi,[66] piuttosto che un lontano appunto roncalliano sull'ordine delle materie dei dibattiti;[67] e neanche lo sconcerta la proposta del messaggio al mondo che nella stessa seduta Liénart annuncia 'approbante SS.mo',[68] e che anzi avrà un suo ruolo nello spingere Giovanni ad intervenire direttamente nella crisi dei missili a Cuba.[69]

11/10/1962.

63. 'Questa giornata segna l'apertura solenne del Concilio Ecumenico. La cronaca è su tutti i giornali, e per Roma è nei cuori esultanti di tutti. Ringrazio il Signore che mi abbia fatto non indegno dell'onore di aprire in nome suo questo inizio di grandi grazie per la sua Chiesa santa. Egli dispose che la prima scintilla che preparò durante tre anni questo avvenimento uscisse dalla mia bocca e dal mio cuore. Ero disposto a rinunziare anche alla gioia di questo inizio. Con la stessa calma ripeto il *fiat voluntas tua* circa il mantenermi in questo primo posto di servizio per tutto il tempo e per tutte le circostanze della mia umile vita e a sentirmi arrestato in qualunque momento perché questo impegno di procedere, di continuare e di finire passi al mio successore. *Fiat voluntas tua, sicut in coelo et in terra*', Agenda di Giovanni XXIII, 11/10/1962.

64. Agenda Capovilla, 11-12/10/1962.

65. Egli aveva inutilmente raccomandato una presidenza 'rappresentativa' e invece si trova con un organismo debole, cfr. CARBONE, *Segretario Generale* cit., 170.

66. *Animadversiones in 'primam seriem' schematum constitutionum et decretorum*, 47 pp., ds, dovuta a E. Schillebeeckx e inviata a numerosi padri, cfr. J.A. BROUWERS, *Vreugde en hoopvolle verwachting. Vaticanum II – terugblik van een ooggetuige*, Baarn, 1989, 21-24 (copia presso Brouwers stesso e nell'archivio dell'Istituto per le scienze religiose di Bologna).

67. Cfr. l'appunto del 6/9/1962 ms cit. da CAPOVILLA, *Comunicazione*, in *G.B. Montini Arcivescovo di Milano e il concilio ecumenico Vaticano II. Preparazione e primo periodo*, Milano 1985, 341.

68. Com'è noto nella prassi di curia l'approvazione del papa ad un cardinale e da questi riferita, ha lo stesso valore della parola del pontefice.

69. Da ultimo cfr. M.R. BESCHLOSS, *The Crisis Years*, New York 1991; inoltre

La preoccupata delusione giovannea deriva da due fonti e s'esprime attraverso due canali che resteranno attivi alcune settimane: il primo è quello delle telefonate e delle udienze,[70] che non possono essere sottovalutate, ma che permangono, tanto per il calendario che per i contenuti, di difficile documentazione; l'altro quello procedurale.[71] L'assemblea aveva vinto la battaglia per la scelta delle commissioni, ma neppure combattuto quella per gli organismi direttivi: e per parte sua quindi il papa deve intervenire ed interviene a sanare, ripetutamente i piccoli vizi formali causati dalla contraddizione fra l'algido concilio pensato e il bruciante concilio vissuto.[72]

3.2. Le correzioni ottriate

È una rapida sequenza di atti simili, ma non omogenei, convergenti, ma non coordinati: il 15 ottobre Giovanni nomina i sottosegretari nel corso dell'udienza concessa ai membri del consiglio di presidenza;[73] il 18 fa annunciare a Tisserant la sanazione delle irregolarità nella elezione delle commissioni.[74] Il 19 Cicognani, nella sua qualità di segretario di Stato e di capo del segretariato per gli affari *extra ordinem* ottiene il consenso del papa su alcune disposizioni che ammettono che il proble-

G. ZIZOLA, *L'utopia di papa Giovanni*, Assisi 1973, 13-40. Per un saggio di come nei recenti convegni sulla crisi (Mosca ed Avana) resti del tutto in ombra l'apporto Vaticano, cfr. R.S. CLINE, *The Cuban Missile Crisis*, in *Foreign Affairs* 68(1989)/4 190-196.

70. Fra esse considererei anche le udienze pubbliche – si pensi a quelle particolarmente impegnative con gli osservatori o a quelle coi diplomatici e le delegazioni ufficiali all'apertura – importanti anche per il clima che marcano.

71. Se l'*ordo* era stato concepito in modo da garantire al concilio un funzionamento spedito attraverso la primitiva giunta di 5 presidenti-legati, le modifiche della fine di agosto avevano introdotto fattori di compensazione e moderazione, 'vendicate' da mons. Carbone con una stesura minimista dei poteri del segretariato per gli affari straordinari, Testimonianza all'A., 13/3/1992.

72. Mi pare significativo un riaggiustamento interno al lessico roncalliano, per il quale il 24/10/1962 la 'novella Pentecoste' non è più il concilio in atto, ma *il frutto* che dal concilio ci si attende, DMC4 613.

73. AS 1/1 215-219: invece non se ne trova traccia nel verbale della riunione del consiglio di presidenza verbalizzata da Felici in AS 5/1 18-19. I nominati (Nabaa, Morcillo González, Villot, Kempf, Krol), per la prima volta dall'annuncio del 1959 in poi, vengono scelti a prescindere dall'analogia di mansioni con posti in pianta nella curia.

74. Proprio mentre esplode la polemica fra consiglio di presidenza e segretariato per gli affari *extra ordinem*. AS 5/1 19: Ruffini attacca il segretariato e Frings, di contro, stigmatizza il doppio intervento di Ottaviani e il parlare senza permesso di Felici.

ma non sia solo quello della applicazione morbida, ma di una revisione – come alcuni già chiedono – del regolamento:

> Il regolamento del Concilio deve essere osservato com'è. Se modifiche si vogliono introdurre, queste debbono essere opportunamente e chiaramente proposte, discusse, approvate e confermate.[75]

La linea di condotta di Giovanni, tuttavia, tende a rimanere nel corso delle prime settimane quella delle deroghe, dei benefici generosamente ottriati. Era l'unica via praticabile dal punto di vista di chi riteneva materialmente impossibile correggere il regolamento dopo 9 giorni di lavori, ma anche un modo per costituire importanti precedenti al già annunciato secondo periodo. È così che il 20 ottobre i sottosegretari, contro la lettera delle norme, fungono da interpreti in lingue internazionali – giacché ad essi tocca dar conto del fatto che il papa ha stabilito di derogare al regolamento, art. 39, per l'elezione delle commissioni[76] e leggere la traduzione della bozza di messaggio al mondo;[77] insieme viene comunicato l'aumento di una unità della quota riservata alla scelta pontificia nella formazione delle commissioni;[78] il 22 ottobre viene stabilita per mandato del pontefice la pari dignità fra le commissioni e il segretariato per l'unità;[79] il 5 novembre – dopo l'importante discorso per l'anniversario dell'incoronazione[80] – si annuncia in aula la dispensa data dal papa all'osservanza delle norme sulla discussione generale e così si chiude il dibattito sul capitolo II del *de liturgia*.[81]

75. AD2 4/1 338.

76. AS 1/1 223-225; per i remoti *desiderata* sull'uso delle lingue in concilio cfr. *Tensioni e timori* cit., 280-281.

77. AS 1/1 233-234.

78. AS 1/1 559-562.

79. Decisione presa il 19/10, AS 1/1 78.

80. DMC5 7-14, 4/11/1962; sono ormai superate le ipotesi di periodizzazione del pontificato che sottolineavano la rilevanza di questo discorso di B. ULIANICH, *Un papa, un itinerario*, in *Bozze* 2(1979) 31-76.

81. AS 1/1 159-161.

3.3. La maggioranza come sanior pars?

Alcuni atti espressamente e strettamente riservati al papa vengono compiuti la settimana successiva,[82] e finalmente, fra il 20 ed il 22 novembre, Giovanni XXIII decide, consultandosi soprattutto col cardinal Léger[83] e con Bea,[84] di interrompere il dibattito sullo schema *de fontibus*, accogliendo un desiderio largamente maggioritario del concilio, ma per pochi voti al di sotto della prescritta soglia regolamentare dei 2/3 dei suffragi. Il papa dispone che il nuovo testo venga elaborato in una commissione mista, scavalca il consiglio di presidenza o almeno il senso che alle decisioni di quell'organismo dava il segretario Felici – e ne decreta il collasso.[85]

3.4. La progressione dei dibattiti

Era il punto alto dell'intero periodo, dal punto di vista che qui ci interessa: infatti per la prima volta l'insufficienza regolamentare si saldava e si esprimeva con una forte accoglienza di almeno uno dei temi e degli impulsi proposti dal papa nella *Gaudet* -- quello della pastoralità. Nel dibattito sul *de fontibus* infatti, la ricezione del tema dell'indole pastorale del magistero diventa per la prima volta corposa. Per parte conciliare il riferimento al papa era stato, al di là delle occasioni puramente cerimoniali,[86] piuttosto limitato. Nella discussione sul messaggio al mondo era venuto qualche raro accenno;[87] nel dibattito sullo schema

82. Il 12 novembre viene fissata la fine del primo periodo all'8 dicembre e la data d'inizio del secondo al 12 maggio 1963, cfr. AS 1/1 587; il giorno dopo l'inserzione del nome di san Giuseppe nel canone, che accoglieva e scavalcava un appello di alcuni, cfr. AS 1/1 644.

83. Cfr. *Lettere 1958-1963* il biglietto ed il dono di una croce pettorale al cardinale di Montreal, 21/11/1962 (scrive il papa 'pensavo al nostro incontro di ieri sera, alla sua lettera [sic!] così amabile, ed alla conversazione intima che ne seguì'). Il papa confida il 20 al segretario che si cerca di procurargli impegni esterni al concilio – come la visita alla chiesa messicana – 'per compromettermi', test. di Capovilla all'A.

84. S. SCHMIDT, *Agostino Bea il cardinale dell'unità*, Città Nuova Ed., Roma 1987, 456-460.

85. AS 5/1 'Postquam autem decisio Consilii presidentiæ de prosequenda disceptatione schematis *De Fontibus Revelationis* enervata practice fuit per interventum Summi Pontificis, Consilium Præsidentiæ fere nullum alium coetum habuit'.

86. Appartengono a questo genere gli indirizzi d'omaggio inviati nell'anniversario dell'elezione al pontificato (riscontrato il giorno successivo AS 1/1 559 e 597, 29/10/1962) e per il compleanno di Giovanni XXIII (AS 1/3 457, 24/11/1962 e 501, 25/11/1962).

87. Discutendo del messaggio al mondo (dove ci si riferisce al richiamo alla pace

de liturgia il riferimento a Giovanni XXIII si focalizza tutto su atti ben lontani dalla apertura del concilio – alludendo, se mai, alla valenza o alla irrilevanza della costituzione apostolica sul latino *Veterum Sapientia*.[88] È invece la stessa relazione generale sul *de fontibus*, letta da

ed alla giustizia del radiomessaggio dell'11 settembre) Hurley (AS 1/1 238) propone inascoltato di togliere la menzione della convocazione papale del concilio seguendo l'esempio di Giovanni XXIII che non volle ricevere gli osservatori, all'indomani dell'apertura del concilio, seduto sul trono.

88. Nel dibattito sulla liturgia la prima menzione dei *verba et vota Ioannis Pp.* viene da Hervás y Benet, il quale però cita l'allocuzione alla commissione preparatoria. (AS 1/1 339, 22/10/1962). L'intervento di Méndez Arceo allude in termini generalissimi al magistero roncalliano sul principio pastorale ed ecumenico della *vera reformatio* annunciata dal papa (AS 1/1 357-8, 23/10/1962). Dalla VI congregazione si odono alcuni riferimenti alla costituzione sul latino: non fa in tempo a leggerlo Gawlina (AS 1/1 434, 24/10/1962), mentre Hervás y Benet cita in aula *Veterum sapientia* contro lo schema sulla liturgia (AS 1/1 453, 26/10/1962; fra gli interventi scritti cfr. quello di Rastouil contro il latino, che s'appella al *papa concilii* (AS 1/1 651). Il giorno dopo il maestro generale domenicano A. Fernandez, interviene utilizzando la *Veterum* come argomento per la conoscenza del latino dei chierici, staccandolo dalla questione della lingua liturgica (AS 1/1 509, 27/10/1962), lo stesso fanno McGrath (AS 1/1 518), ed anche Franič (AS 1/1 569, 29/10/1962, che però nel testo scritto aveva anche un riferimento all'esempio di mansuetudine del papa (*ivi* 570). Al contrario, Barrachina Estevan sostiene che quella costituzione osta a qualsiasi decisione che non venga rimessa al giudizio del pontefice (AS 1/1 583-585, 29/10/1962). Anche McGuigan invoca la limitazione del campo d'azione della *Veterum* rispetto alla liturgia (AS 1/2 198, 5/11/1962), anche quando (e lo farà V.M. Costantini in aula, AS 1/2 473, 10/11/1962, e vari *in scriptis*, quali Čekada, AS 1/2 507, Beope, 530, Melas, 547, Prata, 557) si tratta del breviario. Generici riferimenti al magistero precedente il concilio si trovano negli interventi di Bekkers (AS 1/1 387); con due citazioni esplicite della *Rubricarum instructio* (omesse nella lettura) nell'intervento del 24/10/1962, AS 1/1 443), di Carraro (AS 1/1 550-551, 27/10/1962), di le Couëdic (AS 1/1 632, 29/10/1962), di Jäger per le due specie (AS 1/2 77, 31/10/1962), di Kandela per l'adorazione eucaristica (AS 1/2 154-155, anche per lo *stipendium missæ* 6/11/1962), di Pildáin y Zapiáin per l'obbligo della preghiera *pro pauperibus* (AS 1/2 158 6/11/1962), di Adrover ed Angrisani sul breviario (AS 1/2 496-498 – in scriptis), di Nicodemo sulla musica sacra (AS 1/2 739). Non meno vaghi sono i richiami alle piccole concessioni liturgiche fatte dal papa al concilio negli interventi del card. Bueno y Monreal (AS 1/2 15, 30/10/1962), e Sansierra (AS 1/2 52, 30/10/1962). L'esempio papale della preminenza del vescovo celebrante è citato da Hannan che deposita un intervento scritto (AS 1/2 234). Un discorso roncalliano del febbraio è citato da Flores Martin per la prevalenza dell'orazione sull'azione (AS 1/2 437, 10/11/1962). Un po' meno scontata è la richiesta di D'Agostino, affinché il proemio del documento indichi i fini del concilio ispirandosi alla *Humanæ salutis* del dicembre precedente (AS 1/1 589, 29/10/1962), e così pure la sottolineatura di T.V. Benedetti (che però si trova nella parte non letta in aula) affinché la chiesa non si arrocchi in una conservazione da

Garofalo a nome d'Ottaviani, a fare la prima citazione conciliare della *Gaudet*, ritagliando l'inciso sul deposito della fede da custodire e proporre in modo più efficace.[89] La cattura del sostegno papale tentata dal sant'Uffizio ottiene l'effetto opposto, e chiama un numero consistente di padri di grande autorevolezza[90] a pronunciarsi per 'ritorcere'

museo archeologico (AS 1/1 593, 29/10/1962). Anche Khoury intervenendo a favore della concelebrazione s'appella alla *intenzione d'aggiornamento* del papa (AS 1/2 85, 31/10/1962). Nella XII congregazione il vescovo d'Haiti, Cousineau, propone che il nome di san Giuseppe venga introdotto nel canone della messa ed indica la petizione di 506 presuli e facoltà sottoposta alla congregazione dei riti: la richiesta del vescovo di Haiti viene presentata come l'adempimento di un voto del papa, che ha posto il concilio sotto la protezione di san Giuseppe e che funge da garante della non-antiecumenicità del passo (AS 1/2 120, 5/11/1962). Che qualcosa si sta muovendo nella coscienza conciliare emerge anche dall'intervento di Muldoon, il quale – per mantenere ben stretti i limiti della comunione alle due specie – s'oppone alle formule di rinvio al giudizio della S. Sede contenute nello schema: 'pro certo enim habemus, summum pontificem Ioannem non nos hic de finibus terræ vocasse ut in fine dicamus: quidquid Sancta Sedes de hac vel illa re statuat, nos illud libenter amplectemur. Hoc esset absurdum!' (AS 1/2 136, 5/11/1962). Anche nell'intervento scritto di Mendez Arceo sul capo II del *de liturgia* emerge la contestazione dell'immobilismo sulla base della intenzione del papa: 'dicere nullam vel parvas et perpaucas tantum fieri potest immutationes, quia periculum magno insit in omni mutatione, idem est ac dicere homines numquam a perfectione in ecclesia deficere, quod pugnat contra naturam ipsius ecclesiæ et contra quamplurima tentamina reformationis. In memoriam ad rem quod attinet documenta Pii X, Pii XII sed et ispius Ioannis XXIII feliciter huic concilio præsidentis qui ad renovationem liturgicam complendam per altiora principia nos convocavit' (AS 1/2 251-252). E, da un punto di vista tutto diverso, Moscato s'appella in un intervento scritto al riferimento giovanneo al libro e al calice; (AS 1/2 255) nelle congregazioni alcuni riferimenti all'esempio papale restano non letti; (Zak, AS 1/1 150, 6/10/1962;) altre volte si propone al concilio di chiedere al papa dispense speciali oltre a quelle concesse (Così *in scriptis* Kovács, AS 1/2 370), o, come fa Wyszynsky nella XV congregazione generale, di non aggiungere 'ulteriores correctiones' a quelle già apportate dal papa (in questo caso al breviario, AS 1/2 392-394, 9/11/1962). Alla XVII congregazione generale, i vescovi cileni, rappresentati da Larraín Errázuriz, riprendono per la prima volta uno dei punti qualificanti del radiomessaggio dell'11 settembre: 'Nunc autem munus pastorum est ut corpus Christi mysticum in terra sit revera, ut nuper dixit summus pontifex Ioannes, 'ecclesia pauperum' non voto tantum sed re, non prædicationem, tantum sed actione, in suis manifestationibus et in modo vivendi suorum ministeriorum» (AS 1/2 623, 12/11/1962). La seduta successiva Alonso Muñoyerro invoca il discorso di Giovanni XXIII al congresso d'arte sacra a favore delle immagini dei santi nelle chiese; (AS 1/2 634, 13/11/1962) e Jop successivamente sostiene l'esigenza d'una riforma liturgica di principi, sulla scorta delle raccomandazioni del papa (AS 1/2 652, 13/11/1962). Un nuovo richiamo alla chiesa dei poveri si trova nell'intervento di Seitz (AS 1/2 662, 13/11/1962).

89. AS 1/3 29, 14/11/1962.

90. Le norme regolamentari sulla precedenza negli interventi aumenta in modo

contro gli improvvisati sostenitori quello che viene individuato come il nodo centrale della *Gaudet*: la pastoralità. Nello schema, come infatti replica immediatamente Frings, 'desideratur illa nota pastoralis qua beatissimus papa Ioannes feliciter regnans tam ardenter cupit omnia effata concili Vaticani II esse imbuta'.[91]

Anche Alfrink riprende la *Gaudet* completando la citazione di Garofalo con la successiva frase che distingue deposito e *modus enuntiandi*.[92] Gli interventi si susseguono: Maximos IV ritorna sulla pastoralità,[93] Caggiano sul problema del deposito,[94] Silva Henriquez sulla medicina della misericordia,[95] Guerry sull'adattamento,[96] Butler sull'intenzione del concilio,[97] Simons sulla sollecitudine pastorale:[98] *Gaudet* e la pastoralità diventano non solo un'arma, ma anche una parola d'ordine della costituenda e fluttuante maggioranza.[99] D'altronde la reazione dei sostenitori dello schema – anche per le questioni regolamentari – sulle due fonti è lenta: il cardinal Concha protesta che il testo in esame è chiuso: 'prout nobis est propositum a summo pontifice';[100] Temiño Saiz sostiene addirittura che una formulazione rigida, essendo più utile ai predicatori, otterrà lo scopo pastorale, perciò la rigidità ha carattere pastorale in sé,[101] seguito in ciò da Rosales,[102] da de Arriba y Castro;[103] infine David de Sousa, propone d'inglobare il passo della *Gaudet* sulla medicina della misericordia nel testo, in modo da 'accontentare' gli avversari.[104] Una idea, suggerita da Döpfner, s'affaccia in qualche altro intervento:[105] egli sostiene che se il regolamento, approvato dal papa, consente di respingere gli schemi,

imprevisto l'impatto delle critiche allo schema e ne amplifica la valenza.

91. AS 1/3 34, 14/11/1962.
92. AS 1/3 44, 14/11/1962.
93. AS 1/3 53.
94. AS 1/3 72-73, 16/11/1962.
95. AS 1/3 81, 16/11/1962.
96. AS 1/3 100, 16/11/1962.
97. AS 1/3 108, 16/10/1962.
98. AS 1/3 142 (parte non letta), 17/11/1962.
99. Cfr. per un dettagliato esame del dibattito il saggio di G. RUGGIERI, *Il dibattito sul De fontibus*, in questo stesso volume.
100. AS 1/3 126, 17/11/1962.
101. AS 1/3 146, 17/11/1962.
102. AS 1/3 155-156, 17/11/1962.
103. AS 1/3 163, 19/11/1962.
104. AS 1/3 189, 19/11/1962.
105. Henriquez Jimenez, AS 1/3 178-180, 19/11/1962.

ciò significa che la loro bocciatura non va intesa come un affronto al pontefice; s'affaccia anche qualche tentativo di mediazione traversa, come quello di Ruotolo che vuol veder riconosciuta l'uguale devozione al papa di entrambi gli schieramenti.[106] Duramente, invece, l'intervento di Seitz riafferma l'incompatibilità dello schema con gli scopi conciliari di rinnovamento enunciati dal papa,[107] e Garcia Martinez[108] propone il semplice ritiro dello schema sulla base non solo del merito delle obiezioni, ma del fondamento che esse hanno nella *Gaudet*. Il 20, com'è noto, l'interruzione della discussione[109] viene richiesta da una maggioranza che manca per 105 voti il *quorum*, ed il 21 sarà annunciata in aula la sospensione e la creazione della commissione mista teologica-segretariato.[110] La discussione successiva si ripete per temi e modi.[111]

Il problema della qualità del consenso manifestatosi intorno alle linee del papa è cruciale per la storia dell'intero primo periodo – così come è cruciale la selezione che tale ricezione ha operato: è però un fatto che essa tocca nel dibattito sul *de fontibus* un vertice, che non sarà più raggiunto nelle discussioni successive sugli strumenti di comunicazione,[112] sulle chiese orientali,[113] e neppure nel tormentato avvio del *de ecclesia*.[114]

106. AS 1/3 203, 19/11/1962.

107. AS 1/3 205, 19/11/1962.

108. AS 1/3 213-215, 20/11/1962.

109. La delibera del consiglio di presidenza era stata leggermente diversa ('an disceptatio... continuanda sit necne') e trasformata in richiesta su 'utrum interrumpenda sit' per decisione di Frings, cfr. AS 5/1 21n.

110. AS 1/3 259.

111. AS 1/3 262, 277, e *in scriptis* 304, 318 (che rinvia all'italiano), 320 e 328, 331, 339-340, 376.

112. Il dibattito sullo schema *de instrumentis* (il primo fra gli schemi portati al concilio che citi Giovanni XXIII..) avviato nella XXV congregazione generale, porta qualche richiamo al magistero roncalliano (Stourm, AS 1/3 418; Sanschagrin AS 1/3 428; Beck 428; Charrière 436, il 23/11/1962; Castellano AS 1/3 480, Nezič 492, il 24/11/1962; Civardi AS 1/3 504, il 25/11/1962; *in scriptis* AS 1/3 591, 604), ma non a quello specificamente dedicato al concilio, né alla *Gaudet* (solo Manrique *in scriptis*, AS 1/3 588).

113. Lo schema presentato da Cicognani nella congregazione XXVII, non cita mai il papa [sic!], che pure viene evocato genericamente dai sostenitori dello schema d'impianto unionista (AS 1/3 547 e ss). Non so perché Pailloux sostenga che nella *Gaudet* ci sia scritto che 'ubi regnat veritas, ibi lex est caritas' (AS 1/3 816).

114. Iniziando nella XXXI congregazione l'esame dello schema sulla chiesa, Ottaviani mostra di aver colto le preoccupazioni indotte dall'intervento del papa:

Non va comunque sottovalutato il cambiamento del clima conciliare dopo la discussione sulle fonti:[115] essa per un verso ha indicato al concilio l'ampiezza delle proprie potenzialità, ma ha pure acuito l'allarme in vista dell'annunciato arrivo in aula del *de ecclesia*.[116]

non senza spregiudicatezza presenta all'assemblea il testo, sostenendo che 'cura eorum qui preparaverunt schema fuit, ut quam maxime pastorale esset, biblicum et etiam accessibile captui etiam multitudinum, non scholasticum sed potius forma quadam actualiter ab omnibus comprehendenda' (AS 1/4 121, 1/12/1962). Dopo di lui, invece, Franič ammette che lo schema – a differenza di quanto chiesto dal papa l'11 ottobre – condanna gli errori moderni, ma che questo era stato l'intento dell'apostolato della preghiera per il mese di ottobre che papa Giovanni aveva approvato... (AS 1/4 123, 1/12/1962). Il cardinale di Bombay, Gracias, critica lo schema facendo appello al *privilegium* della libertà concesso ai padri e consolandosi con le frasi del pontefice sul noviziato conciliare (AS 1/4 175-178, 3/12/1962). Kozlowiecki contesta a fondo lo schema perché non risponde al *finis primarius* dato dal papa al concilio, cosa che egli ricava dalla *Gaudet* e dalla sentenza sulla carità come legge della verità, passata nel patrimonio orale (AS 1/4 208-211, 3/12/1962). Šeper, il 4 dicembre, va all'ambone prima della ripresa del dibattito sul *de ecclesia* per esprimere un indirizzo d'affetto al papa malato (AS 1/4 218). Lo stesso giorno interviene anche Suenens, il quale, parlando del fine del concilio e dello scopo della ultima settimana (cioè preparare i 'labores secundæ sessionis *et sequentium*', AS 1/4 222), presenta il proprio schema sulla chiesa *ad intra-ad extra*; egli evoca anche l'immagine della chiesa come fontana della piazza familiare al papa, e sottolineando l'identità di vedute col discorso del papa dell'11 settembre (... *pour cause*!) (AS 1/4 223-224, 3/12/1962). Subito dopo Bea contesta la limitatezza delle fonti citate dallo schema, in contrasto colla volontà del papa che il concilio 'substantiam vitæ christianæ ex puris fontibus [sic!] Sacræ Scripturæ et Traditionis illustrandam esse' (AS 1/4 229, 4/12/1962). Gonzalez Moralejo propone di modificare il regolamento, nonostante venga dall'approvazione pontificia (AS 1/4 244, 4/12/1962). Descuffi, uno dei vescovi consacrati dal Roncalli negli anni '30, propone una revisione del capitolo sull'infallibilità per conseguire l'unità che il papa ha fissato come obiettivo al concilio (AS 1/4 258, 5/12/1962). Lercaro interviene riprendendo i discorsi di Suenens e Montini dei due giorni precedenti, ma spostando tutto il suo discorso sul tema della chiesa dei poveri (AS 1/4 327-330, 6/12/1962). Philbin s'appella ai principi genericamente enunciati dal papa (AS 1/4 342, 6/12/1962), Buckley alla *Mater et magistra* (AS 1/4 356, 6/12/1962). Giorgio Hakim si domanda perché nello schema non ci siano le cose che dice il papa (AS 1/4 358-360, 6/12/1962). Anche negli interventi scritti il richiamo al papa è raro e pallido (AS 1/4 403-601, *ad indicem*).

115. Cfr. a proposito le osservazioni ed i documenti editi da F.M. STABILE, *Il cardinal Ruffini e il Vaticano II. Lettere di un 'intransigente'*, in *Cristianesimo nella storia* 11(1990) 83-113.

116. Per il clima sono possibili numerosi riscontri archivistici, fra i quali segnalo numerose osservazioni di Dossetti e del suo entourage per il cardinal Lercaro, nei fondi descritti da G. ALBERIGO, *Fondo documentario 'Vaticano II' dell'Istituto per le scienze religiose di Bologna*, in *Sources locales de Vatican II*, J. Grootaers e Cl.

Le condizioni di salute del papa iniziano proprio allora a peggiorare.[117] L'interruzione delle udienze – anche di quelle di tabella per i rappresentanti degli organismi conciliari – drammatizza la percezione delle cose; il 27 novembre il prof. Valdoni, medico del papa, fa sapere al segretario personale, ma anche a quello di Stato, che 'ci siamo. Prima del previsto'.[118] Mentre fra i padri ferve la discussione e continua la girandola degli ordini del giorno e degli schemi, il concilio vive una condizione singolare: col papa gravemente malato ed il consiglio di presidenza impotente e svuotato di senso dopo la discussione sul *de fontibus*, l'aula si trova per un verso acefala, per altro verso, finalmente, responsabile. E comunque, per la seconda volta nel giro di quaranta giorni, sotto la minaccia d'una interruzione repentina.[119] Soprattutto la prospettiva d'uno scioglimento del concilio per la morte del papa si rovescia nel sollievo,[120] almeno per tanti, quando il 1° dicembre viene annunciato in aula il miglioramento della salute di Giovanni.[121] Questo lo stato d'animo della costituenda maggioranza. Dal canto suo il papa, ancora in stato di fragilità fisica estrema, ha capito e deciso che si deve superare la condizione d'emergenza permanente di questo primo periodo.

A differenza di quanto era accaduto in vari passaggi della preparazione e con un salto di qualità rispetto al 'dialogo regolamentare' con l'assemblea, questa volta Giovanni – con il consenso del segretario di Stato – raccoglie una richiesta fortissima nell'aula per la riduzione degli schemi e la riossigenazione del lavoro conciliare. Il 6 dicembre, viene data lettura dell'*Ordo agendorum* (che ripete la parte della *Gaudet* dedicata ai fini del concilio la cui indole 'præsertim pastoralis est'): in esso non viene accolta l'istanza fortemente sistematizzante di Montini e Suenens, ma piuttosto aperto un canale di continuazione *del concilio* in un nuovo organismo – la commissione di coordinamento[122] –

Soetens ed., Leuven 1990, 59-66.

117. Nell'agenda personale del papa alla data 28/10/1962 si legge: 'da alcuni mesi soffro di piccoli disturbi allo stomaco che mi tentano un po' di mestizia'.

118. Agenda Capovilla, 27/11/1962.

119. La sospensione del concilio per la morte del papa era prevista dal CIC; già, però, nelle ore più gravi della crisi dei missili a Cuba, su cui cfr. *supra*, il pericolo e l'ipotesi di scioglimento del concilio per guerra erano ampiamente circolati.

120. CONGAR, *Mon Journal du Concile*, 29/11/1962.

121. AS 1/4, 1/12/1962. Il 5 recita l'*Angelus* dall'appartamento ed infine il 7 dicembre scende in aula per presenziare alla chiusura della XXXVI congregazione generale, che saluta con tono di fiducia: AS 1/4 391-393, 7/12/1962.

122. AS 5/1 33-36.

presieduta da Cicognani che ne firma gli atti costitutivi.

4. *Verso un nuovo periodo: l'inter-sessione*

È possibile che la laconica amarezza confidata dal papa a Léger sull'avvio dei lavori si fosse ridotta nel corso delle settimane: riferendo di un colloquio col cardinale canadese Congar scrive infatti che

> à lui dit Jean XXIII: 'Ils ne m'ont pas compris'. Cela voulait dire: par mon discours du 11 octobre, j'ai indiqué qu'il ne fallait pas répéter Trente et Vatican I. Or ils veulent le faire[123].

Avvicinandosi alla sessione pubblica conclusiva il papa può ragionevolmente riconoscere di essere stato 'capito' assai più ed assai meglio di quanto non avesse temuto alla metà d'ottobre. I sintomi della maturazione d'una coscienza conciliare adulta, emersi soprattutto nella entusiastica ricezione del tema del concilio pastorale[124] durante il dibattito sul *de fontibus* e confermati dalla insoddisfazione per il *de ecclesia*, escludono che si possa parlare in termini assoluti di una non ricezione della *Gaudet*, anche se documentano l'accoglienza d'uno spunto, passibile di riduzioni mortificanti. Il che naturalmente non toglie che parecchie delle indicazioni della *Gaudet* siano restate senza eco – come dimostra il prevalere in vari ambienti dell'esigenza d'una sistematica forte, piuttosto che della teologia del concilio come 'balzo innanzi';[125] anzi, la convulsione finale, l'incertezza a proposito della approvazione o meno di qualche schema in via definitiva, accrescono la confusione e rischiano di ridurre la portata – se non di eclissare la ricezione – dell'intuizione pastorale.

La risposta del papa viene non appena si può dir superata la prima crisi della malattia, prima con il citato annuncio dell'*ordo agendorum* e della commissione di coordinamento, e poi col discorso dell'8 dicembre.[126]

123. CONGAR, *Mon Journal du Concile*, 29/11/1962.

124. Sulla 'consolazione pastorale' cfr. DMC5 37, 9/12/1962.

125. Ripetuto in DMC5 78, 6/1/1963.

126. L'agenda roncalliana del 26/11/1962 (edita in *Lettere 1958-1963* cit., 557) documenta un tentativo d'intervento del papa rimasto senza seguito 'Si potrebbe suggerire che tutti i vescovi convenuti al concilio, di loro iniziativa collettiva, propongano di dedicare, specialmente *ad fraternum solamen* dei loro confratelli

L'*ordo* e il nuovo organismo che ne assume il governo vogliono dissipare i non pochi dubbi sulla lealtà delle strutture ereditate dal preconcilio nel corso dell'inter-sessione: oltre ad annunciare la commissione di coordinamento, il documento di Cicognani formalizza l'impegno a tenere i padri informati e ad inviare loro gli schemi riveduti entro un tempo *breve*.[127] La composizione dell'organo posto ora al vertice, resa nota solo il 14 dicembre, garantisce ed esprime questa consegna: verranno nominati 5 vescovi residenziali (Liénart, Spellman, Urbani, Döpfner e Suenens) ed un solo cardinale di curia – per quanto *sui generis* – come il cardinal Confalonieri.[128]

La allocuzione nella sessione pubblica è la seconda risposta di Giovanni XXIII all'atteggiamento ricettivo assunto dall'assemblea nei confronti della *Gaudet*. Meno 'sorprendente' di quello dell'11 ottobre, ma non certo di pura circostanza,[129] l'intervento del papa sottopone la sua lettura delle tensioni e del significato delle lentezze dell'avvio su un ordito tripartito – *initium*, *progressum*, *fructus* del concilio. Il concilio si è avviato 'modo quodam lenti' – il che, con una edulcorazione tipica del lessico roncalliano, non è fattore di frustrazione, ma di solennità.[130] Il papa argomenta la necessità di ciò che ha sconcertato alcuni:[131] quelle che si sono registrate sono comprensibili divergenze, non lacerazioni preoccupanti; una dimostrazione, 'provido Dei consilio', della 'sancta libertas filiorum Dei', non le premesse di una rottura. Non senza puntigliosità, Giovanni spiega l'importanza ed il senso che ha ai suoi occhi l'aver iniziato dalla liturgia: è una presa di distanza gentile e ferma sia dal disagio montiniano del 18 ottobre,[132] sia dall'ancor precedente ipotesi sistematica di Suenens, sia dalla motivazione opportunistica ('quia schema expeditioris discussionis videbatur') che era 'passata' per un soffio in consiglio di presidenza. Sulla conti-

della chiesa del silenzio, la novena di preghiera imminente per la solennità della Immacolata'.

127. AS 5/1 37.

128. AD 5/1 36.

129. Il testo è pronto il 5/12, data nella quale il papa lo 'prova', in relazione alle sue possibilità fisiche di tenuta, cfr. *Lettere 1958-1963* cit., 557.

130. DMC 8/12/62.

131. '*Oportebat* sane ut fratres e longinquis regionibus advecti et in eandem hanc vetustam sedem congregati, se necessitudine attingerent; *oportebat* ut invicem se intuerentur ad mutuos animorum sensus comperiendos; *oportebat* ut scientiam, quam quisque experiendo sibi comparaverat, cum ceteris considerate et frugifere communicaret, quasi significationem earum rerum, quae variis in locis hominumque ordinibus, ad apostolatum quod attinet, effici contigit', DMC5 25.

132. Cfr. *supra* per la lettera edita dall'Instituto Paolo VI.

nuazione del concilio, Giovanni fa due affermazioni significative e sfumate: i nove mesi che mancano al secondo periodo saranno mesi di lavoro quasi silenzioso, ma che vedranno continuare il lavoro *del concilio.*[133] È ripetuta la insistenza sugli aspetti (comunicazioni, viaggi, differenza fra questa pausa e quelle tridentine) che devono rincuorare i vescovi sul fatto che non si ritornerà allo *statu quo ante*. Addirittura il papa annuncia le funzioni della commissione di coordinamento con una espressione vagamente conciliarista ('ut universalis ecclesiæ partes gererent'[134]):

> Concilium ergo nostrum proximis novem mensibus, quibus sessiones intermittentur, coeptum iter actuosissime perget.[135]

Sui frutti Giovanni fa una prima ricapitolazione dei suoi discorsi dall'11 gennaio 1961 alla *Gaudet*, riprendendo i temi della nuova Pentecoste, del balzo innanzi nel cammino della chiesa, del ruolo del vescovo di Roma e lasciando da parte il riferimento alla pastoralità.

Una nuova autocitazione della *Gaudet*, dopo quella dell'*ordo* e del discorso di fine periodo, ritornerà solo nell'imminenza delle feste natalizie, ma con un obiettivo più circoscritto: Giovanni, in quella occasione, interviene con correzioni autografe sull'indirizzo di auguri che gli avrebbe rivolto il cardinal decano a nome della curia, in modo da poter rispondere citando e ripristinando il testo della allocuzione d'apertura, le cui manomissioni dovevano aver suscitato in lui qualche pena.[136]

133. Era stato più possibilista il 5/12/1962 parlando del concilio che 'si sospende per qualche tempo', DMC5 19-20.

134. Anche DMC5 19, 5/12/1962, sulla 'chiesa nella sua piena rappresentanza'.

135. DMC5 28.

136. DMC5 54-57; qui Giovanni fa anche un riferimento alla sua salute fisica, che affida alla Provvidenza, come alla stessa Provvidenza affida la prosecuzione del concilio — tanto in vista d'una rinuncia alla sua chiusura in tempi plausibili per il papa malato, quanto nell'ipotesi d'una rinuncia al concilio in quanto tale, contro la quale, però, il cardinal Montini s'era espresso in vari modi e sedi; Capovilla parla, per la fine del 1962, del papa 'ferito da non poche incomprensioni', *Lettere 1958-1963, cit.*, 437; e, per la politica verso l'URSS, G. ZIZOLA, *Giovanni XXIII. La fede e la politica*, Bari-Roma 1988.

4.1. La lettera Mirabilis dell'epifania

Approvate le disposizioni per l'inter-sessione il papa pubblica la lettera *Mirabilis ille* ai vescovi, sempre sul tema del concilio.[137] Alcuni passaggi del lungo testo[138] sono estremamente significativi: la continuazione *del concilio stesso* nella inter-sessione è ripetuta con insistenza,[139] come premessa al *progresso* del concilio. Il papa riduce a quattro i nodi del passaggio dal primo al secondo (ed ultimo 'ut fore confidimus') periodo.

a) la commissione di coordinamento: il suo compito è ispirarsi all'*ordo et finis totius Concili*, con mansioni importanti, ma solo esecutive ('executorio quidem munus');

b) il coinvolgimento dei padri: l'ufficio del papa è convocare e dar le *normæ generales* del concilio, ma quello dei vescovi è difendere 'eius celebratio debita cum libertate', in modo che si possa giungere alla approvazione dei documenti, di nuovo con la lungimirante formula 'una cum Romano Pontifice'.[140] I vescovi, che con una significativa forzatura della formula bernardiana sono chiamati 'in partem *pastoralis* sollecitudinis', dovranno con prontezza rispondere *al segretario di Stato*[141] e scegliere anche i propri privati periti.[142]

137. È l'alternativa alla *De Paulo Apostolo*, una bozza d'enciclica che il papa respinge perché 'in tema di misericordia il papa non accetta correzioni da nessuno', Archivio Roncalli, Istituto per le scienze religiose di Bologna.

138. Sulla redazione nulla è noto al momento: la prima ricerca andrà comunque fatta sulla decisione stessa di indirizzare una lettera ai padri in quanto tali.

139. Giovanni parla di proseguimento, di senso della continuità, del *progressus* che deve essere custodito dall'intatta, integra e inviolata compagine dei vescovi *una cum Summo Pontifice*, DMC5 500 e *Lettere 1958-1963*, 440-441. Singolare l'uso dell'espressione 'esperienze pastorali' ('speciminum doctrinæ et rei pastoralis experientia comprobatæ').

140. Cfr. G. ALBERIGO, *Una cum patribus. La formula conclusiva delle decisioni del Vaticano II*, in *Ecclesia a Spiritu Sancto edocta – Mélanges théologiques. Hommage à Mgr Gérard Philips*, Gembloux 1970, 219-319.

141. Ritorna qui un problema sul quale manca ancora una riflessione articolata: e cioè il rapporto che esiste fra la disarticolazione della curia e la libertà conciliare; infatti anche qui riappare la valorizzazione del segretario di Stato, che porta con sé ovviamente istanze ed attenzioni non del tutto omogenee a quelle papali, ma che soprattutto esprime uno degli antagonismi forti della struttura centrale del cattolicesimo, sulla quale anche i pontificati successivi si dovranno misurare.

142. La frase subisce una serie di limitazioni facilmente riconoscibili: prima si dice che questi periti potranno essere uomini noti a Roma sia, che fuori e che i loro nomi – 'si res ferat' – dovranno essere indicati alla segreteria, a cui potranno risultare preziosissimi. Detto questo si aggiunge – senza rapporto logico col periodo

c) l'apporto che potranno dare i fedeli: Giovanni loda il loro interessamento orante, ma al tempo stesso censura alcuni 'candidi' che chiedono nuove forme di supplicazione pubblica e privata; non pare che questi possano essere identificati con i fautori della riforma liturgica; per il papa, comunque, basta servirsi dei riti antichi e venerabili delle chiese territoriali per ottenere da Dio le grazie necessarie al concilio.[143]

d) da ultimo i fini ('proposita')[144] del concilio 'ad causas spectantes sive pacem sive alias christiano afflatu solvendas quæstiones':[145] il papa – sbagliando[146] – sostiene che all'inizio il concilio non interessò le autorità civili, come invece è accaduto dopo l'11 ottobre; questa attenzione verrà valorizzata dal papa e dal concilio, con l'inclusione ormai definitiva della pace nel magistero dell'uno e nell'agenda dell'altro.[147]

Quello dell'11 ottobre pare dunque agli occhi di Roncalli uno spartiacque misterioso, capace di suscitare atteggiamenti favorevoli – rari nella storia della chiesa e dei concili – fra persone diverse, e in ispecie negli altri cristiani. Riprendendo una vecchia omelia della Pentecoste del 1944 Roncalli richiama l'attenzione dei vescovi sul panorama mondiale,[148] e aggiunge questo nuovo elemento a quelli che già sorregge-

precedente – che questa 'adiutrix opera, *a paucis tantum viris expetenda*', andrà condotta nel segreto, vero terreno di scontro nella scelta dei periti, DMC5 504.

143. DMC5 504-506.

144. DMC 506-510; fini nella traduzione di *Lettere 1958-1963*, 444.

145. È trasparente il riferimento ai canali apertisi con l'URSS di Kruščëv, che porteranno alla contestata udienza privata ad cerimonia; su questo cfr. ZIZOLA, sia *L'utopia* cit., sia *Giovanni,* cit., ed ora A. RICCARDI, *Il Vaticano e Mosca (1940-1990)*, Roma-Bari 1992.

146. Cfr. MELLONI, *Governi e diplomazie* cit., sull'ampiezza e le perspicaci osservazioni di taluni ambasciatori.

147. Cfr. soprattutto il radiomessaggio natalizio, DMC5 42-50 e l'appunto autografo del 25/12/1962, 'Come l'anno scorso Natale piovoso. Ma quest'anno l'orizzonte politico e internazionale è da qualche giorno assai migliorato nel senso della pace mondiale. Dalle voci più autorevoli del mondo politico sembrerebbe convinzione comune che questo periodo di pubblica pace si debba all'azione del Papa, che facendosi sentire in tutto il mondo, dove la radio arriva, finisce coll'interessare sopra una preoccupazione che tocca il cuore di tutti'. In generale cfr. M. TOSCHI, *Giovanni XXIII e la pace*, in *Giovanni XXIII transizione del papato e della chiesa*, a cura di G. Alberigo, Roma 1988, 151-173.

148. 'Iam perspici licet, id aliquo modo iam contingere. Concilium sane, a nobis convocatum, directo ecclesiae nostrae membra respicit, quae est una, sancta, catholica atque apostolica. Huc praesertim spectabant proposita nostra. Attamen, si in nostris vel catholicorum tantum negotiis detineremur, aut intra catholicae ecclesiae

vano la tesi della insufficienza ('hoc autem non sufficit') della custodia della integra dottrina cattolica fra i fini del concilio.

4.2. *Fra coordinamento e la Pacem in terris*

La costituzione della commissione di coordinamento riporta il timone del concilio al segretario di Stato, ma lo circonda di una rosa di nomi non omogenei – eccetto forse il caso di Spellman – alla storia di Cicognani.[149]

> Giovanni desidera vivamente *essere informato* sui lavori della commissione di coordinamento e delle commissioni conciliari. Dovrà perciò farsi un verbale ad ogni seduta; e ciò verrà comunicato agli Em.mi Presidenti delle commissioni conciliari perché possano provvedere. Il Santo Padre ha anche manifestato il desiderio di essere presente in una delle sedute.[150]

L'atteggiamento del papa è di cautela, anche se non possono non aver suscitato profonda impressione in lui i rilievi particolarmente gravi avanzati da cardinal Urbani e Suenens alla vigilia della prima seduta della commissione di coordinamento, dalla quale esce peraltro confermata la necessità di modificare il regolamento e di sbloccare la sostitu-

saepta immoraremur, nonne haec agendi ratio, ut semper nobis visa est, iure videretur haud satis divini redemptoris respondere mandatis, qui - ut discipulus ille, quem diligebat Iesu, de eo scripsit: *Ipse est propitiatio pro peccatis nostris: non pro nostris autem tantum, sed etiam pro totius mundi?* (*I Io* 2,2). Nonne verum est quod idem evangelista de divino salvatore, hominum luce, affirmat: *lux vera, quae illuminat omnem hominem venientem in hunc mundum?* (*Io* 1,9). Lucas autem, nonne spiritu sancto afflante scripsit: *videbit omnis caro salutare Dei?* (*Lc* 3,6). Et Paulus quidem, quem vere in apostolorum et prophetarum numerum asciscitur, cum valida voce romanos alloquitur: *gloria autem, et honor et pax omni operanti bonum (iudaeo primum et graeco): non enim est acceptio personarum apud Deum* (*Rom* 2,10-11). Quanta sane iucunditate idem ipse Paulus, ad Titum scribens, paucis verbis humane salutis mysterii naturam et vim declarat: *apparuit gratia Dei salvatoris nostri omnibus hominibus* (*Tit* 2,11). Hisce locis finem facientes, iuvat nos S. Ioannis Chrysostomi, gravissimi atque eloquentissimi S. Pauli interpretis, referre sententiam, qua iam a iuventute nostra haud parum commoti sumus: *mementote, fratres: quod non de vestra tantummodo vita, sed de universo orbe a vobis ratio reddenda est* (*Homilia XV in Matth.*)', DMC5 508, cfr. l'omelia della Pentecoste 1944 nel volume di omelie da me curato *La predicazione ad Istanbul*, di prossima pubblicazione.

149. Ad esempio la riduzione degli schemi, 17/12/1962, AD 5/1 40-42. Seguendo in questo l'esempio di Tardini i primi atti del segretario-presidente non vengono comunicati ai membri *ex aud. SS.mi*.

150. Cicognani alla prima seduta della commissione di coordinamento, il 21/1/1963, nega che si possano sostituire gli schemi.

zione degli schemi.[151]

4.3. *Pacem in terris*

Neppure in questa inter-sessione il papa assume una condotta di tipo 'monarchico':[152] egli ripete a più riprese il giudizio positivo sul rodaggio conciliare ed è ben consapevole del ruolo che ha giocato in questo frangente.[153] L'avvio del concilio non ha cambiato l'orientamento di Giovanni per quel che riguarda la decisione di privilegiare l'asse del rapporto col segretario di stato:[154] è Cicognani che conserva una *leadership*, limitata solo dalla responsabilizzazione dell'assemblea, sulla quale il papa ha insistito e sulla quale i vescovi sono stati sensibili. Il papa si impegna in proprio solo per la concezione, la preparazione e la promulgazione della *Pacem in terris*:[155] è un vera e propria mozione d'ordine che il papa immette nel dibattito conciliare, come parte di esso. L'enciclica, non fatta per il latino né contro la misericordia, viene invece scritta per la pace, a mo' di ultimo discorso conciliare di Giovanni: ma essa è anche sentita come un'eccezione da non iterare, in modo che il concilio non venga coartato da impulsi esterni:

> qualunque iniziativa che può contenere minaccia di più accentuate divisioni (...) è meglio lasciarla in disparte, almeno per ora: e ciò in vista del bene e della pace generale, e vuol essere ripetuto in riferimen-

151. AD2 4/1 368-378. Cfr. però DMC5 144-145, 27/2/1963, sulla unanimità come nota della procedura conciliare.

152. Tuttavia Roncalli interviene su almeno un passaggio decisivo, che è il recupero del tema del rapporto con Israele nell'agenda conciliare; su questo cfr. l'appunto a Bea, *Lettere 1958-1963* cit., 561-562, e SCHMIDT, *Bea* cit., *passim* e per il quadro generale dei rapporti S. FERRARI, *Il Vaticano e Israele*, Milano 1991.

153. Lo documenta l'appunto del 28/1/1963 col quale il papa 'nomina' storico del concilio il sue stesso segretario, cfr. *Lettere 1958-1963* cit., 453: 'al primo tocco delle quattro di stamane, svegliatomi appena e subito messomi in materia di Concilio, mi venne in mente che stava bene pensare fino da ora ad uno storico futuro di questo grande avvenimento ora in corso, e che convenga scegliere bene. Ora io penso che il più indicato testimonio e fedele espositore di questo *Vaticano II* sia proprio lei, caro monsignore [Capovilla]: e nei limiti di un *mandato* che può venire da me - papa del concilio - sopravvivente o defunto -, ella debba tenersi autorizzato ad accettare, come volontà del Signore questo impegno, e a fargli onore, che sarà onore della S. Chiesa, e titolo di benedizione e di preziosa ricompensa per lei sulla terra e nei cieli. Ioannes XXIII PP.'.

154. Sarebbe a questo proposito utile un confronto fra la gestione-Tardini e la gestione Cicognani del Vaticano II nel suo complesso di preparazione ed attuazione.

155. Cfr. il discorso del 9/4/1963, DMC5 192-193.

to al campo libero ed ampio che deve essere riservato al concilio. Non conviene offrire distrazioni imbarazzanti all'*opus magnum*, che deve restare alla completezza dei suoi compiti più vasti e comprensivi.[156]

Al di là di questa soglia (e perciò nelle ultimissime settimane di vita[157]) gli atti si diradano: il 9 maggio Giovanni licenzia i nuovi schemi per i vescovi, onorando l'impegno a tenerli informati che era stato preso in chiusura di periodo;[158] seguono la lettera ai vescovi del 20 maggio con la quale il papa annunciava il suo ritiro spirituale in preparazione alla Pentecoste, orientato all'*unum necessarium* del concilio ed alle sue 'finalità essenzialmente pastorali' da perseguirsi nello 'spirito di libertà',[159] poi i due messaggi radiofonici alla Polonia ed alla Germania, che chiudono anche il *corpus* roncalliano.

Questi, insieme agli altri atti del 'papa del concilio', fanno sì che il 3 giugno 1963 nel Palazzo apostolico non muoia solo un capo della chiesa cattolica, ma anche un padre del Vaticano II.

156. Appunto di Giovanni XXIII del 6/2/1963, *Lettere 1958-1963* cit., 567.

157. Agenda Roncalli, 28/2/1963: 'Ci sono di fatto gli 82 anni di età. E ciò basta per indurmi a portar pazienza, ed a mantenere la mia eccellente disposizione anche immediatamente a partire, confidando nella bontà del Signore, che può ritenere miglior servizio per la santa chiesa che io arresti il mio umile servizio dei servi suoi. Ciò che mi occorre è la buona compagnia della grazia sua, che mi conserva grazia e pace'.

158. Cfr. *Lettere 1958-1963* cit., 574-575.

159. DMC5 515-517 e *Lettere 1958-1963* cit., 474.

LE MESSAGE AU MONDE

ANDRÉ DUVAL

L'objet de cette communication est d'apporter quelques documents, et ainsi quelques précisions, sur la genèse du *Message au monde, nuntius ad omnes homines et nationes*, du samedi 20 octobre 1962, précisions qui conduiront à souligner plus fortement le décalage entre l'idée première et le style de la réalisation.

*

Je prends comme point de départ, pour illustrer mais aussi pour nuancer, la mise au point effectuée par l'archevêque de Cambrai, Mgr Guerry, dans une annotation de sa lettre pastorale du 6 janvier 1963 sur *les résultats positifs de la première session du Concile*, note importante en effet à laquelle se référeront désormais la plupart des publications sur le déroulement de Vatican II:

> 'Sur l'origine du message, les versions les plus fantaisistes et les plus variées ont été données par la presse. Voici très simplement les faits.
>
> Dès le mois de septembre, certains évêques écrivaient au cardinal secrétaire d'État pour attirer son attention sur l'importance capitale d'un message des Pères du Concile au monde, dès l'ouverture et avant les débats théologiques.
>
> Ils apprirent ensuite avec une réelle satisfaction que, de leur côté, deux théologiens, les PP. Chenu et Congar, avaient rédigé le texte d'un message de ce genre et qu'ils l'avaient envoyé à six cardinaux de divers pays. Ce texte qui commençait à circuler, était fort intéressant: il se plaçait sur le plan de la morale naturelle, ce qui, en d'autres circonstances, était un terrain normal pour un dialogue avec des incroyants, mais ce qui n'avait aucune chance d'être accepté par un Concile. Le projet ne parlait pas du Sauveur. Il dut donc être écarté.
>
> Une équipe de quatre évêques français prépara un projet de message dans une tout autre perspective, la perspective même de l'œuvre du Concile: le dessein d'amour de Dieu pour le salut du monde.

Le message témoignait de la sollicitude de l'Église pour les détresses matérielles et spirituelles des peuples, leurs souffrances et leurs aspirations. Mais cette attention aux problèmes humains, cette ouverture aux besoins des hommes étaient présentées comme une exigence de fidélité à l'Évangile et à l'amour du Christ pour les hommes.

L'annonce de la bonne nouvelle du salut rencontrait les besoins les plus profonds des hommes et d'abord le besoin d'un Sauveur, Jésus-Christ 'l'unique Sauveur'.

C'est ce projet des évêques qui fut soumis par l'équipe au cardinal secrétaire d'État, puis à la conférence des présidents, enfin à l'Assemblée conciliaire[1].'

Je reprends les différents éléments de cette note, pour les commenter avec quelques documents contemporains des faits rapportés: 'Sur l'origine du message, les versions les plus fantaisistes et les plus variées ont été données par la presse.' Devant la sévérité de cette observation, on peut se demander si Mgr Guerry ne serait pas l'un des ces deux évêques qui, au début de novembre, écrivirent à Georges Montaron, directeur de *Témoignage chrétien*, pour lui reprocher, en publiant le Message dans le numéro du 26 octobre de l'hebdomadaire, d'avoir fait l'attribution de sa rédaction, 'pour une large part', au P. Chenu[2]. Cette 'erreur' ne causait-elle pas 'préjudice aux évêques français[3]'?

1. *Documentation catholique*, 1962, col. 180.

2. Dans le numéro du 26 octobre de *Témoignage chrétien*, le texte du Message au monde est précédé d'un chapeau, où on lit: 'La rédaction de ce message de caractère nettement 'incarné' même s'il est assorti de considérants purement religieux, est attribuée pour une large part à l'un des experts privés du Concile: le Père Chenu. Nos lecteurs trouveront dans ce texte les thèmes qu'il avait défendus ici-même' (*T.C.* spécial Concile du 12 octobre).

3. Dans l'éditorial du 9 novembre, posant les questions sur les difficultés de journalistes pour informer sur le Concile, G.M. [Georges Montaron] écrit:'Lors de la publication du Message au monde... plusieurs informateurs nous avaient fait savoir que le texte en avait été rédigé par le R.P. Chenu. Ceci nous a étonnés. Nous ne reconnaissions guère le style. Après avoir pris des renseignements, nos informateurs nous expliquaient que le texte du Père avait été amendé. Un quotidien publiait alors cette information. Aucun démenti ne suivait. Mais, par prudence nous avons rédigé un 'chapeau' nuancé [cf. supra, note 2].Quelques jours après, deux évêques m'écrivaient pour me signaler notre *erreur*, je ne les remercierai jamais assez pour leur geste...D'après ces lettres, et ces évêques savent de quoi ils parlent: 'Il est faux que ce message ait été pour une large part composé par le Père Chenu... Le Message qui a été voté par les Pères du Concile est uniquement l'œuvre des évêques'. En donnant notre information nous ne pensions pas 'causer un préjudice aux évêques français'...

Renseignements pris auprès de la direction de *T.C.* les lettres épiscopales à Georges Montaron n'ont pas été conservées.

Aussi la note de la lettre pastorale entend-elle rapporter 'très simplement' les faits: 'Dès le mois de septembre, certains évêques écrivaient au cardinal secrétaire d'État pour attirer son attention sur l'importance capitale d'un message des Pères du Concile au monde, dès l'ouverture et avant les débats théologiques'. 'Dès le mois de septembre... ' Mgr Guerry n'est-il pas ici trop discret en ce qui concerne ses propres préoccupations d'alors? N'est-ce pas lui qui, le mois précédent, avait sollicité et obtenu du P. Lebret un tel projet de message, dont la thèse de Denis Pelletier sur le fondateur d'*Économie et Humanisme* nous a récemment fait connaître le texte, daté du 23 août 1962[4]? Pourquoi Mgr Guerry a-t-il oublié ou négligé ces trois belles pages du P. Lebret? Serait-ce parce que, même en considérant les hommes comme 'tous rachetés dans le sang du Christ', le développement du thème en reste trop au plan de la morale naturelle? Ce sera en effet l'objection faite en octobre au texte du P. Chenu.

Je reviens à la 'mise au point' de janvier 1963. Donc, dès septembre 1962, démarches d'évêques auprès du cardinal Cicognani, secrétaire d'État. Rien de plus exact. Mais Guerry serait-il en mesure de le prouver autrement que par les confidences des uns ou des autres de ses collègues, soit avant son départ de France soit depuis son arrivée à Rome? Il se trouve que, faute d'avoir directement accès au dossier des correspondances adressées au cardinal secrétaire d'État[5], ce sont les papiers Chenu-Congar, lettres et notes datées de septembre[6], qui, pour

4. Denis PELLETIER, *Aux origines du tiers mondisme catholique. De l'utopie communautaire au développement harmonisé: Économie et Humanisme et le Père Lebret (1944-1966)*, thèse, Lyon, 1992, pp. 777, 930-932.

5. À défaut, on peut au moins consulter les observations exprimées au cours de la septième session (12-19 juin 1962) de la Commission préparatoire, autour du schéma XIII. Le second des chapitres à l'ordre du jour (= chap. X) traitait 'de necessitate Ecclesiae annuntiandi Evangelium omnibus gentibus et ubique terrarum'. Cf. *Acta et documenta Concilio Vaticano II apparando. Series IIa praeparatoria,* Vol. II, pars 4a, pp. 692-746. Dans aucune des interventions on ne rencontre le souhait d'une adresse préalable au monde entier.

6. P. Chenu: un cahier de 'notes quotidiennes', commencé le 8 septembre 1962, se poursuit de manière irrégulière jusqu'au 6 décembre (en tout 52 pages écrites, non paginées). Suivent des notes sur la deuxième période; commencées le 1er octobre 1963, elles s'arrêtent au 12 novembre (10 pages écrites, non paginées). Du même: un dossier de pièces diverses.

P. Congar: *Mon journal du concile*, neuf cahiers manuscrits, paginés de 1 à 960, dans lesquels sont intercalées lettres et notes diverses. Conservé aux archives de la Province dominicaine de France [Paris], le journal du P. Congar se trouve en microfilm, ainsi que les 'notes quotidiennes' du P. Chenu, à l'Istituto per le scienze religiose de Bologne.

un historien préférant les textes datés aux simples souvenirs permettent d'établir la réalité de ces démarches.

Dès le 8 septembre, Mgr Elchinger, évêque de Strasbourg, écrit au P. Chenu que ses observations 'me confirment dans mes déterminations en vue d'obtenir un message doctrinal pour le monde d'aujourd'hui'. Après l'important discours pontifical du 11 septembre que *La Croix* a publié en le qualifiant de 'message', les correspondants de Chenu et Congar se font plus précis: 'La déclaration a été en effet souhaitée et demandée déjà' (Garrone à Congar 19 septembre). 'J'ai remis récemment au Saint-Père, en mon nom et en celui d'un groupe, une proposition presque identique' (cardinal Suenens à Congar, 26 septembre)[7]. Mgr Weber 'me dit avoir adressé directement une demande de démarche dans le sens du P. Chenu, conjointement avec Mgr Elchinger, au cardinal Cicognani' (Journal de Congar, 2 octobre). Lorsque, à Rome, dans les premiers jours d'octobre, Chenu écrira à tel ou tel évêque, il ne manquera pas d'ajouter, en parlant de son projet, 'ici et là proposé d' ailleurs'.

Si on fait appel aux dossiers Chenu-Congar pour confirmer l'exactitude des souvenirs de Guerry sur les démarches épiscopales auprès du cardinal Cicognani, pourquoi ne pas considérer ce que révèlent ces mêmes papiers sur la mise en œuvre d'une *tactique* pour donner concrètement efficacité à une idée de Chenu?

Car c'est bien Chenu qui mit tout en branle. Je lis ce qu'il écrit à son provincial le 21 octobre, au lendemain même du vote debout-assis en faveur du Message au monde:

> 'Peut-être aurez-vous appris l'origine du 'Message' du Concile au monde. Je me suis trouvé, au mois de septembre, à Paris, à l'origine de l'opération. Le P. Congar lui a donné extension, en en saisissant plusieurs Éminentissimes... L'opération restait difficile [ici] à Rome, pour

7. Il n'est pas indifférent de relever la conclusion du plan pour l'ordonnance d'ensemble des travaux conciliaires élaboré en avril 1962 par ce même cardinal Suenens et communiqué, sur désir de Jean XXIII, à plusieurs cardinaux le 12 mai 1962.

Il était proposé en effet 'que le concile adresse un message final et solennel au monde... Ce message – de grande allure – pourrait s'adresser d'abord à nos frères séparés... puis à tous ceux qui croient en Dieu dans le monde, enfin aux athées en leur découvrant le sens de Dieu et sa présence'. Il s'agissait là d'un message *final*, prévu au terme d'un très long travail, et pas encore d'un message initial, préalable.

Pour le texte de ce plan, cf. L.J. SUENENS, 'Aux origines du Concile Vatican II', *Nouvelle revue théologique*, 107 (1985), pp. 17-18. Le récit et les documents sont repris dans id., *Souvenirs et Espérance*, Paris, 1991, p. 79.

faire entrer dans la 'machine' un projet non prévu, et pour créer un climat favorable dans cette immense assemblée. C'est fait...'

Ces propos marquent la réussite de l'initiative. Mais comment l'idée est-elle apparue?

On peut la voir naître le 4 septembre[8]. Depuis les derniers jours d'août en effet, à Paris, Chenu lit avec consternation, comme beaucoup d'autres à ce moment, le premier volume des schémas dogmatiques préparés par la Commission Ottaviani, et rédige des remarques à la fois sévères et stimulantes à l'intention de plusieurs évêques et spécialement du P. Congar qui à Strasbourg, déplore lui aussi que 'les questions soient posées (et donc résolues) à peu près comme elles l'auraient été au premier concile du Vatican'. Dans son désir de mobiliser les théologiens contre les schémas proposés, Chenu s'adresse également à Karl Rahner. Et c'est en lui écrivant que l'idée jaillit. A lire cette lettre du 4 septembre, on y voit en quelque sorte monter l'inspiration.

8. Pour plus de clarté, j'indique ici ce qui subsiste, dans les papiers Chenu et le journal Congar, des différents textes mis en circulation: a — Idée exprimée à Karl Rahner le 4 septembre 1962. Double de la lettre envoyé à Congar le 5 septembre (Journal Congar, p. 80). b — Projet de déclaration initiale: deux pages dactylographiées, avec deux annotations de la main du P. Chenu [probable en tête *première proposition* d'un projet ..., et, en finale: *Paris, 15 septembre 1962, M. D. Chenu.* La présence de ces deux feuillets dans le journal Congar permet d'en authentifier la date. c — Texte latin envoyé par Chenu à Congar le 26 septembre = non conservé. d — Texte français envoyé par Chenu à Congar le 26 septembre = non conservé. Après la lettre de Congar à Chenu du 27 septembre, suggérant l'addition de quelques lignes sur l'espoir œcuménique: e — Texte latin, inséré dans le Journal Congar, p. 80. f — Texte français (dossiers Chenu). g — Texte allemand Hans Küng, dans Journal Congar, p. 80. h — Textes circulant à Rome en octobre??? D'un texte à l'autre, on peut relever des variantes dans les citations scripturaires. Si toutes les rédactions contiennent l'allusion à 'ceux qui sont loin' (Actes 2,39), l'envoi des apôtres au monde entier s'appuie tantôt sur Actes 1, 8 [b, e] tantôt sur Mc 16, 15 [f]; Isaie 57, 19 n'est cité qu'en e. Il faut noter que dans l'article 'Un concile à la dimension du monde', publié dans *T.C.* du 12 octobre, mais évidemment écrit de Rome quelques jours plus tôt, Chenu a combiné Mc 16, 15 et Actes 1, 8. C'est le texte b, après suppression des quelques lignes d'introduction, que le P. Chenu a publié ensuite dans le volume d'*Unam Sanctam*, 65 c, *L'Église dans le monde de ce temps*, Paris, 1967, pp. 192-193 et que E. Panella a traduit en italien (document II, pp. 27-28 de son article 'Il messaggio del concilio a tutti gli uomini', *Vita sociale*, XLI, 1984, pp. 21-31).

Paris, 4 septembre 1962
Au R.P. Rahner S.J.
Innsbruck

Révérend et cher Père,

Appelé par la confiance d'un évêque à l'assister comme théologien dans les travaux du Concile, je viens de prendre quelque connaissance des *Schemata* préparatoires.

Les deux premières 'constitutions', émanant de la Commission théologique (cardinal Ottaviani) ont provoqué en moi affliction et regret. Je me permets de vous faire part de cette émotion. L'ensemble de ces textes est inspiré et rédigé dans une perspective strictement 'intellectualiste' (au sens péjoratif du mot), c'est-à-dire qu'ils font prévaloir sur la Parole de Dieu les analyses et les critiques scolastiques. La proclamation de la Bonne nouvelle au monde, qui devait être première et manifeste, reste implicite.

– De ce fait, prévaut une ligne rigide d'énoncés abstraits et théoriques, alors que le Concile a suscité l'espérance d'une considération pastorale, à la mesure des problèmes posés par l'évangélisation d'un monde nouveau.

– Ce monde nouveau, les deux constitutions précitées semblent l'ignorer; elles ne font que dénoncer des erreurs, des erreurs intra-théologiques, sans faire allusion aux questions dramatiques que se posent les hommes, chrétiens ou non, par le fait d'une mutation de la condition humaine, extérieure et intérieure, telle que l'histoire n'en a jamais enregistrée.

– Ainsi ces textes condamnent des 'opinions' théologiques, libres dans l'Église, au détriment de la transcendance de la foi, au détriment de la liberté de la nécessaire recherche de l'intellectus fidei (v.gr. sur les origines de l'homme, sur le péché originel). Triste et hargneuse mesquinerie de l'esprit. Le Concile devient une opération de police intellectuelle, dans les murs clos de l'École.

– Il serait nécessaire que les décisions du Concile soient ouvertes par une ample déclaration, dans laquelle, en style d'Évangile, dans les perspectives prophétiques de l'Ancien et du Nouveau Testament, sera proclamé le dessein de salut, dans l'Incarnation du Christ, et dans le Corps mystique de l'Église. Déclaration adressée à une humanité où grandeur et détresse sont, sous les échecs et les erreurs, une aspiration à la lumière de l'Évangile et à la présence de Dieu Créateur, que les athées ne peuvent reconnaître sous certaines figures conceptuelles et cultuelles aujourd'hui présentées.

Déclaration proclamant l'unité fraternelle des hommes, par dessus les frontières, les races, les régimes, – dans un refus des solutions violentes, dans l'amour de la paix, test du Royaume de Dieu.

Qu'ainsi la Communauté des chrétiens participe publiquement à l'espérance des hommes, pour la promouvoir à sa fin suprême.

Fait significatif: Chenu, qui conserve rarement copie de ses lettres, fait un double de celle-ci pour la communiquer à Congar dès le lendemain, en ajoutant: 'Je crois que la 'Déclaration' proposée serait de majeure importance pour l'audience et la foi des hommes auxquels le Concile doit s'adresser par delà les 'clercs'.' Ayant mûri son idée pendant quelques jours, Chenu est bientôt en mesure d'envoyer à Congar (15 septembre) deux feuilles dactylographiées, *Projet de déclaration initiale*, qui en soulignent l'opportunité et suggèrent les thèmes à exposer. La réaction de Congar est de trouver 'le texte du P. Chenu un peu trop sociologique, humain. Certes, c'est un message adressé aux hommes. Mais j'eusse aimé qu'on y affirmât davantage la part de J.C. et l'offre de l'alliance' (Journal, 17 septembre). Mais de cette réticence, il ne souffle mot au P. Chenu, tant il est immédiatement saisi par le projet. La graphie de son Journal est ici parlante:

> 'Il m'a paru de suite que cette initiative était *inspirée*, que c'était *cela* qu'il FALLAIT faire ! Aussi j'ai voulu seconder efficacement le P. Chenu.'
>
> 'IL FAUT QUE VOTRE PROJET PRENNE CORPS', lui écrit-il le 18 septembre.
>
> 'J'ai communiqué ce texte en mon nom mais en disant qu'il est de vous, à Mgr Weber [Strasbourg], Mgr Marty [Reims], card. Liénart [Lille], card. König [Vienne], card. Doepfner [Munich], card. Alfrink [Utrecht], card. Montini [Milan], Mgr Volk [Mayence, un ami], et un ou deux autres encore'.

Sur un dos d'enveloppe, Congar a noté ces autres noms: Frings [Cologne], Suenens [Malines], Hurley [Durban], Charue [Namur]. Chenu, de son côté, écrit à Mgr Garrone [Toulouse], au cardinal Léger [Montréal].

Toutes les réponses sont positives, mais celle du cardinal Liénart (20 septembre) manifeste sa disposition à jouer les locomotives:

> 'La suggestion du P. Chenu répond je le sais aux vœux d'un certain nombre de Pères du Concile, mais comme une déclaration de ce genre n'est pas prévue au programme, je ne sais pas s'il sera possible de l'y faire entrer.
>
> Je crois que pour avoir chance de réussir, il faudrait avoir un texte en latin *tout préparé d'avance*, développant l'excellent thème du P. Chenu, à soumettre à l'approbation et aux amendements éventuels des Pères du Concile; autrement on risquerait de se trouver devant un texte élaboré sur place par des services et qui ne dirait pas les mêmes choses.

Si vous pouviez en préparer un pour Mgr l'évêque de Strasbourg, je le proposerais et l'appuierais volontiers.'

C'est encore de Paris que Chenu met au point le texte latin demandé, sur la base de son premier projet maintenant remanié à partir du message de Jean XXIII du 11 septembre. Mais, écrit-il à Congar le 26 septembre,

> 'le latin amortit tellement l'expression que sans doute il serait *opportun* de faire circuler, avec le texte latin proposé, un texte en langue vivante: français pour les Français, allemand pour les Allemands, italien pour les Italiens, anglais et espagnol'.

'Il faut que cela aboutisse', répond Congar dès le lendemain[9], qui fait réaliser une traduction allemande par Hans Küng.

Voici le P. Chenu arrivé à Rome le 3 octobre, une semaine avant la plupart des évêques. Il prend le temps d'écrire l'article que *Témoignage chrétien* publiera dans son numéro du 12 octobre, 'Un concile à la dimension du monde'. On y retrouve évidemment les thèmes, mais aussi les citations scripturaires, du projet de message.

*

À la différence de Congar[10], le P. Chenu, que seul un ancien élève, Mgr Rolland, évêque d'Antsirabé, a sollicité pour être expert, n'a que très peu de relations personnelles avec les évêques français; aussi note-t-il avec satisfaction après la réception 'grand style' du 12 octobre à l'ambassade de France: 'l'un ou l'autre me font allusion sympathique au Message. C'est donc qu'on les a informés.'

Mais ne faut-il pas aussi agir auprès des épiscopats nationaux qui n'ont encore été contactés d'aucune manière? Pour se rallier les Espagnols, Chenu s'est tourné avec bonheur vers l'archevêque de Saragos-

9. Dans cette lettre du 27 septembre, le P. Congar suggère au P. Chenu une addition de quelques lignes sur l'espérance œcuménique que soulève le Concile. L'absence ou la présence de cette addition dans les différents papiers conservés aide à en préciser les dates.

10. Pendant le trajet Paris-Rome le 9 octobre dans l'avion des évêques, Congar note dans son journal comment il voit 'un certain nombre d'évêques et leur chante deux antiennes: 1° le message aux hommes; 2° la révision des schémas doctrinaux. Mgr Marty, Mgr Guerry, Mgr l'auxiliaire d'Angoulême [Kerautret] à côté de qui je fais le voyage, sont très favorables au message'. Il remarque encore, le 18 octobre, 'je reparle à Mgr Philips du message au monde, dont il me dit que le cardinal Suenens lui a parlé.'

se, Don Casimir Morcillo, avant même que celui-ci ne soit nommé sous-secrétaire du Concile (16 octobre). Un élément de cette correspondance permet de savoir où en sont les choses au 16 octobre:

> 'Selon les informations reçues, l'opération doit se faire en deux temps:
> 1. Acceptation par le conseil cardinalice *pro rebus extraordinariis*; c'est donc à elle que doit être adressée la *petitio*. Je ne sais quand elle sera remise – très prochainement sans doute.
> 2. Rédaction du texte. Il est opportun que cette rédaction ne soit pas l'œuvre des seuls *scriptores* de la Curie, mais comme vous le pensez, de plusieurs Pères désignés à cet effet, pour les amendements jugés bons[11].'

Cette manière dont Chenu s'exprime ne signifie-t-elle pas sa conviction que c'est encore sur son propre texte que s'opère le travail?

L'affaire est donc bien engagée. D'un entretien avec le cardinal Liénart (12 octobre) Congar concluait lui aussi que le secrétaire d'État Cicognani se montrait favorable. L'impulsion donnée par le P. Chenu a donc été efficace. L'opération est bien engagée.

Revenons à l'exposé des faits proposé dans la lettre pastorale de Mgr Guerry:

> 'Des évêques ayant donc 'attiré l'attention' du secrétaire d'État 'sur l'importance d'un message des Pères du Concile au monde, ils apprirent ensuite avec satisfaction que, de leur côté, les PP. Chenu et Congar avaient rédigé le texte d'un message de ce genre et qu'ils l'avaient envoyé à six cardinaux [en réalité huit] de divers pays', texte dont on lit ensuite qu'il 'dut être écarté', une'équipe de quatre évêques' se chargeant d'une nouvelle rédaction.'

Tant mieux pour la 'satisfaction' des évêques, tant pis pour l'insuffisance d'une information qui déplace le lieu de l'initiative!

S'il y eut surprise pour de nombreux Pères conciliaires lors de la troisième Congrégation générale, le samedi 20 octobre, on peut penser que ce fut surtout en raison de la manière expéditive de présenter et faire adopter le 'message au monde' plus que pour le fait même d'une telle déclaration dont on n'était pas sans parler à Rome les jours précédents puisqu'à Paris, dès le soir du mardi, *La Croix* en avait

11. Les papiers Chenu conservent le brouillon griffonné de cette lettre.

informé ses lecteurs[12]. Un journaliste espagnol notait, à la date du 19 octobre:

> 'Une rumeur a commencé de circuler dans la matinée. Climat de nervosité dans la salle de presse, entre les journalistes français surtout. Un ami m'explique de quoi il s'agit: 'demain le texte d'un message au monde' sera présenté aux Pères et soumis au vote. C'est sensationnel, me dit-il, et il me donne les noms de ceux qui ont fait le premier projet préalable.
>
> Il ne m'a pas été facile de 'pêcher' le document, mais j'ai réussi en fin d'après-midi. Il est sensationnel, comme on me l'avait dit. Formidable acte de foi en notre siècle, acte passionné d'amour à l'égard de tous les hommes. C'est écrit dans un langage vif, très vif. Celui qui l'a écrit sait comment parler aux hommes d'aujourd'hui. Mais sachez bien, me dit-on, ce n'est là que le premier projet préalable. Ce matin on ne le connaissait pas.
>
> Le soir, la confirmation de la nouvelle m'est venue de qui je pouvais le moins l'attendre: soyez en alerte demain, vous autres journalistes, il y aura une grande nouvelle, m'a dit ce soir don Casimiro Morcillo'[13].

Ainsi un papier Chenu circule-t-il encore, mais lequel?

Si, au lendemain du message, le P. Chenu écrit à son provincial pour lui dire non sa fierté (la vantardise n'est pas son genre) mais son optimisme devant un événement dont il porte 'pour une large part' [l'expression de Georges Montaron serait ici pleinement justifiée] la responsabilité, ce n'est pas sans percevoir et souligner la portée du 'remaniement' dont son texte a été l'objet:

> 'Plusieurs Pères, à l'Assemblée, ont regretté que, s'adressant à *tous* les hommes, donc à des milliards de gens ignorant le premier élément chrétien, et donc aussi à 'l'homme de la rue' qui lit le journal et écoute la radio, on ait inséré un peu trop de rhétorique sacrée et de considérants formellement chrétiens. Pour moi, dans cette optique, je m'en étais tenu sur le terrain où l'Évangile, la Bonne Nouvelle, s'adresse aux hommes dans leurs grandes aspirations: universalisme, monde nouveau, fraternité, paix, justice sociale, amour privilégié des pauvres. Mais le

12. 'Le bruit se confirme que, avec l'accord de Jean XXIII, le Concile ferait une déclaration préliminaire par quoi il définira les buts profonds de l'Assemblée et son souci d'apporter la réponse de l'Église aux grands problèmes de notre temps: la paix, la défense de la personne humaine, l'égalité foncière des hommes, le tiers monde, etc....'. Ces indications correspondent en effet aux 'duae quaestiones' mentionnées dans les derniers alinéas du Message. Le P. Chenu avait conservé ce texte du journal, en en soulignant plusieurs mots.

13. Je traduis ici J.L. Martin DESCALZO, *Un periodista en el Concilio*, Madrid, I, 1963, pp. 114-115.

> texte reste bon, et a obtenu un cordial consentement, dans l'optimisme du départ...'

Bien entendu, le P. Congar, avant de noter les réactions des uns et des autres[14], n'a pas manqué de griffonner sur le champ ses propres remarques:

> 'C'est plus dogmatique que le projet Chenu; du moins, on a fait précéder la partie sociale par une partie de kérygmatique chrétienne; c'est plus ecclésiasticisé; plus biblicisé. C'est trop long. L'intérêt aux hommes est un peu exprimé en termes de sollicitude. Il y a une insistance heureuse sur la rénovation de l'Église et de la vie chrétienne, pour qu'elles soient plus conformes au Christ'.

Il ne peut être que satisfait d'une correction de perspective qu'il avait souhaitée dès l'origine, et dont il s'était encore ouvert trois semaines plus tard en convenant avec le cardinal Lefebvre [Bourges] 'qu'il faudrait un texte plus court et où J.C. soit mieux affirmé comme sauvant les hommes de leur misère' (Journal, 12 octobre). Aura-t-il émis semblable réflexion à quelque autre évêque (son journal n'en a pas trace, mais ne saurait rapporter tout)? C'était en tout cas rejoindre la conviction des rédacteurs du projet proposé à l'Assemblée. La mise au point de Mgr Guerry est ici parfaitement claire:

> Le texte Chenu-Congar 'qui commençait à circuler, était fort intéressant: il se plaçait sur le plan de la morale naturelle, ce qui, en d'autres circonstances, était un terrain normal pour un dialogue avec des incroyants, mais ce qui n'avait aucune chance d'être accepté par un Concile. Le projet ne parlait pas du Sauveur. Il dut donc être écarté'[15].

Plus heureux que quiconque, et à juste titre de cet événement que fut le fait d'un tel *Message au monde*, le P. Chenu n'a cependant pas attendu longtemps, en évitant d'ailleurs toute apparence de prise de distance par rapport au texte adopté par la quasi-unanimité de l'Assem-

14. On sait, par le procès-verbal de l'assemblée du 20 octobre, que l'insertion, dans le texte du Message, des mots 'unanimiter cum Maria Matre Jesu orantes', fut demandée par Mgr Ancel. Congar note à ce sujet: 'J'ai appris ensuite que ceci était de Martimort qui, sentant qu'on n'éviterait pas une mention de la Vierge Marie, est passé en douce de l'autre côté de la nef pour donner cela à Mgr Ancel'.

15. Antoine Wenger a donné les noms de l'équipe de quatre évêques qui assura alors la rédaction d'un nouveau texte: Liénart, Guerry, Garrone, Ancel.

blée conciliaire, pour évoquer assez explicitement ce qu'avait été son point de vue initial. En effet, dans un article daté du 30 octobre et publié dans *Témoignage chrétien* du 9 novembre, s'il présente avec enthousiasme le message conciliaire, ce n'est pas sans exprimer ses convictions profondes. Il y a lieu de lire à ce sujet les deux paragraphes intitulés les 'pierres d'attente' et 'l'apôtre Paul parle aux Nations':

> 'Si le message conciliaire demande aux chrétiens de prendre en charge, dans la construction du monde, les appels des hommes – des appels chargés d'angoisse et d'espérance – à la paix, à la fraternité, à la promotion des pauvres, c'est que ces suprêmes valeurs terrestres comportent, enroulés l'un en l'autre, les idéaux de la nature et les dons de la grâce...
>
> Ces suprêmes biens humains sont comme des 'pierres d'attente' pour la construction du Royaume de Dieu. Ce royaume a ses fins et ses lois: mais fins et lois jouent *dans* une humanité d'avance cohérente avec la venue de la grâce, s'il est vrai que le Verbe incarné est le Verbe créateur lui-même. *Pierres d'attente*: l'image est significative et intelligible, respectant la transcendance de la Parole de Dieu et de la foi du chrétien'.
>
> Le texte renvoie ici à une note: 'Les théologiens qui me liraient reconnaîtront là la 'puissance obédientielle', qu'ils analysent avec les précisions opportunes, non sans de notables variantes entre eux.'

Ce renvoi à la notion de 'puissance obédientielle' familière aux théologiens[16] prend tout son sens lorsqu'on peut se représenter – c'est mon cas personnel – le gros paquet de notes accumulées sous cette rubrique, notes dans lesquelles pendant des années Chenu accumulait tout ce qui, dans les événements sociaux ou politiques, pouvait être considéré comme un appel aux valeurs évangéliques, signalait ce creux que seule la Bonne Nouvelle pourrait combler !

Rien d'étonnant par conséquent s'il réagit vigoureusement lorsque *La Croix* du 9 janvier 1963 publie la mise au point de Mgr Guerry signalant l'insuffisance du projet Chenu pour un texte conciliaire, puisqu'il s'en tenait au plan d'une morale naturelle. Chenu prend note à ce sujet d'une conversation avec le P. Gabel, le 31 janvier 1963:

16. Déjà dans l'article de *T.C.* du 12 octobre évoqué plus haut, on pouvait lire: 'Cette perspective sur une Église-dans-le-monde implique que cette Église considère ce monde comme une bonne terre où se planter, comme un domaine où de vraies valeurs humaines portent en elles *une puissance ouverte à l'Évangile*, comme une humanité dont les mutations profondes comportent dans leurs risques de magnifiques espérances. Si ce monde s'humanise, cette humanisation est d'avance le support de la divination par une incarnation continue de l'Église corps du Christ'.

'Très mauvaise théologie, me dit le P. Gabel. L'Église parle en terrain de morale naturelle. C'est là le lieu des lois et de l'action effective de la Providence. Fausse perspective de la conception de la grâce. 'Division' entre nature et grâce.

Entièrement et solidement d'accord. La nature humaine, en soi et dans son histoire, est en 'puissance obédientielle' la grâce, à l'écoute évangélique. Les grands drames de l'homme, ses espérances, sont un lieu de la Parole de Dieu.

N.B. – En outre ce texte primitif était expressément ouvert, plusieurs fois, à la Parole de Dieu, aux paroles du Christ et à ses préceptes d'amour, de paix, justice, d'amour des pauvres – toutes valeurs évangéliques, jusque dans leur contenu 'naturel'.

Vingt ans plus tard dans un article des *Informations catholiques internationales*[17], commentant ce *nouveau dialogue avec le monde* dont l'ouverture de Vatican II (avant *Gaudium et spes*) donnait déjà l'espoir, le P. Chenu n'hésitera plus à imprimer, au sujet de son projet de Message, ce qu'il exprimait depuis longtemps par boutade: Mgr Guerry l'avait 'trempé dans l'eau bénite'!

*

Entre l'information, insuffisamment documentée, d'Émile Poulat attribuant purement et simplement au P. Chenu 'l'idée et le texte d'un message du Concile à tous les hommes[18]' et les négations d'Antoine Wenger[19], la plus exacte présentation de la question me semble être celle de René Laurentin qui, déclarant n'avoir pas trouvé plus de six mots communs aux deux rédactions, celle de Chenu et celle des Pères du Concile, conclut:

> 'Le projet Chenu n'en a pas moins joué un rôle décisif. Il a fourni une idée, une inspiration, un souffle, et s'il n'avait été diffusé ainsi, longtemps à l'avance, l'idée qui était dans l'air n'aurait sans doute pas pris forme'[20].

Quels échos le Message du 20 octobre 1962 suscita-t-il dans la presse mondiale? L'enquête ne semble pas en avoir été faite. On ne saurait

17. Numéro 577, août 1982, pp. 41-42.
18. *Encyclopædia universalis*, *Universalia 1991*, p. 558.
19. Antoine WENGER, *Les trois Rome. L'Église des années soixante*, Paris, 1991, p. 104-105.
20. René LAURENTIN, *Bilan de la première session*, Paris, 1963, p. 106.

oublier en tout cas les propos de Paul VI, dans son discours d'ouverture de la deuxième période du Concile, le 29 septembre 1963:

> 'Au seuil des travaux de la première session, vous avez immédiatement éprouvé le besoin d'ouvrir en quelque sorte les portes de l'Assemblée pour lancer au monde un vibrant message de salutation, de fraternité et d'espérance. Geste insolite mais admirable. On dirait que le charisme prophétique de l'Église a subitement explosé ! Et comme Pierre qui, le jour de la Pentecôte, se sentit poussé à élever tout de suite la voix et à parler au peuple, vous avez voulu tout d'abord vous occuper non pas de vos affaires, mais de celles de la famille humaine, et engager le dialogue non pas entre vous, mais avec les hommes'.

APPROCHE DU RÔLE DES ÉVÊQUES DE FRANCE

LUC PERRIN

Dès le début de Vatican II, notamment dans une intervention de Mgr Marty, le 'mystère de l'Église' apparaît comme un thème théologique lié à l'ouverture voulue par Jean XXIII. À l'inverse, l'histoire du Concile se heurte, en France, à un goût du mystère qui rime souvent avec fermeture. Le triple refus que m'a opposé l'un des trois derniers évêques conciliaires de la Région parisienne est, à cet égard, bien caractéristique: refus d'un entretien, refus de communiquer le moindre papier et même d'indiquer où le fonds était déposé, refus enfin de confirmer le lieu d'hébergement à Rome! Jamais intervenu dans l'aula, n'ayant joué aucun rôle selon sa propre affirmation, ce témoin estime cependant devoir respecter une implacable loi du silence. Est-ce la même loi qui poussa le cardinal Feltin à détruire la quasi-totalité de ses papiers conciliaires personnels? Une machine a ainsi impitoyablement déchiqueté un pan entier de la mémoire conciliaire de l'Église de France.

La présente recherche suppose donc une démarche patiente et les réflexions qui suivent doivent être comprises comme un prologue et non comme un bilan définitif. L'approche retenue privilégie le rôle de l'épiscopat en tant qu'entité collective[1], sans négliger cependant les individualités les plus marquantes. Elle se limite aux évêques répertoriés sous la rubrique 'Gallia' par le Secrétariat du Concile, excluant les

1. L'étude des évêques comme corps social est étrangère à ce travail. Peut-on chausser les lunettes de P. Bourdieu pour comprendre l'attitude des évêques au concile? La question, posée à L'Arbresle, impliquerait la mise en route d'une imposante recherche prosopographique. 'Oblats' ou 'héritiers': la singularité d'un Marcel Lefebvre ou l'engagement d'un Pierre Veuillot sont-ils éclairés par ces catégories?

quatre-vingt-dix-neuf évêques français présents à l'étranger et dans les territoires d'outre-mer[2]. À côté des données déjà publiées, il sera fait appel aux sources parisiennes: papiers Feltin, Blanchet et Boulard, journal du père Congar, témoignages de Mgr Le Cordier, des abbés Diot et Robin, anciens secrétaires du cardinal Feltin et de Mgr Veuillot.

En tenant compte de ces restrictions, le rôle de l'épiscopat français sera d'abord envisagé à travers les interventions prononcées in aula ou déposées au Secrétariat. Puis sera évoquée son activité de 'relations publiques' avec les autres épiscopats et la Curie. Enfin, nous essaierons d'éclairer la mise en place hésitante de son organisation interne.

1. Un épiscopat très présent dans l'aula

La réputation de l'épiscopat français, déjà bien assise, sort renforcée de l'incident Liénart du 13 octobre. L'étude d'Alain Michel[3], portant sur l'ensemble du Concile, montre un épiscopat actif et homogène. Qu'en est-il à la première période?

1.1. Caractères généraux de son activité conciliaire

Première constatation, les Français sont présents dans toutes les commissions conciliaires, sauf celle sur les Églises orientales. En dehors du Secrétariat pour l'unité[4], on compte seize Français dans les dix commissions: quinze élus plus Mgr Stourm, nommé par Jean XXIII. Ce groupe est expérimenté puisque neuf d'entre eux avaient appartenu aux commissions préparatoires. Cette présence française reflète le succès de la 'liste européenne'. Tous ceux qui y figuraient ont été élus, excepté Mgr de Provenchères (à la commission des Églises orientales) et Mgr Weber (commission des séminaires et des études) auquel on a préféré Mgr Blanchet.

Le recteur de l'Institut catholique, membre de la commission préparatoire, a bénéficié de la liste distribuée par le Secrétariat du Concile. À l'inverse, quatre évêques ayant également participé à la phase prépa-

2. Leur présence contribue certainement au rayonnement de l'épiscopat français et des liens informels ne sont pas à exclure.

3. 'L'épiscopat français au deuxième Concile du Vatican' in *Le deuxième Concile du Vatican (1959-1965)*, École française de Rome, 1989, p. 281-295.

4. Elevé au rang de commission bien que non élu, le Secrétariat comprend un membre français: Mgr Martin. Parmi les consulteurs, il faut citer le père Christophe-Jean Dumont o.p.

ratoire n'ont pas été retenus: le cardinal Richaud (absent au début de la période) et NNSS Villot (inéligible), de Bazelaire et Johan. Ces résultats favorables doivent être tempérés sur un point: la commission sur la foi et les moeurs. Mgr Garrone est le seul Français dans une commission dont il dit 'qu'elle répercutait toute l'activité conciliaire'.

Présents dans les commissions, les évêques français le sont aussi dans l'aula: quarante-trois interventions, auxquelles il faut ajouter vingt-sept contributions écrites. Les Français sont relativement assidus puisqu'on relève au moins une intervention pour vingt-trois des trente-deux congrégations générales consacrées aux discussions des schémas, du 22 octobre au 7 décembre. L'intérêt manifesté pour les cinq textes proposés est néanmoins inégal. Une seule intervention (Mgr Ancel) pour le schéma *Ut sint unum* sur l'Unité, et quatre pour celui sur les moyens de communication sociale, en comptant le rapporteur Mgr Stourm. En revanche, les Français se sont mobilisés pour le *De liturgia* (dix-neuf interventions) et le *De Ecclesia* (dix).

S'il y a quarante-trois interventions, vingt-sept évêques seulement ont pris la parole sur les cent vingt-deux présents au maximum pour cette période. Comme le révèle Alain Michel, 'c'est à une minorité (...) que revient la tâche d'exprimer en congrégation générale la position de l'Église de France'[5]. Minorité dans laquelle figurent naturellement les membres des commissions qui s'inscrivent pour seize interventions. Les Pères s'étant exprimés au moins deux fois sont: Mgr Ancel, les cardinaux Liénart et Lefebvre, Mgr Marty puis le cardinal Feltin, NNSS Weber, Elchinger, Garrone, Renard, Guerry et Jenny. Tous, excepté l'archevêque de Paris, feront partie des principaux orateurs de l'épiscopat français par la suite.

Mais il n'y a pas de porte-parole attitré. Quatre interventions seulement ont été faites au nom de l'épiscopat:

27 octobre: Mgr Jenny (liturgie) avec l'accord aussi de l'épiscopat allemand
5 novembre: Mgr Théas (concélébration)
13 novembre: Mgr Ancel (liturgie) par écrit
16 novembre: Mgr Guerry (*De fontibus*)

Pourtant, bien qu'il s'agisse, en règle générale, d'opinions personnelles, les interventions des Pères français font preuve d'une remarquable convergence doctrinale.

5. Alain MICHEL, *op. cit.* p. 283.

1.2. Des interventions convergentes

Vivement attaqué dans les débats, le renouveau liturgique est vaillamment défendu par les Français. C'est d'ailleurs à Mgr Jenny que revient le soin d'expliquer le travail de la commission préparatoire, le 5 novembre. Cette attitude était prévisible au vu des réactions aux schémas envoyés en juillet 1962: le *De liturgia* recueillait les louanges tandis que les autres schémas se voyaient surtout critiqués[6]. Aussi, dès le 23 octobre, le cardinal Feltin parle en faveur de l'usage de la langue vernaculaire et il note à ce sujet:

> 'Question de la langue très agitée. Revient sous diverses formes dans toutes les interventions. Tous ceux qui ont un souci pastoral y reviennent.'[7]

Après lui, NNSS Elchinger, Ancel, Jenny ... s'engagent fermement dans le débat sur la langue liturgique.

Parmi les autres points controversés du débat liturgique, les Français se prononcent pour la concélébration, à travers la voix écoutée de Mgr Théas, l'évêque de Lourdes. En dehors des évêques, une autre voix française autorisée soutient cette proposition celle de dom Prou, l'abbé de Solesmes. La communion sous les deux espèces est défendue par Mgr Boillon qui met en avant le cas de certains malades, tandis que NNSS Rougé et Maziers plaident pour une véritable pastorale des sacrements. Bien développé en France, le Mouvement liturgique dispose, en la personne des évêques de ce pays, d'avocats dévoués à sa cause.

L'épiscopat français est également uni pour rejeter l'approche juridique et scolastique des schémas. Cette critique vaut particulièrement pour le *De fontibus*. Ne pas engager le Concile dans des querelles d'école, est un souhait qu'expriment tant le cardinal Liénart que Mgr Garrone. Ce dernier stigmatise devant ses confrères un schéma qui se présente comme 'un catalogue d'erreurs', 'contraire à l'esprit du Concile'. Le souci oecuménique des Français apparaît d'ailleurs principalement par ce biais, mises à part les interventions de Mgr Veuillot et de Mgr Ancel[8].

6. Cf. Yves-Marie HILAIRE, 'Les voeux des évêques français après l'annonce du Concile de Vatican II' in *Le deuxième Concile du Vatican (1959-1965)*, Ecole française de Rome, 1989, p. 115-116.

7. Papiers Feltin, 4 A1/8 - Archives historiques de l'archevêché de Paris. Il s'agit de onze feuillets manuscrits sans date, unique vestige des notes prises par le cardinal pendant les sessions. La consultation de ces papiers est soumise à autorisation spéciale.

8. Le coadjuteur de Paris insiste sur le but oecuménique du Concile tandis que

Plus discrètement exprimé, on peut remarquer un autre souci, original en cette première période: celui des prêtres. Le débat sur le bréviaire est l'occasion pour quelques évêques d'évoquer la vie de leurs prêtres. Mais il faut attendre la discussion du *De Ecclesia* pour que, le 6 décembre, Mgr Renard se plaigne des carences du schéma en la matière: 'le sacerdoce pourrait apparaître quelque peu oublié'. La question, qui conduira à l'élaboration de *Presbyterorum ordinis*, est donc posée.

Mais la note caractéristique des Pères français est certainement la volonté missionnaire. Dès le débat sur la liturgie, c'est la raison première invoquée par les avocats du schéma, comme l'avait remarqué le cardinal Feltin. C'est pour cette même raison que Mgr Guerry réclame que les aspects doctrinaux et pastoraux soient intimement associés, s'opposant ainsi à la suggestion de Mgr Marcel Lefebvre[9]. Le spectaculaire projet de 'message au monde' a été assumé, sous certaines réserves, par l'épiscopat français[10] qui soutient ensuite l'idée de créer un 'Secrétariat pour les relations ad extra', sur le modèle du Secrétariat Bea. Tandis qu'Allemands et Belges centrent leur réflexion sur la constitution de l'Église, les Français semblent au coeur d'un faisceau de préoccupations qui déboucheront, plus tard, sur *Gaudium et spes*.

l'auxiliaire de Lyon appelle l'Église à reconnaître sa part de responsabilité dans les ruptures de l'unité chrétienne.

9. L'archevêque de Synnada in Phrygia avait proposé de séparer dans les textes conciliaires parties doctrinales et parties pastorales. Mgr Lefebvre se distingue de l'épiscopat français dès la brève discussion du projet de message au monde: il intervient pour en critiquer sévèrement le langage et les préoccupations, jugées matérielles plus que surnaturelles. Il n'assiste pas aux réunions françaises mais semble être venu à celles des Supérieurs généraux.

10. En marge de la communication du père Duval, signalons un texte de l'abbé Henri Caffarel de juillet 1962. Adressée à titre personnel aux évêques (français seulement?), cette note suggère que le Concile devrait ponctuer ses travaux de messages au monde afin de mieux marquer son but pastoral. De son côté, le cardinal Feltin a soigneusement conservé une étude de l'abbé Boulier sur le problème de la paix que ce dernier lui a envoyée juste avant l'ouverture du Concile.

2. *Un épiscopat 'relations publiques'*

Engager le dialogue avec les autres épiscopats devient vite, pour les Français, une priorité. Dès le 10 octobre, Mgr Le Cordier intervient en ce sens devant les cardinaux de la Procure Saint-Sulpice. La proximité de l'élection des commissions, fixée au 13 octobre, en fait une impérieuse nécessité.

2.1. *Le banc d'essai des élections*

Avant cette date et le fameux incident Liénart, l'épiscopat français s'efforce de dégager en son sein un consensus. Réunis le 12 au matin, à Saint-Louis des Français, les évêques optent pour l'élection d'un nombre restreint (deux ou trois) de représentants pour chacune des commissions. Selon le père Congar, ni Mgr Marty ni Mgr Blanchet ne figuraient sur cette liste. Ce choix laisse supposer que les places vacantes devaient être complétées par d'autres épiscopats. Or, il semble que les Belges aient agi de concert avec les Français puisqu'ils s'inquiètent, dans l'après-midi du 12, de n'avoir pas encore eu la liste française. Dans la déclaration lue par le cardinal Liénart le 13, il est fait allusion à des contacts amorcés entre épiscopats[11]. La concertation avait-elle été poussée plus avant? En tout cas s'esquisse la méthode qui aboutit à la constitution de la 'liste européenne'.

Du 13 au 15 octobre, la fièvre s'empare des évêques quand il s'agit de composer la liste. Le Secrétariat de l'épiscopat va servir d'agent de liaison. Se trouvent alors, au Séminaire français Via Santa Chiara[12]: Mgr Gouet, Mgr Streiff et surtout Mgr Etchegaray, chargé du Secrétariat pastoral. C'est lui qui fait en voiture la tournée des maisons pour collecter les listes adoptées par une vingtaine de Conférences épiscopales. Sa secrétaire laïque, Anne-Marie Porcher, complète, en taxi, la collecte. Comment, à partir de ce matériau, a-t-on élaboré la liste européenne? Qui était chargé du tri et des propositions côté français?

11. Le texte remis au cardinal Liénart par le cardinal Lefebvre, le 13 octobre, aurait été rédigé par Mgr Garrone, assisté de Mgr Ancel et de Mgr Larrain (cf. Olivier de Berranger, *Alfred Ancel. Un homme pour l'Évangile,* 1988, p. 213-214). H. Denis envisage la participation de Palémon Glorieux. Interrogé sur ce point, Mgr Le Cordier confirme le rôle de rédacteur attribué à Mgr Garrone. Le 12 au soir, l'ambassadeur de France auprès du Saint-Siège recevait évêques et théologiens français: la décision a-t-elle été prise à ce moment ou antérieurement?

12. L'équipe du Secrétariat était composée de deux religieuses et d'un prêtre résidant à Rome chargé de la traduction des textes en latin. Laïque, A.-M. Porcher était logée à proximité du Séminaire français.

Le chanoine Boulard note avoir vu Mgr Veuillot à Saint-Louis avec quantité de listes étalées sur son lit. À l'autre bout du processus, Henri Denis indique que le 15 octobre:

> 'J'écris sur les listes des commissions les 160 noms qui sont adoptés par l'épiscopat français (...) le cardinal Gerlier est quelque peu perdu par toutes ces tractations'[13].

Cette journée du 15 reste bien mystérieuse: y a-t-il eu réunion plénière à Saint-Louis ou réunion restreinte au Séminaire français? Selon Mgr Le Cordier, trois listes furent présentées aux évêques, sans vote: la liste française, la liste européenne et la liste distribuée par le Secrétariat du Concile. Après la fièvre électorale, les contacts allaient sortir de l'improvisation.

2.2. *La recherche du dialogue inter-épiscopal*

Ce dialogue est d'abord affaire de spécialiste. Mgr Le Cordier met en oeuvre activement ses propres idées. Contrairement à trop d'évêques français, l'auxiliaire de Paris – résidant à Saint-Denis – est sensible à la dimension historique du Concile. Aussi prend-il soin de consigner en marge de son 'Elencho' chaque rencontre effectuée avec la date! Tout naturellement, ce praticien du contact à la base sera chargé des relations inter-épiscopales au sein du Comité de réunions de l'épiscopat français (CREF).

Avec Pierre Veuillot, il s'agit davantage de relations au sommet ou organiques. Le coadjuteur de Paris est resté romain et a gardé ses entrées à la Secrétairerie d'État qu'il a quittée en 1959. À ce titre, il connaît bien les évêques français et francophones. La consultation de son agenda[14] permet d'éclairer une partie de son activité. Il dîne régulièrement avec son ami Achille Glorieux et participe, les 29 octobre et 12 novembre, à des réunions chez Mgr Le Bourgeois. Le Supérieur général des Eudistes, romain depuis 1952, reçoit en particulier des évêques latino-américains[15]. Précieux contacts qui ont, peut-être, été décisifs dans la mise en place de l'Interconférence. Le 9 novembre 1962 a lieu, semble-t-il, la première réunion à la Domus Mariae. On y

13. Henri DENIS, *Église qu'as-tu fait de ton Concile?*, 1985, p. 29.

14. Ce document a pu être consulté grâce à l'aimable autorisation de l'abbé Jean Robin.

15. N'ayant pas encore qualité de Père conciliaire, Mgr Le Bourgeois était néanmoins associé aux débats par le biais des réunions de l'Union des Supérieurs généraux dont il était le secrétaire.

trouve l'état-major du CELAM (président, deux vice-présidents, Mgr Mac Grath pour l'Amérique centrale) et Mgr Baudoux, président de la conférence canadienne. L'Asie est représentée par Mgr Bazin, l'archevêque de Rangoon (un Français), Mgr Cooray pour Ceylan, Mgr Fernandès, secrétaire de la Conférence indienne, Mgr D'Souza, un Japonais Mgr Nagae[16] et le fantasque archevêque de Hué, Mgr Ngo Dinh Thuc. L'Europe avait délégué un Anglais (Mgr Beck), un Allemand (Mgr Hoeffner, évêque de Münster) et deux Français: Mgr Veuillot et Mgr Etchegaray. Deux Africains de poids, Mgr Zoa et Mgr Blomjous, s'étaient excusés, ainsi que Mgr Primeau qui devait représenter les États-Unis.

Deux autres réunions sont attestées le 20 novembre où l'on discute du voeu des évêques africains de voir attribuer aux procureurs un droit de vote, et le 27 novembre. L'Interconférence jouera, par la suite, un rôle capital en réunissant des délégués d'une vingtaine d'épiscopats. Avec comme modérateur Mgr Veuillot et comme secrétaire Mgr Etchegaray, on ne peut mieux souligner le rôle des Français dans la naissance de cette instance inter-épiscopale.

Restent les réunions 'bilatérales' qui auraient associé, selon Mgr Blanchet[17], l'épiscopat français et les épiscopats du Vietnam, de Pologne, d'Angleterre, d'Espagne et d'Afrique. Dans ces deux derniers cas, on peut plutôt penser que le contact s'est opéré au niveau des délégations. Peut-être aussi, qu'en ce qui concerne les évêques africains, Mgr Blanchet évoque simplement le fait qu'au tout début du Concile nombre d'entre eux, français ou francophones, venaient aux réunions de l'épiscopat français[18]. Curieusement, il ne cite pas la réunion franco-italienne du 1er décembre, à laquelle il a assisté: Mgr Garrone s'y exprima sur le sujet de la tradition. Il serait pourtant fort intéressant d'en connaître les organisateurs et l'ordre du jour car le père Congar notait, le 18 novembre dans son journal:

> '(...) le cardinal Siri a réuni les évêques italiens et que, depuis lors, ceux-ci fuient le contact avec les quatre évêques français [NNSS El-

16. La présence de Mgr Nagae n'est sans doute pas étrangère au fait qu'il avait pour voisin, in aula, Mgr Le Cordier.

17. Fonds Blanchet, carton 1, pièce n° 3 (Archives de l'Institut catholique). Il s'agit de notes en vue d'une conférence prononcée au séminaire des Carmes, le 18 décembre 1962. La pièce n° 2, bloc où Mgr Blanchet consignait des notes personnelles, est fort instructive.

18. Témoignage de Mgr Guibert, évêque émérite de Saint-Denis de la Réunion (5.11.91).

chinger, Schmitt, Boillon, Flusin], dans la pension où ils se trouvent ensemble'.

La réunion était-elle alors le fruit d'une volonté de rapprochement voire d'une tentative de compromis?

2.3. À l'écoute du pape et de la Curie

Comme l'ensemble des Pères, les Français sont à l'écoute du pape. Le père Congar retranscrit périodiquement les hypothèses et rumeurs que suscitent les actes, réels ou supposés, du Souverain Pontife. Ainsi, l'inscription de saint Joseph au canon de la messe paraît avoir nourri l'inquiétude des évêques français. Henri Denis a montré comment Mgr Veuillot, du fait de sa position de sous-secrétaire, jouait un peu le rôle d'interprète de la volonté pontificale vis-à-vis de ses confrères. Certains sont allés directement chercher conseil auprès de Jean XXIII. Le cardinal Feltin rapporte ainsi le 24 octobre une consigne: 'pas de politique'. Mgr Veuillot a obtenu audience du Saint-Père le 12 ou plus probablement le 19 novembre.

La volonté de ne pas se couper de la Curie ressort également de la lecture de l'agenda du coadjuteur de Paris. Il dîne périodiquement avec Mgr Pichon, son successeur à la Secrétairerie d'État, avec Mgr Villot et Mgr Morcillo (le 27 novembre), avec Mgr Jacqueline, scriptor à la Congrégation De Propaganda Fide, le 13 novembre. Le même jour, il voit Mgr Dell'Acqua. Sur sa liste de personnalités à rencontrer figuraient aussi les cardinaux Ottaviani et Cicognani mais le contact n'a vraisemblablement pas eu lieu. D'autres informations circulent par le biais, entre autres, de l'abbé Poupard: rendant visite au père Congar, il lui traduit l'état d'esprit de la Curie. L'invitation, faite par le cardinal Feltin au père Gagnebet, consulteur au Saint-Office, pour une conférence à Saint-Louis (28 novembre) consacrée au *De Ecclesia* entre, sans doute, dans cette politique de 'bons' rapports.

Au total, si l'épiscopat français multiplie les contacts, prend des initiatives en vue d'une coopération inter-épiscopale, il n'est aucunement l'âme d'un front structuré déterminé à contrer la Curie. C'est bien avec mesure que les Français usent de la liberté de mouvement dont Jean XXIII a gratifié les Pères.

3. *Un épiscopat qui tarde à s'organiser*

Cette impression est corroborée par la manière hésitante dont ils s'organisent pour faire face aux nécessités du travail conciliaire. Comme le déplore, avec humour, le père Congar: l'épiscopat français, c'est 'à la bonne franquette'.

3.1. *Les conséquences d'un habitat dispersé*

La plupart des évêques ont été répartis dans quatre maisons. Le Séminaire français en héberge plus d'une quarantaine, le plus souvent anciens élèves, sans compter le Secrétariat de l'épiscopat. Saint-Louis des Français, à proximité, accueille les réunions plénières: on y trouve tout l'épiscopat parisien, à l'exception du cardinal-archevêque. Mgr Feltin, comme les cardinaux Gerlier et Liénart, a préféré la Procure de Saint-Sulpice où le protocole est plus strict: ici, les experts ne mangent pas à la table des évêques. Mgr Marty y loge pendant la première période. Quant à Sainte-Marthe, située dans la Cité du Vatican, elle reçoit une vingtaine d'évêques dont Mgr Béjot.

Mais il existe une quinzaine d'autres hébergements: maisons religieuses, hôtels, voire domicile de particulier pour l'ancien évêque de Meaux. Parmi ces maisons secondaires, celle des Soeurs de Saint-Thomas de Villeneuve loge trois évêques alsaciens-lorrains.

L'habitat détermine, en partie, les contacts que peuvent avoir les évêques. Le Séminaire français est un lieu privilégié par rapport à la Procure, en revanche celle-ci se trouve à côté du Collège belge.

Mgr Riobé, pourtant membre de commission, est complètement isolé du reste de l'épiscopat à la Retraite de Sacré-Coeur d'Angers; mais il y côtoie Mgr Hakim et le père Gauthier du groupe 'Église des Pauvres'.

D'autre part, chaque maison semble dotée d'une certaine autonomie, en ce qui concerne les conférenciers invités, et contribue au travail de réflexion. Le père Congar témoigne:

> 'Je déjeune à Sainte-Marthe (...) Après le repas, réunion. Mgr de Provenchères lit un papier qu'il veut présenter tout à l'heure à la réunion des chefs de maison et à celle, consécutive, des évêques français. Il y formule les raisons de rejeter le schéma *De fontibus*. (...) Ensuite, on m'interroge sur différents points et je dis ce que je sais de l'attitude d'autres épiscopats[19].'

19. Père Yves Congar, *Mon journal du Concile* (version dactylographiée), p. 154 – 10 novembre 1962. Précisons cependant que Mgr de Provenchères ne loge pas à

La nécessité d'une coordination interne, au moment des élections, explique sans doute l'existence de ces 'chefs de maison', dont on ignore malheureusement le nom et le mode de désignation.

3.2. Saint-Louis des Français

Une salle en sous-sol sert aux réunions plénières de l'épiscopat. La chronologie de ces réunions est difficile à établir en octobre. Après la réunion du 12, attestée par plusieurs sources, il y eut peut-être réunion le 15, voire le 19 octobre: les indications sont trop imprécises et l'agenda de Mgr Veuillot vierge pour cette période. Les réunions suivantes se sont tenues: les 24 et 30 octobre, le 7 novembre[20] et les 14, 21 et 28 novembre, le 5 décembre.

Une réunion restreinte rassemble, de 15h à 16h30, les chefs de maison, les responsables des groupes de travail et certains membres des commissions; en effet, Mgr Veuillot y participe mais pas Mgr Blanchet. L'ordre du jour est certainement déterminé par ce comité. À 16h30, commence l'assemblée plénière souvent présidée par le cardinal Feltin[21].

Mgr Etchegaray au début puis Mgr Garrone donnent le programme des conférences ou rencontres pour la semaine qui vient. Les interventions sont surtout informatives. Mgr Jenny parle, le 24 octobre, de la commission liturgique tandis que, le 14 novembre, Mgr Garrone évoque le contre-projet allemand de *De Ecclesia* mentionné à la commission doctrinale. Le 21 novembre, Mgr Stourm donne la primeur de son rapport, lu dans l'aula deux jours après; Mgr Veuillot rend compte de la réunion de l'Interconférence de la veille. Le 28 novembre, Mgr Veuillot informe ses confrères sur le 'Comité de continuité', envisagé par Jean XXIII pour l'intersession; Mgr Garrone donne son sentiment sur la commission mixte chargée du *De fontibus*.

Ces allocutions sont généralement complétées par une conférence ou une mise au point. Ainsi, le 30 octobre, Mgr Martimort explique la procédure pour l'examen des amendements et le père Labourdette traite du péché originel. Selon le père Diot, les évêques profitaient de l'occasion pour échanger ensuite informations ou idées, en petits groupes.

Sainte-Marthe et qu'il n'y eut pas de réunion plénière ce jour-là.

20. Le père Congar donne la date du 6 novembre, l'agenda Veuillot et les notes Blanchet celle du 7. La réunion étant hebdomadaire, la seconde date a paru plus vraisemblable.

21. L'abbé Jean Diot n'a pas gardé souvenir de cette fonction.

Le rôle de cette assemblée semble limité. D'après les notes – lacunaires – de Mgr Blanchet, aucune grande décision n'y a été votée. En particulier, le projet de schéma dit des 'présidents de Conférence' n'a pas été discuté par les évêques français et c'est le cardinal Liénart qui, de son propre chef, a engagé l'épiscopat. Il faut attendre le 5 décembre pour que cette assemblée procède à l'élection du CREF et adopte le plan d'une déclaration commune, rédigée par Mgr Garrone[22]. L'inefficacité pratique de ces réunions plénières nourrit un désir de rationalisation chez un nombre croissant d'évêques. Mgr Marty s'en fait le porte-parole devant le père Congar, le 10 novembre, à l'occasion d'une rencontre dans les couloirs de la Basilique.

3.3. Les groupes de travail

Des initiatives dispersées sont à l'origine des premiers groupes de travail. Ainsi, le 19 octobre, se réunit chez Mgr Volk un groupe d'évêques franco-allemand avec une pléiade de théologiens: Congar, Daniélou, de Lubac, Chenu, et Rahner, Ratzinger, Schillebeeckx, Philips. Six évêques français sont cités: NNSS Elchinger, Weber, Schmitt, Garrone, Guerry, Ancel. A noter que le père Daniélou travaille alors fréquemment pour Mgr Veuillot. Le groupe se retrouve périodiquement et se propose de 'discuter et arrêter une tactique relativement aux schémas théologiques'[23]. A l'occasion, tel évêque comme Mgr Mac Grath ou tel théologien comme le père Cottier se joint au noyau originel.

Il existe aussi des groupes (ponctuels?) à base régionale. L'épiscopat parisien dépose en décembre, au Secrétariat du Concile, un projet de plan pour la future session: collégialité, rôle des évêques etc... L'agenda de Mgr Veuillot signale d'ailleurs un dîner de la province de Paris le 4 décembre, à Saint-Louis des Francais. La coopération amorcée à Rome se poursuivra dès janvier 1963. Quant au cardinal Richaud, il dépose au même moment une motion signée des évêques des provinces d'Aquitaine, d'Avignon et de Marseille auxquels s'est associé l'évêque de Monaco, Mgr Rupp. Les maisons pouvaient également jouer le rôle

22. Le texte de la déclaration fut mis au point le 6 décembre en comité restreint et le cardinal Feltin a lui même opéré quelques retouches. Le préambule indiquait: 'Sur la proposition de Son Éminence le cardinal Feltin, et à la demande des Évêques de France, réunis à Saint-Louis des Français le mercredi 5 décembre 1962, cette Note a été rédigée dans le seul but d'exprimer les principales impressions des Pères du Concile et de favoriser une convergence souhaitable des témoignages portés sur la première session par NNSS les Évêques à leur retour à Rome'.

23. Père Congar, *op.cit.*, p. 98.

de groupes informels. Le cardinal Feltin soumet ainsi son projet d'intervention à une discussion avec les cardinaux de la Procure.

Débordant largement l'épiscopat français, le groupe 'Jésus et l'Église des Pauvres' mérite cependant une mention particulière. Il se réunit, au Collège belge, cinq fois en octobre-novembre. Le cardinal Gerlier en est co-président avec le patriarche Maximos IV. Les Français y sont bien représentés avec Mgr Ancel et Mgr Riobé au Comité d'animation, sept évêques membres (dont Mgr Marty) auxquels il faut ajouter des personnalités françaises (Mgr Rodhain, le chanoine Bonnet et le père Hua de la Mission ouvrière ...) et des secrétaires ou théologiens d'évêques (abbés Denis, Diot, Vauchez, père Cottier). Le groupe est certainement une des matrices de *Gaudium et spes* et, dès la première période, a inspiré les interventions in aula de NNSS Urtasun et Gouyon. Son influence est repérable dans le questionnaire adressé aux évêques français par Mgr Gouet (mai 1963) sur l'élimination ou la modification de symboles seigneuriaux comme les titres, les blasons, la tenue vestimentaire (boucles, cordons ...).

Après bien des tâtonnements, la réunion plénière du 14 novembre voit la création 'd'ateliers de travail', groupant autour d'un thème et de théologiens des évêques volontaires. Le père Congar en fait la proposition, après s'être rallié à cette idée du père Daniélou: ce dernier envisageait déjà une structure de travail permanente pour les intersessions. Le théologien dominicain ne cite malheureusement pas les noms des évêques intéressés; il est vraisemblable d'imaginer des groupes ouverts, à 'géométrie variable': père Daniélou: 'la Révélation' à Saint-Louis; pères Congar et Cottier: 'Écriture et tradition' à l'Angelicum puis à l'Institut biblique; père Lyonnet: 'Nouveau testament' à l'Institut biblique; père Alonso: 'Inspiration et Ancien Testament'. Un cinquième atelier, 'pastorale biblique', n'avait pas d'animateur.

*

Après les coups d'éclat initiaux (incident Liénart, message au Monde), l'épiscopat français a joué la carte d'une relative discrétion. L'évêque de Lille s'est volontairement abstenu lors de l'âpre débat liturgique et l'on sait que Mgr Villot multipliait les conseils de prudence. Ces scrupules s'apaisent à mesure que la première période va vers son terme. Demeurent ceux qui agitent chaque évêque quant à la conception qu'il se fait de son rôle. Le Père conciliaire 'à la française' entend préserver la dimension spirituelle de son ministère: l'assistance promise de l'Esprit-Saint. Ceci implique d'abord de ne pas s'inféoder aux théologiens. Mgr Garrone dosait soigneusement l'intervention des experts en réunion plénière et certains théologiens ont le sentiment d'être tenus en marge des travaux. Mais cela conduit aussi à ne pas vouloir être lié par une démarche collective. Ce sens aigu de la liberté de chaque évêque explique sans doute la lenteur avec laquelle l'épiscopat s'organise.

Pourtant, à la mi-novembre, une inquiétude salutaire se fait jour. L'incertitude pèse sur l'avenir du Concile et la crainte grandit de voir tout l'acquis de cette période remis en cause par la Curie, en l'absence des évêques. Le 21 novembre, l'après-première période est à l'ordre du jour de la réunion plénière. Mgr Veuillot annonce que les dirigeants du CELAM ont pris des initiatives. Mgr Garrone envisage de son côté le travail des periti et celui, distinct, des évêques pendant l'intersession. Le débat débouche, le 5 décembre, sur l'élection du Comité de réunion de l'épiscopat français. Sont élus Mgr Ancel (64 voix), Mgr Gouyon (48 voix), Mgr Maziers (43 voix) ainsi que NNSS Guilhem, Le Cordier, Marty, Elchinger et de Provenchères. Finalement, Mgr Guilhem ne figurera pas dans la liste des membres du CREF, dont la présidence ira à Mgr Marty. L'épiscopat français avait ainsi posé les bases de son organisation pour les périodes à venir.

AVEC LE CARDINAL GERLIER ET MONSEIGNEUR VILLOT: ÉCHOS D'UN COMPAGNONNAGE

HENRI DENIS

Ma contribution se doit d'être sous le signe de la modestie. Et cela pour bien des raisons: j'ai été temporairement le secrétaire d'un cardinal au déclin de sa vie; je n'avais – au début du Concile – que dix ans d'expérience d'enseignement théologique; enfin, même si j'ai pu participer dès 1962 à un certain nombre de séances conciliaires importantes, je n'ai été nommé expert qu'à la fin de la première session.

Tout cela relativise ce que je vais dire ou plutôt le situe dans un registre spécial: celui du témoignage lié à l'anecdote. Il arrive parfois que l'on en apprend plus ainsi que par le truchement des paroles officielles. En particulier, les personnalités haut placées ne se gênent pas pour dire leur sentiment à des subalternes, car ils courent moins de risques en cette circonstance. Il en résulte que l'on peut recueillir des confidences non sans valeur.

Pour présenter ce témoignage, j'ai retenu six points ou six thèmes. Il va de soi qu'à travers ces 'flashes', non seulement je ne prétendrai pas tout dire, mais au contraire je me situerai délibérément d'un point de vue particulier: celui des évêques que j'ai fréquentés, avec une pointe d'accent lyonnais plutôt délibérée.

1. Des textes préparatoires très sévèrement jugés

Monseigneur Villot, dès la réception des textes 'doctrinaux', s'était empressé de les communiquer à un certain nombre de théologiens. Ces textes que l'on appelle parfois 'curialistes' à cause de leurs auteurs, théologiens de la Curie romaine (sauf exception), ont reçu des critiques extrêmement sévères. J'ai retrouvé dans mes archives les réactions du

P. Chenu, du P. Léon-Dufour, du P. Maurice Jourjon, futur doyen de la faculté de théologie de Lyon, auxquelles j'avais ajouté mes douze pages de critique personnelle. Je note simplement quelques-unes d'entre elles.

P. Chenu: 'Les deux premières constitutions dogmatiques, quelles qu'en soient la vérité et l'opportunité, ne se présentent pas dans les perspectives et dans l'esprit du Concile, tels que S.S. Jean XXIII les a proposés avec insistance. Ce n'est pas là seulement affaire de procédés rédactionnels; c'est la position même des questions qui ne répond ni à la conjoncture présente, ni au juste équilibre doctrinal des vérités en cause, pour la proclamation de la Parole de Dieu et la présence de l'Église dans le monde'. Le ton est donné par cette seule phrase. La suite indique que le texte oublie complètement la responsabilité de témoignage qui incombe à l'Église: tout est ramené à des notions; il n'y a là aucun souffle missionnaire. Avec émotion, j'ai trouvé à la fin du document, qui comprend d'ailleurs une partie en latin, une remarque marginale écrite de la main déjà tremblante de l'auteur: 'Le cardinal Doepfner a réagi vivement, m'a-t-on dit, contre ce schéma et sa position unilatérale'.

Le P. Léon-Dufour quant à lui, dans un texte daté du 20 septembre 1962, s'en prend particulièrement aux lacunes ou distorsions des textes curialistes du point de vue biblique... 'Que les Pères du Concile se gardent d'adopter simplement de tels schémas!' Critique de la conception des 'sources' de la Révélation, du problème de l'inerrance, etc... L'auteur pense qu'il est tout à fait regrettable de présenter un texte qui est en recul par rapport à *Divino afflante spiritu* près de vingt ans après. Il ajoute même une page spéciale pour montrer que le P. Teilhard et le P. de Lubac ne sont pas visés par les erreurs dénoncées dans les schémas.

Le P. Maurice Jourjon, dans une lettre datée du 24 août 1962, n'est pas moins sévère: 'La lecture de ces schémas laisse une impression bien mêlée. On pourrait peut-être la résumer en disant qu'on se demande si un Concile aboutissant à ces schémas est vraiment indispensable. Parfois on a trop l'impression d'un prolongement ou d'une explication de Vatican I à l'aide d'*Humani generis*'.

Voici donc trois réponses recueillies par Mgr Villot et qui sont bien convergentes. Tout en mettant à part le schéma sur la liturgie (et pour cause!: il n'a pas pour auteurs des experts romains, mais ceux qui surtout en France et en Allemagne ont suivi ou animé le mouvement liturgique depuis les années 50), le grand reproche adressé aux textes préparatoires est surtout leur présentation notionnelle, scolastique et intemporelle, sans lien vivant avec le mystère du Christ.

Dans ce contexte, il est intéressant de relire la lettre adressée par le cardinal Gerlier, le 26 septembre 1962 au cardinal Cicognani, secrétaire d'État de Sa Sainteté. C'est une sorte de résumé des remarques recueillies par Mgr Villot. On y lit d'abord (*captatio benevolentiae*) l''admiration pour le travail accompli par les Commissions préparatoires', mais en même temps 'l'étonnement éprouvé, en constatant le contraste qui semble exister entre la rédaction des schémas dogmatiques et ce que l'Église et le monde attendent du Concile, d'après les déclarations, tant de fois répétées, de Notre Saint Père le Pape Jean XXIII'. La lettre dénonce alors le caractère théorique des schémas, inadapté à notre monde angoissé, dans l'attente d'un Salut qui dépasse toutes les aspirations humaines. 'J'hésite beaucoup à souscrire à ces schémas... qui risqueraient d'être une cause de déception douloureuse pour l'ensemble des catholiques' (exception faite pour le schéma sur la liturgie).

Mais ce qui est encore plus intéressant, c'est la suite de la lettre: elle souhaite qu'il y ait au Concile un débat préliminaire sur l'objet et la fin du Concile; elle parle d'une déclaration qu'il faudrait faire au monde, en rappelant l'amour du Père pour tous les hommes, avec une prédilection pour les pauvres; elle demande clairement que les schémas doctrinaux soient renvoyés pour nouvelle rédaction à une commission compétente et que l'on commence par l'étude de la constitution sur la liturgie. Intéressante préfiguration.

J'ai retrouvé enfin une lettre manuscrite qui chronologiquement va nous remonter dans le temps, puisqu'elle est datée de Lyon le 20 juin 1962. Monseigneur Villot, qui vient de passer cinq jours à Rome au début du mois, me confie ses impressions: '...Un certain nombre d'évêques, associés aux travaux préparatoires, sont peu satisfaits de l'orientation générale de ces travaux, dont l'ensemble apparaît comme une mosaïque de questions sans lien entre elles. À l'instigation des cardinaux de Malines et de Munich, qui en ont parlé récemment au pape, il pourrait y avoir dans les mois qui précéderont le Concile un courant assez fort pour la remise en question de cette 'problématique' un peu étroite. Là encore, les débuts du Concile risquent d'être assez chargés'.

Bien évidemment, toutes ces impressions seront largement confirmées par les événements qui vont suivre et que l'on sait. Pour rester dans la sphère lyonnaise et pour clore ce premier chapitre sur les textes préparatoires, je voudrais signaler deux interventions qui touchent précisément à un jugement général sur ces textes. L'une est la conférence donnée par le père de Lubac, à Sainte-Marthe (près du Vatican), le 20 octobre 1962: c'est un jugement critique sur les deux premiers schémas (*De fontibus* et *De deposito fidei*), jugement sans appel qui dénonce un texte où la philosophie prend le pas sur la foi, où il n'y a pratiquement rien sur le Dieu de la Révélation manifesté en Jésus (mais un *De Deo uno* intemporel), où les erreurs reprochées à Teilhard de Chardin (d'une manière à peine voilée) ne le concernent pas... Quant à l'autre intervention, elle a fait l'objet d'une véritable conférence faite par le père Martelet, chez les pères maristes le jeudi 25 octobre: elle réclame de la part du Concile un approfondissement doctrinal et elle le propose à partir d'une christologie capable de reprendre les questions que se posent les hommes de notre temps et de leur manifester l'actualité toujours brûlante du mystère du Christ. 'Une cathédrale christologique' dira le père Maurice Villain.

2. *Un habitat romain significatif*

Il me semble que mon témoignage doit faire une place à part à l'habitat qui avait été choisi par les évêques que j'ai le mieux connus et le plus fréquentés.

Parlons d'abord des lieux: la Procure de Saint-Sulpice à la Via delle quattro fontane est une modeste demeure. Pas de commune mesure avec le Collège canadien, sulpicien lui aussi, où le marbre italien prolifère. Cette modestie permet peut-être davantage les contacts. Au cours de la première semaine après notre arrivée, j'ai été fort étonné du nombre de visiteurs: René Laurentin en plusieurs occasions; Mgr Arrighi qui avait des confidences à faire sur la 'petite Église'; les patriarches orientaux maronite, melchite ou latin qui avaient chacun quelque chose d'original à faire valoir; Mgr De Smedt très affairé au moment de la constitution des listes des commissions conciliaires; le père Sawada, un Japonais très soucieux de l'inculturation du christianisme en son pays; Mgr Yougbaré, évêque africain ordonné par le cardinal Gerlier au Burkina-Faso; le père Daniélou, etc...

Les personnes qui résident ici ont fait un choix qui me semble assez délibéré. Sans vouloir durcir les choses, on peut dire que ceux qui sont ici ne sont pas au Séminaire français, où se trouve évidemment la grande majorité des évêques français. S'agit-il d'un démarquage ? A me souvenir de certaines réactions, je ne saurais l'exclure. Certes, le souvenir des orientations politiques du Séminaire français est pratiquement estompé, mais peut-être pas tout à fait dans les mémoires profondes. Peut-on dire aussi que l'humilité proverbiale qui règne à la Compagnie de Saint-Sulpice protège d'un léger voile gallican ce qui pourrait être ailleurs perçu comme un certain ultramontanisme ? Il ne faut pas oublier que les trois cardinaux français Feltin, Gerlier et Liénart sont précisément ceux qui ont connu l'humiliation de la suppression des prêtres-ouvriers en 1954. Aucune idée de revanche certes, mais sans aucun doute une nouvelle manière de se situer par rapport à la Curie romaine. Et cela grâce à un pape qui comme nonce à Paris n'avait pas tenu un rôle glorieux dans la douloureuse affaire évoquée plus haut. Ajoutons encore, en ce qui concerne les hommes, deux évêques qui joueront un rôle important: Mgr Marty, archevêque de Reims, en pleine possession de ses moyens, et Mgr Weber de Strasbourg, ancien supérieur de Saint-Sulpice et garant estimé en matière de théologie biblique.

Comment dire encore ? Il me semble qu'à la 'Procure' où pourtant déjà l'on remarque que les évêques ont retrouvé leurs réflexes de piété d'antan, il flotte une saine atmosphère de liberté assez critique. Peut-être au Séminaire français retrouve-t-on davantage l'ambiance du séminaire, où l'obéissance au supérieur était une des clefs de la vie en communauté? Ce supérieur semble bien être Mgr Garrone de Toulouse. Le 9 octobre, je note dans mon journal une réaction assez étonnante de Mgr de Provenchères d'Aix-en-Provence: 'Il faudrait que les évêques français se groupent autour de quelques évêques qui penseront pour eux' (et de citer les deux noms de Mgr Garrone et Mgr Marty). Voilà une consigne qui heureusement ne sera pas trop suivie.

Dernière remarque au sujet de la Procure et de ses habitants: elle concerne quelqu'un dont je n'ai pas encore parlé, à savoir Mgr Villot. Il faut en effet le mettre à part, car à partir du jour où il a été nommé sous-secrétaire au Concile (le 15 octobre), on devine qu'il sera une sorte d'exception parmi les évêques français. J'ai eu l'intuition, dès ce jour, qu'il ne prendrait jamais la parole dans l'assemblée. Mgr Villot allait se consacrer entièrement à sa vocation de négociateur, en se limitant toujours à ce qui était acceptable par les esprits romains. Soucieux de se démarquer de ses compatriotes, il apparaîtra de plus en plus lié à la sphère romaine.

3. Un Concile qui se veut responsable

La citation faite plus haut d'une lettre de Mgr Villot datant de juin 1962 laissait entendre qu'il se passerait quelque chose dès le début du Concile. Le cardinal Gerlier demandait aussi une réflexion de fond sur le but et les méthodes conciliaires. Au fond, on peut penser que d'une manière ou d'une autre, il y avait un fruit mûr à cueillir. Restait à saisir l'opportunité.

Il n'est pas de notre propos de raconter l'événement majeur du 13 octobre. Il s'agit bien d'une cristallisation inévitable: on ne pouvait pas avoir dérangé 2000 évêques simplement pour entériner des textes inactuels et peu évangéliques et pour reconduire des commissions préparatoires après les avoir déjugées! On sait comment le cardinal Liénart a pris la parole, après s'être entendu dire par le cardinal Tisserant qu'il n'en avait pas le droit: 'Excusez-moi, je vais la prendre quand même!' Tout cela pour dire en termes extrêmement courtois qu'il fallait prendre le temps de se connaître afin d'établir des listes de membres de commissions en connaissance de cause (alors que l'on savait que les listes de la Curie étaient déjà prêtes). Pour la première fois aussi, des applaudissements massifs exprimaient la pensée spontanée d'une majorité écrasante. Il fut alors loisible au cardinal Frings d'ajouter dans la foulée: 'Ne res tanti momenti casui relinquatur'!

J'avoue n'être pas arrivé à me faire une idée totalement arrêtée sur le rôle exact du cardinal Liénart, qui me semble avoir voulu se cacher dans l'ombre du cardinal Lefebvre de Bourges (auteur du texte lu par Liénart). Il m'avait bien semblé la veille au soir lire dans les yeux de Mgr Palémon Glorieux, en face de moi à table, qu'il n'était pas pour rien dans cette affaire. Toujours est-il que lors du repas de midi à la Procure, l'arrivée du cardinal Liénart fut saluée par une salve d'applaudissements. Impossible d'oublier cela!

Cette première bataille gagnée qui n'était rien d'autre que l'affirmation de la responsabilité du Concile se prenant en main lui-même, il fallait tenter en quelques jours de préparer des listes de membres des commissions. En relisant mes notes, je suis frappé du véritable ballet d'allées et venues de quantité de personnes plus ou moins habilitées, afin que l'on arrive à proposer des noms acceptables par tous. Il fallait en effet tenir compte de trois données: utiliser les connaissances et l'efficacité de ce que l'on avait appelé les évêques du 'marché commun' (l'axe France-Allemagne); ne pas oublier les épiscopats d'Asie et d'Afrique, dont certains commençaient seulement à vivre le régime des conférences épiscopales; enfin, puisque désormais l'on ne pouvait plus craindre un monopole de la Curie romaine, ne pas indisposer systématiquement les théologiens romains. Le pape Jean XXIII, pensait-on, se chargerait bien de faire les dosages nécessaires à l'équilibre et à l'équité. En réalité, la composition des commissions – vue avec le recul du temps – nous donne un peu à penser que Vatican II, avec sa langue latine, fut ou aura été le dernier Concile de 'chrétienté' et que, malgré sa composition bigarrée, il demeure un Concile d'inspiration 'occidentale' (Europe et Amérique du Nord). On dit que c'est au synode de 1974 que les jeunes Églises ont osé parler de leur propre voix.

4. Deux votes libérateurs, sous le regard d'un pape allègrement interventionniste

Tous ceux qui ont suivi cette première session auront retenu deux dates:

– le vote massif pour le schéma sur la liturgie, le 14 novembre, alors que l'on semblait s'enliser dans des débats devenus lassants et que personne ne connaissait l'opinion conciliaire (sauf une petite idée pour l'adoption de la déclaration liminaire au monde). Ce fut une bonne surprise, d'autant plus que certains évêques américains s'étaient montrés assez hostiles à une réforme. En réalité, nous allions rentrer dans nos diocèses avec le principe de réformes liturgiques que l'on n'osait pas obtenir (sur la langue vivante en particulier). Et pourtant le cardinal Ottaviani avait fait entendre ses coups de semonce ('on était infidèle à Pie XII, dans son discours d'Assise en 1956'); un évêque d'Agrigente avait même rappelé la phrase de dom Guéranger: 'un pas vers la langue vivante, c'est un pas vers le schisme'!

– l'autre date est celle du 21 novembre. La veille, le Concile avait refusé pratiquement de prendre en considération le schéma *De fontibus*. On attendait la décision du pape. Et ce fut la constitution d'une nouvelle commission pour rédiger un nouveau schéma. Une nouvelle fois, le Concile donnait la preuve de sa maturité; et cette fois à propos des textes préparatoires. J'avoue, pour ma part, que rien n'aurait été possible sans une *extraordinaire 'connivence' entre le pape Jean XXIII et l'ensemble des évêques*. Le miracle est que la Curie romaine (du moins à ce moment-là) semblait ne pas en vouloir au 'bon pape Jean'[1]...

1. Je tente une dangereuse comparaison politique. À Vatican II, c'est le monarque (le pape) qui a pris sur lui le risque de la démocratisation ou de la décentralisation. Rien n'était possible sans lui, mais allait-on changer les structures de gouvernement? Tandis qu'en l'Algérie de 1992, c'est un gouvernement prétendument légal qui

Pratiquement, il ne se passait pas de jours sans que Mgr Villot ne me raconte ce qui s'était passé à la rencontre des présidents avec le pape, ou ailleurs. Cet interventionnisme papal (qui se sentait d'ailleurs tout simplement aux séances conciliaires, puisque l'on pouvait voir la petite lampe rouge indiquant que le pape suivait les débats) a eu des conséquences importantes, au risque de renforcer l'autorité solitaire de l'évêque de Rome. Je me permets de donner ici la liste de ces interventions, telles que je les ai notées. La liste est éloquente par elle-même:
– 12 octobre: allocution d'ouverture (dont le contenu ne sera connu peu à peu que le lendemain). Gros impact.
– 20 octobre: pour accélérer les votes des listes de commissions, le pape décide que les 16 premiers noms seront adoptés.
– 22 octobre: demande formelle que l'on ne prononce pas le mot de 'communisme' dans l'*aula*.
– 23 octobre: le Secrétariat pour l'unité prend le rang de commission conciliaire.
– 26 octobre: le pape veut faire passer le schéma sur l'Église juste après le débat sur la liturgie (réaction violente d'Ottaviani).
– 27 octobre: le pape demande aux nonces, aux secrétaires et assesseurs de congrégation de garder le silence.
– 29 octobre: Jean XXIII nomme 9 membres au lieu de 8 dans les commissions (certains sont de bons 'conservateurs'!)
– 6 novembre: pouvoir est donné aux présidents pour faire cesser les discussions sur tel ou tel chapitre; idèm le 12, le pape demande que l'on accélère les débats (c'est ce même jour que Felici annonce qu'une deuxième session aura lieu du 12 mai au 29 juin 1963 pour achever le Concile).
– 13 novembre: à la consternation générale (tout spécialement des liturgistes attachés à un 'canon' inviolable), le pape ajoute saint Joseph au canon de la messe romaine. Les Orientaux répondent avec dédain que cela ne les concerne pas.
– 21 novembre: nous venons de le voir, le schéma sur la Révélation est confié à une commission spéciale.
– 27 novembre: nouvelle information qui annonce la prochaine session pour septembre 1963.
– 6 décembre: instauration d'une commission de coordination, et mise en place de dispositions pour l'inter-session.

interdit le parti islamique (gagnant des élections) et qui, pour sauver la démocratie, est amené à poser un acte dictatorial... Étrange contraste.

– 7 décembre: la venue du pape à midi dans l'*aula* (alors qu'auparavant les nouvelles n'étaient pas bonnes au sujet de sa santé), visite de sympathie.
– 8 décembre: discours de clôture de la session. Bilan positif. Invitation à bien préparer l'inter-session de façon à terminer le Concile pour Noël 1963.
– 9 décembre: on apprend à retardement un conflit qui a éclaté à la commission sur la Révélation (+ Saint-Office). Ottaviani voulait que l'on affirme que la Tradition expliquait 'plus clairement' la Révélation. Le cardinal Bea avait fini par céder. Jean XXIII a fait supprimer cette phrase.

Une telle liste se passe de commentaires. Je n'ai pas eu l'idée, ni le courage d'en faire autant pour les interventions de Paul VI au cours des trois sessions suivantes. Gageons que celles-ci furent aussi fort nombreuses, mais souvent dans le sens d'une négociation pour faire accepter quelque chose de l'avis de la minorité. Jean XXIII, pressé par l'idée de sa mort et par son tempérament, y allait plus rondement en laissant entendre que la décision était finalement l'avis de tous.

5. *Une théologie à la française*

Je voudrais brièvement noter ici un thème de débats qui a fortement marqué la première session. Disons pour faire bref qu'il y avait deux manières de voir la production doctrinale d'un Concile:
– ou bien l'on proposait une réflexion de caractère spéculatif par voie purement déductive, réflexion liée à la *philosophia perennis*; et l'on laissait aux pasteurs le soin d'agir au mieux, mais sans que cela puisse retentir sur l'énoncé doctrinal. Il fallait bien distinguer le 'doctrinal' *ratione veritatis* et le'pastoral' *ratione caritatis*;
– ou bien l'on pensait que la vie de l'Église insérée dans l'Histoire, mieux encore le mystère du Christ actualisé dans la vie du monde sont un véritable 'lieu théologique'; autrement dit, le doctrinal ne se connaît pas seulement par déduction, mais par confrontation entre l'héritage reçu et la pastorale de l'Église. On dira encore *le pastoral est lui-même de nature doctrinale*.

Inutile de dire que la trame de Vatican II est tout entière faite de cette deuxième position, à ceci près que l'on pourrait s'interroger aujourd'hui sur la séparation en deux constitutions de ce qui constitue le mystère de l'Église: l'Église en elle-même dans son mystère (?) et l'Église dans le monde de ce temps (ce serait l'aspect pastoral). *Lumen*

Gentium et *Gaudium et spes* feraient-elles aujourd'hui une ou deux constitutions ?

À cette première remarque je voudrais en ajouter une autre. Dans la géopolitique doctrinale et théologique des évêques, il est clair que les évêques allemands étaient connus pour leur réputation de 'bons théologiens' (on n'ajoutait rien sur leur sens pastoral), tandis que les évêques français (sauf exception comme toujours) étaient plutôt connus pour leur souci pastoral plein de sollicitude, mais souvent allié à une certaine faiblesse doctrinale.

Je me suis parfois demandé si cette opposition n'était pas non seulement injuste mais parfois dangereuse. Certes, il ne s'agit point de légitimer certaines interventions relevant plus du caritatif que de la réflexion théologique. Mais il ne faudrait pas retomber, à frais nouveaux, dans la suprématie du 'théologique' sur le pastoral. Un évêque doit agir au nom de son intuition évangélique (en lien évidemment avec son peuple) plus qu'en appliquant une doctrine, fût-elle renouvelée. L'essentiel alors reste l'articulation entre les évêques et la recherche théologique de leur temps. Il me semble que l'Amérique latine nous donne un exemple éloquent de cette articulation pour la période post-conciliaire.

C'est pour des raisons de cet ordre que j'ai personnellement un peu regretté (au cours d'un travail en commission conciliaire, en particulier)[2] le très petit nombre de théologiens experts appartenant au *clergé séculier*. Loin de moi la pensée d'une critique quelconque à l'égard de nos maîtres religieux (qui nous ont tant fait vivre depuis les années 40 jusqu'à aujourd'hui). Je voudrais simplement suggérer ceci: la plupart des évêques travaillent avec leurs prêtres sur le terrain pastoral; il serait donc souhaitable que certains de ces prêtres soient, en nombre suffisant, invités à acquérir une compétence théologique. Cet investissement s'avère de plus en plus nécessaire. Il permettra de réaliser cette articulation entre le théologique et le pastoral, qui demeure une urgence essentielle. J'ajoute simplement – pour aujourd'hui – que l'éclosion de théologiens laïcs, hommes ou femmes, est en train de renouveler complètement le paysage. Les conséquences en seront sûrement bénéfiques.

2. À la commission conciliaire du clergé nous étions deux séculiers sur quatorze experts prêtres!

6. *Une option pour l'Église des pauvres*

À titre de témoignage un peu spécifique, je me dois de dire quelques mots de ce que fut le groupe intitulé: 'L'Église des pauvres'. L'inspiration lointaine vient certainement de l'Évangile, de la situation du tiers monde, et plus encore du scandale de la puissance des pays riches, pays où l'on trouve beaucoup d'Églises chrétiennes 'installées'. Bref, il se trouve que le cardinal Gerlier, avec une ténacité et une ferveur constantes, a voulu présider ce groupe qui s'est mis au travail dès le début de la session.

Je dispose de deux listes indiquant noms et adresses des membres de ce groupe. La première date d'octobre-novembre 1962. Elle compte 47 évêques et 19 experts. La seconde liste, sans doute de 1963, comptera 86 évêques et 26 experts. Citons parmi les plus actifs: Maximos IV, Hakim, Ancel, Coderre, Camara, Larrain, Mercier, Riobé, Yago, Béjot, Darmancier, Fragoso, Guyot, Marty, Maziers... Autant dire que tous les continents étaient représentés. Nous tenions nos réunions au Collège belge, tout près de la Procure de Saint-Sulpice. Le cardinal Gerlier tenait à y aller à pied, et j'étais son garde du corps dans la rue toujours dangereuse (c'était d'ailleurs une anomalie, de voir un cardinal à pied à Rome dans la rue). En principe, les rencontres avaient lieu une fois par semaine. Elles étaient préparées par un comité, où le père Gauthier (des Compagnons de Jésus charpentier, de Nazareth) avait un rôle influent. Ce personnage à la fois mystique, convaincu et intrigant allait publier incessamment une brochure intitulée 'Jésus, l'Église et les pauvres', qui devait inspirer l'intervention du cardinal Lercaro, le 6 décembre, dans l'*aula* conciliaire.

Pour les archives de l'histoire, je note ci-dessous simplement les différentes rencontres qui eurent lieu pendant cette session (le groupe continua par la suite):

– 26 octobre 1962: le cardinal Gerlier, dans une déclaration liminaire, dit qu'il s'agit d'une question essentielle. Nous devons avoir la préoccupation de tous ceux qui n'ont pas le nécessaire. C'est une exigence évangélique.

– 11 novembre: supplique au cardinal Cicognani. Il est demandé que l'on constitue un secrétariat '*De munere Ecclesiae ad extra*', qui aurait pour but l'évangélisation des pauvres et la rénovation évangélique de l'Église.

– 22 novembre: note du père Hua, sur les peuples en voie de développement.

– 29 novembre: conférence de François Houtart, l'Église face aux problèmes du monde actuel (sous-développement et déjà la régulation des naissances!). Ce texte n'est pas inintéressant à relire aujourd'hui.
– 30 novembre: causerie du P. Congar sur les aspects seigneuriaux de l'épiscopat. La cassure du XIe siècle et la juridisation de l'Église sous Grégoire VII (on trouve chez lui cette formule: *Ecclesia non ancilla, sed Domina*). À propos des insignes, le P. Congar montre les héritages de Byzance, d'Alexandre le Grand et même des satrapes...
– novembre-décembre (sans date): une supplique de Mgr Mercier, l'évêque du Sahara, au Saint-Père, afin de poursuivre le travail commencé dans la ligne du message au monde.
– 3 décembre: conférence de J. Folliet: la pauvreté véritable est le contraire de la misère. Il faut réfléchir à l'évolution considérable de l'économie mondiale et considérer non plus les relations courtes (inter-individuelles) mais les relations longues, où se vit le problème de la justice internationale.
– enfin un texte-synthèse de Mgr Ancel regroupant les enseignements pontificaux sur la pauvreté de Pie X à Jean XXIII.

Bien évidemment, cette liste est loin de rendre compte de l'ambiance qui régnait en ce groupe et qui était marquée par une ferveur assez étonnante. Il reste aussi que les problèmes soulevés étaient difficiles: il ne suffisait pas de dire que les pauvres étaient les 'icônes' du Christ pour résoudre les problèmes mondiaux, pas plus qu'on ne pouvait souscrire à la proposition d'Helder Camara voulant que l'on aille chercher des pauvres dans la banlieue de Rome pour les mettre au premier rang à Saint-Pierre lors de la cérémonie de clôture! Si l'on veut trouver une trace écrite dans les textes conciliaires, il faut relire le n°8 de *Lumen Gentium*: '... de même l'Église enveloppe de son amour tous ceux que l'infirmité humaine afflige, bien plus, dans les pauvres et les souffrants elle reconnaît l'image de son fondateur pauvre et souffrant, elle s'efforce de soulager leur détresse, et en eux c'est le Christ qu'elle veut servir'. Ces mots sont en quelque sorte l'écho du travail du groupe et de l'intervention (la seule!) du cardinal Gerlier lors de la deuxième session en 1963[3].

3. Parce qu'il manquerait -et gravement- une note *œcuménique* chère au cardinal Gerlier, notons la rencontre pittoresque et fraternelle du cardinal avec son collègue Lefebvre de Bourges, chez les frères de Taizé, le 6 décembre, à Rome même. Déjà une boutade circulait, disant que Taizé avait été 'fondé' par Gerlier et Lebrun (évêque d'Autun) ! Toujours est-il que cette rencontre, à laquelle j'assistais, permit beaucoup d'échanges au cours d'un frugal repas et s'acheva par une prière devant l'icône de la Vierge, prière composée par Taizé. Cela ne s'oublie pas!

Conclusion

Ma conclusion voudrait faire simplement apparaître deux réalités qui, pour être apparemment contradictoires n'en sont pas moins fortement liées entre elles:
– d'une part, un Concile ne peut se faire que *dans l'Histoire*: tant qu'il ne s'est pas réuni, tant que les assemblées générales n'ont pas eu lieu, tant que les commissions n'ont pas travaillé et tant que les textes ne sont pas imprimés là devant nos yeux, on peut dire que le Concile n'est qu'une idée et même qu'il pourrait être un rêve. Il y a plus qu'une analogie (en toute humilité, cela va de soi) entre la façon dont la Révélation s'est déroulée dans et par l'Histoire et la façon dont un Concile existe, se fortifie, traverse des crises etc... à travers l'histoire de son propre déroulement.
– d'autre part et en même temps, je suis frappé de constater dans les documents d'avant le Concile ou datant des premières heures que tout est déjà *dans l'oeuf* soit négativement (des textes ne pouvaient pas être adoptés) soit positivement (une parole conciliaire sur l'Église se devait de cueillir les fruits de 50 ans et plus de renouveau ecclésiologique).

En bon Lyonnais, nous ne pouvons que nous souvenir de la parole de saint Irénée, plus que jamais de circonstance: 'La Tradition est une liqueur qui rajeunit sans cesse le vase lui-même qui la contient'.

LES ÉVÊQUES BELGES: DES 'VOTA' A LA PREMIÈRE PÉRIODE DE VATICAN II[1]

JOSEPH FAMERÉE

Dans la consultation de 1959, trois évêques belges s'étaient signalés par une certaine 'ouverture'. Ils allaient exercer des fonctions de premier plan dès la préparation des assises conciliaires ou au cours de celles-ci: Mgr Charue à la Commission doctrinale, Mgr De Smedt au Secrétariat pour l'unité et le cardinal Suenens à la Commission centrale préparatoire, puis au Secrétariat des Affaires extraordinaires du Concile[2]. L'enquête se limitera à ces trois évêques résidentiels; en outre,

1. Nous remercions vivement le professeur Cl. Soetens pour toutes ses suggestions précieuses concernant le rôle des évêques belges au cours de la première période du Concile (par 'période', nous entendons le temps pendant lequel les Congrégations générales se sont réunies à Rome).

2. Les quatre autres évêques belges résidentiels exercèrent des responsabilités très variées au cours de la première période. Mgr *Calewaert*, évêque de Gand, devint membre de la Commission liturgique, non pas d'abord, comme on l'a prétendu après coup, par confusion avec Mgr C. Callewaert, ancien président du Grand séminaire de Bruges et spécialiste en liturgie, mais surtout par la conjonction de deux autres facteurs selon le témoignage de Mgr De Kesel, auxiliaire de Gand: le contact qu'il eut à Gand, en 1954, avec le P. F. Antonelli, ofm, rapporteur général de la IIIème section de la Congrégation des rites et futur secrétaire de la Commission liturgique conciliaire, et son amitié avec un ancien condisciple, confrère du P. Antonelli à l'*Antonianum*, lui avaient valu d'être invité à différentes réunions liturgiques avant le Concile; ainsi son nom n'était-il pas inconnu à Rome lorsqu'il s'agit de constituer la Commission préparatoire, puis conciliaire, de la liturgie (Cf. notre interview enregistrée de Mgr De Kesel, du 5.4.1989, conservée au Centre *Lumen Gentium* de la Faculté de Théologie, à Louvain-la-Neuve; voir aussi L. COLLIN, art. *Calewaert, Charles Justin*, dans *Nationaal Biographisch Woordenboek*, t. 13, Bruxelles, Palais des Académies, 1990, col. 161-162). Néanmoins, au début du Concile, l'ordinaire gantois n'apparut pas très favorable aux réformes liturgiques (cf. son intervention *in aula* du 26.10.1962: *Acta Synodalia Sacrosancti Concilii*

elle se centrera sur leurs interventions *in aula* pendant la première période[3]. La présentation de celles-ci permettra d'établir une comparaison avec leurs *vota* et d'évaluer l'éventuel cheminement accompli par chacun d'eux.

On commencera cependant par rappeler certaines de leurs responsabilités relatives à la préparation du Concile.

1. Phase préparatoire

Dès la phase préparatoire, Mgr De Smedt est nommé au Secrétariat pour l'unité le 2 septembre 1960[4]: selon ses propres dires, cette res-

Œcumenici Vaticani II — cité désormais *AS* —, vol. I, pars I, Typis polyglottis Vaticanis, 1970, p. 474-476; voir cependant les nuances apportées au sens de cette intervention par dom J. Dupont dans ses *Impressions du Concile*, texte manuscrit - consultable au Centre *Lumen Gentium* —, décembre 1962, p. 11*: Mgr Calewaert avait préparé un discours en deux points, où il reconnaissait d'abord le bien-fondé théorique du principe de l'emploi du latin et attirait ensuite l'attention sur la nécessité pratique de l'emploi de la langue vulgaire; son premier point ayant pris 8 minutes, il s'aperçut qu'il allait être coupé et termina brusquement par un résumé improvisé de son second point). C'est à Mgr Prignon, recteur du Collège belge de Rome, selon le témoignage de Mgr Martimort, qu'il dut son évolution progressive sur ce point (la position de Mgr Calewaert au fil du débat liturgique est traitée précisément dans le texte préparé par Mgr Martimort pour ce colloque). Mgr *Daem*, évêque d'Anvers, quant à lui, se trouvait engagé dans la Commission des séminaires et des études, tandis que Mgr *Van Zuylen*, évêque de Liège, l'était dans la Commission de la discipline du clergé et du peuple chrétien. Enfin, Mgr *Himmer*, évêque de Tournai, était le seul à ne pas figurer dans une commission; on connaît cependant son engagement dans le groupe de 'l'Église des pauvres': à l'invitation conjointe de l'évêque tournaisien et de Mgr Hakim, évêque de Galilée, cinq réunions sur 'Jésus, l'Église et les pauvres' se tinrent au Collège belge pendant la première période du Concile (la photocopie des comptes rendus de ces réunions est accessible au Centre *Lumen Gentium*).

3. Ces discours prononcés devant l'assemblée conciliaire sont au nombre de 6 (3 du cardinal Suenens, 2 de Mgr De Smedt et 1 de Mgr Charue) sur 10 pour l'ensemble de l'épiscopat belge résidentiel et auxiliaire (à l'exclusion des évêques missionnaires); on dénombre par ailleurs 4 *animadversiones scriptae* pour les trois Pères retenus (3 de Mgr De Smedt et 1 de Mgr Charue) contre 10 pour l'ensemble des évêques belges résidentiels et auxiliaires.

4. Aujourd'hui encore, il se demande pourquoi: son nom fut-il avancé par le cardinal Van Roey? Parce qu'il venait de publier un peu auparavant une lettre pastorale sur l'œcuménisme? Cf. notre interview enregistrée de Mgr De Smedt, du 27.4.1989, disponible au Centre *Lumen Gentium* de Louvain-la-Neuve. Sur la date de nomination de Mgr De Smedt au Secrétariat pour l'unité, cf. G. CAPRILE, *Il Concilio Vaticano II. L'annunzio e la preparazione 1959-1962*, vol. I, parte I,

ponsabilité l'accapara presque exclusivement au cours du Concile. Très vite à la Commission œcuménique, la question de la liberté religieuse apparaît comme la grande question[5]. C'est ainsi que le cardinal Bea demande à Mgr De Smedt de préparer un document sur ce problème: l'évêque de Bruges le rédige en se basant sur un texte du professeur L. Janssens, de Louvain, et collabore, pour ce travail, avec Mgr Charrière, évêque de Lausanne, Genève et Fribourg, ainsi qu'avec le P. Hamer[6]. Mgr De Smedt se voit aussi très rapidement invité à écrire sur la nature de l'œcuménisme et plus particulièrement sur le sacerdoce des fidèles: pour cette rédaction, il utilise le texte d'un autre louvaniste, l'exégète L. Cerfaux[7].

Telle est donc l'orientation très œcuménique avec laquelle l'ordinaire de Bruges entre en concile.

Mgr Suenens, quant à lui, encore auxiliaire de Malines-Bruxelles, devient membre, en 1960, de la Commission préparatoire des évêques et du gouvernement des diocèses. Appelé à succéder au cardinal Van Roey sur le siège de Malines-Bruxelles le 24 novembre 1961, le nouvel archevêque entre à la Commission centrale préparatoire le 24 mars 1962: il y découvre, nous rapporte-t-il dans ses *Souvenirs et Espérances*[8], que les textes et projets manquaient de souffle et de vision; il mentionne aussi les réactions infructueuses de plusieurs membres de cette Commission. Au cours d'une audience, en mars 1962, lui-même se plaint au pape Jean XXIII du nombre 'abusif' de schémas préparés

Rome, Ed. 'La Civiltà Cattolica', p. 262.

5. Dès l'annonce du Concile, 'Visser't Hooft avait mis sur la table ce qui lui paraissait le préalable essentiel à toute collaboration féconde avec Rome: la liberté religieuse' (Ph. CHENAUX, *Le Conseil œcuménique des Églises et la convocation du Concile*, dans M. LAMBERIGTS - Cl. SOETENS (éd.), *À la veille du Concile Vatican II. Vota et réactions en Europe et dans le catholicisme oriental* [Coll. *Instrumenta Theologica*, 9], Leuven, Bibliotheek van de Faculteit der Godgeleerdheid, 1992, p. 204).

6. Cf. J. GROOTAERS, *Paul VI et la déclaration conciliaire sur la liberté religieuse 'Dignitatis humanae'*, dans *Paolo VI e il rapporto Chiesa-mondo al Concilio. Colloquio Internazionale di Studio Roma, 22-23-24 settembre 1989* (Coll. *Pubblicazioni dell'Istituto Paolo VI*, 11), Brescia, Istituto Paolo VI, 1991, p. 118, note 79: 'Louis Janssens a été un des principaux inspirateurs du premier projet de texte sur la liberté religieuse, projet appelé 'texte de Fribourg' et choisi parmi d'autres comme point de départ du document préconciliaire en 1960'.

7. Pour toutes ces informations, cf. l'interview précitée du 27.4.1989. En 1961, Mgr De Smedt publiera, sous forme de livret, aux Éditions Desclée De Brouwer, une lettre pastorale à son diocèse datée du 25.4.1961: *Le sacerdoce des fidèles*.

8. Cf. L.J. SUENENS, *Souvenirs et Espérances*, Paris, Fayard, 1991, p. 50-51.

en vue de la discussion conciliaire (plus de 70); Jean XXIII lui demande alors 'de déblayer le terrain et de lui faire un projet à partir de ces schémas préparés'. Après étude de ces documents, il adresse au pape une note préliminaire qui vise à élaguer et à situer le Concile dans une vraie perspective pastorale; cette note entre pleinement dans l'optique de Jean XXIII, qui l'approuve de vive voix. Le cardinal travaille ensuite à l'élaboration d'un projet, qui est prêt à la fin d'avril 1962. Quelque temps après, il communique ce plan à quelques cardinaux amis, dont Montini et Liénart: ce dernier lui écrit le 14 juin que le projet l' 'enchante absolument' et qu'il en 'approuve pleinement' l'esprit apostolique, la disposition des parties et la largeur des perspectives. Mêmes réactions orales des autres cardinaux. Par ailleurs, le 19 mai, le cardinal Cicognani, secrétaire d'État, vient d'envoyer par ordre du pape Roncalli des photocopies du plan à un certain nombre de cardinaux, pour information. Le pape souhaite en effet rallier à ce projet quelques cardinaux influents, de manière à pouvoir le présenter au moment voulu sous un patronage collectif. L'archevêque de Malines-Bruxelles se voit chargé d'en rencontrer quelques-uns, désignés par Jean XXIII lui-même (les cardinaux Doepfner, Montini, Siri, Liénart et Lercaro): le ralliement à son plan se fait sans peine, un plan dont on retrouve certains traits essentiels dans le radio-message papal du 12 septembre 1962 et que le cardinal Suenens présentera *in aula* le 4 décembre suivant[9]. Tout ceci indique aussi la confiance que le pape Jean manifestait au primat de Belgique dès avant l'ouverture du Concile.

En date du 4 septembre 1962, le cardinal-secrétaire d'État Cicognani écrit à l'archevêque belge qu'il est nommé membre du Secrétariat des Affaires extraordinaires du Concile[10], lequel sera remplacé le 17 décembre suivant par la Commission de coordination des travaux conciliaires[11]: toujours selon ses *Souvenirs*[12], le cardinal insiste, à la première séance de travail du Secrétariat, pour que le Concile se concentre autour d'un seul thème dans une perspective œcuménique; il y exprime également le souhait que soit rédigé un vademecum pour le déroulement des débats conciliaires.

Enfin, Mgr Charue, évêque de Namur, n'est membre d'aucune commission préparatoire.

9. Cf. L.J. SUENENS (Cardinal), *Aux origines du Concile Vatican II*, dans *Nouvelle Revue théologique*, t. 107 (1985), p. 3-4 et 6-18; ID., *Souvenirs et Espérances*, p. 65-71.

10. Cf. Archives du Centre *Lumen Gentium*, Fonds Prignon, n° 12.

11. Cf. L.J. SUENENS, *Souvenirs et Espérances*, p. 58.

12. Cf. *Ibidem*, p. 59-60.

2. *Première période*

Le 13 octobre 1962, deux jours après l'ouverture solennelle du Concile, la 1ère Congrégation générale tourne court: l'assemblée des Pères se sépare après moins d'une demi-heure[13]; elle vient d'assister à la fameuse intervention du cardinal Liénart, relayé par le cardinal Frings, pour reporter au 16 les premiers votes en vue d'élire les 160 membres des 10 commissions: les évêques doivent avoir le temps de faire connaissance[14]. Acclamations de l'assemblée, stupéfaction de la Curie. Les concertations commencent alors entre Pères, entre les cardinaux Suenens et Liénart par exemple[15], pour constituer de nouvelles listes de noms qui soient une alternative aux listes romaines.

Le 20 octobre, jour de la proclamation des résultats des élections, Mgr Charue devient membre de la Commission doctrinale[16]. Du 22

13. Pour la chronique de la première période, cf., p. ex., Y. CONGAR, *Vatican II. Le Concile au jour le jour* (Coll. *L'Église aux cent visages*, 3), Paris, Cerf-Plon, 1963.

14. En attendant l'établissement critique d'une autre reconstruction de l'événement, voici en bref le récit de l'épisode par le cardinal Liénart lui-même. Le 11 octobre, les Pères avaient été informés par le Secrétaire général du Concile, Mgr Felici, que la première réunion de travail serait employée à élire les membres des commissions conciliaires (16 commissaires pour chacune des 10 commissions); tout de suite ils s'inquiétèrent. Les plus avisés entrèrent en pourparlers avec les évêques d'autres pays pour se procurer des renseignements sur les candidats possibles et essayer d'établir des listes où trouveraient place les évêques les plus marquants de toutes les Églises présentes. Persuadé que le Secrétaire du Concile fournirait avant le vote, soit des listes de candidats possibles, soit tout au moins des indications, le cardinal Liénart n'avait préparé aucune intervention. Le matin du 13 octobre, le cardinal Lefebvre, archevêque de Bourges, l'attendait à l'entrée de la basilique Saint-Pierre pour l'assurer que les Pères seraient mis en demeure de voter sans aucune indication du Secrétariat conciliaire et pour le presser d'intervenir en vue de réclamer un report du vote; il lui remit à cet effet un texte de déclaration en latin. Le cardinal lillois l'accepta sans promettre de s'en servir. La messe terminée, la séance fut ouverte aussitôt: Mgr Felici se contenta de faire distribuer à chaque Père, d'une part, la liste des membres des commissions pré-conciliaires et, d'autre part, 10 feuilles où il invitait à inscrire immédiatement les noms des 16 Pères qu'on voulait élire. Siégeant à la table de présidence, à la droite du cardinal Tisserant, le cardinal Liénart était le premier à pouvoir prendre la parole, ce qu'il estima devoir faire malgré le refus du Président, et déclara que le vote immédiat était impossible. L'assemblée applaudit cette proposition, appuyée ensuite par le cardinal Frings, archevêque de Cologne. Cf. LIÉNART (Cardinal), *Vatican II* (n° supplémentaire des *Mélanges de Science Religieuse*, t. 33), Lille, Facultés Catholiques, 1976, p. 65-68.

15. Cf. notre interview enregistrée de Mgr De Smedt, du 27.4.1989.

16. Cf. *AS*, vol. I, pars I, 1970, p. 82; Mgr Musty, auxiliaire de Namur, signale,

octobre au 13 novembre, les travaux du Concile portent sur le schéma préparé par la Commission de la liturgie; juste avant le début de ces travaux également, le 19 octobre, le Secrétariat pour l'unité des chrétiens avait été, par décision du pape, assimilé à une commission conciliaire: il pourrait donc présenter les schémas qu'il a préparés. Ce rescrit fut lu aux Pères par le Secrétaire général le 22 octobre, au cours de la 4ème Congrégation générale[17].

À la 19ème Congrégation générale, du 14 novembre, le cardinal Ottaviani présente les cinq chapitres du *De fontibus Revelationis*. Le même jour, le cardinal Suenens prononce un discours *in aula* à propos de ce schéma[18]. D'une part, il déclare que les schémas proposés aux Pères pèchent par défaut de brièveté; d'autre part, il formule des propositions pour rendre les débats plus rapides et plus efficaces: voter pour dégager une majorité, remettre par écrit tout ce qui concerne des points particuliers, travail immédiat des commissions en vue d'étudier spécialement la manière d'abréger leur propre schéma et d'établir de grands principes, création d'une commission post-conciliaire aussitôt après le vote du schéma en vue de la mise en pratique. On le voit, l'intervention de l'archevêque belge porte exclusivement sur la procédure à suivre, et non sur le fond des schémas. L'accent est bien différent chez un Mgr Charue.

Ce 14 novembre, l'évêque de Namur demande aussi la parole à propos des principes généraux du *De fontibus*. Il ne l'obtient que le 17, lors de la 21ème Congrégation générale[19]. Au nom des évêques belges et de certains évêques d'Afrique Centrale, il se rallie au *non placet* du primat de Belgique. Les deux premiers schémas doivent être réécrits complètement: ils ne présentent pas un exposé suffisamment positif, pastoral, biblique et œcuménique de la révélation chrétienne. Les déclarations conciliaires sont une règle ferme d'enseignement: on évitera les condamnations, on se montrera prudent quand les sciences naturelles ou historiques se trouvent impliquées avec la théologie; à propos de la *Formgeschichte*, il faut distinguer les présupposés rationalistes et la méthode philologique; le remède au modernisme consiste à encourager la recherche scientifique à tous les niveaux, dans la fidélité à

dans ses *Notes (manuscrites) sur le Concile œcuménique Vatican II*, p. V 5 (20.11. 1962), que cette nomination fut 'très bien accueillie, par les Français notamment' (une copie de ce 'Journal du Concile' est consultable au Centre *Lumen Gentium* précité).

17. Cf. *AS*, vol. I, pars I, 1970, p. 78.
18. Cf. *AS*, vol. I, pars III, 1971, p. 45-47.
19. Cf. *AS*, vol. I, pars III, 1971, p. 143-145.

l'égard de l'Église[20]. Selon le témoignage de Mgr Musty, l'intervention fut 'fort écoutée' et de nombreux Pères firent savoir à Mgr Charue 'combien ils se réjouissaient de ses paroles'[21].

Le 19 novembre, c'est au tour de Mgr De Smedt d'intervenir *in aula*. Notons que les 10 et 13 novembre, il avait déjà demandé la parole respectivement à propos du chapitre IV et des derniers chapitres du *De sacra liturgia*[22]; il avait finalement remis deux remarques écrites où, d'une part, il plaidait en faveur de la langue vulgaire dans la récitation de l'Office divin et, d'autre part, appelait à reconnaître les signes des temps en matière de culture et de technique musicale, par l'adoption de la langue vernaculaire et des instruments de musique profane notamment[23]. Le 19 novembre, l'évêque de Bruges parle au nom du Secrétariat pour l'unité à propos du *De fontibus Revelationis*[24]: celui-ci répond-il aux exigences de l'œcuménisme? Une exposition claire et intégrale de la doctrine ne suffit pas, il faut encore veiller au mode selon lequel celle-ci se trouve exposée; il importe donc de rédiger les schémas en style œcuménique, ce qui présuppose quatre conditions: connaître la doctrine des frères séparés, connaître leurs opinions sur la doctrine catholique, connaître ce qui, selon eux, est omis ou insuffisamment élucidé dans celle-ci, enfin se demander si nos formulations (scolastiques notamment) ne s'avèrent pas difficiles à comprendre pour les non-catholiques. Pour cette rédaction dans un esprit œcuménique, la Commission doctrinale a refusé l'aide du Secrétariat pour l'unité. Le schéma sur les sources de la Révélation manque singulièrement d'œcuménicité. Si les schémas de la Commission doctrinale ne sont pas écrits d'une autre manière, poursuit l'ordinaire brugeois, nous serons responsables de l'annihilation de l'immense espoir soulevé par le Concile.

20. On se rappellera la situation délicate du mouvement biblique pendant toute la phase préparatoire du Concile; on comprend ainsi que les biblistes n'aient pu influencer la rédaction du premier *De fontibus*, cf. É. FOUILLOUX, *Mouvements théologico-spirituels et concile (1959-1962)*, dans M. LAMBERIGTS - Cl. SOETENS, *op. cit.*, p. 189-192.

21. J.-B. MUSTY, *Notes sur le Concile œcuménique Vatican II*, Cahier I, p. 51 (17.11.1962).

22. En octobre, il avait rédigé une *animadversio scripta* sur le préambule et le chap. I du même schéma, où il souhaitait la définition canonique des 'Conférences épiscopales régionales' et l'attribution à celles-ci d'un pouvoir législatif en matière de déterminations liturgiques (cf. *AS*, vol. I, pars I, 1970, p. 618-620).

23. Cf. *AS*, vol. I, pars II, 1970, p. 435, 511-512, 632 et 697-700.

24. Cf. *AS*, vol. I, pars III, 1971, p. 184-187.

Deux jours plus tard, le pape fait connaître au Concile sa décision d'ajourner le débat sur les sources de la Révélation et de confier à une commission mixte de quelques cardinaux, des membres de la Commission doctrinale et du Secrétariat pour l'unité, la tâche d'élaborer une autre rédaction du schéma.

Le 23, le cardinal Cento introduit le schéma sur les moyens de communication sociale, dont le rapporteur est Mgr Stourm. Le lendemain, le cardinal Suenens prend la parole *in aula* sur ce texte[25]. Pour un schéma pastoral, à la différence d'un schéma doctrinal, il propose de voter uniquement sur les points de plus grande importance. En outre, il énonce trois vœux pour les conclusions pastorales du document sur les moyens de communication sociale: souligner le droit au respect de la vie privée; nécessité, pour les fidèles, de se donner une expression publique et coordonnée tant pour réagir que pour formuler des éloges face aux productions des moyens de communication sociale; besoin d'une théologie de l'actualité qui fasse émerger la signification religieuse des faits.

Le 26 novembre, l'assemblée à l'unanimité met fin à la discussion sur ce texte. Au terme de cette 27ème Congrégation générale, les Pères abordent l'étude du schéma sur l'unité, préparé par la Commission pour les Églises orientales. La discussion se poursuit les jours suivants, entrecoupée de scrutins sur les moyens modernes de communication et sur la liturgie.

Le décret sur l'unité de l'Église devra former, est-il décidé le 1er décembre, un seul document avec le décret sur l'œcuménisme et le chapitre sur le même sujet du *De Ecclesia*. Ce dernier est alors introduit par le cardinal Ottaviani et présenté par Mgr Franic. Le même jour, Mgr De Smedt prononce une intervention remarquée[26]. Le schéma sur l'Église lui paraît défectueux sur de nombreux points. Il estime notamment qu'il manque d'esprit œcuménique et qu'il est étranger au mode selon lequel une doctrine doit être présentée par un concile. Ainsi, selon lui, le *De Ecclesia* est-il affligé de trois défauts majeurs: le triomphalisme, le cléricalisme et le juridisme. Le schéma est triomphaliste[27]: l'Église s'y auto-glorifie dans un style pompeux et romanti-

25. Cf. *AS*, vol. I, pars III, 1971, p. 462-464.

26. Cf. *AS*, vol. I, pars IV, 1971, p. 142-144. À cette occasion, Mgr De Smedt, ainsi qu'il le rapporte, s'était bien approché du micro pour parler aussi fort que les cardinaux, dont le micro, poursuit-il, fonctionnait peut-être mieux que celui des évêques, cf. l'interview précitée du 27.4.1989.

27. Notons pour la petite histoire que Mgr De Smedt avait d'abord écrit 'militarisme', ce qui ne lui plaisait pas. C'est un matin en se rasant qu'il trouva et écrivit

que; le schéma est aussi clérical, en concevant l'Église comme une pyramide; enfin, il est pétri de juridisme, alors que la maternité de l'Église fut comme l'âme de l'ecclésiologie chrétienne primitive.

Les jours suivants, les interventions se succèdent à propos du *De Ecclesia*. Le cardinal Suenens demande et obtient la parole le 4 décembre, au cours de la 33ème Congrégation générale[28]: il prononce un discours important, dans lequel il propose un plan d'ensemble pour le Concile approuvé l'avant-veille par Jean XXIII lui-même[29]. Il souhaite un recentrement de toute l'activité conciliaire sur un thème: l' 'Ecclesia Christi, lumen gentium'; le plan du Concile s'articulerait autour de la distinction entre l'*Ecclesia ad intra* et l'*Ecclesia ad extra*. En conclusion, il demande que soit établi un programme de l'évolution future du Concile et que les commissions reçoivent sans retard les schémas qui leur sont attribués; enfin, il aimerait que les Pères se prononcent

tout de suite 'triomphalisme'. Il stigmatisait ainsi l'auto-encensement dans lequel l'Église se complaisait au sein d'une publication comme *L'Osservatore Romano*. Relevons aussi qu'après son intervention, le P. Congar lui fit malicieusement remarquer qu'il avait attaqué le triomphalisme ecclésiastique de manière très triomphaliste, cf. l'interview précitée du 27.4.1989. Dans ses 'Notes sur son séjour à Rome en décembre 1962' (texte ms consultable au Centre *Lumen Gentium* précité), à la date du 2 décembre, dom Dupont rapporte une appréciation plus critique de l'intervention faite la veille par l'évêque brugeois (il s'agit du résumé d'une conversation entre Mgr Cerfaux, le P. Béda et dom Dupont lui-même): 'Beaucoup trop violent (contre 'papolâtrie', 'régalisme' épiscopal, etc.); certains évêques sont enchantés de cette fermeté, mais cela ne peut que nuire au crédit de Mgr De Smedt'.

28. Cf. *AS*, vol. I, pars IV, 1971, p. 222-227; L.J. SUENENS, *art. cit.*, dans *NRT*, t. 107 (1985), p. 3-21.

29. Avant même le début du Concile, le pape s'était réservé le moment de faire connaître ce plan du cardinal Suenens. Pendant les premières semaines, le Concile a quelque peine à trouver son orientation; simultanément, l'état de santé du pape commence à inquiéter les Pères. Le 18 octobre 1962, le cardinal Montini, préoccupé du flottement des débats, écrit au cardinal Cicognani, Secrétaire d'État, pour souhaiter plus de cohérence dans le déroulement du Concile et, en finale de sa lettre, fait allusion au plan proposé par l'archevêque belge. Le pape envoie à ce dernier une photocopie de la lettre. L'état de santé de Jean XXIII s'aggravant, le primat de Belgique se trouve alors devant un problème de conscience: faut-il prendre l'initiative de proposer le plan ou non? Le pape, malade, ne pouvant plus être approché directement, le cardinal Suenens adresse à son secrétaire, Mgr L. Capovilla, à toutes fins utiles, copie de l'intervention qu'il compte faire le surlendemain (4 décembre) au Concile pour proposer le plan dans ses traits essentiels. Quelle n'est pas alors sa surprise lorsqu'il est appelé au Vatican par Mgr Dell'Acqua le lendemain de grand matin pour s'entendre dire que le pape est non seulement pleinement d'accord avec son texte, mais qu'il l'a lu au lit et annoté. Cf. L.J. SUENENS, *Souvenirs et Espérances*, p. 71, et *art. cit.*, dans *NRT*, t. 107 (1985), p. 4-5.

sur l'opportunité de créer un Secrétariat pour les problèmes du monde actuel. Applaudissements de l'assemblée. Le lendemain, le cardinal Montini devait se référer à cet exposé 'si perspicace' quant à la finalité assignée au Concile et l'ordre logique et approprié des arguments à y traiter[30].

L'ultime Congrégation, du 7 décembre 1962, verra encore Mgr Charue demander la parole: il ne pourra l'obtenir et remettra ses remarques par écrit[31], des *animadversiones* assez longues, où il plaide en faveur d'une présentation authentiquement biblique du mystère de l'Église (un tel discours doit recourir à l'ensemble des images ou figures qui désignent l'Église dans le Nouveau Testament et ne peut se limiter à une image, celle du Corps mystique). Il convient donc de ramener le schéma à une forme mieux 'équilibrée', moins juridique: en ce sens, il adhère sincèrement à la nouvelle rédaction du schéma par Philips. Le *De Ecclesia* doit se réduire à l'essentiel et définir tout spécialement l'épiscopat; il évitera ce qui peut nuire à l'œcuménisme et s'abstiendra de soulever des questions controversées. Mgr Charue demande aussi que le Concile s'exprime clairement sur la qualification des déclarations doctrinales. Enfin, il propose une nouvelle structure du schéma en trois ou éventuellement quatre chapitres (le mystère de l'Église; la hiérarchie, et notamment l'épiscopat; le peuple fidèle ou les laïcs; peut-être un quatrième chapitre sur les charismes et vocations spéciales).

Si on se limite, de manière un peu schématique, à ces quelques interventions orales ou écrites des trois évêques belges, quelles préoccupations caractéristiques en voit-on émerger?

Dès sa première intervention, du 14 novembre, un mois après la prise en mains des travaux conciliaires par l'assemblée elle-même grâce aux interventions des cardinaux Liénart et Frings, le cardinal Suenens manifeste, à propos du *De Revelatione*, une préoccupation pratique de *fonctionnement* des assises conciliaires: il trouve les schémas *trop longs*, il souhaite une *procédure* plus efficace des discussions *in aula* et des travaux en commission; il s'inquiète également de la *mise en pratique* post-conciliaire du schéma voté[32]. Le 24 novembre,

30. Cf. *AS*, vol. I, pars IV, 1971, p. 291.

31. Cf. *AS*, vol. I, pars IV, 1971, p. 432-439.

32. Ce souci 'tactique' et méthodologique du cardinal Suenens ressort également de quelques indications de Mgr Musty dans ses *Notes sur le Concile*: ainsi dans le Cahier I, p. V 8 verso, V 15 verso et 34 a, respectivement en date des 24 et 27.10, ainsi que du 13.11.1962, que ce soit dans ses contacts avec les évêques belges (le 24 octobre, au cours du dîner au Collège belge, il estime que, si le 'schéma sur la foi' est soumis à l'assemblée, la méthode serait, non pas d'en commencer la discus-

à propos du schéma sur les moyens de communication, son souci est toujours *méthodologique*: pour un schéma pastoral comme celui-ci, à la différence d'un schéma doctrinal, le vote devrait se limiter aux points les plus importants. Ses trois vœux pour les conclusions de ce document sont *pastoraux*, et donc dans un certain sens également *'pratiques'*: ils concernent la protection de la vie privée, l'expression publique des fidèles, une information qui fasse émerger la signification religieuse de l'actualité. Dans son dernier discours de la première période, c'est encore et plus que jamais une préoccupation *méthodologique* et *concrète* d'*organisation* du Concile qui prévaut: celui-ci doit avoir un but, un thème central et s'organiser selon un plan d'ensemble, pour lequel le cardinal formule une proposition précise. Une note plus directement *pastorale* apparaît dans le désir d'un Secrétariat pour les problèmes du monde actuel.

Quant aux perspectives de Mgr Charue, elles se révèlent *pastorales* et plus encore *'doctrinales'*: c'est ainsi que le 17 novembre il demande un exposé de la Révélation plus positif, plus pastoral, plus biblique et plus œcuménique; il souhaite qu'on accorde toute son importance à la science exégétique et à la science en général[33]. Une même préoccupa-

sion, mais d'en demander le renvoi par décision des Pères du Concile; le 27, lors d'une réunion chez les pères des Sacrés-Cœurs, il formule des considérations générales sur le *status quaestionis* des discussions actuelles au Concile, regrettant qu'on n'y soit pas encore assez fatigué des longues discussions) ou lors d'une audience accordée par le pape à l'épiscopat belge (le 13 novembre, malgré la conversation très abondante de Jean XXIII, il parvient à signaler que les schémas ne plaisent pas et que les contacts entre évêques sont bénéfiques; il demande aussi s'il ne serait pas souhaitable de voter la constitution sur la liturgie avant le 8 décembre, sans recevoir de réponse précise).

33. Le souci proprement théologique de l'évêque namurois ainsi que son attention pastorale se manifestent aussi dans plusieurs notations de Mgr Musty, cf. ses *Notes sur le Concile œcuménique Vatican II*, Cahier I, p. V 3 verso (20.10.1962: c'est à Mgr Charue que s'était adressé le P. Congar pour l'envoi d'un message du Concile 'ad universos homines'), V 5 (le même jour après-midi, Mgr Charue, avec d'autres évêques belges, se rend à Sainte-Marthe, où le P. de Lubac propose quelques remarques sur le 'schéma théologique'), V 6 verso (le 22 octobre après-midi, l'évêque de Namur assiste, à Saint-Louis des Français, à une conférence du P. Léon-Dufour sur le problème de l'historicité des Évangiles; il a l'occasion d'y faire une intervention applaudie 'pour qu'on laisse la liberté à la recherche de la vérité'), V 8 (le 23, à 16 h., Mgr Charue a provoqué une réunion avec les experts louvanistes au Collège belge) et V 10 verso (le même jour, il a aussi reçu la visite du P. Congar, qui lui demande une intervention sur la question de la communion sous les deux espèces dans certaines circonstances), Cahier II (suite), p. 5 (le 6.12.1962, à l'initiative du chanoine Thils, réunion de NN. SS. Jaeger et Charue ainsi que des professeurs Stakemeier et Cerfaux, pour examiner le chapitre I du *De fontibus*).

tion proprement théologique et pastorale à la fois ressort de ses *animadversiones scriptae* de la fin de la période, quand il réclame une présentation authentiquement biblique du mystère de l'Église, ainsi qu'une exposition doctrinale de l'épiscopat, le tout en évitant de nuire à l'œcuménisme et en s'abstenant de prendre position sur les questions controversées.

Mgr De Smedt témoigne lui aussi son intérêt *pastoral* dans les trois *animadversiones scriptae* sur le schéma liturgique, en réclamant une certaine autonomie des 'Conférences épiscopales régionales' pour une meilleure adaptation liturgique aux différents peuples et en recommandant la célébration de la liturgie en langue vulgaire ainsi que l'attention aux signes des temps en matière de culture et de techniques musicales. Son intervention *in aula* du 19 novembre sur le *De fontibus Revelationis*, prononcée au nom du Secrétariat pour l'unité, est quant à elle toute dominée par la revendication de schémas conciliaires rédigés selon les exigences de l'*œcuménisme*. L'intention œcuménique réapparaît dans le discours du 1er décembre sur le *De Ecclesia*. S'y joint à nouveau une préoccupation plus spécifiquement pastorale, ainsi que *'doctrinale'*, concernant la manière précisément de présenter la doctrine d'un concile: rejet du triomphalisme, du cléricalisme et du juridisme, qui n'est évidemment pas une simple question de forme ou de présentation, mais touche directement la conception même de l'Église.

Comment évaluer ces quelques traits caractéristiques des orientations des évêques belges au cours de la première période par rapport à leurs *vota*? Peut-on discerner une évolution et dès lors comment l'expliquer? Ou, au contraire, tout se trouvait-il déjà inscrit en germe dans leurs vœux de 1959?

3. Des 'vota' aux interventions 'in aula'

Le *votum* de Mgr Suenens, alors auxiliaire de Malines-Bruxelles, se distinguait déjà par une grande sensibilité aux questions *concrètes* de l'*apostolat* et de la *pastorale*. En témoignent les treize rubriques de ce vœu: la charge épiscopale (celle-ci requiert un meilleur éclairage en vue d'une réconciliation avec les orthodoxes, tant en ce qui concerne la *cura animarum* que l'exemption des religieux, ainsi qu'une intégration des facultés temporaires accordées par le Saint-Siège dans le pouvoir ordinaire lui-même de l'évêque), la collation du sacrement de confir-

professeurs Stakemeier et Cerfaux, pour examiner le chapitre I du *De fontibus*).

mation, la récitation du bréviaire par les prêtres (en langue vivante, avec des lectures scripturaires), les séminaires (une formation plus apostolique), l'habit clérical (le clergyman), l'ordre du diaconat (à restaurer), les religieux (adaptation de la vie religieuse à la vie moderne), la réforme de l'Action catholique (pas de supériorité d'une forme sur une autre), le mariage (préparation spirituelle et doctrinale, enrichissement du rituel), l'observance du jeûne eucharistique (réforme souhaitée), la Curie romaine, la liturgie et l'interdiction des livres (celle-ci appelle un adoucissement et l'auteur doit pouvoir se défendre; plus généralement pour la Curie et les livres, il faut envisager la dimension internationale de la question)[34].

Une telle sensibilité aux questions *concrètes* et *pastorales* se retrouve très nettement chez le cardinal Suenens au cours de la première période: son intérêt pour les problèmes pratiques tout particulièrement l'oriente alors vers le fonctionnement d'un concile qui se cherche, la mise au point d'une procédure plus efficace et un plan d'ensemble de celui-ci.

Quant aux orientations *pastorales*, *œcuméniques* et *théologiques* de Mgr Charue durant la première période, elles pouvaient déjà s'observer clairement dans son vœu de 1959: afin d'encourager l'unité des Églises, on complétera Vatican I par une théologie de l'épiscopat et on développera la mission collégiale des évêques dans la ligne de l'encyclique *Fidei donum*, ainsi que la notion d'Église locale, dont l'évêque est le pasteur propre (dans la foulée, l'ordinaire de Namur réclame une réforme de l'exemption des religieux et leur soumission pour tout ce qui ressortit à l'épiscopat; il demande aussi l'intégration des facultés des évêques à leur pouvoir ordinaire; pour l'union des Églises, outre la revalorisation de l'épiscopat, il souhaite encore la réduction des différences liturgiques par le rétablissement de la concélébration et de la communion sous les deux espèces, la reconnaissance des erreurs passées, la mise en exergue de l'Écriture et des Pères comme fondements des définitions dogmatiques, ainsi que l'octroi d'une certaine *communicatio in sacris* aux orthodoxes); d'un point de vue plus spécifiquement pastoral, Mgr Charue aborde la sainteté du clergé diocésain, les laïcs et le peuple chrétien (ici, il appelle de ses vœux une déclaration des droits

34. Cf. *Acta et Documenta Concilio Œcumenico Vaticano II apparando* (cité désormais *AD*), série I, vol. II, pars I, Polyglotte vaticane, 1960, p. 140-148; pour une analyse thématique des *vota* des évêques belges, cf. Cl. SOETENS, *Les 'vota' des évêques belges en vue du concile*, dans M. LAMBERIGTS - Cl. SOETENS, *op. cit.*, p. 38-52 (sur Mgr Suenens, voir le résumé de la p. 48).

de l'homme chrétien ainsi qu'une définition de l'Action catholique comme aide au clergé, aux missions, et comme exercice de l'apostolat laïc), la liturgie (office divin et liturgie eucharistique en langue vivante en vue d'intensifier la vie religieuse des clercs et des laïcs, réforme du jeûne eucharistique), enfin une nouvelle loi réglant le jeûne et l'abstinence[35].

Le cas de Mgr De Smedt est un peu différent. Ses perspectives *pastorales* étaient déjà bien présentes dans son *votum*, même si le cadre de présentation s'y révélait strictement conventionnel et directement emprunté au droit canonique (personnes, choses, lieux et temps sacrés, magistère, mariage, aliénation des biens ecclésiastiques). On peut ainsi relever les thèmes suivants, dont aucun ne semble particulièrement mis en valeur par l'évêque brugeois: théologie de l'épiscopat comme sacrement et des pouvoirs épiscopaux (intégration des facultés accordées par le Saint-Siège dans le pouvoir ordinaire des évêques, soumission des religieux à la juridiction épiscopale); souhait d'une définition claire de l'Action catholique, qui a pour mandat d'aider l'apostolat du clergé et d'organiser systématiquement l'activité religieuse des laïcs (tous les baptisés et confirmés sont tenus d'exercer un apostolat); préoccupations pastorales (réforme du bréviaire par une meilleure répartition des lectures scripturaires et une possibilité de le réciter en langue vivante, souhait de la 'messe des catéchumènes', au moins, en langue vivante pour une participation active des fidèles, limitation du jeûne eucharistique à une heure avant la communion, confirmation des prescriptions existantes en matière de jeûne et d'abstinence) et disciplinaires (abrogation d'empêchements de mariage, rappel de l'indissolubilité et de l'usage chrétien du mariage, assouplissement de l'Index); éducation des fidèles à entrer en contact avec les non-catholiques dans un monde où le pluralisme gagne sans cesse du terrain; promulgation d'une déclaration des droits de l'homme chrétien[36]. Néanmoins, on ne trouve dans

35. Cf. *AD*, série I, vol. II, pars I, p. 112-115; Cl. SOETENS, *op. cit.*, p. 48, note que Mgr Charue est 'le seul à faire preuve d'une réelle ouverture théologique, en plaçant d'emblée son exposé à la lumière du projet œcuménique du pape Jean XXIII' concernant la collégialité épiscopale, le renouvellement de tout l'enseignement doctrinal et certains points concrets du renouveau liturgique; il est aussi le seul à déborder nettement des questions ecclésiales belges.

36. Cf. *AD*, série I, vol. II, pars I, p. 103-105; Cl. SOETENS, *op. cit.*, p. 47, indique un même sens pastoral chez l'évêque brugeois et celui de Namur 'sinon toujours quant au contenu, du moins dans le choix des sujets et la manière de s'exprimer (Action catholique, apostolat des laïcs, participation active des fidèles à la liturgie, bréviaire, droits de l'homme chrétien...)'.

ce vœu aucun souci œcuménique précis, si ce n'est le souhait plus général d'une éducation des fidèles à entrer en contact avec les non-catholiques dans un monde pluraliste. Comment dès lors expliquer une telle insistance œcuménique de Mgr De Smedt au cours de la première période? Bien évidemment par son appartenance au Secrétariat pour l'unité dès septembre 1960. Notons cependant que, peu de temps avant sa nomination à ladite commission, l'évêque de Bruges avait publié une lettre pastorale sur l'œcuménisme: le sujet n'était donc pas tout à fait neuf pour lui[37].

Conclusion

Nous avons choisi, dans l'épiscopat belge, les trois évêques qui émergeaient, par une certaine ouverture à la 'nouveauté', dès la consultation de 1959[38]. Peut-être pouvait-on s'attendre à ne pas observer une évolution notable.

Il faut cependant souligner une fois de plus combien l'événement conciliaire lui-même (non seulement les assises dans la basilique vaticane, mais aussi l'interaction entre évêques et experts) a façonné les Pères[39].

37. Cf. *supra*, note 4. Selon le témoignage du chanoine Aubert, Mgr De Smedt était alors sensible au problème de la liberté religieuse, car il y voyait un moyen de renforcer la lutte des religions contre le communisme, cf. entretien de Cl. Soetens avec R. Aubert, du 20.11.1987 (notes écrites consultables au Centre *Lumen Gentium* précité).

38. Au terme de son enquête sur les *vota* 'belges', Cl. Soetens peut conclure que, dès la consultation de 1959, Mgr Charue, surtout au plan théologique, NN. SS. De Smedt et Suenens, sur des aspects plus concrets de l'apostolat, 'ont su sortir du cadre conceptuel et juridique traditionnel pour développer quelques propositions novatrices' (*op. cit.*, p. 50).

39. Dans le cas de Mgr Charue, nous avons cité quelques exemples de cette interaction entre Pères et experts, cf. *supra*, note 33. L'ensemble des évêques belges acquit aussi rapidement une conscience de groupe 'national' à la faveur de plusieurs conditions concrètes: 'Le petit nombre d'évêques avait aussi ses avantages pour la formation rapide d'un esprit vraiment collégial. Il leur permettait de vivre ensemble au Collège belge (NN. SS. Charue et Musty venant y prendre le repas de midi tous les jours), dans une maison qui leur appartenait et où ils se sentaient chez eux, à l'abri également de cette impression d'exil dont souffraient de nombreux évêques à mesure que se prolongeaient les assises. Ils pouvaient d'ailleurs communiquer facilement avec leurs diocèses. En outre, ils se connaissaient tous personnellement, plusieurs ayant été compagnons d'études dans la maison (en même temps que Mgr Philips). Si l'on pense à la dispersion de nombreux épiscopats dans les hôtels, couvents et maisons d'accueil romains et à la difficulté qu'ils éprouvaient à se réunir, on appréciera à sa valeur cette commensalité quotidienne, qui permettait la

S'il n'y avait eu les interventions 'libératrices' des cardinaux Liénart et Frings, que serait-il advenu du Concile, et d'abord de la liberté de parole des Pères? Auraient-ils exprimé leurs préoccupations avec la même netteté et la même force? Eussent-ils seulement exprimé les mêmes préoccupations si le Concile était resté 'entre les mains de la Curie'? Autant de questions sans réponse.

Toujours est-il que la conjoncture de liberté des Pères dans leurs débats pouvait entraîner l'enlisement du Concile et que, face à cette situation, le sens pratique d'un cardinal Suenens se mobilisa sur la question capitale de la 'programmation' du travail conciliaire. Il faut se rappeler aussi que, depuis fin 1961 et début 1962, celui-ci était devenu archevêque et cardinal-primat de Belgique; de plus, la confiance de Jean XXIII à son égard ne cessa de se manifester depuis lors. La conjonction de ces deux facteurs a sans doute développé chez le cardinal Suenens la conscience d'un rôle moteur possible au Concile. Dans cette hypothèse, on comprend mieux aussi que l'accent pastoral du *votum* de l'évêque auxiliaire évolue vers une position de leadership du cardinal-archevêque et un intérêt toujours plus marqué de celui-ci pour le bon fonctionnement des débats conciliaires.

Dans une ligne différente, un Mgr Charue, docteur et maître en théologie de Louvain, put, devant des schémas scolastiques, préciser la revendication d'une rédaction authentiquement inspirée de l'Écriture et d'une visée œcuménique.

Enfin, Mgr De Smedt, au nom du Secrétariat pour l'unité, put affirmer toujours davantage l'exigence de l'œcuménisme (avant même l'intervention de l'ordinaire brugeois en date du 19 novembre, rappelons-le, le pape avait assimilé le Secrétariat à une commission conciliaire, lui permettant ainsi de présenter des schémas, et l'avait chargé de fournir son aide pour une rédaction œcuménique de l'ensemble des schémas).

Le déroulement libre de l'événement conciliaire permit donc, en termes aristotéliciens, de faire passer à l' *acte* pendant la première

concertation journalière sur les avatars du Concile' (A. PRIGNON, *Évêques et théologiens de Belgique au Concile Vatican II*, notes dactyl. conservées au Centre *Lumen Gentium* précité, p. 12). Sur l'émergence progressive d'une 'squadra belga' (une équipe d'une trentaine d'évêques et de théologiens), notamment à partir de 1963, voir aussi Cl. SOETENS, *La 'squadra belga' au Concile Vatican II*, dans L. COURTOIS - J. PIROTTE (dir.), *Foi, gestes et institutions religieuses aux 19e et 20e siècles* (*Collection Cerfaux-Lefort*, 9), Louvain-la-Neuve, Centre d'Histoire des Religions, 1991, p. 159-172.

période ce qui n'existait souvent qu'en *puissance* ou à l'état de 'vœu' au cours de la phase préparatoire.

LES ÉVÊQUES D'AFRIQUE NOIRE ANCIENNEMENT FRANÇAISE ET LE CONCILE[1]

CLAUDE PRUDHOMME

L'Afrique francophone envisagée ici comprend les anciennes colonies françaises regroupées avant les indépendances dans l'AOF (Côte d'Ivoire, Dahomey, Guinée, Haute-Volta, Mali, Mauritanie, Niger, Sénégal)[2], l'A.E.F. (Centre-Afrique, Congo-Brazzaville, Gabon, Tchad), les territoires placés sous tutelle française ou britannique (Cameroun, Togo) et Madagascar. Ce regroupement masque mal de très grandes disparités, y compris du point de vue de la situation religieuse. Alors que certains pays sont massivement musulmans, tels la Guinée, le Mali, la Mauritanie ou le Niger, d'autres ont connu une christianisation forte puisque les catholiques représentent environ 1/3 de la population au Congo et au Gabon, plus de 20% au Cameroun, à Madagascar, au Togo, près de 10% en Côte d'Ivoire. En outre la christianisation est souvent en progrès rapides parmi les populations non musulmanes et se traduit au début de la décennie 1960 par un fort taux de catéchumènes au Cameroun, en Centre-Afrique, en Côte d'Ivoire et au sud du Tchad.

1. Je remercie pour leurs témoignages, oraux ou écrits, Mgr Veniat, évêque de Fort-Archambault (Tchad), Mgr Hanrion, préfet apostolique de Dapaong (Togo), le père Cancouët, professeur au Grand Séminaire d'Anyama (Côte d'Ivoire), expert-théologien attaché au groupe francophone (officiellement pour Mgr Yago) à partir de le deuxième session du Concile, le père Michel Dujarier, professeur au séminaire de Ouidah (Dahomey), Charles-Raymond Ratongavao qui prépare une thèse sur Mgr Thoyer, archevêque de Fianarantsoa. Les fonctions indiquées sont celles exercées en 1962. Cette étude exploite pour l'essentiel les ressources du centre de documentation des *Œuvres Pontificales Missionnaires* à Lyon: dossiers de presse, collection de journaux africains et malgaches, revues missionnaires.

2. Nous utilisons les noms des pays au moment de l'indépendance. Le Mali correspond à l'ancien Soudan français. Le Dahomey deviendra le Bénin et la Haute-Volta le Burkina-Faso. De même nous employons la dénomination de Congo-Léopoldville.

Un second critère de différenciation, essentiel à une période de décolonisation et d'émergence du sentiment national, est constitué par l'importance très inégale du clergé autochtone. Si la Côte d'Ivoire, le Mali, le Sénégal et le Tchad dépendent pour l'essentiel du personnel missionnaire étranger, dans d'autres cas le clergé africain représente 25% (Cameroun, Gabon) ou 30% du total (Dahomey, Madagascar). Le rapport entre le nombre de catholiques et de prêtres indigènes n'a d'ailleurs rien de mécanique. Le Sénégal ne compte en 1962 que 16 prêtres locaux pour 145 000 catholiques, mais la Haute-Volta 44 pour 131 000, ce qui justifie l'intérêt suscité dans la région par la pratique missionnaire des pères blancs dans ce pays. Enfin l'apparente uniformité des missions catholiques, toutes soumises au contrôle de la Congrégation romaine *De Propaganda fide*, n'a pas empêché la mise en œuvre de pastorales et de formes d'insertion sensiblement différentes selon que les territoires ont été confiés aux spiritains, pères blancs, missions africaines de Lyon, jésuites, pères du Sacré Cœur, pères de la Salette etc.... Il convient donc de ne pas perdre de vue ce contexte extrêmement diversifié pour tenir compte du caractère forcément simplificateur d'une approche globale.

1. L'impact de la convocation du Concile

A priori la convocation d'un concile œcuménique catholique à Rome constitue pour la plupart des pays considérés un événement mineur en regard des préoccupations immédiates engendrées par une conjoncture mouvante. Depuis 1956 et la loi-cadre Defferre, la décolonisation a conduit en moins de cinq années à la constitution d'États indépendants, durant l'année 1960 pour la plupart d'entre eux. Sans avoir la gravité de celle du Congo-Léopoldville, la situation politique reste incertaine comme en témoignent les différents essais avortés de fédération et d'association, ou les tensions intérieures qui prennent au Cameroun en mars 1962 un caractère dramatique avec la mort de 25 prisonniers politiques au cours de leur transfert de Douala à Yaoundé.

Il n'est donc pas étonnant que la convocation du Concile ait essentiellement intéressé les nouvelles élites africaines dans la mesure où elle apparaît une occasion donnée à l'Afrique noire décolonisée de s'affirmer sur la scène internationale. Chez une minorité faible, mais très active, d' intellectuels catholiques et de prêtres, l'annonce du Concile s'inscrit dans le combat pour promouvoir la culture négro-africaine. La revue *Présence africaine* sert de relais à la revendication d'une Église vraiment africaine que réclamaient dès 1956 plusieurs prêtres noirs, dans un ouvrage préfacé par Mgr Lefebvre et appelé à une large retentissement: *Des prêtres noirs s'interrogent*[3]. L'écho rencontré en 1961 par l'étude du missionnaire spiritain Henri Gavrand, *Visage africain de l'Église*[4], confirme la montée de cette préoccupation. Profitant de la conjoncture et de la concentration à Rome de séminaristes venus de toute l'Afrique, la Société Africaine de Culture (SAC), dont le secrétaire est A. Diop, organise un colloque panafricain. Celui-ci réunit du 25 au 28 mai 1962 une quarantaine de participants, clercs et laïcs, anglophones, francophones, italianophones, venus de France, de Belgique et bien sûr de Rome. L'abbé Martin Nkamgang en rend largement compte dans *l'Effort camerounais* sous le titre 'L'Afrique à l'heure du Concile' et annonce la parution de 'Cahiers des vœux africains pour le Concile'[5]. Il en résume ainsi les conclusions:

> 'Au terme de nos travaux, après avoir confessé d'une part notre indéfectible Unité dans la foi catholique et d'autre part notre fidélité intégrale à l'Afrique, le colloque s'est attaché à affirmer le fait de la personnalité et de la culture africaine propres; à souligner comme condition de vie ou de mort pour l'Église, la nécessité de reconnaître et de respecter cette personnalité, et cette culture africaine propres, tant dans l'expression de ses dogmes et l'enseignement de la doctrine chrétienne que dans sa liturgie, sa spiritualité, ses formes de piété, ses institutions et son style de vie dans le monde... Bref, de reconsidérer l'Afrique avec une optique africaine afin d'y incarner le pur ferment du christianisme décanté de toutes scories et de toutes les marques d'une histoire et d'une philosophie somme toute étrangères à l'Afrique.'[6]

Il n'en resta pas moins que, pour la masse du clergé et des fidèles, la convocation du Concile n'a entraîné aucune mobilisation. Dans une Église au fonctionnement très vertical et descendant, l'information de la base est strictement dépendante du clergé. Quelques interventions à la radio sont bien effectuées, par exemple à Madagascar et au Daho-

3. *Des prêtres noirs s'interrogent* par A. ABBLE, J.C. BAJEUX, J. BALA, G. BISSAINTHE, R. DOSSEH, M. HEBGA, A. KAGAME, V. MULAGO, P. ONDIA, J. PARISOT, R. SASTRE, J. THIAM, E. VERDIEU. Ouvrage publié sous la direction de *Présence africaine*, Paris, Cerf, 1956, 281 p.

4. Henri GAVRAND, *Visage africain de l'Église*, Paris, Orante, 1961,

5. Ces vœux seront publiés sous le titre *Personnalité africaine et catholique* (*Informations catholiques internationales* 187, 1963, 18). On y trouve des articles signés M. Ela, M. Hebga, G. Ngango, J.B. Obama, P. Tchouanga, R. Sastre. Cf. Georges CONUS, *La préparation du Concile*, in *Neue Zeitschrift für Missionswissenschaft*, 30, 1974/4, p. 246-249.

6. *L'Effort camerounais*, 24 juin 1962, n° 345. Dans le même numéro, deux pages sont consacrées aux 'témoins de la négritude'.

mey, mais elles rencontrent une audience forcément très limitée. Le rôle de la presse catholique, très dynamique malgré la faiblesse de ses moyens et les difficultés de diffusion, permet aussi d'atteindre un public plus large que celui des frontières confessionnelles. *Afrique nouvelle* (Dakar), *la Semaine africaine* (Brazzaville), *l'Effort camerounais, Lumière* (Madagascar)[7] informent régulièrement leurs lecteurs de la préparation du Concile, sans insistance car les enjeux sont encore difficiles à saisir et la phase préliminaire ne laisse guère filtrer d'informations susceptibles de provoquer un intérêt particulier en Afrique noire. La nomination de quatre archevêques pour représenter l'épiscopat africain d'expression française à la commission centrale apparaît comme une mesure surtout diplomatique et symbolique car elle n'en fait pas de véritables acteurs dans cette phase préparatoire: ce sont Mgr Lefebvre (Dakar, spiritain), Bernard (Brazzaville, spiritain), Rakotomalala (Tananarive, séculier), Yago (Abidjan, séculier). Absorbés par les problèmes du moment, notamment en personnel et en ressources financières, les évêques n'ont guère le temps de se pencher sur la masse de documents qui arrivent de Rome et se contentent de quelques consultations informelles auprès de leur clergé afin de rédiger leurs réponses au questionnaire romain sur leurs 'vœux' (vota).

La seconde donnée déterminante pour comprendre les réactions africaines réside dans l'accélération très nette du processus de passation des pouvoirs entre missionnaires et clergé autochtone. L'équilibre rigoureux observé ci-dessus dans la nomination d'archevêques missionnaires et autochtones est en effet un signe supplémentaire de la volonté d'africanisation en douceur affichée par la papauté depuis 1955. L'érection de la hiérarchie n'impliquait par elle-même aucune indigénisation mais elle manifestait clairement que les missions avaient atteint l'âge adulte aux yeux de la *Propaganda fide*. La promotion de quatre prêtres africains à l'épiscopat, notamment en qualité d'auxiliaires des archevêques de Cotonou (Gantin) et Yaoundé (Etoga), confirme cette tendance dès 1956. Le cycle des indépendances entraîne à partir de 1958 une seconde vague de nominations en même temps que le redécoupage des délégations apostoliques. Mgr Maury à Dakar, Mgr Pignedoli à Lagos et Mgr Pirozzi à Tananarive sont les instruments actifs

7. *Afrique nouvelle* avait été créé en 1947 par les évêques missionnaires d'A.O.F. qui confièrent la direction aux pères blancs. L'hebdomadaire exerce une influence considérable jusqu'au début des années 1960 bien que son tirage n'ait jamais dépassé 18 000 exemplaires (1958) et qu'il soit peu à peu concurrencé par le lancement de la *Semaine africaine* et de *l'Effort camerounais*. Le tirage de ces derniers, comme celui de *Lumière*, se stabilise autour de 3 500 à 5 000 exemplaires.

d'une politique qui conduit trois prêtres indigènes relativement jeunes sur des sièges archiépiscopaux: Bernard Yago, 44 ans à Abidjan, Paul Zoungrana, père blanc, 43 ans, à Ouagadougou et Jérôme Rakotomalala, 46 ans, à Tananarive. Il faut y ajouter la promotion à l'archiépiscopat de l'auxiliaire Bernard Gantin (Cotonou), la nomination d'un évêque résident titulaire et d'un évêque auxiliaire à Madagascar.

À la veille de la première session du Concile, le mouvement s'amplifie encore en 1961 et surtout en 1962 avec une, puis quatre nouvelles nominations d'archevêques africains: Jean-Baptiste Zoa, 37 ans, à Yaoundé; Hyacinthe Thiandoum, 41 ans, à Dakar; Robert Dosseh, 37 ans, à Lomé; Raymond Tchidimbo, spiritain, 42 ans, à Conakry; Luc Sangaré, 37 ans, à Bamako. Le geste est d'autant plus significatif que la part du clergé africain est généralement très minoritaire; elle n'a pas empêché de procéder à une africanisation de la majorité des archevêchés, notamment les plus prestigieux, sans compter la présence d'évêques auxiliaires indigènes à côté des archevêques missionnaires à Brazzaville (Théophile Mbemba, 1961, 44 ans) et à Libreville (François Ndong, 1961, 55 ans). Le caractère volontariste de l'opération est encore souligné par la décision d'envoyer en France les anciens titulaires dont la présence aurait pu être embarrassante sur le sol africain. Mgr Lefebvre est ainsi nommé à Tulle. D'autres prennent leur retraite, tel Mgr Graffin ancien archevêque de Yaoundé, mais, même dans ce cas de figure, ils sont invités par Rome à quitter le pays, de gré ou de force comme le laisse clairement entendre Mgr Strebler en juin 1962:

> 'Après avoir passé la houlette pastorale à son Exc. Mgr Dosseh, j'aurais aimé rester au Togo, où – retiré à Noépé, près du noviciat de religieuses africaines que j'ai fondé – je pensais pouvoir écrire, ayant tous les documents à proximité, un livre en français sur l'histoire de l'Église togolaise. Mais j'ai reçu l'ordre de me rendre à Rome... Un évêque est, lui aussi, un soldat. Il doit obéir, même à 70 ans. J'obéis donc et avec le sourire. Cependant, j'espère qu'après le Concile de Vatican II il me sera permis de revenir...'[8]

Cette dernière remarque met en évidence la volonté pontificale de mettre à profit l'accession à l'indépendance et la convocation du Concile pour promouvoir le clergé africain et malgache, et lui permettre d'assumer pleinement ses nouvelles responsabilités. Pratiquement absents des travaux préparatoires, pour beaucoup d'entre eux nommés quelques semaines ou quelques mois avant l'ouverture du Concile, les représentants africains francophones se voyaient néanmoins mis en

8. Agence *Fides*, 1962, 4 juillet, p. 406.

avant par les instances romaines. Celles-ci n'avaient d'ailleurs aucune raison de redouter de jeunes évêques formés depuis leur jeunesse dans le respect et l'admiration du centre de la catholicité.

L'africanisation des clergés des jeunes Églises apparaît finalement comme l'élément dominant de la situation au début de 1962. Mais il s'agit plus d'une africanisation des hommes que des manières de penser et de faire, même si quelques intellectuels influencés par les débats autour de la négritude posent les questions en des termes plus radicaux. La priorité est plus que jamais donnée à la formation des prêtres pour laquelle un gros effort est consenti en matière de séminaires. Bien que le nombre de missionnaires ait continué d'augmenter en 1961, le mot d'ordre général est à la mobilisation car l'Afrique noire décolonisée semble à un tournant qu'il ne faut pas rater. Plusieurs responsables missionnaires en viennent même à proposer de décréter un véritable état d'urgence pour réunir les moyens matériels et le personnel nécessaires à la victoire dans la course de vitesse engagée face à l'Islam, au communisme, et plus discrètement aux confessions protestantes. Cet état d'esprit est particulièrement sensible au sein de l'épiscopat malgache, que ce soit dans le diaire personnel de Mgr Thoyer, archevêque jésuite de Fianarantsoa[9], les conférences publiques de Mgr Rakotomalala, venu en Europe pour 'appeler à l'aide', ou de Mgr Sartre son prédécesseur sur le siège de Tananarive.

Les Églises africaines francophones sont ainsi parcourues par deux aspirations qui introduisent une dialectique aux effets imprévisibles. La volonté d'africanisation et d'indépendance s'accompagne d'un appel croissant à l'aide extérieure. Sans doute l'introduction de nouveaux collaborateurs occidentaux devra s'effectuer sous la direction d'une hiérarchie en voie d'indigénisation. Mais l'arrivée d'un nouveau type de prêtres, formés en dehors des congrégations missionnaires, conformément à l'encyclique *Fidei donum* de Pie XII (1957), l'appel à des laïcs, le plus souvent jeunes, au titre de la coopération, le choix de sulpiciens ou d'eudistes pour diriger les nouveaux séminaires et assurer la formation théologique, ne pouvaient rester sans effet sur l'évolution des Églises locales. Ces données nouvelles constituaient des facteurs favorables pour ouvrir aux influences extérieures les chrétientés africaines, les mettre en mouvement et les intégrer davantage à l'évolution de l'ensemble du catholicisme.

9. Archives privées.

2. *Un épiscopat entre passé et avenir*

– Un épiscopat qui reste majoritairement issu des sociétés missionnaires françaises.

Au moment où s'ouvre la première session conciliaire à l'automne 1962, l'épiscopat africain des anciennes colonies françaises est loin de former un bloc homogène. Les nominations d'archevêques et d'évêques africains sont trop récentes pour avoir permis aux conférences épiscopales régionales d'acquérir cohésion et personnalité. La composition de la représentation de l'Afrique francophone reflète parfaitement ce moment charnière où cohabitent à la tête des Églises les héritiers de la structure missionnaire et les acteurs de l'africanisation. Le premier trait se traduit par la prépondérance des évêques missionnaires d'origine française, une trentaine pour l'Afrique noire, 14 pour Madagascar. La congrégation la mieux représentée est celle des spiritains (13 dont un Africain, Mgr Tchidimbo), avec pour centres de gravité Dakar et Brazzaville. Moins nombreux, les 6 pères blancs (dont un Africain, Mgr Zoungrana) semblent constituer le groupe le plus uni, à l'image de l'épiscopat de Haute-Volta. Celui-ci se distingue par des déclarations et des prises de position collectives qui mettent en avant la nécessité de l'africanisation, de réponses adaptées aux transformations en cours, d'une vigoureuse action inspirée de la doctrine sociale catholique. Ce sont les thèmes majeurs développés dans un long document d'une centaine de pages destiné aux catholiques de Haute-Volta à l'ouverture du Concile. Les jésuites, présents au Tchad et surtout à Madagascar, s'en remettent à leurs provinces respectives pour préparer la session et obtenir l'assistance de théologiens. Quant aux autres congrégations missionnaires, pères des missions africaines de Lyon, du Sacré-Cœur, de la Salette, montfortains, capucins, elles évitent toute démonstration de force et intervention qui paraîtraient s'opposer à l'africanisation.

Les évêques arrivent à Rome partagés entre l'inquiétude que suscitent les incertitudes de l'avenir et les espoirs d'inaugurer une nouvelle avancée. Les principales revues missionnaires se font le miroir de cette double approche. Si *Vivante Afrique* intitule son numéro spécial de mars-avril 1962, 'l'impasse', sous le choc des graves événements qui se déroulent au Congo ex-belge, la revue des pères blancs veut surtout alerter l'opinion sur les mesures à prendre pour éviter cette impasse. Elle préconise une authentique catholicité qui suppose une incarnation plus profonde du Christ à l'âme noire, un clergé autochtone pleinement responsable, un 'laïcat foncièrement engagé, des missionnaires plus dépouillés et deux fois plus nombreux'. *Spiritus* incite elle aussi ses lecteurs en juin 1962 à découvrir et parcourir les 'voies nouvelles' qui s'ouvrent pour une seconde Pentecôte. Placé sous le patronage du message de Noël de Jean XXIII ('ce Concile manifestera la vie et la jeunesse de l'Église notre mère, toujours présente aux événements et parée à chaque siècle qui vient d'une beauté nouvelle'), le numéro est organisé autour des formes de renouveau de la mission 'dans l'Esprit Saint'.

Peut-on aller plus loin, à partir de notre documentation, dans la connaissance des dispositions des futurs pères conciliaires? L'examen des *vota*, bien qu'ils soient alors anciens de trois années, fournit une première série d'indices d'où émergent quelques souhaits[10]. L'aspiration la plus commune concerne, sous différentes formulations, l'assouplissement des contrôles et des contraintes imposées par le centre romain. Décentralisation au profit des évêques, dans la ligne des décisions prises par la congrégation des rites, adaptation aux réalités locales de la liturgie et de la catéchèse, retouches d'un droit canon parfois inapplicable, telles sont les propositions qui reviennent dans la majorité des textes. Rares sont cependant les évêques missionnaires qui accompagnent leurs observations d'une réflexion théologique, à l'exemple de Mgr Durrieu (Ouahigouya, Haute-Volta) auteur d'un véritable petit traité sur la théologie de l'épiscopat et sur l'unité de l'Église (qui n'est pas l'uniformité). La plupart des rapports se contentent de juxtaposer des souhaits très concrets, dominés par un souci pastoral à court terme, avec parfois la demande d'éclaircissements sur des points de doctrine devenus obscurs[11]. À peu près tous insistent sur l'urgence de faire connaître et mettre en œuvre la doctrine sociale face au communisme. Parfois enfin émerge une préoccupation œcuménique, favorisée par les premières interprétations de l'annonce du Concile, en particulier à Madagascar. Mgr Durrieu fait encore exception quand il développe un point de vue très critique à l'égard du fonctionnement de la Curie et réclame sa décentralisation et son internationalisation[12]. Ses

10. *Acta et documenta Concilio œcumenico Vaticano II apparando. Consilia et Vota Episcoporum ac Prælatorum. Series I, vol. II, Pars V: Africa.*

11. Ainsi Mgr Sartre à propos des limbes (*ibid.*, p. 297). La question est loin d'être secondaire dans la mesure où elle met en jeu le baptême des jeunes enfants à l'article de la mort, pratique qui a connu dans les missions une impressionnante extension.

12. 'Il est incontestable que la puissance, le prestige et le rayonnement du Saint-Siège se sont heureusement développés au cours de ce dernier siècle...Il est un revers à ce beau côté de la médaille. C'est que le Saint-Siège n'a pas suivi le mouvement dit de 'modernisation', a continué à travailler comme dans le passé, malgré

observations sur les évêques missionnaires, a fortiori autochtones, qui ne trouvent pas à Rome des interlocuteurs capables de comprendre leurs problèmes, expriment un sentiment que les missionnaires pères blancs de Haute-Volta ne sont pas seuls à éprouver. Surtout l'aspiration à revaloriser l'épiscopat et à lui laisser une plus grande marge de manœuvre, sans avoir à consulter les congrégations romaines, revient dans de nombreux *vota*[13].

Aucun leader ne se dégage de cet ensemble; pas davantage un plan concerté de propositions ou de questions élaboré au sein des congrégations. Au contraire l'accord semble se faire parmi les sociétés missionnaires en cet automne 1962 pour laisser les jeunes archevêques et évêques africains occuper le devant de la scène. Le Concile est l'occasion d'accélérer et manifester publiquement le passage des pouvoirs au profit du clergé autochtone. L'Église missionnaire veut montrer qu'elle ne subit pas le cours de l'histoire et collabore activement à la promotion des africains.

– Seize évêques africains et malgaches en quête d'affirmation.

S'ils sont encore peu nombreux, treize africains et trois malgaches, les évêques autochtones occupent désormais les postes clés. Ils ont autour de 40 ans et appartiennent à la génération qui assume l'indépendance après l'avoir revendiquée. Rome a appliqué dans ses nominations des règles éprouvées. À l'exception de ceux de Tananarive et Conakry, tous les nouveaux archevêques ont obtenu des grades en théologie à Rome, à la 'Grégorienne' ou à 'l'Urbaniana' (Gantin, Zoungrana, Thiandoum, Sangaré, Zoa, Dosseh). Outre les études de théologie, plusieurs ont suivi des formations en droit canon (Gantin, Zoungrana) ou en sciences sociales à l'Institut catholique de Paris (Zoa, Zoungrana). Ils connaissent donc souvent beaucoup mieux Rome que les évê-

les développements des Églises, continuant à tout tenir en mains pour mieux préserver la foi, assurer la discipline, lutter contre tous les abus...et si, surtout depuis le Concile du Vatican, l'autorité du Souverain Pontife et la dévotion à sa personne se sont grandement développés, il en a été tout autrement par rapport à l'Épiscopat et à l'Évêque. Nous étudions cette question en un mémoire à part; ici nous manifestons notre vœu d'une réelle décentralisation à l'échelle du monde actuel et d'autant plus que le personnel au service du Saint-Siège à Rome, n'a pas les possibilités de saisir les situations pastorales si diverses et si complexes des différents pays' (*ibid.* p. 63).

13. Habituellement dans une formulation prudente et pour un domaine bien circonscrit: 'il y aurait avantage à ce qu'un peu de liberté fût laissé aux chefs des Diocèses pour tout ce qui est pratiques du culte à instaurer en fonction de besoins particuliers' (Mgr Thoyer, archevêque de Fianarantsoa, au nom de la province ecclésiastique, *ibid.* p. 190).

ques missionnaires et offrent toutes les garanties en matière d'orthodoxie et de prudence pastorale.

Les idées qu'ils expriment à la veille du Concile n'apparaissent d'ailleurs pas spécialement 'avancées'. Ceux qui étaient déjà évêques en 1959, et avaient eu la possibilité de rédiger des *vota*, s'étaient alors contentés de quelques observations pratico-pratiques (Mongo, Etoga), ou avaient développé une théologie de l'Église très classique, insistant seulement sur la mise en valeur de son caractère communautaire et de la doctrine sociale contre le communisme (Gantin). À la veille du Concile, les nouveaux promus manifestent la même prudence dans les interviews qu'ils accordent et les déclarations qu'ils rédigent. S'inspirant du message de Jean XXIII, les uns et les autres insistent sur la caractère pastoral du Concile qui ne changera aucune vérité enseignée mais procédera à une sorte de vaste révision de vie débouchant sur un *aggiornamento* de la législation, de la liturgie et des méthodes d'évangélisation[14]. Quand la question de l'adaptation est posée, elle suscite des réponses évasives et nettement en retrait sur les positions des partisans de la négritude[15]. L'éventualité de supprimer l'obligation du célibat pour les prêtres et d'instituer un diaconat pour laïcs mariés est écartée comme une sorte d'affront aux capacités des Africains à accepter la discipline de l'Église latine[16]. Seul l'objectif de l'africanisation

14. La lettre pastorale de Mgr Yago, archevêque d'Abidjan, se réclame explicitement de Jean XXIII pour expliquer la nécessité de prendre en compte les mutations du monde de 1962. 'L'Église, plantée par Dieu au cœur de notre société humaine en partage les angoisses comme les espoirs, car elle a pour mission d'écouter les appels du monde et d'y répondre en proclamant le Message de Jésus. Rappeler aux hommes de notre temps, à l'aide de mots qu'il puisse comprendre et dans les conditions concrètes où ils vivent, qu'il n'y a qu'un Sauveur: Jésus-Christ, telle est l'intention du Concile. Le Concile ne se contentera pas de déclarations car il n'est pas un congrès de professeurs mais une assemblée de pasteurs. Il appellera tous les hommes à une transformation radicale de leur vie'.

15. Cf. l'interview de Mgr Gantin, archevêque de Cotonou, pour la *France catholique,* texte repris dans la *Semaine africaine* du 18 au 25 octobre 1962: 'C'est aux Africains eux-mêmes à dire ce qu'ils sont, ce qu'ils ont comme valeurs, possibilités, richesses propres, afin de laisser passage aux avenues de l'Église. Celle-ci doit se montrer maternelle dans ses lois futures, disciplinaires, liturgiques ou autres, de façon à permettre à ses nouveaux fils de la reconnaître et de s'attacher à elle. Mais les Africains ne souhaitent pas avoir une religion, une expression religieuse où les autres se sentent étrangers. Ils sont hospitaliers'.

16. *Ibid.*: 'Je n'ai aucune expérience précise ni juste du poids du célibat en Europe. Mais je sais que le célibat religieux en Afrique est en général bien honoré, quand on sait quel passé pèse sur la jeunesse actuelle, quelle force représente encore la mentalité païenne pour qui la vie est appelée nécessairement à se propager par la

des responsables, 'l'idée d'une hiérarchie africaine à part entière'[17] entraîne des prises de position plus offensives. Pour le reste les lettres adressées aux fidèles par les évêques africains ne sont pas marqués par une tonalité spécifique. Elles évoquent l'originalité de l'Afrique noire dans des termes généraux où les appels à l'unité l'emportent sur l'affirmation des différences.[18] La promotion du clergé africain n'apparaît donc pas, à la veille du Concile, un facteur potentiel de contestation, d'autant que ses représentants expriment volontiers leur attachement à la recherche du consensus, proclamé valeur traditionnelle africaine. En ce qui concerne les réformes liturgiques commandées par l'adaptation, ils penchent souvent pour la conservation des usages car ils refusent des concessions qui sembleraient pérenniser la marginalisation des Africains et sanctionner leur incapacité à se soumettre à la loi commune.

3. À l'approche du Concile des signes convergents de mise en mouvement

Si les passions ne sont pas déchaînées par la perspective de la première session conciliaire, il est possible d'apercevoir une certaine évolution des points de vue dans les mois qui précèdent l'arrivée des Pères à Rome. Mgr Sartre, seul (ancien) évêque francophone d'Afrique et de Madagascar à avoir été nommé membre de la commission préparatoire des missions, trace un tableau suggestif de l'état des esprits 'à la veille du Concile'. Dans une conférence prononcée aux Facultés catholiques de Lyon pour la chaire de missiologie, il explique pourquoi les milieux missionnaires commencent à se mobiliser. 'Les premiers

procréation physique. Le célibat des prêtres devra être maintenu, et même raffermi. L'égalité des races jusque-là aura à se démontrer. C'est par la grâce de Dieu que cela est possible. La question du diaconat ne me semble pas mûre partout'.

17. *Ibid.* 'Le clergé et les élites de nos pays ont été très sensibles à la nomination des évêques de leur race. C'est de la part de l'Église la meilleure preuve de sa pensée sur l'égalité des races. L'incapacité des Noirs, cette légende aussi vieille qu'humiliante, est désormais démontrée comme fausse. L'idée d'une hiérarchie africaine 'à part entière' est bien dans le désir de ceux qui réfléchissent à la situation et au destin de l'Église chez nous...Un organisme reliant les évêques entre eux et renforçant leurs pouvoirs est certainement dans le vœu des élites africaines'.

18. Cf. *Afrique nouvelle,* 19 au 25 octobre 1962, n° 793, 'Nos prélats et le Concile'. Lettres aux fidèles de Mgr Yago, archevêque d'Abidjan; Thiandoum, archevêque de Dakar; Dosseh, archevêque de Lomé; lettre collective de l'épiscopat de Haute-Volta...

discours officiels sur le Concile ne touchaient guère les missions. Le problème de l'unité était à l'avant-plan. Le projet de réforme canonique, de mise à jour, de rajeunissement de l'Église, prenait une place de plus en plus grande. L'aspect particulier de la pastorale missionnaire demeurait réellement à l'arrière-plan. Ainsi la réflexion des évêques missionnaires manquait-elle encore d'amorce précise et de stimulant'. Peu à peu cependant la perspective du Concile contribue à faire surgir localement des discussions. 'L'an dernier, en Afrique, à Ouagadougou, dans le voisinage de Niamey, et ailleurs, à Madagascar, j'ai remarqué partout que les échanges d'idées à propos du Concile passionnaient les esprits Ils faisaient jaillir des réflexions nombreuses, parfois inattendues, chez les jeunes, comme chez les adultes, chez les autochtones comme chez les européens'.

Mgr Sartre résume l'attente des missions par rapport au Concile par 'la volonté d'ouvrir les portes et les fenêtres de l'Église sur le vaste univers'. Cela implique d'adapter la législation universelle aux conditions locales (jeûne, obligation dominicale, liturgie, langues vernaculaires), parfois de mettre fin à une législation aberrante qui prévoit un bréviaire... d'hiver ou ignore que le clergé des missions vit en communauté. Plus surprenant, l'ancien archevêque de Tananarive souligne que ces adaptations nécessaires ne suffisent pas et conclut 'les missionnaires attendent davantage. Ils attendent du Concile un changement profond dans l'attitude générale de la hiérarchie'.[19]

On voit ainsi s'esquisser un certain consensus pour penser que le Concile constitue une chance offerte aux missions en général, à l'Afrique en particulier, d'attirer l'attention des Églises mères sur leurs problèmes et d'obtenir une plus grande adaptation à leur milieu. Tout cela ne constitue pas un programme mais traduit une aspiration à quelques changements qui amélioreront l'efficacité pastorale, ce que Mgr Sartre appelle 'rendre plus efficace l'enseignement, le culte, le travail des pasteurs et des fidèles'.[20]

Ces perspectives restent très générales et s'accordent sans difficulté avec la priorité donnée à l'action sociale et la rénovation de la catéchèse entreprise par les conférences épiscopales d'Afrique occidentale et équatoriale. Mais cela confirme que les épiscopats d'Afrique francophone et de Madagascar sont, sur l'essentiel, en consonance avec les grandes orientations de l'épiscopat français. De part et d'autre on se

19. Mgr SARTRE, 'Les missions dans l'attente du Concile', *Missions catholiques*, juillet 1963, p. 155-172.
20. *Ibid*. p. 161.

soucie beaucoup d'Action catholique spécialisée, de formation sacerdotale, d'adaptation de la catéchèse, d'autant que la circulation des hommes favorise celle des idées. Le 17 août 1962 Mgr Pignedoli, délégué apostolique pour l'Afrique Centre-occidentale, réunit les ordinaires du Cameroun et de l'Afrique équatoriale d'expression française pour examiner la formation des prêtres, l'adaptation de l'enseignement catholique, les questions posées par le cinéma et développer l'Action catholique en milieu rural[21]. Le 6 août 1962, Mgr Gantin préside à Ouidah la première session de la Commission épiscopale de l'Ouest africain pour la catéchèse, la pastorale et la liturgie, sous la direction du chanoine Brien, directeur de l'Institut catéchétique de Paris, et de son adjoint l'abbé Orchampt[22]. Du 28 au 30 août se tient le premier congrès de l'Action catholique des familles d'Afrique occidentale et équatoriale en présence du délégué apostolique, Mgr Maury, de Mgr Gantin et de Mgr Yago qui déclare: 'L'Église n'est pas assez présente dans le monde des adultes'[23]. Parallèlement les stages de jeunes clercs africains pour suivre des sessions de formation en France auprès de l'Institut catholique ou du Secrétariat social d'outre-mer se multiplient.

En somme des cercles réduits mais actifs entretiennent et développent peu à peu un climat favorable à la discussion et à l'initiative. Mais personne ne saurait évidemment imaginer l'ampleur des débats conciliaires, et les propositions pratiques en matière d'adaptation restent très prudentes dans les déclarations publiques. Et l'agence *Fides* exprime sans doute un point de vue largement majoritaire en Afrique francophone quand elle résume à sa manière les espoirs des missions à l'égard du Concile:

> 'Ces vœux (adaptation et renouvellement) regardent de façon toute particulière les territoires de mission où le climat, le tempérament et les coutumes des populations composent une ambiance toute différente de celle de nos pays chrétiens. On peut donc être assuré que du Concile sortiront des règlements et directives propres à assurer une actuation réelle et pratique des principes de l'adaptation, de manière à faire apparaître que l'Église n'est ni étrangère, ni hostile à des éléments particuliers que chaque peuple conserve avec une piété jalouse et une légitime fierté; et qu'il considère comme son patrimoine inaliénable'.[24]

21. Agence *Fides*, 17/01/1962.
22. Agence *Fides*, 25/08/1962.
23. Agence *Fides*, 12/09/1962.
24. Agence *Fides*, 10/09/1962.

L'Afrique francophone ne paraît pas faire exception à cette vision qui continue à appréhender l'adaptation comme une entreprise décidée au sommet, encadrée par des règles précises et diffusée de haut en bas.

4. La dynamique conciliaire: 'Comment l'Afrique s'est solidarisée'[25]

Dans sa série d'articles consacrés à 'L'Église d'Afrique au Concile Vatican II'[26], Georges Conus souligne la nouveauté de la présence de l'Afrique noire à un Concile œcuménique et la nécessité pour ses représentants de s'unir afin de faire entendre leur voix face à 'l'énorme masse de prélats venus d'Europe et d'Amérique, parmi lesquels se trouvent bon nombre de théologiens bien connus'. De fait les observateurs furent frappés par l'organisation précoce et efficace que mirent en place les Pères venus d'Afrique. Dès le 25 novembre, le père M.D. Chenu, d'autant mieux placé pour apprécier le phénomène qu'il devait à l'évêque d'Antsirabé, Mgr Rolland, sa présence au Concile en qualité d'expert, voyait dans ce comportement un modèle pour l'ensemble de l'Église, le passage d'un ensemble d'individus rassemblés en un même lieu à une véritable communauté qui assurait 'la promotion intérieure de chacun des participants'. Ainsi naissait une autre manière d'être en Église car 'l'Église n'est pas seulement une société dont l'unité se fait par en haut dans la dépendance d'une autorité, et où chacun des évêques ne rencontre vraiment son voisin que par les impératifs du sommet; elle est une communauté, où les solidarités horizontales sont la musculature et la chair vive du Corps unique de l'Église'[27].

La dynamique, née du rassemblement à Rome plus que d'un plan, conduit à mettre en place dès les premiers jours une organisation dont Mgr Dalmais, archevêque jésuite de Fort-Lamy (Tchad) donne une image très structurée. 'L'organisation du groupe Afrique-Madagascar, actuellement totalement réalisée, est vraiment excellente. Toute l'Afrique a été divisée en grandes régions, neuf, en tout, qui, du nord au sud, travaillent ensemble les schémas, discutent les motions proposées, et aboutissent à une action commune parlant au nom du continent afri-

25. Titre en forme de programme d'*Afrique nouvelle,* sous la signature d'Abel OUEDRAOGO, 30 novembre-6 décembre 1962, p. 14.

26. *NZM* n° 30, 1974/4 et n° 31 1975/ 1 et 2.

27. M.D. CHENU, Bloc-notes, Rome, 25 novembre 1962. Publié sous le titre 'L'Afrique au Concile' dans *Parole et Mission*, 1960, n° 20, p. 11-18.

cain tout entier, de Madagascar et des Îles'. L'Afrique francophone est rattachée à trois régions:

- l'Afrique occidentale de langue française, président: Mgr B. Gantin (Cotonou).
- l'Afrique équatoriale et le Cameroun, président: Mgr Zoa (Yaoundé).
- Madagascar, Réunion et les autres îles du sud-ouest de l'Océan Indien, Angola, Mozambique, président: Mgr J. Wolff (Diego Suarez).

'En liaison avec ces neuf groupes a été fondé un secrétariat de l'Afrique et de Madagascar, qui a pour président le cardinal Rugambwa et pour secrétaires-directeurs, deux évêques, l'un de langue française (Mgr Zoa) et l'autre de langue anglaise (Mgr Blomjous); ces deux secrétaires-évêques sont assistés d'un secrétaire prêtre: le père Wheeley (père blanc) pour la langue anglaise, et le père Greco (jésuite) pour la langue française.

Un premier travail se fait au niveau des présidents, assistés de quelques spécialistes nommés par chaque commission, et en prenant l'avis de ceux qui ont quelque chose à dire. À ce premier stade de travail, il y a quelquefois des réunions d'information et de discussion (nous en avons déjà eu plusieurs).

Ce premier travail étant fait, et les interventions à faire au Concile ayant été bien précisées, on choisit les 'orateurs' et on prépare au secrétariat les textes des interventions. Ces textes mis au point, on convoque ensuite par groupe (suivant les 9 divisions ci-dessus données) tous les évêques et on leur demande leur avis sur ces textes. Chaque groupe confronte ses résultats. On contacte ensuite les assemblées d'évêques des autres continents qui semblent 'devoir marcher avec nous'... Et finalement, on dépose au secrétariat du Concile les demandes d'interventions.

Toutes les réunions que nous avons eues ainsi ont été du plus haut intérêt. Inutile de vous dire qu'elles vont - pour l'Afrique - dans le sens de ce que nous avons toujours pensé au Tchad'[28].

Cette présentation simplifie quelque peu une réalité plus complexe. Elle omet d'abord de signaler que le troisième regroupement (Sud-Ouest de l'Océan Indien) reposait sur un critère géographique très discutable et devait se révéler peu satisfaisant. Au contraire la distribution appliquée en Afrique noire s'imposait à tous car elle s'inscrivait

28. 'De S.E. Monseigneur DALMAIS. (Rome, le 18 octobre 1962)', *Lettres du Tchad,* Bulletin mensuel, nouvelle série n° 150, décembre 1962.

parfaitement dans la logique des conférences épiscopales régionales francophones et confirmait la volonté de porter à la tête des représentations les archevêques autochtones. Surtout la majorité des témoignages, oraux et écrits, mettent en évidence la part d'improvisation et nuancent le caractère quelque peu bureaucratique et militaire donné par la description du dispositif. Aussi convient-il de partir plus prosaïquement des conditions dans lesquelles les Pères entrent en Concile pour comprendre le mécanisme de regroupement.

Les Pères se trouvaient à Rome, pour la plupart d'entre eux, sur un terrain mal connu. Mais ils expérimentaient aussi une situation inédite car ils étaient émancipés de leurs relais habituels. La congrégation *Propaganda fide*, soupçonnée par certains de vouloir manipuler les évêques missionnaires, se tenait dans une prudente réserve, de même que les délégués apostoliques. Les congrégations elles-mêmes, malgré la présence à Rome de collèges, procures, maisons généralices n'avaient ni la volonté, ni la possibilité de prendre en mains leurs représentants. Dans ces conditions le lieu de résidence devenait un élément essentiel pour la naissance d'une convivialité. Or les évêques d'Afrique occidentale et équatoriale avaient été regroupés, avec quelques prélats d'Europe centrale, dans l'hôtel César Auguste. Il en résultait naturellement l'établissement de liens quotidiens essentiels à la naissance d'un esprit collectif. Le désir exprimé dès les premiers jours par les évêques africains de se regrouper 'pour mieux se connaître et choisir parmi eux des candidats'[29] aux élections dans les commissions exprime aussi une nécessité. La médiation d'un fonctionnaire de la Curie permit de trouver ce lieu de réunion indispensable, Via Traspontina, dans un collège des sœurs dominicaines.

D'autres facteurs matériels jouent également un rôle non négligeable. Ainsi le mode de placement des Pères dans l'aula, par ancienneté, et non par région, favorisait des liens sur une base extra-géographique. En outre les Pères disposaient l'après-midi d'un temps libre auxquels la vie de mission ne les avait guère habitués et qui permettait déplacements, contacts téléphoniques ou directs, réunions. Dès lors que la Curie avait dû accepter de reconnaître aux Pères initiative et liberté d'expression, l'une des premières conséquences mécaniques du Concile était de favoriser une circulation des paroles et des écrits sans précédent dans l'histoire du catholicisme.

29. Propos de Mgr Zoa résumés par Abel OUEDRAOGO dans *Afrique nouvelle, op. cit.*

De ces discussions informelles se dégagent très vite quelques tendances. La plus nette pousse à un rapprochement avec les évêques d'Amérique latine, plus que d'Asie, car les problèmes en matière de pastorale ou de développement paraissaient semblables et l'hypothèse de diacres, voire de prêtres mariés rencontrait un égal intérêt. Pour d'autres la découverte des chrétiens orientaux fut la plus déterminante, et confirmait la possibilité d'introduire dans les missions une certaine diversité par rapport au modèle latin.

5. Passation des pouvoirs aux autochtones et adhésion à la majorité conciliaire

L'impression de liberté ressentie par les Pères ne doit cependant pas occulter que la dynamique de la session imposa peu à peu sa propre logique. Pour les évêques d'Afrique, nous l'avons vu, la valorisation des Africains était un impératif catégorique que concrétise le choix de Mgr Zoa comme secrétaire de l'Afrique d'expression française. De même le choix des candidats présentés aux commissions respecta un strict équilibre et aboutit à l'élection de six évêques d'Afrique, dont trois Africains, auxquels s'ajouteront six membres nommés. Leur présence est surtout importante dans la commission pour les missions où J.B. Zoa, tête de liste obtient le plus grand nombre de suffrages (1403). Il retrouve à ses côtés, outre le Tanzanien Rugambwa, l'Ivoirien B. Yago et l'ancien archevêque de Tananarive J. Sartre qui sera désigné vice-président.

La volonté de passation des pouvoirs prit cependant toute sa force avec l'élection de Mgr Zoa à la tête du secrétariat d'expression française. Ce choix semble s'effectuer avec un large et spontané consensus, tant la personnalité du jeune archevêque de Yaoundé s'était imposée au cours des premières rencontres. Il est vrai que le prélat concentrait un ensemble de qualités et de traits propres à réunir un maximum de suffrages sur sa personne. Né en 1924 au sein de l'importante ethnie Beti, il avait parcouru la formation classique dans le petit et grand séminaire avant d'être envoyé à Rome au Collège de la Propagande pour préparer un doctorat de théologie à la Grégorienne. Rentré en 1952 au Cameroun, il avait exercé un ministère pastoral en milieu rural, puis dans un quartier populaire de Yaoundé où il lança une revue de formation chrétienne au titre symbolique *Nova et Vetera*. Devenu en 1958 directeur des Œuvres, il s'efforça de développer l'Action catholique, participa en septembre 1961 à une session de formation au Secrétariat social d'outre-mer. Parallèlement il poursuivait la publication de brochures qui confirmaient la volonté de concilier action et réflexion à partir des réalités politiques, sociales et culturelles du Cameroun. Ainsi, en 1957, il prend position 'Pour un nationalisme chrétien au Cameroun' et traduit le rituel du baptême en ewondo; en 1958, il traite de 'La dot en Afrique' et propose en 1960 une 'Mystique chrétienne du travail'. Clairement engagé en faveur de la démocratie[30], Jean Zoa s'était enfin signalé par une intervention courageuse peu de temps après son installation sur le siège de Yaoundé. À la suite de la mort de 25 prisonniers politiques au cours de leur transport par train, il décida la lecture d'une note dans toutes les paroisses de la capitale où il annonçait la célébration d'une messe dans la cathédrale[31]. Il incarnait par ses qualités intellectuelles et morales, son action, sa détermination, une génération décidée à prendre en mains l'avenir de l'Afrique. Il représentait aussi pour le catholicisme la garantie d'une liberté d'action exonérée des soupçons de néo-colonialisme.

La promotion des Africains, symbolisée par leur prise de parole au nom de groupes constitués majoritairement d'évêques missionnaires occidentaux, signifie-t-elle pour autant une orientation théologique et pastorale nouvelle ? Nous l'avons dit, la plupart des Pères africains expriment des point de vue modérés sur la plupart des questions liturgiques et disciplinaires débattues au début du Concile. Les interventions au cours de la première session confirment cette impression. Mgr Ramanantoanina demande, au nom de Madagascar et des îles de la région, d'intégrer parmi les experts chargés de réviser les livres liturgiques des connaisseurs de la culture africaine et malgache (Congrégation Générale ou C.G. VI). Mgr Thiandoum souhaite améliorer la participation des fidèles à la liturgie (C.G. VIII) et Mgr Yago une réforme de la récitation du bréviaire au nom de 'plus de 200 évêques d'Afrique' (C.G. XVI). Enfin Mgr Thiandoum réclame au nom de l'Afrique occidentale la participation des préfets apostoliques à la prochaine session car leur absence est ressentie comme une discrimination à l'égard des missions (C.G. XXVI). Ce souhait sera d'ailleurs exaucé.

30. Cf. dans *l'Effort camerounais*: 'Pas de comédie' (sur la démocratie, 25 janvier 1959); 'Je refuse l'idée d'une frontière politique basée sur des critères religieux', 20 août 1961.

31. Le gouvernement camerounais décida d'expulser le père Fertin, directeur du journal. Le conflit confirmait ainsi l'importance d'une africanisation des responsables. Cf. P.N. OSSAMA, *'L'Effort camerounais'*, in *La presse chrétienne du Tiers-monde. Études de cas.* Actes du colloque de Gazzada, 1984, Université Jean Moulin Lyon III, 1983, p. 17-34.

Deux interventions de Mgr Zoa au nom des évêques d'Afrique, de Madagascar et des îles adjacentes permettent cependant de repérer une influence plus spécifiquement africaine. La première vise une intervention musclée de Mgr Van Cauwelaert au nom des évêques d'Afrique noire (C.G. XXI, 17 novembre). Mgr Zoa procède par écrit à une mise au point: 'Le relator, Mgr Van Cauwelaert, n'a pas respecté notre mission et notre volonté. Nous ne reconnaissons que le passage sur la concélébration; le reste, id est: l'introduction et la dernière partie, ne sont pas de nous.' Cette réaction, qui vise la critique des pratiques romaines, jugée inutilement polémique, signifie d'abord l'affirmation de l'autorité de la présidence africaine. Elle révèle ensuite un souci constant d'éviter les affrontements et d'opérer des réformes dans le consensus, selon la mécanique analysée par Philippe Levillain[32]. Cela n'empêche pas les Africains d'adhérer très vite à la majorité conciliaire comme le manifeste le 17 octobre (C.G. XXI), la déclaration solennelle par laquelle Mgr Zoa s'associe aux critiques contre le schéma *de fontibus Revelationis*. Mais il accompagne cette prise de position effectuée au nom du groupe de remarques 'en son nom' dans lesquelles il plaide pour le consensus en matière doctrinale, grâce à la collaboration entre les théologiens des différentes tendances car il juge leurs divergences 'relatives'[33].

En somme la présence des Africains et Malgaches influence les comportements pratiques et collectifs, mais pas les positions théologiques, ni les choix fondamentaux. Il est vrai qu'il n'y a pas alors de théologien africain ou malgache. D'abord parce que beaucoup des représentants de l'Afrique francophone n'étaient pas accompagnés du théologien auquel ils avaient droit, apparemment par ignorance de cette possibilité. En conséquence les quelques experts présents se trouvaient investis d'une réelle influence, tels les pères jésuites Henri Rondet et Gustave Martelet , que le provincial de Lyon avait proposés aux évêques du Tchad Mgr Dalmais et Veniat. Selon ce dernier, le père Martelet devint 'le théologien de hôtel' César Auguste où résidaient les francophones. Un autre jésuite, le père Greco, canoniste, professeur au

32. Philippe LEVILLAIN, *La mécanique politique de Vatican II. La majorité et l'unanimité dans un Concile*. Paris, Beauchesne, 1975, 468 p.

33. Je n'ai pu retrouver aucun témoignage sur la tension apparue entre la Propagande et certains évêques missionnaires, notamment après la mise en circulation, 'par certains évêques africains des anciennes colonies françaises ou belges', d'un rapport proposant de réduire le dicastère à un organisme de collecte de fonds... Cf. Mgr Saverio PAVENTI, 'Étapes de l'élaboration du texte', in *L'activité missionnaire de l'Église*, Unam Sanctam n° 67, Paris, Cerf, 1967, p. 157.

séminaire régional de Tananarive, chargé du secrétariat dans le groupe des évêques africains francophones, tint aussi une place importante[34]. Quant au père Chenu, qui accompagnait Mgr Rolland, il ne joua pas de rôle particulier. Les témoignages insistent plutôt sur l'importance que prirent très vite les conférences organisées à l'intention des Pères, et qui constituèrent un véritable recyclage, une sorte de session de formation à l'écoute des meilleurs spécialistes: M.D. Chenu, Y. Congar, H. de Lubac, J. Daniélou, B. Häring.

Ces conférences constituent sans nul doute un moteur essentiel de la dynamique conciliaire. Elles contribuent puissamment à l'élargissement de la vision des problèmes et au passage de préoccupations pastorales à une réflexion fondamentale sur l'Église. Elles favorisent aussi le rapprochement des points de vue entre africains francophones et épiscopats français ou belge. Les premiers passent d'une sympathie spontanée pour les positions européennes à un appui raisonné contre des schémas jugés théologiquement insuffisants. Les représentants de l'Afrique et de Madagascar entraient ainsi massivement dans le camp du mouvement.

Ce désenclavement et ce déplacement des préoccupations missionnaires constituent un fait essentiel de la première session. Ils étaient vécus pour l'heure comme une expérience de l'universalité et de la modernité du catholicisme. Mais ils comportaient aussi deux difficultés qui n'émergaient pas encore. En premier lieu la nécessité de repenser la mission à l'intérieur de la mission globale de l'Église posait inévitablement la question de la spécificité de la mission *ad extra*. Ensuite le débat restait dominé par des approches occidentales qui, malgré leur volonté de parler aux hommes de leur temps, ne pouvaient pas prendre en compte cette spécificité africaine et malgache aux contours encore très confus et aux aspirations parfois contradictoires.

6. Les effets de retour

Vue d'Afrique, à travers les trois hebdomadaires catholiques d'information générale et la revue *Horizons africains* de l'archevêché de Dakar, la première session du Concile marque la naissance d'un catholicisme vraiment africain[35]. Elle contribue de la sorte à la reconnais-

34. Joseph GRECO était aussi l'auteur d'un manuel: *Vingt-cinq ans de pastorale missionnaire,* Verdun, Imprimerie Saint Paul, 1958.

35. Voir par exemple *L'Effort camerounais,* n° 367, 9 décembre 1962, p. 10. 'L'Afrique au Concile'. Sous une photo de deux évêques africains en conversation, 'l'un blanc et l'autre noir', la légende commente: 'Elle (l'Afrique) y tient une place importante, le continent noir se trouve à la croisée des chemins.' De même *Hori-*

sance de l'Afrique noire sur la scène internationale. Les journaux africains mettent certes en avant l'émergence d'une majorité et la résistance d'une minorité, symbolisée par le cardinal Ottaviani. Mais les titres, les articles, les photos insistent surtout sur la place prise par les évêques africains dans les travaux et les cérémonies, célébrations conférences qui accompagnent le Concile. L'élection de Mgr Zoa prend valeur emblématique d'un catholicisme décolonisé, quitte à 'survaloriser' l'importance objective des interventions africaines. Un nouveau rapport de forces s'établit au niveau symbolique qui tend à poser le catholicisme africain en modèle pour l'indépendance et l'unité de l'Afrique[36] (cf. 'Comment l'Afrique s'est solidarisée').

Cette relecture à partir de l'Afrique a aussi pour résultat de conforter la position des jeunes archevêques et évêques africains dans leurs pays respectifs. La participation au Concile leur donne une légitimité et une respectabilité qui constituent un atout supplémentaire dans une conjoncture incertaine. Utile face aux pouvoirs politiques avec lesquels sont souvent engagées des négociations sur le statut de l'enseignement catholique, voire de l'Église (Guinée), la consolidation de leur autorité contribue aussi à rompre concrètement avec les traditions de dépendance à l'égard des congrégations missionnaires léguées par le *jus commissionis*.

Le cas de Mgr Zoa est là encore particulièrement significatif. La représentativité acquise lui vaut de prononcer une conférence de presse à Rome sur les moyens d'information en Afrique (29 novembre 1962)[37] ou de voir son message de Noël cité par les agences de presse du Vatican et la *Civiltà Cattolica*[38]. Quelques mois plus tard il parlera cette fois devant le congrès des Secrétariats sociaux à Paris[39]. Désor-

zons africains, n° 148, mars 1963, reprend une étude publiée par la revue italienne *Nigrizia* sous le titre 'L'épiscopat africain' et accompagnée de photos des prélats africains (dont les sept archevêques noirs de l'Ouest Africain).

36. Ce que Mgr Tchidimbo appelle le devoir de 'travailler à la construction de l'unité africaine pour permettre à notre continent d'assurer totalement son rôle international' (cité par M.D. CHENU, *op. cit.* p. 13).

37. 'Mgr Zoa parle des moyens de l'information en Afrique', in *Afrique nouvelle,* 30 novembre-6 décembre 1962. 'Tam-tam ou transistors?', in *L'Effort camerounais,* 9 décembre 1962, n° 367. Selon l'hebdomadaire camerounais, les 70 évêques africains présents au Concile mettent au point un plan d'action qu'ils exposeront lors de la deuxième session conciliaire.

38. *Civiltà cattolica,* 1962, p. 445.

39. 'Problèmes d'Église dans un pays en voie de développement', conférence de Mgr Zoa au Congrès des Secrétariats sociaux présidé par le cardinal Feltin (12 mai 1963), in *La Documentation Catholique,* 1963, col. 869-880.

mais son action au Cameroun sert de référence et attire l'attention des journalistes français qui cherchent à apprécier l'impact du Concile en Afrique[40].

Il est beaucoup plus malaisé de déterminer l'impact de la première session sur la vie des Églises locales. Néanmoins la presse et les bulletins locaux montrent un changement dans la nature de l'intérêt. À la veille de la première session, les évêques appelaient leurs diocésains à prier pour la réussite du Concile. Au retour au pays, ils se trouvent porteurs d'un message et d'une expérience qui éveillent la curiosité, suscitent des questions, stimulent les énergies. Des réunions d'information se tiennent un peu partout et donnent parfois naissance à des débats. Le Concile donne ainsi une vigueur nouvelle aux initiatives destinées à rendre le catholicisme présent au cœur des réalités temporelles. Tout en ayant soin de ne rien brusquer, Mgr Zoa prend la tête de cette évolution. Dès son message de Noël 1962, il place l'année à venir sous le signe du Concile en célébrant 'le Noël de l'*aggiornamento*, de la rénovation spirituelle de l'Église et de l'humanité'. Et après avoir invité les fidèles à s'interroger sur leur contribution à la construction du pays et à l'épanouissement des Camerounais, il lance un appel vibrant: 'que nous comprenions tous la grande responsabilité qui nous incombe à nous qui croyons en Jésus-Christ, Verbe fait chair, de le rendre présent par le rayonnement de notre foi lucide et convaincue, par l'efficacité de notre charité engagée et réaliste, par le souci d'objectivité et de compétence dans un monde que nous avons mission de transformer et d'humaniser'.[41]

De fait le diocèse entre alors dans une période *d'aggiornamento* tout en évitant de brusquer l'évolution et de donner l'impression d'une rupture avec le passé. 'On signale beaucoup de changement dans le diocèse de Yaoundé. Il ne s'agit pas, a expliqué Mgr Zoa, de changements proprement dits mais plutôt d'une situation nouvelle en vue d'une plus grande efficacité apostolique; du passage de la notion de paroisse à celle d'une unité plus grande et plus vaste'[42]. Les assemblées plénières des épiscopats nationaux ou régionaux capitaliseront

40. *La Croix* donne en exemple les initiatives prises au Cameroun pour former et promouvoir le laïcat. Le quotidien français souligne notamment le projet de Mgr Zoa de créer un Institut du travail pour la formation économique et sociale (15 janvier 1963).

41. 'De la foi cultuelle à une foi engagée. Message de Noël de Mgr Zoa', in *L'Effort camerounais*, 6 au 12 janvier 1963, p. 11.

42. Centre de documentation O.P.M. Lyon, dossier Cameroun, in *Informations catholiques du Cameroun*, 22 février 1963.

durant l'année 1963 cet effet d'entraînement, à l'image des évêques du Cameroun qui décident de privilégier les séminaires, l'enseignement, l'action catholique et l'action sociale. 'Les évêques rappellent aux chrétiens du Cameroun leur devoir de s'engager dans le travail de l'aménagement d'un monde humain, juste et fraternel avec tous les citoyens du pays. C'est par leur action que l'Église jouera son rôle de ferment et de sel'[43].

L'effervescence observée à Yaoundé est évidemment à mettre en relation avec la personnalité de son archevêque. Elle y a sans doute une ampleur exceptionnelle (amplifiée par la presse?). Mais un peu partout se multiplient les réunions d'information[44]. Le mensuel *Horizons africains* signale l'organisation de nombreuses réunions autour de Mgr Thiandoum dans le diocèse de Dakar à partir du 27 décembre. 'Prêtres, religieuses et laïcs qui avez participé à ces rencontres, l'occasion vous a été donnée de chercher avec votre 'Père au Concile' quelles pourraient être les attitudes pratiques inspirées par les travaux de Vatican II'[45]. L'archevêque définit, avec le même souci de modération que ses confrères africains, les directives de travail définies à partir des schémas conciliaires: participation active à la liturgie, meilleure présentation de l'Évangile dans la catéchèse, œcuménisme, travail en équipes, développement des moyens de communication sociale. Sans aller jusqu'à revendiquer des réponses originales, Mgr Thiandoum invite les catholiques à partir des situations propres à l'Afrique. 'Dans nos églises d'Afrique, particulièrement ouvertes aux valeurs communautaires, quelle importance attachons-nous à la transmission du message aux hommes concrets qui assistent à nos offices?'[46] Le numéro de mars de la revue diocésaine confirme que cette soif d'informations et de discussion n'a pas fait long feu, notamment parmi les laïcs. 'Les nombreuses causeries que j'ai faites dans le diocèse, pour donner mes impressions sur la première session de Vatican II m'ont fait saisir sur le vif, l'intérêt majeur que les laïcs portent aux travaux du Concile. Des questions comme celles-ci: 'Le Concile a-t-il parlé des catéchistes? Le Concile envisage-t-il le mariage des prêtres? Y avait-il des observateurs musulmans au Concile? Quelle place a-t-on fait au laïcat dans les travaux de

43. *Ibid.*, *DIA*, 5-6 mai 1963.

44. 'Au plan local, je n'ai jamais senti une pensée s'exprimant à la base pour remonter par l'évêque jusqu'au Concile. Nous attendions le retour de l'évêque pour l'écouter. Mgr Gantin mit alors en route des causeries sur Cotonou pour informer...' (témoignage du père Michel Dujarier, Abidjan, 7 février 1992).

45. *Horizons africains* n° 147, février 1963, éditorial de Mgr Thiandoum.

46. *Ibid.*

la première session de Vatican II? Quelle sera l'étendue des pouvoirs accordés par le Souverain Pontife aux Conférences épiscopales?...' montrent jusqu'à quel point sont arrivées les investigations de plusieurs de nos fidèles'. Et après s'être réjoui de ces échanges, Mgr Thiandoum insiste sur l'importance des perspectives ouvertes par Vatican II et son impact sur la récente Assemblée provinciale des Ordinaires du Sénégal tenue en février à Ziguinchor[47].

Conclusion

L'importance de la première session de Vatican II ne saurait se mesurer pour l'Afrique noire francophone et Madagascar au nombre d'interventions de ses représentants et à leur apport explicite dans les débats. De ce point de vue, la contribution apparaît secondaire, même si l'appui apporté aux critiques contre le schéma *de fontibus Revelationis* par Mgr Zoa, au nom des évêques d'Afrique, de Madagascar et des îles, contribua efficacement à la formation de la majorité. Aussi convient-il plutôt d'insister sur la place que l'événement occupe d'un point de vue africain et malgache. Il marque en effet une nouvelle étape dans les relations avec les Églises mères en face desquelles les jeunes Églises s'efforcent d'affirmer leur maturité et leur capacité à se prendre en mains. Affirmation d'une personnalité africaine qui ne va pas toujours de soi car, dans le même temps, les épiscopats réclament une aide extérieure accrue. Mgr Tchidimbo évoquera quelques mois plus tard cette difficulté d'harmoniser les deux exigences:

> 'Nous nous souviendrons toujours de la première session de Vatican II. Les évêques africains n'ont jamais été aussi bousculés de leur existence que pendant cette période; ils étaient littéralement assaillis par les responsables des différents mouvements d'Action catholique; nous étions d'emblée devancés dans nos appels ou nos désirs; c'était tout simplement comique...
>
> Et puisque Rome a su faire confiance à ce monde noir en élevant plusieurs de ses enfants à la dignité épiscopale, il faudrait aussi que les autres continents, fussent-ils de vieille chrétienté apprennent à lui faire confiance, en ne l'inondant pas trop de bulletins d'œuvres, de revues, de magazines et autres 'paquets de papier'.
>
> Cette discrétion évangélique permettra aussi aux nouveaux pasteurs africains de faire l'inventaire de leur patrimoine pour mieux connaître

47. *Horizons africains*, Éditorial, n° 148, mars 1963.

les besoins de leurs diocèses. Puisqu'il s'agit d'adapter l'Église à un milieu donné, l'évêque missionnaire doit savoir faire preuve d'une certaine indépendance, disons d'une certaine imperméabilité face aux courants extérieurs'.[48]

Cette critique dit aussi l'émergence de sensibilités et de réactions diverses sous l'apparente unanimité. Cependant la majorité des témoignages convergent pour confirmer que les évêques représentants l'Afrique, et plus spécialement les Africains, rentrent de la première session conscients d'être investis d'une autorité accrue et d'une responsabilité nouvelle. Pour l'heure, le Concile n'entraîne aucun changement de cap. Mais il joue manifestement un rôle d'accélérateur. Il consacre la politique de la promotion des élites autochtones et vient opportunément et concrètement répondre aux discours qui dénoncent les liens entretenus entre colonisation et missions. Il favorise la mise en œuvre d'une pastorale qui prône davantage les exigences d'un engagement dans la cité. Il diffuse la conviction qu'une vaste réflexion critique est nécessaire pour répondre aux questions posées par les hommes dans un langage mieux adapté.

L'impulsion est-elle pour autant seulement venue d'en haut? Sans doute les chrétientés missionnaires d'Afrique et de Madagascar avaient-elles été marquées jusqu'ici par une tradition de docilité au clergé. Mais l'intérêt manifesté, au moins parmi une 'élite', à travers la lecture de la presse, puis dans les réunions d'information, atteste que le terrain était réceptif. Si le courant semble passer, si la première session de Vatican II réussit peu à peu à mettre en mouvement une dynamique, c'est que les débats conciliaires rencontrent en Afrique aussi des attentes et des aspirations. La multiplicité des initiatives pastorales, les appels à l'engagement, les études historiques, théologiques ou ethnographiques entreprises par des séminaristes et des prêtres confirment, dans les mois qui suivent, que les catholiques d'Afrique et de Madagascar sont aussi entrés en Concile[49]. Cependant il conviendrait d'entre-

48. Raymond-Marie TCHIDIMBO, archevêque de Conakry, *Spiritus*, n° 16, 'La mission des jeunes Églises', 1963, p. 273-274.

49. Cela ne signifie pas encore revendication d'une théologie africaine mais plutôt connaissance du terrain. Cf. les témoignages des pères Michel Dujarier et Michel Cancouët, *op. cit.* 'Le Concile nous a plutôt incités, nous qui travaillions en Afrique, à mettre en route des recherches, diverses et ponctuelles, sur les réalités religieuses, chrétiennes ou non, strictement locales, compte tenu du fait que l'Afrique est une mosaïque de religions, de cultures et même de sagesses et de philosophies. Le résultat a été une multitude de monographies sur un village, une ethnie, une paroisse...' (M. Cancouët, Caen, 8 mars 1992).

prendre un examen pays par pays pour mesurer la chronologie et l'ampleur de la mobilisation[50].

50. Selon Michel Dujarier, au Dahomey (Bénin) et au Togo, il faudra attendre la fin du Concile.

L'APPORT DU CONGO - LÉOPOLDVILLE (ZAÏRE), DU RWANDA ET DU BURUNDI AU CONCILE VATICAN II[1]

CLAUDE SOETENS

1. Espoirs différés

En Afrique, l'annonce du Concile suscita plus d'intérêt et d'espoir dans le clergé africain et chez un certain nombre de laïcs que parmi les instances dirigeantes missionnaires. Des membres du clergé local et des théologiens virent dans le Concile une chance particulière pour réaliser

1. Pour préparer cet exposé, je me suis servi, en plus des Actes du Concile et des publications signalées dans les notes, de plusieurs sources inédites: 1. le journal conciliaire de Mgr A. Perraudin et celui tenu pendant la seconde et la quatrième périodes par le P. Bernard Olivier (conservés en copies dans les Archives de la Faculté de théologie de Louvain-la-Neuve, Centre *Lumen gentium*); 2. la correspondance de deux évêques missionnaires: H. Vermeiren (Coquilhatville, ensuite Mbandaka) et I.J. Waterschoot (Lolo), qui ne contient rien de très utile (elle est conservée en copies dans les Archives de la Faculté de théologie de Leuven); 3. la correspondance et diverses notes dans les fonds Moeller et Thils des Archives de Louvain-la-Neuve, *Centre Lumen gentium*; 4. les notes prises à partir des entretiens enregistrés avec G. Bouve (évêque Kongolo), M. Daubechies (Kasama, Zambie), O. Degrijse (supérieur général Scheut), B. Olivier (expert), A. Perraudin (Kabgayi, Rwanda), X. Seumois (expert), V. Van Beurden (Kole), J. Van Cauwelaert (Inongo), entre 1986 et 1991. Enregistrements et notes sont conservés dans les archives du *Centre V. Lebbe* (Louvain-la-Neuve). Un second entretien avec Mgr Van Cauwelaert a été mené en février 1992 par le professeur M. Lamberigts, de Leuven: je remercie cordialement ce dernier de m'avoir communiqué ses notes, de même que des copies de documents conservées dans les Archives de la Faculté de théologie de Leuven. D'autres fonds mériteraient d'être exploités. Par ailleurs, d'après une information reçue du P. F. Bontinck (Kinshasa), les papiers de F. Scalais (archevêque de Léopoldville pendant les trois premières périodes du concile) ne contiennent rien sur Vatican II. De même, les papiers du P. G. Mosmans (à l'époque secrétaire de la conférence épiscopale du Congo), qui sont conservés chez les Pères blancs de Bruxelles.

l'adaptation du message chrétien aux cultures du continent. La réflexion à ce sujet était en chantier depuis le lendemain de la Seconde Guerre mondiale: il suffit de rappeler que la première édition de l'ouvrage du P. Tempels sur la philosophie bantoue date de 1945 et que celui intitulé *Des prêtres noirs s'interrogent* paraît en 1956.

Des laïcs cultivés de l'Afrique francophone lancèrent une vaste enquête destinée à exprimer ce que l'Afrique attendait du Concile quant à une image renouvelée de l'Église, à l'affirmation de la personnalité culturelle de l'homme noir et à un enseignement chrétien qui ne soit pas éloigné de la vie réelle des populations africaines[2]. Il semble un peu excessif d'affirmer, comme le fait le P. Mveng, que 'le Concile Vatican II a trouvé la conscience chrétienne africaine en état de mobilisation'[3]. Mais il est vrai que la situation générale du continent autour de 1960 y poussait l'Église à une transition décisive d'un christianisme missionnaire à un christianisme africain. Il suffit de songer à la décolonisation, à l'établissement de la hiérarchie dans la plupart des pays dits 'de mission' et à la multiplication des évêques autochtones: autant de faits qui coïncident pratiquement avec la période préparatoire du Concile[4].

Au niveau institutionnel, on sait que l'Afrique fut assez peu impliquée dans la préparation de Vatican II. À la Commission centrale préparatoire, elle comptait une dizaine de membres sur le total de 108. Et elle ne fut représentée que dans quatre des douze commissions spécialisées (comprenant aussi deux secrétariats), avec dix membres et consulteurs, dont six Africains d'origine, sur plus de huit cents au total. Des soixante-dix-neuf pays dont des ressortissants travaillèrent à la préparation du Concile, il y en avait treize d'Afrique[5].

Au Concile même, sur une présence moyenne de 2 200 pères, il y en avait, au début, deux cent soixante venus d'Afrique (11%, pour un continent qui comptait alors 4,6% des catholiques du monde). De ces

2. Cf. G. CONUS, *L'Église d'Afrique au Concile Vatican II*, dans *Neue Zeitschrift für Missionswissenschaft*, 30 (1974), p. 241-255 et 31 (1975), p. 1-18 et 124-142. Sur les points indiqués ici: voir 30, p. 241-242 et 244-249. Voir aussi *Douze laïcs à l'heure du concile*, dans *Église vivante*, 14 (1962), p. 91-104.

3. É. MVENG, *L'Afrique dans l'Église. Paroles d'un croyant*, Paris, 1985, p. 222.

4. L'abbé A. Kabasele en souligna l'importance dans un exposé sur 'La réception du concile en Afrique' présenté lors de la Journée d'étude consacrée à quelques 'Aspects de la réception de Vatican II' et organisée à Louvain-la-Neuve le 14 mars 1992.

5. G. CAPRILE, *Il Concilio Vaticano II*, vol. 1: *Annunzio e preparazione*, t. 1, p. 196, 241-245; t. 2, p. 699.

deux cent soixante, une soixantaine seulement étaient Africains (soit 2,3% de l'ensemble des Pères)[6]. L'épiscopat d'Afrique arriva à Rome, animé d'une certaine appréhension. Il se sentit comme 'écrasé par l'énorme masse de prélats venus d'Europe et d'Amérique'[7], parmi lesquels et avec qui se trouvaient les grands théologiens du moment. Il y eut bien quelques évêques d'Afrique dans les commissions conciliaires constituées à la première période[8]. Et il est remarquable que, très tôt, l'épiscopat du continent s'organisa fort bien sur place: nous allons y revenir. Mais on peut dire, dans l'état actuel des connaissances, que le poids de l'Afrique au concile a été relativement faible. Cette constatation est fondée en premier lieu sur le nombre des interventions 'africaines' dans les congrégations générales: 170 sur 2 175, soit une moyenne de 7,8%, alors que l'épiscopat africain représentait 11% du total des Pères[9]. Il est évident que ce chiffre de 170 ne suffit pas à évaluer l'influence réelle de l'Afrique. Non seulement, c'est une caractéristique des intervenants d'Afrique d'avoir assez souvent parlé au nom de tout un groupe, d'une conférence épiscopale nationale ou régionale, voire même de l'épiscopat du continent entier. Mais il conviendrait de préciser les moments forts des interventions[10], et surtout de tenir compte, d'une part du rôle réservé à quelques leaders, au nombre desquels, en première analyse, n'émerge aucun Père du Congo, du Rwanda ou du Burundi, d'autre part, et en partie corrélativement, de la répugnance ou de la difficulté pour un certain nombre d'évêques à intervenir en public.

Mgr J.-F. Cornelis, alors archevêque d'Elisabethville (Lubumbashi), remarque que: 'Dans une assemblée aussi grande, seuls les coryphées avaient quelques chances d'accéder au micro'[11].

Enfin, il faut tenir compte du travail effectif des évêques et des experts au sein des commissions et dans les innombrables réunions

6. G. CONUS, *art. cit.*, 31, p. 1-3.

7. *Ibid.*, 30, p. 250.

8. Pour les dix commissions spécialisées, on trouve treize membres venus d'Afrique dans huit d'entre elles, sur un total de 250. Aucun Africain n'est présent dans la commission doctrinale, ni dans celle pour la discipline du clergé et du peuple chrétien. Sur les treize, sept sont Africains. Pour le Congo, il y a deux élus et un nommé par le pape: voir *infra*. Sur ces statistiques, voir G. CONUS, *art. cit.*, 31, p. 3-5.

9. *Ibid.*, p. 6.

10. G. Conus en discerne trois: lors des débats sur l'Église, sur les missions et sur l'Église dans le monde de ce temps (*art. cit.*, p. 7).

11. Dans sa note adressée au *Centre Lumen gentium* (Louvain-la-Neuve) en réponse à une série de questions sur sa participation au Concile, mai 1991.

tenues en marge de l'activité officielle du Concile: c'est surtout dans ce domaine que j'ai pu réunir quelques données à propos de la participation du Congo, du Rwanda et du Burundi.

Avant d'en venir à cette activité, j'indique la seconde origine de l'affirmation selon laquelle l'Afrique aurait joué un rôle restreint au Concile. Plusieurs acteurs de Vatican II, évêques et experts d'Afrique, m'ont fait part de leur impression dans ce sens, parfois en termes radicaux[12]. Mgr Bouve, alors évêque de Kongolo, déclare vingt ans plus tard:

> 'J'ai écrit à Rome après le concile: 'il ne faut plus jamais de concile oecuménique. Ce concile que nous avons eu, c'était un concile européen, nous n'avions rien à dire !'. J'ai assisté à toutes les sessions, je n'ai pas pris la parole. J'ai écouté. Je n'ai pas participé à la rédaction des textes. J'ai seulement donné des réponses ou bien des objections. C'était européen ! Cela ne pouvait pas être autrement à ce moment-là, mais ça nous a ouvert les yeux. Nous étions encore dans un autre monde'[13].

Pour l'archevêque du Rwanda, Mgr A. Perraudin, 'le Tiers monde fut absent' du Concile[14]. Quant au supérieur général des Pères de Scheut et deux des experts européens du Zaïre et du Rwanda, ils estiment que la contribution des Africains a été fort réduite, pour diverses raisons[15]. Le professeur Hastings confirme cette impression, en précisant que le Concile était opportun pour l'Afrique mais qu'il a eu peu d'impact dans le continent car il s'est centré sur les besoins de l'Europe et de l'Amérique du Nord[16]. Des théologiens soulignent, de leur côté, que l'africanisation de l'Église et de la théologie ne commença vraiment qu'après le Concile: celui-ci ne l'a pas recherchée, mais a contribué à rendre cette africanisation possible[17].

Par ces remarques préliminaires, qui font apparaître un contraste

12. Il s'agit de trois Pères conciliaires: G. Bouve, évêque de Kongolo, O. Degrijse, supérieur général de Scheut et ancien missionnaire au Congo, A. Perraudin, archevêque de Kabgayi; et de deux experts: B. Olivier et X. Seumois.

13. Entretien de Mgr Bouve avec Cl. Soetens, du 7.6.1986. Voir aussi É. MVENG, *op. cit.*, p. 223.

14. Entretien du 29.12.1988.

15. O. Degrijse: lettre du 25.5.1991; B. Olivier: entretien du 21.12.1991; X. Seumois, entretien du 20.4.1991.

16. A. HASTINGS, *The Council came to Africa*, dans *Vatican II by those who were there* (éd. A. STACPOOLE), Londres, 1986, p. 316.

17. Cf. notamment É. MVENG, *op. cit.*, p. 223-225, l'exposé déjà cité de A. Kabasele, du 14.3.1992, et le témoignage de B. Olivier.

entre les aspirations africaines à la veille du concile et l'insatisfaction éprouvée au terme de l'événement, je visais simplement à esquisser la problématique de la participation africaine et de la place donnée à l'Afrique dans le concile: problème dont la complexité s'accroît du fait que la tenue de Vatican II coïncida avec un tournant historique pour l'Église d'Afrique. Toute la question est de savoir quel fut le rôle du concile dans ce tournant.

2. Congo, Rwanda, Burundi: la période préparatoire

Il n'est pas possible, dans le cadre de cet exposé, de rendre compte de toute l'activité des représentants du Congo, du Rwanda et du Burundi au concile. Trop de données font du reste encore défaut. Il s'agit plutôt de décrire des moments importants, d'indiquer des points saillants et d'essayer de situer les uns et les autres dans une évolution marquée de ruptures et de continuités.

Pour ce qui est des périodes antépréparatoire et préparatoire du concile, je donnerai des indications générales sur les *vota* de l'Afrique centrale en 1959-1960 et m'arrêterai davantage à l'Assemblée plénière de l'épiscopat du Congo, tenue à la fin de 1961.

Lors de la consultation de 1959, le Congo, le Rwanda et le Burundi comptaient trente-sept vicaires apostoliques, dont un Congolais, un Rwandais et un Burundais; deux évêques auxiliaires, dont un Congolais; sept préfets apostoliques et un évêque retraité. Sur un total de quarante-sept prélats, trente-huit répondirent à la lettre du cardinal Tardini ou au rappel envoyé en mars 1960[18].

Il serait possible de se livrer à une analyse approfondie de ces réponses. Je ne le fais pas ici. Parmi la cinquantaine de sujets abordés, l'écrasante majorité porte, comme chez les évêques d'Europe, sur des questions de discipline interne à l'Église, un certain nombre d'entre elles étant envisagées sous l'angle de leurs implications pastorales. Quatre ou cinq évêques traitent de questions théologiques, notamment de la théologie de l'épiscopat et de celle du laïcat. Un même nombre parle de l'attitude chrétienne à l'égard des problèmes politiques, sociaux, économiques et culturels (relations Église-État, paix dans le monde, pauvreté, discrimination raciale). Quant aux évêques de la région de Luluabourg (Kananga, Kasaï), qui sont les seuls à répondre collectivement, ils font un long et vibrant plaidoyer en faveur des

18. *Acta et documenta concilio oecumenico Vaticano II apparando*, Series I, vol. II, pars V, p. 137-203 et 423-432.

missions, qu'ils disent décriées et exposées au grand danger de l'ultra-nationalisme congolais.

Au point de vue pastoral, deux thèmes dominent, si on se base sur le nombre des demandes: vingt-cinq en faveur des langues vivantes dans la liturgie eucharistique et le rituel des autres sacrements, seize en faveur du rétablissement du diaconat permanent. Mais les deux demandes sont assorties quelquefois de précisions: il faut maintenir en latin les paroles sacramentelles; le diaconat devrait être réservé à des religieux non clercs; d'autres envisagent de ne conférer à des laïcs que l'un ou l'autre ordre mineur. Le souci de l'adaptation de l'Église à la culture africaine n'inspire qu'assez peu les *vota* des évêques de l'Afrique centrale. Il est question de la révision du droit canon chez onze prélats, des rites et du calendrier liturgiques chez une dizaine, notamment par la revalorisation des étapes pour l'accès au baptême (onze demandes). On ne trouve aucun écho direct aux requêtes d'ordre culturel exprimées par des laïcs et un certain nombre de prêtres africains au cours des années précédentes. Trois évêques, cependant, proposent que le gouvernement de l'Église soit décentralisé. Deux d'entre eux demandent même de créer des régions culturelles dans l'Église universelle: Mgr A. Matthijsen, père blanc et vicaire apostolique du Lac Albert (Bunia), connu pour ses efforts d'indigénisation de l'Église, suggère de créer huit régions dans le monde, dont une pour ce qu'il appelle 'la chrétienté 'noire' ou bantoue' du centre et du sud de l'Afrique. Les *vota* de A. Matthijsen, qui occupent huit pages des *Acta* – ce sont les plus longs de ceux de l'Afrique centrale – traitaient les problèmes de fond. Pour lui, il importait de 'christianiser la culture africaine' et, pour cela, de 'refaire pour la culture noire ce que s. Thomas a fait pour la culture gréco-latine: une synthèse philosophique religieuse africaine'[19]. Aucun autre évêque de la région ne songe à un tel projet.

La décolonisation en marche n'éveille pas davantage l'attention, sinon au sein du groupe de Luluabourg déjà cité, qui considère le nationalisme africain comme une grave menace.

Le 5 mai 1960, le Comité permanent des ordinaires 'du Congo et du Rwanda-Burundi', complété par les archevêques récemment installés, juge bon d'adresser à Rome une liste de onze demandes[20], qui n'ajoutent rien de neuf à celles envoyées individuellement dans les mois

19. *Op. cit.*, p. 187. L'autre évêque qui propose, lui, d'établir cinq régions culturelles dans l'Église, dont une 'africaine', était Mgr J. Wittebols, vicaire apostolique de Wamba (*ibid.*, p. 197).

20. *Op. cit.*, p. 203-205.

précédents, mais dans lesquelles les aspects théologiques, abordés rarement jusque là, prennent plus de relief et acquièrent un caractère peut-être plus officiel: il faut compléter Vatican I en définissant le pouvoir d'ordre et de juridiction des évêques, donner une base à la théologie du laïcat, préciser les rapports de l'Église avec les non-chrétiens et les non-catholiques de bonne foi, déclarer que la charge apostolique incombe 'collégialement' à tous les évêques du monde. On a l'impression que, les vicaires apostoliques étant devenus évêques résidentiels par l'érection de la hiérarchie en novembre 1959, leurs représentants affirment plus nettement leurs positions. Cette impression se confirme-t-elle par la suite?

La sixième assemblée plénière de l'épiscopat du Congo, qui se tient à Léopoldville du 20 novembre au 2 décembre 1961, offre un excellent terrain d'observation pour répondre à la question[21]. Parmi les soixante-cinq membres de cette assemblée, auxquels il faut ajouter le secrétaire général (G. Mosmans) et le secrétaire général adjoint (P. Goossens) de l'épiscopat, on compte trente-sept ordinaires, dont quatre Congolais, et vingt-et-un vicaires généraux, tous Congolais[22]. Le glissement vers l'indigénisation des cadres hiérarchiques est donc sensible. Mais là ne réside pas l'essentiel de ce qui marqua les travaux de cette assemblée. Depuis septembre 1960, donc au lendemain de l'indépendance du pays, un Père blanc particulièrement lucide sur l'évolution de l'Afrique, le P. Guy Mosmans, était à la tête du secrétariat de l'épiscopat. Il avait publié, entre 1956 et 1960, onze articles dans *La Revue Nouvelle*, mensuel représentatif des milieux catholiques belges progressistes. Au début de 1961, ces articles furent réunis en un ouvrage intitulé *L'Église à l'heure de l'Afrique*[23]. Très soucieux d'écouter les requêtes des Africains, l'auteur y analyse sans complaisance 'l'impérialisme culturel de l'Église', l'attitude de celle-ci vis-à-vis du colonialisme; et il plaide notamment 'pour un authentique laïcat africain'. Il n'est pas exagéré de dire que le P. Mosmans a été l'inspirateur des options prises par l'assemblée épiscopale de fin 1961.

Rien de ce qui fut discuté et décidé au sein de celle-ci ne concerne explicitement le futur Concile. Mais l'esprit qui s'en dégage et les

21. Les actes de l'assemblée ont été publiés sous le titre *Actes de la VIe assemblée plénière de l'épiscopat du Congo. Léopoldville 1961 (20 novembre - 2 décembre)*, Léopoldville, Secrétariat de l'Episcopat, 1961, 413 p.

22. Il faut encore ajouter sept supérieurs religieux: un jésuite, un père blanc, deux scheutistes, un salésien, un prêtre du Sacré-Coeur et un frère des Écoles chrétiennes.

23. Collection *Église vivante*, Tournai, Casterman, 1961, 254 p.

orientations prises sont radicalement neufs et de nature à engager les évêques du Congo à jouer un rôle dynamique au Concile. En substance, le diagnostic en forme de bilan et de lignes générales d'action, qui est posé sur 'l'Église à l'aube de l'indépendance'[24], reconnaît les liens de l'Église avec la colonisation, son manque d'enracinement, les reproches qui lui sont adressés, notamment ceux d'avoir fait prévaloir la culture occidentale et d'avoir négligé la formation d'une élite laïque. Il s'agit maintenant de se dégager à la fois des liens étroits et compromettants avec l'État et du poids excessif des oeuvres scolaires et caritatives. Vis-à-vis de l'État, les évêques insistent sur la nécessaire autonomie des pouvoirs:

> 'Au moment où les Africains assument effectivement leurs responsabilités et prennent en charge la direction de leur pays, nous comprenons qu'ils se montrent jaloux de leurs prérogatives et dénoncent avec vigueur et même violence toute confusion ou intrusion qui serait un abus de pouvoir ou une tentative de créer une 'domination cléricale' [...] L'Église n'entend pas s'abriter derrière une façade historique. La charité, loi de sa vie, lui fait condamner toute attitude qui paralyserait les initiatives légitimes de l'État et qui, par là, entraverait le développement de l'homme'[25].

Quant aux oeuvres religieuses, scolaires et hospitalières, elles sont devenues des institutions qui constituent une charge excessive et un handicap pour l'approfondissement de la foi. Ces institutions, affirment les évêques, 'ne portent plus suffisamment témoignage. Elles suscitent même de la méfiance'[26]. Le témoignage chrétien sera d'autant plus convaincant 'qu'il n'émanera plus principalement d'institutions, mais qu'il sera donné par des communautés vivantes'[27]. Pour cela, la formation d'un laïcat adulte est urgente: un laïcat qui ait sa place dans les tâches d'Église et dont l'action peut être multiforme, au-delà de la seule Action catholique, et un laïcat qui collabore à la formation des structures économiques, sociales, civiles et politiques en vue de la promotion humaine[28]. Sur les quarante-cinq pages du texte programmatique, les chapitres consacrés au laïcat et à l'action dans le temporel en occupent vingt[29]. Une place très large est également réservée à l'a-

24. *Actes de la VIe assemblée...*, p. 17-63.
25. *Ibid.*, p. 34 et 37.
26. *Ibid.*, p. 36.
27. *Ibid.*, p. 37.
28. *Ibid.*, p. 41 et 49-58.
29. Les pages 39 à 58.

postolat laïc dans la seconde partie des actes de l'assemblée, qui présente quatre déclarations doctrinales[30]. Ensuite, trois parties donnant des 'Orientations pastorales', des 'Directives' et un 'Programme d'action' déterminent les objectifs et tâches prioritaires dans les différents domaines d'activité et pour les diverses catégories de chrétiens. L'accent est mis sur l'objectif des communautés vivantes et sur la tâche de formation des laïcs. Pour réaliser cette tâche et atteindre cet objectif, une place centrale est accordée à la liturgie. Le passage des 'Orientations pastorales' consacré à ce domaine a été rédigé par Mgr Jan Van Cauwelaert, évêque scheutiste d'Inongo, qui avait participé en septembre 1959 au congrès 'Liturgie et mission' tenu à Uden (Nimègue) et qui allait jouer un rôle actif parmi les évêques du Congo au Concile[31]. On y lit notamment que

> 'Le but primordial de notre apostolat est de faire participer notre peuple activement et avec une foi éclairée à la liturgie [...] Aussi longtemps que notre catéchèse n'aboutira pas à une célébration liturgique vivante et adaptée, et n'y trouvera pas une présentation concrète du mystère du Salut, elle restera étrangère à la vie de nos néophytes et ne touchera pas leurs conceptions vitales [...] La liturgie introduite en terre d'Afrique ne s'est pas encore adaptée au caractère propre de ces populations et leur est restée étrangère. Le retour aux traditions authentiques de la liturgie ouvre largement le chemin à une adaptation fondamentale au milieu africain'[32].

Quelle que fût l'importance de la vie liturgique, on constate assez curieusement que les seuls voeux qui, à l'issue de l'assemblée plénière, sont adressés à Rome – en fait, à la Congrégation des rites – concernent ce domaine[33]: neuf voeux à propos de la messe, six concernant le rituel, et, in fine, un sur le diaconat. Six de ces voeux portent sur l'introduction des langues vivantes, quatre sur l'adaptation du rituel aux coutumes locales. L'idée et la rédaction de ces voeux reviennent probablement à Mgr Van Cauwelaert, notamment, car l'influence du congrès liturgique hollandais s'y fait clairement sentir. Ces demandes mettent encore mieux en relief celles qui avaient été exprimées par les évêques lors de la consultation de 1959-1960 et qui portaient déjà en majorité sur ce point.

Cependant, les voeux de fin 1961 ne rendent pas compte de l'élar-

30. *Ibid.*, p. 67-101. Sur l'apostolat des laïcs: p. 67-85.
31. *Ibid.*, p. 188-192.
32. *Ibid.*, p. 188, 189, 191.
33. *Ibid.*, p. 407-408.

gissement considérable de perspectives qui a marqué l'assemblée plénière. Entre la consultation en vue du concile et cette réunion, le pays a accédé à l'indépendance (30 juin 1960) et la hiérarchie a été érigée. L'Église du futur Zaïre s'est redéfinie, en partie par souci stratégique, en prenant ses distances par rapport au passé colonial et en esquissant les grandes lignes d'une nouvelle pastorale axée sur la formation de communautés vivantes et sur la promotion des laïcs. Un jalon prometteur était ainsi posé. Est-ce le Concile qui allait être l'étape suivante?

Un dernier mot sur l'assemblée de 1961. J'ai mentionné le fait que celle-ci n'avait pas parlé du futur Concile. En réalité, plusieurs indices montrent que le Concile faisait partie des préoccupations des évêques. À côté des voeux concernant la liturgie figurait celui sur le diaconat[34], dont l'épiscopat demandait que le Concile, ici explicitement nommé, examine le rétablissement comme ordre permanent. Mais il y a plus important. D'après un témoin, il semble qu'au cours de l'assemblée plénière, les évêques proposèrent de tenir une réunion avec leurs confrères de l'Afrique francophone pour échanger sur leurs problèmes communs et mieux préparer de cette façon une action concertée au sein du Concile. Le nonce apostolique au Congo, G. Mojaisky-Perrelli, s'opposa à la proposition, en expliquant qu'une telle initiative ferait injure au Saint-Siège[35]. Cet épisode est significatif, à la fois car il montre à quel point les représentants romains étaient étrangers à l'idée de la responsabilité collégiale des évêques et car il permet de comprendre que le regroupement des évêques d'Afrique au Concile ne s'est pas opéré sans une prise de conscience antérieure.

Je rappelle enfin que la hiérarchie d'Afrique a été peu impliquée dans la préparation du Concile. Dans les commissions préparatoires, on ne comptait qu'un seul Congolais: Joseph Malula, évêque auxiliaire de Léopoldville, qui siégeait à la commission liturgique. Quant aux prises de position, sous diverses formes, des évêques d'Afrique à propos du Concile, le P. Caprile en a relevé dix-huit (quatorze individuelles, quatre collectives) pour les années 1960-1962[36]. Parmi ces dix-huit, deux évêques du Congo expliquent à leurs fidèles ce qu'est un concile et comment ils peuvent s'y préparer[37], tandis que deux groupes d'évêques traitent de l'événement, parmi d'autres sujets, dans une de leurs

34. *Ibid.*, p. 408.

35. D'après Mgr J.-F. Cornelis, dans sa note déjà citée de mai 1991.

36. G. CAPRILE, *op. cit.*, t. I-1, p. 149 et 159; t. I-2, p. 265, 443-444, 614-615.

37. G. Wittebols, évêque de Wamba (*ibid.*, I-2, p. 444) et N. Kinsch, archevêque de Stanleyville (*ibid.*, p. 614-615).

réunions[38], et un évêque auxiliaire congolais insiste sur la responsabilité universelle dont il se sent investi en participant à la future assemblée[39]. Ces données quantitatives, qui appelleraient sans doute quelques compléments, révèlent un bilan plutôt maigre, qui ne permet pas de conclure à une mobilisation des catholiques africains en vue du Concile, du moins par l'intermédiaire de leurs pasteurs.

3. Regroupements africains et rôle des évêques de l'Afrique centrale au cours de la première période

Dès avant l'ouverture du Concile, les évêques d'Afrique tiennent deux réunions de contact, en vue de s'organiser pour intervenir plus efficacement. La personnalité qui se dégage nettement à ce moment est celle de Mgr Zoa, que J. Van Cauwelaert décrit comme 'un vrai entraîneur'[40]. Puis, l'assemblée générale des évêques africains, qu'on appellera la 'Panafricaine', commence à se structurer à l'occasion de l'ajournement des élections pour les commissions conciliaires. Il s'agit de présenter une liste de candidats ou de se rallier à l'une de celles proposées par ailleurs, mais aussi de définir des orientations communes à propos des schémas à discuter *in aula* et d'assurer la communication permanente entre les deux blocs anglophone et francophone de l'Afrique, qui, jusque là, ont eu peu de relations mutuelles.

Sur les neuf groupes régionaux alors constitués, Congo, Rwanda et Burundi forment le quatrième[41]. Le secrétariat général de l'épiscopat africain se compose des neuf présidents de groupes, auxquels sont joints deux secrétaires: J. Zoa et J. Blomjous.

> 'Ce secrétariat organisera des conférences, décidera des interventions à faire en commun et des contacts à prendre avec les autres épiscopats. Des commissions parallèles aux commissions conciliaires seront créées avec comme membres un délégué de chaque groupe. Ils aideront le secrétariat pour prendre les contacts, pour préparer les interventions et pour informer leurs groupes respectifs sur les problèmes de leur compétence. Avec Mgr Malula, je prendrai part pour le Congo aux activités de la commission de la liturgie de l'Afrique'[42].

38. C'est le cas des évêques du Rwanda-Burundi et de ceux de la Province équatoriale du Congo (*ibid.*, p. 444).
39. L. Nganga, évêque auxiliaire de Lisala (*ibid.*, p. 615).
40. Dans la lettre du 25.10.1962 à son clergé: publiée dans *Vatican II. Concile de 'l'Église, Lumière des Peuples'. Lettres de Mgr Van Cauwelaert à ses missionnaires, lors de la première session du Concile*, Léopoldville, s. d., p. 7.
41. Voir la liste et la carte dans G. CONUS, *art. cit.*, p. 251-252.
42. Lettre de J. Van Cauwelaert, 25.10.1962, dans *Vatican II...*, p. 11. Voir aussi

Ces informations, que Mgr Van Cauwelaert communique dans une lettre à son clergé, font connaître la participation alors réservée à l'Afrique centrale: deux évêques particulièrement sensibilisés à l'urgence de l'adaptation vont apporter leur concours aux interventions africaines sur le premier schéma mis en discussion, celui sur la liturgie. Les deux mêmes seront d'ailleurs élus dans deux commissions conciliaires, J. Van Cauwelaert dans celle pour la discipline des sacrements, J. Malula dans celle pour la liturgie[43]. Le groupe de l'Afrique centrale n'aura qu'un troisième représentant, celui-ci nommé par le pape, dans les commissions: Mgr B. Mels, dans celle des religieux[44].

Les divers groupes africains organisent en octobre et novembre 1962 des réunions particulières pour examiner le schéma liturgique[45]. Le groupe de l'Afrique centrale se réunit deux fois, le 19 octobre et le 9 novembre[46], puis se divise en deux selon les deux conférences épiscopales du Congo d'une part, du Rwanda et du Burundi de l'autre[47]. Mais l'essentiel du travail est réalisé au cours de plusieurs réunions tenues par la commission liturgique africaine, qui prépare les interventions *in aula*. Il faudrait pouvoir préciser le rôle joué par les deux 'Congolais' au sein de cette commission. En tout cas, au cours de cette première période conciliaire, l'Afrique centrale ne disposait pas d'experts propres. Les évêques étaient venus à Rome en ignorant qu'ils pouvaient être accompagnés de théologiens officiellement reconnus par le Concile. Quatre experts obtinrent leur nomination, avec quelque difficulté, au début de la seconde période[48]. D'après l'un d'eux, les

G. CONUS, *art. cit.*, p. 253.

43. Une indication sur le rôle de Mgr Malula au sein de la commission liturgique est donnée par A. Martimort dans son exposé au colloque de Lyon: le président de la commission A. Larraona s'étant lancé dans de longs exposés sur la méthode de travail, J. Malula intervint avec vigueur pour obtenir la mise en route effective des activités. Le conseiller personnel de Mgr Malula était le P. Luykx, prémontré, dont je n'ai pas pu utiliser la documentation pour cet exposé.

44. Sur un total de 250 Pères élus et nommés dans les commissions lors de la première période, on ne dénombre que onze membres d'Afrique, dont sept autochtones.

45. D'après A. Martimort (dans son exposé au colloque de Lyon), il y eut, dès le 12 octobre, une réunion des évêques africains concernant la liturgie: elle se tint à l'abbaye de Saint-Anselme sous la présidence de Mgr Scalais.

46. D'après le journal conciliaire de A. Perraudin, archevêque de Kabgayi (Rwanda).

47. *Ibid.*. Selon la même source, les évêques du Rwanda-Burundi, au nombre de cinq, s'étaient déjà réunis le 6 novembre et le firent une seconde fois le 4 décembre.

48. Sur les quatre experts (P. Goossens et B. Olivier – pour le Congo –, L. Vermeersch et X. Seumois – pour le Rwanda-Burundi), deux signalent cette difficulté:

organisateurs du concile n'avaient 'pas de véritable estime pour l'Afrique noire, ni pour les autres peuples du tiers monde'[49].

Dans son intervention *in aula* du 22 octobre 1962, le cardinal L. Rugambwa (de Rutabo, Tanzanie) se charge d'apporter l'approbation de la Panafricaine au schéma liturgique pris globalement et aux possibilités qu'il offre en vue des adaptations locales. Il exprime aussi le vif souhait des évêques d'Afrique qui demandent de pouvoir disposer d'un plus large pouvoir pour décider de ces adaptations[50]. C'est aussi au nom de l'épiscopat africain que Mgr Van Cauwelaert intervient, le 31 octobre, en faveur de la concélébration: il invoque le sens africain de la solidarité qui doit pouvoir s'exprimer dans les rites et estime que les prêtres, souvent isolés, seraient heureux de s'unir quand ils célèbrent autour de leur évêque[51]. Il faut noter que Mgr Van Cauwelaert fut un des principaux promoteurs du renouveau liturgique en Afrique sur lequel il publia de nombreux articles. Au Concile, il participait aussi aux réunions d'une commission intercontinentale de liturgistes, dont il appréciait l'ouverture et le dynamisme[52]. Le 5 novembre, Mgr Perraudin, archevêque du Rwanda, fait, lui, une intervention au nom de la

B. Olivier (entretien du 21.12.1991) et X. Seumois (entretien du 20.04.1991). Le P. Bernard Olivier, dominicain belge, avait obtenu le doctorat en théologie au Saulchoir avant de devenir professeur de théologie morale au studium dominicain de La Sarte (Huy) de 1947 à 1958. Ensuite, il enseigna la même discipline à la Faculté de théologie de l'Université Lovanium (Léopoldville) jusqu'en 1964, tout en exerçant ses fonctions d'expert des évêques du Congo jusqu'à la fin du concile. Depuis 1986, il est l'aumônier international des Équipes Notre-Dame. Il a publié notamment une traduction commentée de la constitution *Lumen gentium* (Bruxelles, La Pensée catholique, 1965) et un ouvrage pionnier sur la théologie du développement: *Développement ou libération ?* (Bruxelles-Paris, Éd. ouvrières, 1973). Il a collaboré, pour le chapitre sur les droits de la conscience errante, à l'ouvrage *Tolérance et communauté humaine* (Tournai, Casterman, 1952), qui eut une influence sur la déclaration conciliaire *Dignitatis humanae*, et à l'*Initiation théologique* (4 vol., Paris, 1952-54: deux chapitres du t. III sur l'Espérance et sur la Charité). Le P. Xavier Seumois, Père blanc belge, dirigeait, au moment du concile, l'Institut catéchétique africain de Butare (Rwanda), après avoir été notamment recteur du grand séminaire de Nyakibanda. De 1959 à 1985, il assuma également diverses tâches au service de la Conférence épiscopale du Rwanda-Burundi (scindée en 1980).

49. Entretien B. Olivier.

50. L'élargissement du pouvoir des évêques en matière liturgique avait été écarté du schéma primitif par décision de la Commission centrale préparatoire.

51. *Acta synodalia* (cités désormais: *AS*), I-2, p. 94. J. Van Cauwelaert ajoute que, si un nombre élevé d'évêques propose une innovation ou une rénovation, il faut y voir une indication du Saint-Esprit, qu'il ne faut pas étouffer au nom du souci d'une uniformité débilitante (*ibid.*, p. 95).

52. Dans le recueil de ses lettres: *Vatican II...*, p. 14.

conférence épiscopale du Rwanda-Burundi, en faveur des langues vernaculaires pour la liturgie de la parole[53].

Concernant les schémas sur la Révélation, les moyens de communication sociale et l'unité de l'Église, il n'y eut pas d'intervention des évêques de l'Afrique centrale, à l'exception d'une du même Mgr Perraudin, au nom de la Panafricaine, sur l'importance pour l'évangélisation en Afrique de la radio et de la télévision et sur l'aide urgente que la mise en place de ces media exigeait[54].

Il faudrait faire le relevé des interventions prononcées sur ces schémas au nom de tout l'épiscopat africain. Par ailleurs – et ceci montre la complexité d'une étude sur le rôle d'épiscopats nationaux quand ils n'étaient pas en première ligne – un certain nombre d'évêques de l'Afrique centrale se joignirent à l'épiscopat belge pour soutenir l'intervention de Mgr Charue sur le *De fontibus* : intervention du 17 novembre dans laquelle l'évêque de Namur rendait hommage aux exégètes catholiques récents et soulignait le rôle du magistère conciliaire par rapport au Saint-Office[55]. On peut cependant remarquer que des évêques bien informés des questions théologiques, comme l'étaient notamment J. Van Cauwelaert et A. Perraudin, anciens professeurs de séminaire, soulignent les enjeux, voient les faiblesses, surtout du *De fontibus*, et se rangent parmi ceux qui rejettent les schémas sur la Révélation et sur l'unité de l'Église. A titre d'exemple, Mgr Perraudin note:

> 'Je suis frappé du manque d'information sur le renouveau des sciences bibliques de la part d'un groupe de Pères. Leurs arguments sont très négatifs et superficiels'[56].

Et, au moment du vote du 20 novembre, qui n'atteint pas la majorité des deux-tiers en faveur du rejet du schéma *De fontibus*, il ajoute:

> 'Un vote bizarre: triomphe du juridisme et de la diplomatie sur la réalité objective [...] Où va-t-on ?'[57].

Au début de décembre, quand on entame l'examen du schéma sur l'Église, Mgr Van Cauwelaert revient à la tribune, dès le premier jour du débat, pour dire la déception de beaucoup d'évêques du Congo:

53. *AS*, I-2, p. 122-123.
54. Intervention du 24 novembre: *AS*, I-3, p. 468-469.
55. *AS*, I-3, p. 143-145.
56. Journal conciliaire, 16.11.1962.
57. *Ibid.*, 20.11.1962. Voir aussi J. Van Cauwelaert, dans *Vatican II...*, p. 24 et 27-31.

présentation trop juridique et statique de l'Église, manque d'appel à la communion fraternelle de tous les hommes en Dieu, rien qui soit susceptible d'accueillir les protestants. L'évêque d'Inongo demande donc une révision profonde de la constitution en projet[58]. L'archevêque de Luluabourg, Bernard Mels, intervient le 5 décembre pour regretter que le texte ne souligne pas mieux la tâche missionnaire de toute l'Église. Selon lui, l'esprit missionnaire devrait pénétrer tout le schéma, car c'est le premier devoir et la raison d'être essentielle de l'Église: il en appelle à une mobilisation missionnaire générale[59].

Ce qui domine la première période – on l'a souvent relevé –, c'est la réalité vécue d'une activité collégiale des évêques. Le fait se vérifie également pour l'épiscopat de l'Afrique centrale. Il faut cependant être prudent car ceux des Pères de cette région qui soulignent cet aspect ont eux-mêmes pratiqué cette méthode de travail. Elle ne paraît avoir été le fait de la majorité des prélats[60].

4. Autour du schéma sur les missions

Il n'est pas possible ici de suivre dans le détail l'évolution des interventions des Pères de l'Afrique centrale pendant toute la durée du Concile. Pendant la première intersession, le premier débat qui a eu lieu sur l'Église et la faiblesse des propositions du schéma préparatoire sur les missions conduisent les experts de l'Afrique centrale à tenter de faire passer l'essentiel de ce qui concerne la mission de l'Église dans le schéma *De Ecclesia* [61]. Le P. Goossens, secrétaire adjoint de l'épisco-

58. Intervention du 1er décembre: *AS*, I-4, p. 156-158. Dans ses interventions *in aula*, J. Van Cauwelaert insiste à diverses reprises sur la nécessaire ouverture oecuménique en pays de mission. Son intérêt pour l'oecuménisme remontait à de nombreuses années. Le 8 janvier 1964, il rédigea une lettre à son clergé sur ce thème: elle est publiée dans *Église vivante*, 16 (1964), p. 111-118. Sur l'origine et les formes de son engagement oecuménique, on lira son témoignage: *Missionnaire catholique devant la mission protestante*, dans *Semences d'unité*, Tournai, Casterman, 1965, p. 169-177.

59. *AS*, I-4, p. 312-315. Il n'est pas précisé si l'intervention de B. Mels était prononcée au nom de tout l'épiscopat du Congo. Voir aussi J. Van Cauwelaert, dans *Vatican II...*, p. 34.

60. Voir, outre J. Van Cauwelaert, les deux lettres de l'évêque prémontré de Lolo, I. J. Waterschoot, à son frère, abbé de Postel, 25.10 et 29.10.1962, aimablement communiquées en photocopie par le professeur M. Lamberigts.

61. Cf. le document datant de la seconde période: 'Concile et problèmes missionnaires. Propositions de l'Episcopat du Congo (Léopoldville)' (8 p. polyc.), dans les Archives de la Faculté de théologie, Louvain-la-Neuve, Centre *Lumen gentium*,

pat du Congo, travaille dans ce sens, en collaboration étroite avec des théologiens d'Europe comme le P. Henry, o.p., et le chanoine Thils[62].

Au début de la seconde période fut constitué un comité de théologiens pour toute l'Afrique. Parmi ses quatorze membres, on trouve les quatre experts de l'Afrique centrale: P. Goossens, B. Olivier, secrétaire du comité, L. Vermeersch et X. Seumois[63]. Cette équipe travailla presque exclusivement sur le schéma des missions. Mais, dès le 29 septembre 1963, au cours d'une réunion préliminaire d'experts, les délégués du Congo avaient obtenu l'approbation unanime pour agir en vue de modifier le schéma sur l'Église dans un sens missionnaire. Le P. Olivier s'occupe de préparer l'intervention à ce propos de l'archevêque de Léopoldville, F. Scalais, qui aura lieu le 3 octobre, et de rédiger des amendements à l'intention de la commission doctrinale, tandis que demande est adressée au cardinal Rugambwa d'intervenir *in aula* selon la même orientation[64]. Ce qu'il fait dès le 1er octobre.

À la même époque, la rédaction d'autres interventions sur l'Église (A. Grauls, archevêque de Gitega, Burundi) – à propos de l'Église sacrement du salut, de la communion entre Églises locales et de la nécessaire diversité dans l'unité (intervention du 4 octobre)[65] – et sur l'oecuménisme (J.-F. Cornelis, Élisabethville) occupe les experts de l'Afrique centrale[66]. D'autre part, un groupe minoritaire de membres de la commission des missions, comprenant notamment Mgr Zoa, Mgr Perrin et Mgr Riobé[67], s'adjoint des experts comme le P. Martelet et le P. Seumois pour préparer un contre-projet sur les missions, dans lequel est souligné le rôle propre des jeunes Églises qui doivent se détacher de la tutelle de la Congrégation de la Propagande. Ce plan est

Fonds Thils, 1222.

62. Documents du fonds Thils : 1202, 1224-1226, 1228-1231. Voir aussi la lettre de J. Van Cauwelaert, du 3.4.1963, dans *Vatican II...*, p. 40.

63. Journal conciliaire de B. Olivier, 2ème période, p. 12. Comme expert du Congo, il y avait encore un autre dominicain, le P. Crève, professeur de droit canon à l'Université Lovanium, qui semble avoir joué un rôle mineur. Mgr Tshibangu ne fut nommé expert que pour la quatrième période.

64. Journal de B. Olivier, 2ème période, p. 3 sv.

65. Le P. Seumois rédigea le premier projet de l'intervention. Mgr Philips demanda ensuite le texte pour s'en inspirer (entretien X. Seumois, 20.4.1991).

66. Journal B. Olivier, 2ème période, 4.10 et 18.11.1963. Selon ses souvenirs évoqués le 21.12.1991, le P. Olivier rédigea la grande majorité des interventions des évêques du Congo.

67. Celui-ci avait émis de vives critiques sur le schéma des missions auprès du card. Agagianian: voir sa lettre du 10.8.1963, publiée dans J.-Fr. SIX, *Guy-Marie Riobé, évêque et prophète*, Paris, 1982, p. 200-203.

bientôt rejeté[68]. De sorte que le groupe minoritaire, avec les théologiens extérieurs, crée en novembre 1963 une équipe qui va tenir de nombreuses réunions, notamment dans une maison des Pères du Verbe divin près du lac de Nemi et à la Grégorienne. Cette équipe prépare un nouveau schéma sur les missions. Les pères Olivier et Seumois en rédigent la partie concernant les jeunes Églises, concept alors tout à fait neuf: cette partie deviendra le chapitre 3 du décret *Ad gentes*[69]. Mais le principe d'un nouveau texte est bientôt rejeté par la commission compétente. À ce moment, c'est-à-dire le 15 novembre 1963, Mgr Blomjous (Mwanza, Tanzanie) déclare au P. Olivier que la seule solution restante serait de renouveler la composition de la commission[70]!

Une tentative, parmi d'autres sûrement, est faite par un groupe d'experts au début de la seconde intersession en vue d'améliorer le schéma[71]. Elle n'aboutit pas.

L'intervention personnelle de Paul VI, le 6 novembre 1964, pour appuyer le schéma des missions provoque, écrit B. Olivier, 'un malaise réel'[72]. Les amendements et contre-projets proposés depuis deux ans se heurtaient, ajoute-t-il, 'à un mur inébranlable'. Quelques interventions vigoureuses *in aula* critiquent le texte. Celle de l'ancien vicaire apostolique de Bukavu, X. Geeraerts, le 9 novembre, est particulièrement nette: il faut, dit-il, refaire le schéma, qui manque d'une théologie de la mission; il convient de parler de la mission au singulier, affaire de toute l'Église; il faut en finir avec l'optique géographique des 'missions lointaines' et relier le caractère missionnaire de l'Église à la collégialité[73].

Au cours du débat sur le même sujet pendant la quatrième période, les évêques originaires de l'Afrique centrale s'affirment vraiment pour la première fois. L'expert B. Olivier estime, d'une façon générale, qu'il n'était pas facile de décider les évêques du Congo, noirs ou blancs, à prendre la parole[74]. Il faut dire qu'ils ont eu souvent le sentiment d'être négligés au profit des ténors. Il est arrivé plusieurs fois

68. Entretien X. Seumois, et journal B. Olivier, 2ème période, p. 23-24.

69. Journal B. Olivier, 14.11.1963.

70. *Ibid.*, 15.11.1963.

71. Document 'Réflexions et suggestions', du 29.1.1964, 39 p. (non signé), dans Fonds Thils, 1208 (avec la lettre d'envoi de X. Seumois à G. Thils, 10.3.1964: *ibid.*, 1207).

72. Journal B. Olivier, 4ème période, p. 18.

73. Intervention faite au nom de 75 Pères, presque tous missionnaires ou anciens missionnaires: dans *AS*, III-6, p. 431-433.

74. Journal B. Olivier, 4ème période, p. 20.

que leur tour de parole soit annulé et qu'ils en soient réduits à remettre leur intervention par écrit. Le fait que les exposés oraux faisaient l'objet de mentions dans la presse et aussi la pression du clergé africain expliquent, selon B. Olivier, que les Pères intervinrent progressivement avec une plus grande fréquence. On peut se demander si la dépendance matérielle vis-à-vis de Rome et de l'hémisphère nord d'une part, la rareté des théologiens africains de l'autre n'ont pas été également parmi les motifs d'hésitation.

Donc, le 12 octobre 1965, on entend quatre évêques du Rwanda et du Burundi, dont trois Africains[75], parlant, pour trois d'entre eux, au nom de leur conférence épiscopale ou d'un certain nombre d'autres Pères d'Afrique. Il faut savoir que des évêques missionnaires du Congo s'étaient préoccupés, au cours des mois précédents, des rapports à établir entre les jeunes Églises (c'est-à-dire les diocèses dirigés par des évêques autochtones) et la Propagande. Ils estimaient nécessaire de maintenir ces rapports, à condition toutefois que la Propagande s'internationalise et élargisse ses objectifs, devenant surtout un centre d'étude et de coordination[76]. Ils ajoutaient qu'un modus vivendi devait être garanti par des conventions très précises entre les évêques locaux et les instituts missionnaires, appelés à fournir encore du personnel[77]. Au cours de leurs interventions, les évêques africains insistent, quant à eux, sur la priorité de l'autorité épiscopale et sur l'esprit diocésain qu'il faut inculquer aux jeunes missionnaires[78]. Les conventions ne suffisent pas; il faut supprimer le *ius commissionis*, l'ère de la direction missionnaire étant révolue[79].

La seule intervention en faveur d'une réflexion théologique adaptée à l'Afrique est celle, remise par écrit, de Mgr A. Makarakiza, qui venait d'être nommé évêque de Ngozi (Burundi)[80].

On constate ainsi qu'au cours de cette dernière phase du Concile, les questions institutionnelles polarisèrent l'attention, avec en filigrane la

75. Successivement: J. Sibomana (Ruhengeri, Rwanda), J. Martin (Bururi, Burundi), J.-B. Gahamanyi (Butare, Rwanda), N. Ntuyahaga (Bujumbura, Burundi). Cf. *AS*, IV-4, p. 191-198.

76. Voir la note de B. Mels, 'Quaestiones de religiosis in missionibus' (8p. polyc.), dans le fonds Moeller, 2323.

77. *Ibid.*

78. Voir encore dans le même sens: l'intervention de J.-B. Gahamanyi du 7.11.1964 (*AS*, III-6, p. 413-415) et les remarques écrites de A. Perraudin (*AS*, IV-4, p. 587-589).

79. Voir aussi les remarques écrites de J. Busimba (Goma): *AS*, IV-4, p. 454-455.

80. *Ibid.*, p. 557-559.

revendication très générale d'une réforme profonde de la Congrégation de la Propagande[81]. Dans le concret, ces questions, 'source permanente de difficultés ou de conflits'[82], ne concernaient pas le Concile. Elles occultèrent quelque peu les efforts en vue de renouveler en profondeur la conception même de l'évangélisation[83]; et elles créèrent, à la fin, une tension paralysante.

Il y eut encore un incident de dernière minute qui mobilisa des experts de l'Afrique centrale. Le texte approuvé de la *relatio* de la commission des missions fut imprimé avec des atténuations qui allaient dans le sens d'une récupération par la Propagande de ses prérogatives. Une série de Pères de premier rang furent sollicités pour réagir publiquement. On obtint seulement qu'une remarque écrite à ce sujet soit insérée dans les *Acta*[84].

Conclusion

Je suis loin d'avoir examiné toute l'activité des participants de l'Afrique centrale au Concile. Outre l'activité commune des évêques au cours des périodes 2, 3 et 4 et entre les périodes, certains thèmes, traités au sein de leurs réunions mais non *in aula*, mériteraient un examen développé, comme les discussions sur la réforme de la Curie romaine, sur la vie des prêtres et le célibat sacerdotal. C'est aussi le cas des conférences théologiques organisées notamment par la Panafricaine, qui eurent une influence considérable sur la compréhension que les Pères acquirent plus ou moins bien et rapidement à propos des grands enjeux[85].

Des conclusions générales seraient donc prématurées. Au stade actuel des recherches, je me borne à relever le rôle exercé par quelques évêques et experts de l'Afrique centrale, au sein des diverses instances de la Panafricaine et dans d'autres groupes, pour la révision ou la refonte des schémas sur la liturgie, sur l'Église et sur les missions. Les

81. Cf. notamment l'intervention de J. Martin: *ibid.*, p. 192-194.

82. Journal B. Olivier, 4ème période, p. 19.

83. Selon Mgr Van Cauwelaert (entretien du 27.2.1987), le problème consistait à passer d'une mission impulsée par Rome à une solidarité des Églises locales pour l'évangélisation du monde.

84. Cf. remarque de X. Geeraerts, dans *AS*, IV-4, p. 515. Sur toute l'affaire, voir fonds Thils, 1183-1201, et l'entretien avec X. Seumois du 20.4.1991.

85. Relevons aussi que les chapitres II et III du décret sur les missions, intitulés 'L'oeuvre missionnaire elle-même' et 'Les Églises particulières' furent rédigés principalement par le P. X. Seumois.

évêques étaient préoccupés avant tout par les questions pastorales et institutionnelles. Si certains d'entre eux, appuyés par les experts, étaient à la recherche d'une conception nouvelle ou renouvelée de la mission, l'affirmation de la collégialité épiscopale était trop neuve, et la redécouverte du sens de l'Église locale encore trop balbutiante, pour servir de fondements à des formes originales de solidarité entre le Églises au service de l'Évangile. La place omniprésente des organismes missionnaires traditionnels tendit à limiter le débat à ses aspects juridiques et institutionnels.

D'autre part, si, aux yeux des grandes instances conciliaires, l'Afrique n'avait pas beaucoup de poids, le rapport numérique au sein de l'épiscopat d'Afrique entre missionnaires et autochtones demeurait à l'avantage des premiers[86]: ce fut sans doute un facteur psychologique important.

Les experts européens qui secondaient les uns et les autres avaient une orientation ouverte, qui permit de consolider le consensus de centre-gauche au concile[87]. Mais ils ne pouvaient être autre chose que de bons représentants de la théologie européenne en marche, aidant l'Église d'Afrique à prendre le tournant espéré par les plus lucides.

Les intellectuels africains avaient placé leurs espoirs dans un Concile dont se dégagerait un nouveau visage de l'Église. L'assemblée plénière de l'épiscopat du Congo en 1961 avait paru donner quelque fondement à leurs attentes. Mais en 1965, le projet d'inculturation de l'Église en Afrique commençait à peine à être envisagé parmi les instances hiérarchiques africaines. Aux aspirations dans ce domaine des laïcs et théologiens du continent, le Concile ne fit qu'apporter un début de réponse: surtout en rendant possible l'adaptation liturgique. L'épiscopat africain perçut sans doute, à l'occasion de Vatican II, que le processus devant mener leur Église à la majorité serait lent et complexe.

86. Rappelons qu'à la fin du Concile, on comptait 80 évêques autochtones sur les 300 de l'Afrique.

87. Voir dans ce sens A. HASTINGS, *loc. cit.*, p. 316, qui parle de la ligne 'moderately progressive' de ces experts.

III. INFORMATION ET OPINION

L'INFORMATION RELIGIEUSE AU DÉBUT DU CONCILE:

INSTANCES OFFICIELLES ET RÉSEAUX INFORMELS

JAN GROOTAERS

À la veille du Concile Vatican II un livre se trouvait dans beaucoup de mains: c'était la fameuse histoire de Vatican I, écrite par dom Cuthbert Butler et publiée en 1930. En cette phase préparatoire de Vatican II, des rédacteurs de revues et aussi certains évêques aimaient tirer des leçons de cet ouvrage remarquable. Si le mot célèbre 'en fait de concile nous sommes tous des novices' contenait une part de vérité, alors la lecture de Butler faisait certainement partie de ce noviciat.

Un passage particulier de Cuthbert Butler était souvent cité parmi ceux qui s'intéressaient activement au Concile annoncé: 'Dès les premiers jours (du Vatican I) un groupe influent d'évêques a fait une démarche au sujet de cette question du secret, faisant prévaloir que celui-ci était opposé à l'esprit du temps, qui reposait sur le caractère public (des événements); et que le secret serait selon toute vraisemblance la cause d'inconvénients plus grands que si tout était publié'. L'auteur anglais pense qu'il y aurait eu moins d'incidents, moins de méfiance et moins de malentendus si on avait permis aux journalistes d'avoir accès aux débats. Le passage se termine par cet avertissement: il faudra s'en souvenir 'if ever the Council meets again'[1].

Il nous paraît certain qu'à Rome on avait pris rapidement conscience de l'importance de l'opinion publique pendant le déroulement du Concile à venir. La toute première conférence de presse jamais organisée à l'initiative de la Curie romaine – sauf erreur de notre part – fut celle

1. Cuthbert BUTLER, *The Vatican Council 1869-1870*, Downside Abbey, éd. révisée 1962, p. 486 (avec préface du père abbé Christopher Butler); l'auteur (1858-1934) fut abbé de Downside de 1906 à 1922 et un savant de réputation internationale.

tenue le 30 octobre 1959 par le cardinal Tardini. Le Secrétaire d'État de l'époque reçut alors avec grande obligeance les journalistes de tous les pays. Cela se passa avec une simplicité toute roncallienne, dans une salle sans aucun décorum, où le premier personnage de l'administration pontificale avait pris place derrière une petite table afin de parler des différentes phases de la préparation du Concile. Cet entretien fit alors une excellente impression[2].

Mais la question de l'information journalistique à Vatican II n'était pas pour autant résolue car il fallait songer à l'organisation d'un véritable 'service de presse' et, en outre, à un service qui ne serait pas entièrement dominé par la forte personnalité de Mgr Felici, futur secrétaire général du Concile. C'est à la solution de ces problèmes d'un grand poids pour la réussite de Vatican II que vont s'employer des 'circuits informels' dont un groupe de rédacteurs de revues, réunis sous le nom des 'Rencontres Internationales d'Informateurs Religieux' dont nous parlerons plus longuement.

Nous comptons nous limiter ici à la première période du Concile – qui se trouve au centre de l'ordre du jour du présent colloque – mais en débordant quelque peu sur l'inter-session de 1962 à 1963 qui fut d'importance cruciale pour la suite de Vatican II.

1. Éléments pour un inventaire

En ce qui concerne l'information conciliaire nous ferons la distinction entre *instances officielles* et *réseaux informels*. Cependant les limites entre ces deux notions ne sont pas toujours clairement déterminées et au cours de Vatican II elles ont été fluctuantes. Il va de soi que les instances dites officielles ont subi l'influence directe de groupes non officiels dans le sens d'une ouverture aux nécessités d'une information réelle. Cette influence est en quelque sorte l'objet principal de notre exposé.

À cet égard nous nous efforcerons de situer l'action des 'Rencontres Internationales d'Informateurs Religieux' (RIIR). Cependant ce réseau informel n'était ni le seul ni nécessairement le plus influent. Pour bien en rendre compte il faut d'abord citer ici d'autres exemples de circuits informels.

Ainsi il convient de citer aussi les rencontres régulières des rédacteurs des revues de l'ordre des jésuites. Cette coopération qui a débuté

2. *D.C.*, 6 décembre 1959, col. 1489.

en 1960 à Munich deviendra un 'milieu' important pour l'échange de l'information pendant le Concile, ayant comme siège principal la rédaction de la *Civiltà Cattolica* et comme animateur le père Roberto Tucci, à l'époque rédacteur en chef de cette revue fameuse[3].

Il faut rappeler, comme autre exemple, l'action du 'Coetus Internationalis' organe de concertation informelle de la tendance ultra-conservatrice à Vatican II. Le 'Coetus' reposait notamment sur quelques religieux français – dont Mgr Marcel Lefebvre, supérieur général des spiritains – et sur un groupe de prélats brésiliens. On retrouve la trace de cette action dans d'innombrables circulaires, libelles et documents d'orientation, qui figurent actuellement dans la plupart des archives conciliaires diocésaines ou universitaires.

Un troisième exemple se retrouve dans le bureau de presse du père Ralph Wiltgen, religieux nord-américain d'origine allemande, de l'ordre des Verbites (Societas Verbi Divini), qui organisera une série d'interviews quotidiennes avec des Pères conciliaires. Il était secondé par une équipe de collaborateurs, surtout traducteurs, et publiera un bulletin quotidien en douze langues, traitant chaque jour un point de l'actualité conciliaire (à partir de septembre 1963 jusqu'en décembre 1965)[4].

Quant aux RIIR il s'agit principalement d'un réseau de rédacteurs de revues et d'informateurs, n'ayant ni structures formelles, ni règlement,

3. Ce groupe informel comprenait des délégués des revues culturelles jésuites suivantes: *Études*, *Civiltà Cattolica*, *Stimmen der Zeit*, *Streven*, *Orientierung*, *Razon y Fe*, *The Month*, *Choisir*. Pendant tout le concile des rédacteurs de ces revues, venus de l'étranger, vivaient sous le toit de la *Civiltà Cattolica* dans la magnifique 'villa romaine' de la Via Porta Pinciana, qui dans un passé révolu avait abrité l'ambassade de l'Empire d'Allemagne à Rome.

4. Après le Concile Ralph M. WILTGEN a publié une histoire de Vatican II vue à travers son expérience personnelle: *The Rhine flows into the Tiber - the unknown council*, New York City, 1967. Il y raconte lui-même (pages 33-34) comment est né son projet de publier chaque jour une interview originale avec un Père conciliaire. Dès avant l'ouverture du Concile M. Pepper, dirigeant des services de *Newsweek* à Rome, lui avait déclaré: 'Rien ne peut remplacer une interview avec des personnes importantes', citant à l'appui la méthode du Conseil œcuménique des Églises. M. Kaiser de *Time*, lui aussi, soulignait la nécessité de contacter évêques et théologiens qui ont la possibilité de parler franchement. Lorsque le journaliste Wiltgen se trouva bloqué par l'obstacle du secret du Concile, il sentit la nécessité de trouver un moyen pour qu'un Père conciliaire puisse parler sans avoir peur d'enfreindre l'obligation du secret. La solution consista à entamer l'interview en demandant à l'évêque interrogé quels étaient les besoins et les vœux de son propre diocèse. Il allait de soi que chaque interviewé recevait le texte pour vérification avant distribution aux journalistes.

ni moyens financiers propres. Ainsi que nous le verrons les RIIR sont nées de la concertation de rédacteurs de revues dirigées par des laïcs en mai 1961 à Paris.

Il faudrait ici une autre rubrique pour situer aussi les *Centres nationaux d'information et de documentation* au Concile. Il s'agit d'organismes qui se trouvaient à mi-chemin entre le Bureau de Presse officiel du Concile d'une part et d'autre part les réseaux d'initiative purement privée. A l'ouverture de Vatican II deux de ces Centres font figure de pionniers: le DO-C ou Centre de documentation de l'Église catholique des Pays-Bas et le Centre d'information de l'épiscopat canadien (CCC). Ces deux centres reposent sur l'excellente coopération entre l'épiscopat national, les organes de la radio et télévision catholiques, des organisations de presse et l'apostolat des laïcs du pays d'origine.

Au cours de la première période de Vatican II d'autres Centres nationaux s'organisent petit à petit: allemand, espagnol, francophone, argentin. A partir de la seconde période conciliaire, les évêques des États-Unis organisent un 'panel' quotidien, qui apporta une contribution de grande valeur à la vie du Concile; le centre francophone devient 'français' sous la direction de P. Haubtmann et le Centre hollandais DO-C s'internationalise complètement en 1963 et se spécialise en des documents élaborés.

Ces différents Centres nationaux ne sont pas 'informels' puisqu'ils sont soutenus par des évêques ou l'épiscopat du pays d'origine. Ils n'appartiennent pas non plus aux 'instances officielles' c'est-à-dire romaines, en l'occurrence le Bureau de Presse du Concile. Par contre la coordination permanente des Centres nationaux, à partir d'octobre 1963, sera le résultat d'une initiative des RIIR.

Enfin la *source officielle* de l'information conciliaire à Rome était l'Ufficio Stampa del Concilio, qu'il faut citer ici avant d'y revenir plus amplement dans le chapitre consacré au fonctionnement de l'information à l'ouverture de Vatican II en octobre 1962.

2. *La constitution des RIIR en vue du Concile*

C'est grâce aux Journées d'études convoquées à l'initiative des *Informations Catholiques Internationales* sur le thème 'L'Église, le Concile et les Autres' et organisées à Paris les 13 et 14 mai 1961, que la coopération qui deviendra par la suite les 'Rencontres Internationales des Informateurs Religieux' a pu démarrer. Il faut reconnaître les grands mérites, l'ouverture internationale et l'orientation conciliaire de la revue du boulevard Malesherbes.

Le 15 mai 1961 cette revue organisait une 'réunion spéciale de travail' pour les rédacteurs de quelques revues étrangères qui étaient présents aux 'Journées d'études'. Ce fut la première rencontre d'une longue série de concertations: y participaient une quinzaine de publicistes d'Allemagne, Pays-Bas, Grande-Bretagne, Espagne, Italie, Belgique et bien sûr France. Cette première réunion était présidée par le père Gabel, assomptionniste, à l'époque président de l'Union internationale de la presse catholique, qui a tant fait pour valoriser la fonction de l'information religieuse dans l' Église catholique; le secrétariat était assumé par J.-P. Dubois-Dumée.

Le tour d'horizon effectué le 15 mai 1961 nous révéla que de nombreux évêques se trouvaient encore sous le coup de la surprise de la convocation inattendue d'un concile général tandis que dans plusieurs pays les laïcs engagés faisaient montre d'une certaine impatience devant les lenteurs de l'épiscopat.

Sur invitation de la revue allemande bien connue *Herder Korrespondenz* une nouvelle rencontre a eu lieu en septembre 1961 à Fribourg-en-Brisgau. Dès cette seconde réunion la fonction créa l'organe: dorénavant le groupe s'appellera 'Rencontres Internationales d'Informateurs Religieux' avec un comité de continuation comprenant J. de Broucker, R. Tucci, E. Gabel, P. Pauwels et J. Grootaers.

Le tour d'horizon entrepris à Fribourg en septembre 1961 permettait de constater que les réunions publiques d'information consacrées au Concile en préparation suscitaient un grand intérêt parmi les laïcs à partir du moment où l'on pouvait démontrer que le renouveau conciliaire ne pouvait réussir que si les fidèles, eux aussi, s'y engageaient personnellement. De manière générale on pouvait distinguer principalement trois zones en Europe occidentale: les Pays-Bas et l'Allemagne où l'opinion catholique paraissait être à l'avant-garde, le catholicisme anglo-saxon, l'Italie et l'Espagne où l'opinion ne s'exprimait que de manière limitée et enfin une zone intermédiaire comprenant notamment la France, la Belgique et la Suisse.

Au cours de la réunion de septembre 1961, le désir de préparer de meilleures relations du Concile avec l'opinion publique chercha à se concrétiser: il fut décidé de rechercher par des démarches individuelles le soutien de cardinaux membres de la Commission centrale préparatoire en vue d'obtenir la création d'un *bureau de presse* à Rome et d'entreprendre éventuellement une démarche collective auprès de Jean XXIII.

À la fin de mars 1962, c'est-à-dire six mois avant l'ouverture de Vatican II, une troisième rencontre avait lieu à Bruxelles, due cette fois à l'initiative commune en Belgique de la revue (flamande) *De Maand* et de la *Revue Nouvelle* (francophone), deux revues dirigées par des laïcs, qui avaient conscience de l'enjeu du Concile à venir.

À partir de cette réunion de Bruxelles les initiatives des RIIR vont se développer en deux directions, en quelque sortes complémentaires: d'une part le groupe informel veut contribuer à renforcer le *Bureau de Presse* officiel et à l'émanciper de sa tutelle curiale et d'autre part il entreprend et mène à bonne fin une coordination permanente entre les différents *Centres nationaux* d'information conciliaires qui fonctionnent à Rome en bonne entente d'ailleurs avec Mgr F. Vallainc.

Tout cela ne pourra se faire en quelques mois et il faudra attendre octobre 1963 pour que ce double objectif soit réalisé en grande partie. Cependant les premiers pas sont faits à partir de la Rencontre de mars 1962 à Bruxelles.

La note de Bruxelles

Depuis Fribourg (septembre 1961) les autorités romaines avaient mis en place l'Ufficio Stampa du Concile placé sous la direction de Mgr Vallainc. Le vœu émis à Fribourg n'en est pas pour autant vraiment réalisé car on avait déjà pu constater que le nouveau service ne disposait ni de moyens suffisants ni de la liberté nécessaire pour fonctionner: ainsi les comptes rendus des commissions préparatoires étaient vagues, incomplets ou difficiles à déchiffrer; il était clair aussi que le directeur de l'Ufficio Stampa subissait la tutelle que le secrétaire général de la préparation du Concile lui imposait sans relâche.

À la réunion de Bruxelles le père Roberto Tucci de la *Civiltà Cattolica*, très engagé dans un travail de rapprochement et de conciliation, proposa de rédiger une note concernant l'état de la question et suggéra des solutions constructives. Cette proposition fut agréée et mise à exécution. La note, rédigée à Bruxelles dans ces circonstances, sera présentée à Rome aux personnes responsables, accompagnée d'un commentaire oral.

Le 'rapport intérimaire' du 8 août 1962

En conclusion de la concertation de Bruxelles, le secrétaire des RIIR avait été chargé de faire un rapport intérimaire avant l'ouverture de l'assemblée conciliaire.

De fait ce rapport est adressé aux membres le 8 août 1962. Il commence par invoquer comme *modèle* de service de presse celui qui avait fonctionné à l'Assemblée générale du Conseil œcuménique des Églises à New Delhi en novembre-décembre 1961. Ce rapport diffuse aussi les premiers éléments d'information au sujet de deux Centres nationaux à Rome dont l'inauguration était imminente.

Il s'agit du centre hollandais DO-C (Documentatie Centrum Concilie) qui est à l'avant-garde par l'ampleur de ses moyens et la qualité des 'documents de travail' mis à la disposition de la presse d'abord et bientôt aussi des évêques; il s'agit ensuite du centre allemand dont l'évêque Mgr Kampe aura la charge: ce centre sera secondé par un Konzils-Informations-Dienst (KID) service de soutien théologique animé par des jésuites des Facultés de Francfort et appuyé par l'agence KNA qui disposera d'une rédaction spéciale à Rome.

Les retombées de la concertation de mars 1962

Cependant les deux documents cités ici ne sont pas les seuls conséquences de la rencontre internationale du printemps 1962. A la suite de celle-ci le père Tucci pourra persuader le cardinal Bea du bien-fondé de la note rédigée à Bruxelles et celui-ci aura l'occasion d'attirer l'attention du pape sur la démarche des informateurs religieux. D'autres contacts seront pris avec Mgr Dell'Acqua et Mgr Capovilla. Les membres les plus actifs du groupe alertèrent d'autres prélats en dehors du milieu romain et plus particulièrement des cardinaux qui étaient membres de la Commission centrale préparatoire, notamment les cardinaux Döpfner, Frings, König, Liénart, Montini et Suenens.

Le cardinal Léger (Montréal) et Mgr Roy (Québec), l'épiscopat allemand et les évêques hollandais avaient, eux aussi, été sensibilisés à l'urgence des questions posées par la note des informateurs religieux, quelques mois avant que le Concile œcuménique ne s'ouvre à Rome.

Dans le discours prononcé le 28 mai 1962, Jean XXIII déclara que le Bureau de Presse prévu au Concile allait recevoir de nouveaux développements. Cette décision et les déclarations qui en constituèrent le contexte ont donné l'impression que la note de Bruxelles avait eu l'influence souhaitée. De différentes sources on pouvait apprendre que la démarche des RIIR avait contribué à l'évolution des esprits. Les informateurs religieux ne pouvaient pas savoir à ce moment-là que bien des promesses ne seraient pas tenues dans l'immédiat.

3. *Fonctionnement de l'information à l'ouverture de Vatican II*

3.1. *L'Ufficio Stampa*

Les locaux définitifs du Bureau de Presse officiel du Concile, situés au rez-de-chaussée du palazzo au début de la Via della Conciliazione, furent inaugurés le 5 octobre 1962 une semaine à peine avant l'ouverture du Concile. L'inauguration fut présidée par le cardinal Cicognani, Secrétaire d'État[5].

Dès octobre 1961, Jean XXIII avait chargé Mgr Vallainc de la direction de ce nouveau service. Fausto Vallainc (né en 1916) était un Italien du nord, originaire du Val d'Aoste: en tant que directeur de la *Settimana del Clero* et consulteur pour la presse de l'Action catholique italienne, il avait une certaine expérience du journalisme[6].

Dès le début de son fonctionnement à l'ouverture du Concile, le Bureau de Presse s'est trouvé coincé entre le 'marteau' de la presse mondiale et l''enclume' du *secret conciliaire* imposé par les forces conservatrices de la Curie romaine: il s'est trouvé ainsi à l'épicentre de plusieurs secousses sismiques de l'automne 1962. La figure inoubliable de Mgr Vallainc ne pourra sortir de ce purgatoire qu'après la réorganisation de la seconde période de Vatican II.

Vingt ans plus tard Mgr Vallainc – devenu entretemps évêque du diocèse d'Alba – se souvenait encore avec amertume des humiliations

5. Dans le discours que Mgr Felici prononça à l'inauguration de la salle de presse, il déclarait que celle-ci constituait une preuve tangible de la bienveillance du Souverain Pontife à l'égard des journalistes: il espérait que ceux-ci sauraient, en retour, montrer qu'ils appréciaient les attentions dont ils étaient l'objet en servant la vérité dans leur service sur le Concile. Ces paroles révèlent à suffisance combien Mgr Felici était encore loin du fonctionnement réel de l'information et des développements à venir. Quelques jours plus tard, le 14 octobre 1962, le secrétaire général du Concile à la sortie d'une messe pour les journalistes, exhortait ceux-ci à ne pas céder aux 'détails sensationnels' (*La Croix*, 7 et 16 octobre 1962, p. 4).

6. Né le 14 octobre 1916 à Champorcher, dans le Val d'Aoste, Fausto Vallainc fut ordonné le 4 juin 1940. En 1946, il fondait un hebdomadaire local, puis fut successivement directeur du Servizio informazioni settimanale d'Aoste, secrétaire pour l'Italie du mouvement Pax Christi - c'est en cette fonction qu'il fut en contact avec Mgr Roncalli dès 1954 - directeur de l'Office de presse de la Conférence épiscopale italienne, avant d'être chargé par Jean XXIII de la direction du Bureau de Presse du Concile Vatican II. Après neuf années passées à la salle de presse, Mgr Vallainc fut nommé évêque d'abord (titulaire) de Frigento, puis du diocèse d'Alba. Lors de son départ Vallainc déclarait à ses amis journalistes: la joie de pouvoir être pasteur d'âme après trente ans de sacerdoce est plus grande encore que la tristesse du départ (*La Croix*, 14 juillet 1970).

que certaines autorités romaines lui avaient fait subir pendant la première période du Concile et de l'hostilité et de la méfiance de nombreux journalistes à son égard[7].

À l'ouverture de Vatican II, Mgr Vallainc disposait de cinq adjoints dits linguistiques (français, allemand, américain, polonais et portugais). Se trouvant sous la dépendance directe du tout-puissant Mgr Felici, confirmé en tant que secrétaire général du Concile, ses moyens d'action étaient plus que limités. Aucun de ses adjoints n'avait d'abord accès à l'*aula* conciliaire. René Laurentin témoigne à ce sujet: 'Il (Vallainc) ne devait pas donner les noms des Pères qui avaient parlé mais seulement une bouillie anonyme des idées émises, en édulcorant le concret et la pointe. Ce brouillard consciencieux et véridique restait étranger à l'information. La 'nouvelle', objet spécifique de la presse, restait cachée'. Mgr Vallainc se trouvait ainsi dans l'impossibilité matérielle de remplir ses fonctions.

À la suite d'une décision du Conseil de la présidence du Concile, deux adjoints reçurent la permission de seconder Vallainc en séance à partir du 14 novembre 1962. Cependant le problème principal du Bureau de Presse n'était pas résolu. La véritable solution ne viendra pas du Conseil de la présidence mais un an plus tard grâce à une initiative de la Commission de coordination au cours de l'inter-session 1962-1963. Nous en reparlerons en son temps.

En attendant le Bureau de Presse continue à être mis en cause par des instances curiales et même menacé des foudres du Saint-Office pour avoir violé le secret du Concile!

Les journalistes de leur côté ne manquaient pas de faire valoir leur mécontentement. Sous le règne de ce secret, qui caractérisait l'automne 1962, les informateurs religieux avaient de nombreuses raisons de se plaindre. La partialité des communiqués sautait aux yeux et des événements d'importance décisive se trouvaient omis ou censurés.

En voici quelques exemples typiques:

– à l'occasion du vote sur le schéma concernant 'les sources de la Révélation' – vote qui constitua un tournant de Vatican II – le communiqué omettait d'indiquer le nombre des voix positives et des voix négatives;

7. Voir l'interview rétrospective de Mgr F.Vallainc, vingt ans plus tard, dans *L'Avvenire*, 23 septembre 1982, p. 5. D'autre part René Laurentin écrit: 'Face à la meute Mgr Vallainc gardait une ferme courtoisie, entrait à l'occasion dans le psychodrame qui caractérise les palabres méditerranéennes et tentait de concilier l'inconciliable', 'L'information au Concile', *Le deuxième Concile du Vatican (1959-1965)*, École française de Rome, 1989, p. 366.

– lors de la discussion concernant la réforme du bréviaire, les 21 orateurs étaient présentés comme des opposants à la réforme alors qu'en réalité les avis étaient partagés;
– la comparaison du communiqué italien du 3 décembre 1962 avec la version allemande du même communiqué révélait des contradictions flagrantes dans la discussion cruciale du schéma 'De Ecclesia': 'quelques Pères'(all.) ≠ 'la plupart des Pères' (ital.); 'nombreux Pères' (all.) ≠ 'on' (ital.); 'un Père' (all.) ≠ 'd'autres Pères' (ital.)

Mais bientôt les Pères conciliaires eux-mêmes allaient découvrir l'importance de tout ce qui se passait en coulisse et dont certains étaient totalement ignorants[8].

3.2. Les RIIR en octobre-novembre 1962

Dans la confusion des premiers jours de cette immense assemblée de Vatican II qui se cherchait encore et qui était entourée d'une nébuleuse de théologiens et de journalistes, les 'Rencontres Internationales d'Informateurs Religieux' avaient le grand avantage d'être un réseau international déjà constitué et même rodé, en possession d'un fichier des adresses romaines, des informateurs et des épiscopats et avec un plan de travail.

Lors de l'inauguration du Concile il ne faudra que quelques jours pour assurer la notoriété du groupe international d'informateurs. En moins de deux semaines les RIIR organiseront cinq réunions successives pour faire face aux besoins les plus urgents. Pour les RIIR cela signifiait une intensification, une mutation et une diversification de leurs activités.

Il ne s'agissait plus tellement de fournir des informations aux journalistes présents à Rome mais plutôt de leur proposer l'interprétation de l'événement et de leur fournir de la documentation. En outre, de

8. On sait que les 'Letters from Vatican City' de Xavier RYNNE (alias Fr. X. MURPHY) paraissant dans un hebdomadaire new-yorkais furent une véritable révélation pour les évêques des États-Unis qui participaient au Concile à Rome sans savoir ce qui s'y passait réellement. X. RYNNE raconte lui-même cette histoire caractéristique: 'In passing it might be noted, at least for the english-speaking prelates, the first article in *The New Yorker* seemed in a litteral sense to be 'news' when it arrived in Rome. Before reading this article, which was mimeographed by some bishops and passed around quickly among American, English, Irish and Australian prelates, many of them had known nothing of the disputes going on in Rome between some Curial officials and the Biblical Institute, for example; nor had they any true notion of the reason for the Pope's insistence on an *aggiornamento*', *Letters from Vatican City*, New York, 1963, p. 245.

plus en plus d'experts avaient besoin d'être orientés, experts dont certains pour l'occasion se faisaient passer pour 'informateurs religieux'. Même quelques évêques frappaient à la porte du secrétariat des RIIR pour trouver des contacts et des documents.

Mais la spécialisation ne tarda pas et il fallait prévoir une meilleure concertation des dirigeants des Centres nationaux d'information conciliaire. Il fallait aussi prévoir un groupe 'ad hoc' appelé 'le comité des laïcs vigoureux' destiné à faire des propositions concrètes en vue d'améliorer d'urgence le fonctionnement du Bureau officiel de Presse. Un autre secteur s'organisa rapidement afin de rassembler les journalistes spécialisés des différentes radios et télévisions, ayant des besoins bien spécifiques.

Enfin les RIIR à Rome fonctionnaient aussi comme agent de liaison entre certains évêques latino-américains et africains d'une part et d'autre part des représentants du renouveau théologique d'origine européenne et nord-américaine.

À la mi-novembre des délégués des RIIR étaient reçus par Mgr Morcillo, évêque auxiliaire de Madrid et l'un des quatre sous-secrétaires du Concile, afin d'entendre les doléances des journalistes. C'est à la suite de cette démarche qu'un mémorandum, rédigé lors d'une réunion au Centre de documentation espagnol, sera remis à Mgr Morcillo qui en fera part directement au Conseil de la présidence du Concile. Celui-ci remettait une réponse à Mgr Felici l'enjoignant d'élargir l'information fournie au Bureau de Presse. Mgr Felici se sentant court-circuité en fut très mécontent.

Il fallut alors trouver une procédure de conciliation pour fournir aide et assistance à Mgr Vallainc. C'est dans ces circonstances que le Conseil de présidence prenait la décision d'admettre l'accès à la salle de séance du Concile de deux adjoints de Vallainc. D'autre part le père Tucci, un des animateurs des RIIR, se montra disposé à coopérer avec le Bureau de Presse: ceci signifia dès lors une première amélioration des communiqués officiels de l'Ufficio Stampa.

Cependant à la fin de novembre 1962 les participants des RIIR rédigèrent un second mémorandum afin de préparer la seconde période du Concile, période dont l'ouverture à ce moment-là était prévue en mai 1963.

4. La réunion de Genève en février 1963

La cinquième Rencontre Internationale de la courte période à laquelle nous nous limitons ici, a eu lieu à Genève au début de février 1963.

L'inter-session qui se déroule entre décembre 1962 et septembre 1963 est une transition d'importance cruciale dans l'histoire de Vatican II: un moment charnière. La 'victoire' du courant majoritaire en automne 1962 risquait d'être plus éphémère que ce que de nombreux évêques de la majorité avaient compris. Il fallait non seulement que cette 'victoire' soit consolidée, il fallait surtout que, pour être durable, elle puisse se traduire au plan des institutions.

Or les derniers jours de la première période conciliaire avaient laissé bien des choses dans un certain flou afin de ne pas humilier des cardinaux de la Curie et même le cardinal Secrétaire d'État dont certains schémas préparatoires n'avaient pas été admis au Concile.

Une autre faiblesse des positions de la majorité provenait de circonstances en quelque sorte géographiques: une fois que les Pères conciliaires, les théologiens 'nord-européens', les informateurs et journalistes étrangers étaient rentrés chez eux – à partir de la mi-décembre 1962- – les instances curiales occupaient à nouveau tout le terrain et pouvaient mener la vie dure aux 'Romains' des dicastères ou d'ailleurs qui avaient pris parti pour la liberté du Concile. Ce fut notamment le cas de Mgr F. Vallainc, qui se retrouvait seul sans la 'couverture conciliaire' qui précédemment avait constitué une certaine protection.

Cependant le pape Jean XXIII avait eu soin d'instituer une 'Commission de coordination', appelée *Commissio princeps*, qui dans l'esprit du Concile allait activer la préparation de la période suivante notamment en dressant un nouvel inventaire des schémas à prendre en considération et en contrôlant la révision des projets de texte ayant déjà été l'objet d'un premier échange de vues. Cette Commission de coordination ne veillera pas seulement à réarticuler une douzaine de schémas préparatoires, elle exercera aussi son autorité pour donner une base solide au Bureau de Presse officiel et pour émanciper celui-ci de la tutelle et même de la censure dont il avait été la victime.

C'est donc dans cette atmosphère particulière d'appréhensions indécises et de résultats encourageants qu'une bonne cinquantaine de rédacteurs de revues et de journalistes se réunissaient à Genève les 2 et 3 février 1963. Ils y étaient reçus aussi au Conseil œcuménique des Églises par le Dr W.A. Visser't Hooft, secrétaire général de ce Conseil. Un des points principaux à l'ordre du jour de cette nouvelle RIIR fut une initiation aux méthodes que le Conseil œcuménique des Églises

(COE) avait élaborées pour établir de bonnes relations avec l'opinion publique en général et avec la presse en particulier.

Ainsi Philippe Maury, directeur du Département des Communications du COE, souligna toute l'importance qu'il y avait à bien distinguer l'*information* d'une part et le *commentaire* d'autre part. A ses yeux il convenait que l'information soit brève, les commentaires par contre étaient destinés à situer les faits ou les déclarations officielles dans une perspective plus large, qui peut contribuer à en révéler la signification à long terme.

De même que le père Tucci poursuivait ses efforts pour concilier la fonction du Bureau de Presse du Concile et le rôle joué par les Centres nationaux d'information conciliaire à Rome, le père Edward Schillebeeckx, dans l'exposé qu'il fit aux informateurs religieux à la Rencontre Internationale de Genève, chercha à démontrer que les deux catégories de centres de presse étaient complémentaires et aucunement contradictoires. Le service de presse officiel était appelé à donner aussi largement que possible des informations nettes tandis que les centres indépendants d'origine nationale – et sans mandat aucun du Concile – cherchaient plutôt à éclairer l'état de la question d'un point de vue historique et théologique, renouvelant en quelque sorte l'approche des thèmes en discussion: 'ces deux sortes de centres – conclut Schillebeeckx – s'entre-appellent'.

Cette complémentarité possède d'ailleurs une signification ecclésiologique: un bureau de presse officiel reconnaît la légitimité des instances hiérarchiques tandis que les centres situés à un échelon 'inférieur' sont justifiés par l'expérience des fidèles dans l'ensemble de la chrétienté. Dans les deux cas il s'agit d'assumer la responsabilité chrétienne. On pouvait trouver dans cette approche un éclairage théologique original de l'inter-action d''instances officielles' et de 'réseaux informels'.

La concertation de février 1963 venait à un moment-charnière. La Rencontre Internationale avança une série de propositions concrètes au moment même où les instances de la Commission de coordination faisaient montre d'une grande disponibilité.

Le père R. Wiltgen proposa même de solliciter l'accès de quelques journalistes à la salle conciliaire. Selon une suggestion plus réaliste, on souhaitait la constitution d'un organisme permanent à Rome qui serait destiné à être le partenaire d'un dialogue avec la Curie et qui petit à petit pourrait faire accepter des perspectives nouvelles quant à l'information conciliaire. Une troisième proposition concernait les travaux des Commissions conciliaires: chacune de celles-ci aurait un 'agent de liaison' permanent et direct du Bureau de Presse officiel. Enfin on insista pour que la Commission de coordination, dont la prochaine session était prévue un mois et demi plus tard, accepte de désigner un cardinal spécialement chargé des relations avec la presse et de la politique générale de l'information conciliaire.

À la deuxième réunion de la Commission de coordination, tenue à la fin de mars 1963, il fut, en effet, décidé qu'il convenait d'ouvrir des voies nouvelles et plus larges à l'*information sur le Concile*[9].

La réorganisation du service de presse conciliaire qui allait entrer en vigueur dès le début de la seconde période du Concile, en automne 1963, par l'instauration du *Comité épiscopal O'Connor* signifiait de fait *la fin du secret conciliaire* en ce qui concerne les congrégations générales de Vatican II[10]. Ce Comité O'Connor plaçait le Bureau de Presse sous l'autorité directe du Concile lui-même et en faisait un organe moins dépendant du secrétariat général.

Enfin une grande partie du temps de la Rencontre de Genève fut consacrée à un panorama du fonctionnement actuel des Centres nationaux d'information conciliaire à Rome et à la recherche de moyens efficaces pour aboutir à une coordination permanente et structurée de ces Centres (voir annexe). Sous le sigle un peu mystérieux de CCCC (officiellement: Centrum Coordinationis Communicationum Concilii) ce Centre de coordination, enfant légitime des RIIR, fonctionnera à partir de septembre 1963 et déployera une grande activité, pendant trois ans.

Il avait pour but d'abord d'assurer des services de traduction afin que les divers Centres nationaux puissent réaliser une diffusion plurilingue de leurs documents (six traducteurs à plein temps), ensuite de donner l'occasion à tous les Centres d'organiser des conférences de presse et des réunions dans une salle commune, située à proximité de la Basilique Saint-Pierre, enfin d'assurer un service de 'boîtes aux lettres' pour le dépôt régulier des documents qui étaient destinés aux correspondants des journaux et des revues travaillant au Concile. En dernière instance on envisageait aussi de permettre à des journalistes du tiers monde, n'ayant pas les moyens de se faire représenter à Rome, d'obtenir les avantages d'un service de presse[11].

9. Déclaration de Mgr Morcillo, *D.C.*, 16 juin 1963, col. 807-808.

10. Comitato per la Stampa del Concilio (sous la présidence de Mgr Martin O'Connor), *Osservatore Romano*, 4 octobre 1963; on trouve ici une description de la réorganisation du service de presse du Concile.

11. Lors de sa fondation, en février 1963, le CCCC comprenait l'affiliation des centres nationaux suivants: centres américain, argentin, hollandais, français, allemand et espagnol; centres des Verbites, des Pères blancs, des Oblats de Marie.

Afin de rester dans le cadre assigné nous ne poursuivrons pas plus avant l'histoire des Rencontres Internationales des Informateurs Religieux pendant Vatican II.

5. *Une courroie de transmission*

Peut-être pourrait-on résumer la fonction principale des RIIR entre 1961 et 1965 en disant qu'elles ont joué un rôle de *courroie de transmission*, qui aura deux versants.

Le réseau des RIIR s'est efforcé de faire passer en haut lieu les désirs et les vœux qui provenaient des milieux de la presse en général et des informateurs théologiques et religieux en particulier. Les destinataires de cette 'transmission' étaient les autorités responsables soit de l'Église à Rome soit du Concile. Ce rôle fut significatif à la veille de l'ouverture de Vatican II, au cours des premières semaines du Concile et pendant la première inter-session, c'est-à-dire *lorsque les structures mêmes du Concile étaient mises à rude épreuve par les forces conservatrices*. Plus tard il s'est agi de transmettre le flux d'informations surtout dans le sens inverse, c'est-à-dire à partir du Concile et de ses dirigeants vers l'opinion publique.

Cette fonction de courroie de transmission gardait une importance toute particulière lorsqu'il y avait menace de crise conciliaire et quand on risquait d'avoir une rupture entre le courant majoritaire de Vatican II et les mouvements d'opinion qui partageaient les options de cette majorité.

Dans la mesure même où les courants favorables au renouveau avaient tendance à entrer de plus en plus dans les rouages institutionnels du Concile et d'accepter certains compromis avec le pouvoir en place —principalement au cours des troisième et quatrième périodes conciliaires— le risque grandissait que la distance entre la majorité et une opinion chrétienne dynamique mène à un divorce.

Dans cette perspective l'attitude de la majorité conciliaire à l'égard des informateurs au Concile n'était pas toujours sans ambiguïté! Il est arrivé plus d'une fois qu'une majorité devenue incertaine du sort qui serait fait à ses initiatives, cherche à se rapprocher des correspondants de presse en espérant obtenir leur appui public mais pour aussitôt reprendre ses distances une fois que le danger était passé et que les difficultés paraissaient être résolues. Pareille ambiguïté 'politique' est apparue à plusieurs reprises entre 1963 et 1965.

La transmission du 'centre' vers la 'périphérie' deviendra une tâche tout à fait cruciale, une fois que, le Concile terminé, il fallait faire passer dans l'opinion publique de l'Église, les réformes et le renouveau de Vatican II. C'est à cette tâche précisément que le réseau des RIIR s'est employé durant les années qui ont suivi la clôture du Concile.

Conclusion

Il va de soi que ce survol est trop rapide pour donner une image complète de la réalité. Même traité de manière cavalière notre sujet permet de mesurer la distance que l'information religieuse a parcourue en moins de deux années grâce aux modifications fondamentales d'attitude dont l'événement conciliaire a fait prendre conscience.

Avant Vatican II les journaux catholiques concevaient l'information religieuse *soit* comme une forme d'apologétique (on polémiquait pour défendre la foi, la morale, l'institution) *soit* comme communication d'ordre administratif (nominations du clergé, mutations de fonctions, décès). Quant aux journaux hostiles au christianisme ou à l'Église, l'événement religieux retenait principalement l'attention s'il pouvait servir à une campagne anticléricale (affaire de mœurs, malversations financières, etc.).

À partir du Concile l'information religieuse ne connaît pas seulement un regain d'intérêt mais elle est située dans une perspective plus 'objective', c'est-à-dire dans une perspective qui tient à distinguer davantage deux fonctions différentes: celle d'informer et celle de commenter, une distinction qui appartenait déjà à la déontologie journalistique de tradition anglo-saxonne.

À l'intérieur de l'Église catholique elle-même, la mentalité anti-information se situait dans la logique d'une image de l'Église plutôt statique. La manière dont l'autorité y était exercée faisait considérer le secret comme une forme nécessaire du pouvoir. À cet égard on pourrait peut-être dire qu'à la suite de la Contre-Réforme la valorisation unilatérale de l'institutionnel, souvent aux dépens du prophétique, avait en quelque sorte évacué la tension normale qui existe entre la durée de l'*institution* et l'imprévu de l'*événement*.

La conception de l'Église comme *societas perfecta*, fondement de la théologie des manuels en usage, avait eu une influence déterminante: à l'extrême, cette Église paraissait de fait pouvoir échapper à tout avatar historique. En poussant ce raisonnement jusqu'au bout on avait le sentiment que là où il n'y a plus d'événement, il n'y a bien sûr plus aucune 'nouvelle'!

Par la seule convocation d'un Concile général et par l'inauguration de cette assemblée imprévue et, il fallait l'admettre, imprévisible, 'il se passait quelque-chose': c'était comme si l'événement reprenait le devant de la scène. Car Vatican II fut d'abord et par excellence un événement pour devenir ensuite une institution.

Le Concile lui-même devenait l'événement qui faisait découvrir qu'à l'intérieur de l'Église il y avait des mouvements et des tensions, qu'il y avait inspiration et qu'il y avait vie. En un mot dans l'Église aussi il pouvait 'arriver' quelque chose[12].

Dans ces circonstances l'information religieuse a changé de coefficient[13].

Le seul fait d'un Concile signifiait une forme de concertation qui suscitait un préjugé favorable dans l'opinion mondiale. Mais aussi par son contenu Vatican II prenait le sens d'une irruption. Ainsi au cours des discussions conciliaires apparaissaient à l'opinion profane: la prise en compte d'une opinion vivante dans l'Église, la participation des chrétiens et de l'Église au mouvement de l'histoire (avec ses conflits, ses incertitudes, ses engagements), le prix particulier attaché au dialogue avec les 'autres', l'acceptation d'une société pluraliste... La grande presse mondiale, représentée par des quotidiens comme le *New York Times*, le *Monde*, la *Frankfurter Allgemeine*, la *Neue Zürcher Zeitung* et les grandes agences internationales s'est trouvée à l'avant-garde de ce mouvement d'intérêt. Dans les pays à prédominance catholique une véritable information acquiert droit de cité. Dans la presse profane une approche est née qui évite la polémique.

C'est en quelque sorte une révolution copernicienne qui s'est ainsi déroulée sous nos yeux. La prédiction de dom Cuthbert Butler, faite en

12. Quelques chiffres peuvent donner un reflet du succès de l'information religieuse dès les débuts de Vatican II. Le quotidien *La Croix* bénéficie d'un accroissement de 50.000 abonnés à l'ouverture de Vatican II; la revue *Informations Catholiques Internationales* monte en flèche de 17.000 lecteurs (1958) à 24.000 (1960) et 29.000 (1961); une revue specialisée comme *Irénikon* (monastère de Chevetogne) voit le nombre de ses abonnés augmenter d'un tiers; enfin certains périodiques consacrés *exclusivement* à l'événement conciliaire touchent un public nouveau: tels *Concil Aviu* (revue catalane) et *Vaticanum Secundum* (Pays-Bas): celui-ci compte 6.000 abonnés après quatre mois d'existence.

13. Ce changement est relié en profondeur au renouveau général de l'image de l'Église qui était en gestation sous Jean XXIII, s'enracinant dans les mouvements liturgique, œcuménique, biblique, dans l'apostolat des laïcs, dans les nouvelles perspectives de l'ecclésiologie. Le renouveau général a fourni les éléments qui fondent une nouvelle conception de l'information *dans* l'Église et *au sujet* de l'Église; il suffirait, par exemple, de citer ici le nom de Karl Rahner qui a tellement aidé à retrouver le poids de l'opinion publique dans l'Église et à valoriser à nouveau les charismes et le prophétisme dans la vie normale de l'Église.

1930, et sa mise en garde 'if ever the Council meets again' ont été entendues en 1962, grâce au pontificat d'un pape qui faisait confiance à l'action de l'Esprit Saint.

ANNEXE

VADEMECUM[14]

1. Organismes officiels de l'Église pour l'information au Concile

Comitato per la stampa del Concilio

Président: Mgr. Martin O'CONNOR
Secrétaire: Mgr. F. VALLAINC
Bureaux: Palazzo San Carlo. tél. 31.97

Ufficio stampa

Directeur: Mgr. F. VALLAINC. tél. 698 int.4106
Bureaux: Via della Conciliazione, 52. tél.652.952.

Chefs des groupes linguistiques

Père BERNARD (Fr.)
Père CALDERON (Esp.)
Père ALMEIDA (Port.)
Mgr. FITTKAU (All.)
Père HESTON (Ang.)
Père WEZOLY (Polonais)

Horaire: 9.00-20.00
Bulletin: 13.00

14. Sous ce titre général, le Centre de Coordination des Communications du Concile (CCCC) avait rassemblé une documentation qui pouvait être utile aux informateurs religieux mais aussi aux évêques et aux experts. Il nous a paru souhaitable de reproduire ce document ici parce qu'il donne un reflet d'une activité peu connue et pourtant d'une grande intensité à Vatican II: l'activité des différents 'Centre nationaux d'information et de documentation'. Il convient de souligner ici le fait caractéristique que ces centres fonctionnaient soit sous le patronage de certaines conférences épiscopales, soit en relation directe avec des épiscopats nationaux. Ils témoignent de la liberté de mouvement des évêques au Concile et aussi de l'esprit de coopération qui les animait à l'égard de l'opinion publique. Le date de diffusion de ce 'Vademecum' se situe en octobre 1963. Nous n'avons pas pu vérifier l'exactitude de tous les noms de personnes et de sièges figurant dans ce document. (Note de la rédaction.)

2. Évêques responsables (du Comitato per la stampa del Concilio)

France:	Mgr. STOURM, archevêque de Sens.
Italie:	Mgr. PANGRAZIO, évêque de Gorizia.
Allemagne:	Mgr. WITTLER, évêque d' Osnabruck.
Angleterre:	Mgr. ZAROWESTE.
Espagne:	Mgr. CIRARDA, auxiliaire de Séville.
Portugal:	(sera désigné ultérieurement)
Slaves:	Mgr. BEDNORZ, coadjuteur de Katowice.
Afrique:	Mgr. THIANDOUM, archevêque de Dakar.
Asie:	Mgr. D'SOUZA, archevêque de Nagpur (Inde)
Orient:	Mgr. KHOURY, maronite, évêque de Tyr.
Amér. lat.:	(sera désigné ultérieurement).
Presse missionnaire:	Mgr. MCCANN, archevêque du Cap (Union Sud-Africaine)

3. Auditeur laïques pour le Concile

M. Silvio GOLZIO, président du conseil de COPECIAL (Comité Permanent des Congrès Internationaux de l'Apostolat des Laïques). Italien.

Prof. Ramon SUGRANYES DE FRANCH, président de la Conférence de l'OIC (Organisation Internationale Catholique). Espagnol.

M. Miecyslaw DE HABICHT, secrétaire permanent de la Conférence des OIC. Polonais.

M. Henri ROLLET, président de la Fédération Internationale des hommes catholiques. Français.

M. Juan VASQUEZ, président de la Fédération Internationale de la Jeunesse Catholique. Argentin.

M. Raimondo MANZINI, président de l'Union Internationale de la Presse Catholique et directeur de *l'Osservatore Romano*. Italien.

M. Auguste VANISTENDAEL, secrétaire général de la Confédération Internationale des Syndicats Chrétiens. Belge.

M. Jean LARNAUD, secrétaire du Centre de Coordination des OIC auprès de l'UNESCO. Français.

M. James NORRIS, président de la Commission Internationale Catholique pour les Migrations, à Genève. Américain.

M. François VITO, recteur de l'Université Catholique du S. Coeur de Milan. Italien.

Radio Vatican

Directeur général: P. Antonio STEFANIZZI s.j. - Città del Vaticano - tél. 698.
Directeur de programmes: P. Francesco RIAIVRE s.j. - Via dei Penitenzieri, 20 - tél. 698.
Directeur du radio-journal: P. Francesco FARUSI - P.zza S. Uffizio - tél. 698/674.

Osservatore Romano

Directeur: Raimondo MANZINI - Città del Vaticano - tél. 698.

Le centre catholique italien pour la radio et la télévision

est sous la direction de M. l'abbé Francesco ANGELICCHIO qui est responsable des émissions religieuses réalisées par la RAI avec laquelle il collabore étroitement, surtout pour les programmes se rapportant au Concile. Le délégué est M. l'abbé Carlo BAIMA.
Bureaux: Via della Conciliazione, 20. tél. 561.775./564.132.
Horaire: 9.00-13.00

4. *Centre nationaux d'information et de documentation établis par des épiscopats nationaux ou des ordres religieux*

a) *Le Centre allemand*, Via dei Penitenzieri, 64, est sous la direction de Mgr. W. KAMPE, évêque de Limburg-Lahn. Il organise une fois par semaine, chez les Pères Salvatoriens, Via della Conciliazione, 51, des conférences pendant lesquelles des évêques et des théologiens donnent des explications concernant les derniers événements conciliaires, en collaboration étroite avec KNA et ICI ROMA, qui se charge surtout de l'information directe.
Père GORDAN Paulus, o.s.b. - tél. 564.468 (UFC STAMPA) - les commentaires de Mgr. FITTKAU auront lieu à 12h.45.

b) *Le Centre de presse des évêques américains* (USA) (Amer. Bishops' Press Panel), sous la direction de Mr. Elmer VON FELDT, Piazza Adriana, 12 - Pension Castello, tient une conférence de presse a 2h.30 chaque jour dans le hall de 'l'USO Club', Via della Conciliazione, 2; des experts traiteront les différents aspects de la vie de l'Église.
Bureaux: Via della Conciliazione, 2. tél. 564.232.

Heures: 9.00 - 19.00.
Évêque responsable: Mgr. Herbert ZUROVISTE de Belleville (Illinois).

c) *Le Centre de l'Amérique latine* dépend fortement de l'Espagne, en ce qui concerne l'information. Le R.P. Jorge MEJIA représente le CELAM, pendant les périodes de session, Hôtel Ippocrate, tél. 491.994/998.

d) *Le Centre brésilien* est une représentation du secrétariat national d'opinion publique de la Conférence des évêques du Brésil qui a son siège à Rio de Janeiro, Largo da Gloria, 446 Palacio Sao Joaquim. Le centre se propose d'offrir une information ample et objective sur le concile à l'opinion publique nationale à travers la presse, la radio et la télévision. Le directeur est un journaliste: Otto ENGEL.
Bureaux: Via Domenico Silveri, 30 - Tél. 632.952/53.

e) *Le Centre canadien d'information* est dirigé par S.E. Mgr. J.-M. CODERRE - Tél. 33.59.47 pour la section française et par S.E. Mgr. J.C. CODY - Tél. 68.89.41, pour la section anglaise. Les responsables sont: Mr. l'abbé Yvon DESROSIERS (Secrét. RTV au CCCC); Mr. Bernard DALY, Hôtel Colombus - Tél. 99.62.84. Pour toutes informations s'adresser au secrétariat de l'épiscopat canadien: Tél. 47.41.18.

f) *Le Centre espagnol*, sous la direction de Mgr. Jesus IRIBARREN, organise des conférences et des interviews pour les journalistes espagnols et sud-américains. Le centre est situé au 58 de la Via Gregorio VII, tél. 63.29.41. Mgr. Josè Maria CIRARDA est président de l'épiscopat espagnol.

g) *Le Centre français* (Séminaire français) Via S. Chiara 42, Tél. 651.506 - 653.609 est dirigé par Mr. le Chanoine P. HAUBTMANN. On donnera des commentaires sur les communiqués officiels, tous les jours au Bureau de Presse, Via della Conciliazione, 52, à 12h.30. Auront lieu également des conférences et des interviews.
Un collaborateur laïc: Mr. Jean BOURDARIAS, Viale Giulio Cesare, 95 est spécialement chargé des contacts avec les stations de radio et de télévision. Les Canadiens français collaboreront étroitement avec le Centre français.

Horaire: 10-18 h. - Tél. 659.763.
Chaque Mercredi à 18 h. à Saint-Louis-des Français aura lieu une conférence de presse des évêques français.

h) *Le Centre de Documentation hollandais*, sous le patronage des évêques néerlandais, se spécialise dans la documentation théologique et publie ses documents en six langues. Ce centre est organisé par différentes associations catholiques hollandaises.
Directeur: Dr. Leo ALTING VON GEUSAU.
Bureaux: Hôtel Olimpic, Via Properzio, 2. Tél. 351.701.
Secrétaire: Mlle A.E. VAN TOL.
Horaire: 8.30 - 20.00 (fermé le samedi après-midi et dimanche - sauf circonstances particulières).
Conférences de presse: lundi 10.30 (hollandais) Hôtel Olimpic
Jeudi 16.00 conférences générales au Foyer Unitas, Via S. Maria dell'Anima, 30 (près de Pl. Navona).
Jeudi 18.00 (hollandais) au Foyer Unitas.

i) *Le Centre italien* est sous la direction de Mgr. Puccinelli, Via della Conciliazione, 1.

j) *Le Centre d'Information des Oblats de Marie Immaculée* distribuera aux intentions des prêtres et religieux des interviews enregistrées par des Pères du Concile et des experts. Le Père André GUAY, Procureur Général et responsable, est assisté du Père C. TORMEY. Le Père P. HURTUBISE sera chargé de préparer des émissions pour Radio Marie retransmises sur 37 stations.

k) *Le Centre panafricain*
Mgr. BLOMJOUS (Angl.) - Mgr. Zoa (Fr.).
Mgr. THIANDOUM pour la radio-tv, archevêque de Dakar.

Les Centres sous-mentionnés[15] ont établi un centre de coordination qui s'appelle: 'Centrum Coordinationis Communicationum de Concilio' (CCCC).
Secrétaire exécutif général: Rév. Père L. Th. GROND, o.f.m. Via S. Uffizio, 25 - Tél. 65.69.957. - 65.69.925.

15. Le terme 'sous-mentionnés' repose sur une erreur manifeste, car les centres mentionnés précédemment ont, eux aussi, fait partie du CCCC (Note de la rédaction).

l) *Le Centre des Pères Blancs* (CIPA) - Via Aurelia, 269 - Tél. 63.23.14 et 63.23.18 - est dirigé par le Père G. DE RASILLY, Secrétaire général; ce centre est orienté vers tout ce qui touche à la vie de l'Église en Afrique. Le responsable de la Section Information est le P. Albert THEUNIS.

m) *Centre de la Societas Verbi Divini*, existant déjà depuis quatre ans, est installé à la Via delle Fornaci, 121 int. 18 - Tél 63.10.105. Le R.P. WILTGEN Ralph en assume la direction. Il s'occupe de la distribution de l'information par l'entremise d'un bulletin publié en 12 langues et organise des conférences de presse par les Pères du Concile.

4. *Divers*

A) RAI

a) Relations avec Radio et Télévision étrangères.
   - Dott. Gianfranco ZAFFRANI, directeur des rapports avec l'étranger. Tél. 664 int. 2289 et 2931.
   - Dott. Ing. GRILLI (Tél 664 - int.2831) directeur du Service des Échanges de Programmes et des Relations Techniques Internationales.
   - Adjoint pour la télévision: Dr. Corrado AGOSTINI (Tél. 664 - int. 2285).
   - Adjoint pour la radio: Dr. Carlo BALDI (Tél; 664 - int. 2248).

b) Informations pour le concile: Sig. DI LISA - Tél. 664.

c) Production (Radio): Mr RENZONI, réalisateur de 'Vaticano II' - Tél. 441 - 4160.
   Production (TV): Mr. LUCA DE SCHIENA: Réalisateur du 'Diario del concilio'.

B) *Associazione Stampa Estera*

Agence France-Presse (AFP)-France.
Rome, Piazza SS. Apostoli, 53 - tél. 673.588 / 673/855.
Associated Press (AP)-Etats-Unis.
Rome, Piazza Grazioli, 5 - Tél. 689-936.
Reuters Ltd., (Reuter) - Angleterre.
Rome, Via Luca Signorelli, 12 - Tél. 306.343.
United Press International (UPI).

Rome, Via di Propaganda Fide, 27.
Rédaction: Tél. 675.747 - 673.525 - 674.463.

LES BUTS DU CENTRE DE COORDINATION DES COMMUNICATIONS AU CONCILE

1.– Tout d'abord, le Centre de Coordination assure les services de traduction, de sorte qu'il soit possible aux divers Centres nationaux d'avoir une traduction rapide de leurs communications, rapports et documents. De ce fait, ils peuvent dépasser les limites de leurs pays et les frontières linguistiques et ainsi diffuser d'une nation à l'autre, les échos du concile.
2.– Le Centre de Coordination donne à tous les centres, surtout à ceux qui ne diposent pas d'une salle assez grande, l'occasion d'organiser des conférences de presse et des réunions dans une salle centrale commune.
3.– De par ses activités et ses services, le Centre de Coordination permettra aux pays et aux continents du tiers monde, qui n'ont pas les moyens de se faire représenter au concile par un service appproprié de presse et d'information, d'obtenir les avantages d'un tel service.

(Rome, octobre 1963)

DES OBSERVATEURS NON CATHOLIQUES

ÉTIENNE FOUILLOUX

Ils ont été l'une des principales curiosités de la première période conciliaire. Une approche complète du groupe original qu'ils formèrent alors devrait retracer d'abord l'historique complexe de leur invitation par Rome, depuis le premier ballon d'essai pontifical, fin août 1959; mais à cet historique déjà bien connu nous ne pourrions ajouter que des retouches mineures[1]. Elle devrait ensuite s'intéresser aux réponses des Églises et dénominations invitées, sur lesquelles n'existe, cette fois, aucune étude sérieuse. Particulièrement obscur, dans ses versions opposées, apparaît ce que l'on pourrait appeler l'imbroglio oriental: Constantinople décline l'offre contre son gré, pour ne pas heurter certaines Églises soeurs; Moscou l'accepte au dernier moment, revenant ainsi sur ses déclarations antérieures. En l'absence d'une documentation accessible et fiable nous avons renoncé à traiter la question[2].

En revanche, nous pouvons apporter quelques lumières inédites sur le groupe lui-même, à partir du moment où commence le Concile auquel il est admis. Exception faite d'une thèse espagnole d'accès difficile[3], rares sont les travaux en ce sens. Quelle est la physionomie propre

1. Voir Thomas F. STRANSKY, 'The foundation of the Secretariat for promoting Christian Unity', *Vatican II by those who were there*, Alberic STACPOOLE ed., Londres, Geoffrey Chapman, 1986, p.62-87; Stjepan SCHMIDT, 'Giovanni XXIII e il segretariato per l'unione dei cristiani', *Cristianesimo nella storia*, Bologne, juin 1987, p.95-117; Philippe CHENAUX, 'Le Conseil oecuménique des Églises et la convocation du Concile', *A la veille du Concile Vatican II. Vota et réactions en Europe et dans le catholicisme oriental*, Leuven, 1992, p. 200-213.

2. Point de départ dans Maria BRUN, *Orthodoxen Stimmen zum II. Vatikanum*, Fribourg (Suisse), 1988, p.15-21; sur l'acceptation de Moscou, état de la question par Andrea RICCARDI, *Il Vaticano e Mosca (1940-1990)*, Bari, Editori Laterza, 1992, p. 217-264.

3. Salvador GOMEZ, *Grupos 'extra aulam' en el II Concilio vaticano y su influencia,* Universidad de Valladolid, Faculdad de derecho, 1980, livre II, 5, p.53-85.

au groupe des observateurs? S'agit-il bien d'un groupe spécifique et non d'une collection d'individualités artificiellement rassemblées? Possède-t-il un mode de fonctionnement autonome? Quel fut son rôle dès la première période conciliaire? Quel jugement ses membres ont-ils porté sur l'événement auquel ils participaient, et par là-même sur leur présence à Saint-Pierre pour le XXIe concile de l'Église catholique?

À toutes ces questions, les publications postérieures des intéressés apportent des réponses précieuses, pour peu qu'on les lise de près. Nous ont été fort utiles, notamment, le carnet du congrégationnaliste américain Douglas Horton et les réflexions ou souvenirs du réformé français Hébert Roux[4], tout comme les témoignages de six observateurs, anonymes hélas!, recueillis dès l'automne 1963 par le jésuite américain Rock Caporale[5]. Plusieurs des membres du groupe ont rapporté des papiers du Concile, mais ceux-ci sont géographiquement dispersés[6]. Aussi avons-nous eu recours, pour l'essentiel, aux archives du Conseil oecuménique des Églises qui conservent huit cartons de documents d'inégale valeur sur Vatican II. Les plus profitables à notre travail ont été celui qui regroupe la correspondance entre Genève et le Secrétariat pour l'unité, mais plus encore celui qui contient les lettres adressées par l'envoyé de Genève, le pasteur réformé suisse Lukas Vischer, au secrétaire général du Conseil, W.A. Visser't Hooft: 25 courriers numérotés du 7 octobre au 2 décembre, dont les passages les moins confidentiels ont été seuls diffusés parmi les membres du staff genevois (des analyses de schémas notamment). Les développements qui suivent doivent beaucoup à cette source neuve[7].

*

4. *Vatican Diary 1962*, Philadelphie/Boston, United Church Press, 1963, 206p. *Le Concile et le dialogue oecuménique*, Paris, Seuil, 1964, 171 p.; *Détresse et promesse de Vatican II*, Paris, Seuil, 1967; *De la désunion vers la communion*, Paris, Le Centurion, 1978, p.177-247.

5. *Les hommes du Concile*, Paris, Cerf, 1965, p. 191-206.

6. Indications de J. JACOBS pour les observateurs néerlandais, et d'A. STACPOOLE pour les Britanniques, *Sources locales de Vatican II*, Leuven, 1990, p.56-57 et 75-79.

7. Que nous remercions Monsieur François Burgy de nous avoir communiquée; désormais, elle sera référenciée ainsi: Vischer, numéro d'ordre, date, mais sans répétition du fonds d'origine, comme pour les autres documents que nous y avons trouvés.

Avant toute chose, une description aussi précise que possible du groupe des observateurs s'impose afin de lever un certain nombre d'ambiguïtés. Premier problème: qui sont-ils? La solution n'est pas aussi claire qu'on pourrait le croire à première vue, tant en ce qui concerne les statuts que les chiffres. Se côtoient ainsi, dans la tribune qui leur est réservée, des 'observateurs-délégués', puisque tel est leur titre exact, et des 'hôtes' du Secrétariat pour l'unité. Les premiers sont présents de manière officielle, comme représentants d'Églises ou de dénominations qui les ont désignés en réponse positive à une invitation non moins officielle du Secrétariat. Les seconds ne représentent, en revanche, qu'eux-mêmes: leur invitation est personnelle.

D'après la liste publiée après coup[8], les 'hôtes' du Secrétariat représentent huit des cinquante-quatre non-catholiques admis dans l'aula lors de la première phase du Concile. Mais le chanoine anglican Bernard Pawley, envoyé spécial de l'archevêque de Canterbury à Rome depuis février 1961, est comptabilisé parmi eux dans l'*Osservatore romano* des 15-16 octobre, alors qu'il est ensuite restitué à la délégation anglicane; en sens inverse, Lukas Vischer fait de Mgr Cassien Bezobrazov, recteur de l'Institut Saint-Serge de Paris, un 'observateur', alors qu'il est un 'hôte' (18, 1er novembre).

Ces invitations personnelles peuvent s'expliquer de deux manières différentes, qui ne s'excluent d'ailleurs pas. D'une part, Rome a voulu convier au Concile des hommes connus d'elle pour leur sympathie envers le catholicisme ou envers la cause du rapprochement des chrétiens séparés: les frères de Taizé Roger Schutz et Max Thurian ou le Néerlandais Berkouwer dans le premier cas; dans le second un Oscar Cullmann, dont les recherches néo-testamentaires n'ont pas échappé à l'ancien recteur de l'Institut biblique Augustin Bea. D'autre part, ces invitations nominales permettent de combler discrètement les places laissées vides par certains refus. Mgr Cassien Bezobrazov et le père Alexandre Schmemann, vice-doyen du séminaire Saint-Vladimir de New York, ne possèdent certes aucun mandat, mais ils animent les deux institutions théologiques les plus prestigieuse de l'émigration russe qui dépendent toutes deux, en dernière instance, de Constantinople. D'ailleurs, la possible invitation du théologien grec Bratsiotis a été évoquée par le cardinal Bea devant l'observateur de l'Église évangélique allemande Edmund Schlink (Vischer, 1, 7 octobre). La présen-

8. *Observateurs - délégués et hôtes du Secrétariat pour l'unité des chrétiens au deuxième concile oecuménique du Vatican*, Typis polyglottis Vaticanis, 1965, p. 11-15.

ce de Joseph H. Jackson, président (noir) de la National Baptist Convention américaine, reçu en audience privée par Jean XXIII le 21 décembre 1961, compense quelque peu l'absence délibérée de la Baptist World Alliance, seule des grandes confédérations protestantes à décliner l'invitation vaticane[9].

Dans la pratique, toutefois, la distinction entre les deux catégories s'estompe jusqu'à disparaître complètement. 'The difference between 'Observers' and 'Guests' appears to be nominal only, their status being for all practical purposes the same', précise le premier rapport envoyé à l'Alliance réformée mondiale par ses délégués, le 18 octobre[10]. Le terme unique d'observateur, passé dans le langage courant, peut donc être retenu sans difficulté.

Une simple comparaison entre la liste initiale fournie par l'*Osservatore romano* des 15-16 octobre, qui comporte 39 noms, et la liste officielle qui en comporte 54 suffit à prouver le caractère fluctuant des contours du groupe: un écart de 15 unités laisse perplexe. Trois facteurs se conjuguent pour en rendre compte. Des personnalités annoncées ne viennent pas: l'Éthiopien Chabre Sadeque ou le théologien indien Paul Verghese, de l'Église syro-jacobite, notamment; le chrétien libéral Dana MacLean Greeley se fait remplacer d'emblée; quant au congrégationnaliste George B. Caird, '(he) has not been able to take his place here as yet', note son collègue Horton le 25 novembre[11]. D'autres observateurs, présents au début, quittent Rome avant la fin de la session. 'The group of observers has diminished also and it will diminish further. Bishop Moorman has been replaced by Professor Wolf; others have left without being replaced (e.g. Bishop Antoine, Geneva, Troianoff, Lausanne, Dr Ullmann, the Ethiopian)', écrit Lukas Vischer le 4 novembre. Mais sa missive évoque aussi la venue de substituts, envisagée par Visser't Hooft avec Mgr Willebrands dès leur rencontre genevoise du 3 avril 1962[12]. Or quelques-uns de ces substituts, arrivés en cours de session, sont appelés à jouer un rôle ultérieur important dans le groupe. Mentionnons ainsi le méthodiste argentin José Miguez Bonino, le réformé italien Vittorio Subilia ou le luthérien hongrois Vilmos Vajta. Il est donc assez difficile, dans ces conditions, de déterminer avec précision combien d'observateurs ont assisté de

9. John I. Stuber, luthérien du Missouri, est dans la même situation.

10. Report of observers at the second Vatican Council, No. 1, strictly confidential, 3 p. dactyl. (cit. p.1).

11. *Vatican Diary 1962*, *op. cit.*, p. 144.

12. Note manuscrite du secrétaire général.

bout en bout à la première période conciliaire. Selon nos pointages, ils ne seraient pas plus de 30, avec une marge d'erreur de quelques unités.

Ajoutons enfin que certains outsiders, présents à Rome, ne font pas partie du groupe... et le regrettent. 'Max Lackmann and Peter Meinhold have asked for invitations and it seems that the Secretariat took into consideration at least the second name. Schlink discouraged Bea from inviting any of the two. He explained that both do not really represent the Protestantism of Germany and that the Secretariat should not invite anybody who is known for his openness towards Rome. Bea seemed to understand these reasons and Schlink thinks that no invitation will be extended' (Vischer, 1, 7 octobre). Les deux personnalités citées appartiennent au courant de Haute Église, minoritaire dans le protestantisme allemand. Le raisonnement tenu par Schlink est intéressant: par analogie, il conduirait aussi à l'exclusion des frères de Taizé, bien peu représentatifs du protestantisme français... Outre Jackson, 'one or two other Baptists have sought to get to the Council in one capacity or another. There is reason to hope that an American Baptist professor may secure accreditation as a Press representative', écrit le 8 octobre Ernest A. Payne, secrétaire général de l'Union baptiste britannique et membre important de l'organigramme du Conseil oecuménique: il était favorable à l'acceptation de l'invitation, mais n'a pas été suivi. Ce 'journaliste' sera Walter Harrelson, de l'université Vanderbilt, dans le Tennessee[13]. Quant au père André Scrima, envoyé personnel du patriarche Athénagoras, il multiplie les contacts dans les marges de l'assemblée (Vischer, 18, 1er novembre). Certes, ces différentes personnalités ne jouissent pas du statut d'observateur, mais leur rôle privé est-il si différent de celui des observateurs en titre? On peut même penser que l'influence de quelques-unes est supérieure à celle de nombre d'observateurs.

Après avoir tenté de cerner l'allure générale du groupe, il convient de s'intéresser maintenant à sa composition, d'un double point de vue confessionnel et géographique. Les inégalités de la répartition religieuse sautent aux yeux après qu'ont été écartées certaines ambiguïtés mineures: Douglas Horton signale, par exemple, que le professeur de Leyde L.J. Van Holk, 'may also be considered to represent the interests of the International Congregational Council, since he is a member in good and regular standing of the Remonstrant Brotherhood of the

13. Note transmise à Visser't Hooft, qui l'approuve en marge; nom du 'journaliste' dans Salvador GOMEZ, *op. cit.*, p. 72.

Netherlands', alors qu'il siège pour l'Association internationale du christianisme libéral[14]...

La défection de la plupart des Églises byzantino-slaves, patriarcat de Moscou excepté, provoque un déséquilibre majeur entre représentation orientale et représentation anglo-protestante, diminuée du seul refus baptiste: 14 observateurs d'un côté, 40 de l'autre. Ce déséquilibre est encore accentué, qualitativement, par l'assiduité et le poids des délégations occidentales. Certes, les Orientaux sont plus photogéniques que leurs collègues protestants, ce qui leur vaut une importante 'couverture' de presse, mais celle-ci exagère sensiblement leur importance réelle[15]. Seul l'Arménien du Liban Karekin Sarkissian occupe des fonctions officielles dans le groupe des observateurs: membre de son comité et orateur désigné en deux occasions (réponse au pape, non prononcée, le 13 octobre; allocution au Circolo di Roma, le 14 novembre). On peut légitimement estimer que les théologiens Bezobrazov et Schmemann ne sont pas restés passifs, ni l'envoyé de Moscou Vitalij Borovoj, mais nous ne pouvons en dire plus faute de documentation. L'Arménien comme le Russe regrettent d'ailleurs la faiblesse de la représentation orientale. 'Here I must regret the fact that we could do greater service to Christian unity and to our own traditions if we, the Eastern observers, were more numerous, more representative and more competent. To my personal impression we did not meet fully the opportunity offered to us', écrit Sarkissian. 'We are thoroughly convinced that a full Orthodox representation at the Council might have an even more benefical effect on the accomplishment of the work of the Council, and on the finding of more effective paths to true Christian unity', confirme Borovoj[16].

Un second déséquilibre affecte d'ailleurs la représentation orientale. Elle est en effet coupée en deux ensembles équivalents qui sont loin de représenter la totalité du spectre. D'une part, six délégués d'Églises monophysites visitées antérieurement par Mgr Willebrands: arménienne (du Liban), copte, éthiopienne, syrienne; d'autre part huit délégués russes, mais issus de trois juridictions différentes, voire antagonistes; et aucun représentant du reste de l'aire byzantino-slave. Que Bezobrazov et Schmemann soient présents ne saurait étonner quiconque connaît un peu l'histoire du mouvement oecuménique: tous deux en sont des

14. *Op. cit.*, 25 novembre, p.144.

15. Voir ainsi la une de *La Documentation catholique*, 20 janvier 1963.

16. Respectivement rapports (privés) du 20 janvier 1963, p.2, et du début février 1963, p. 9.

partisans convaincus; tous deux ont une expérience ancienne du dialogue avec le catholicisme, par l'intermédiaire du Centre dominicain et parisien Istina, notamment. En revanche, les Russes de Moscou viennent tout juste de s'y convertir: leur adhésion au Conseil oecuménique, où les représente Borovoj, date de 1961. Quant aux Russes du Synode hors frontières, non seulement leur légitimisme les oppose aux précédents, mais leur conservatisme en fait des interlocuteurs difficiles. Pourtant, ils sont là et bien là: 'It seems to become inevitable that Father Igor Troyanoff speaks at every possible occasion', écrit Vischer le 19 octobre; mais on sait qu'ils ne resteront pas. Aussi l'envoyé du Conseil oecuménique s'étonne-t-il qu'il n'y ait pas plus d'affrontements entre délégués de juridictions rivales: 'Even the Russians from Moscow and from the Church in Exile speak now friendly to eachother', remarquait-il quelques jours plus tôt (7, 14 octobre).

Par comparaison, la famille anglo-protestante est bien représentée dans presque toutes ses composantes, puisque seul le Comité exécutif de la Baptist World Alliance, réuni à Oslo du 20 au 24 août, n'a pas cru devoir accepter l'invitation vaticane[17]. Le succès de la manoeuvre est dû pour une bonne part à l'entremise de Visser't Hooft qui a introduit Mgr Willebrands, le 3 avril, auprès des secrétaires d'alliances confessionnelles alors réunis à Genève. La présence préalable à Rome d'un envoyé de Canterbury, puis d'un envoyé de l'Église évangélique allemande en la personne d'Edmund Schlink, luthérien, oecuméniste et professeur à Heidelberg, pouvait en effet annoncer une démarche différente, au coup par coup. 'Was still uncertain whether observers there as representating churches or as confessional alliances. I urged strongly second solution. He ready as agree', note à la volée le secrétaire général du Conseil après son entretien avec le numéro 2 du Secrétariat vatican. Ainsi les différentes dénominations protestantes, parfois fort éloignées du catholicisme, sont-elles saisies ensemble de la proposition romaine à laquelle, d'un mouvement presque unanime, elles vont répondre favorablement[18]. Voilà pourquoi entrent dans l'aula les délégués de l'Association internationale du christianisme libéral, des Quakers ou des Disciples du Christ qui se félicitent d'avoir été les seconds à accepter, juste après la communion anglicane[19].

17. *La Documentation catholique*, 7 octobre 1962, col. 1293-1294.

18. Confirmation par Jean Rilliet, dans *La Tribune de Genève* du 6 avril, sur information communiquée par Visser't Hooft (envoi de l'article, avec remerciements, le 10).

19. *Religious News Service*, New York, 23 juillet 1962.

En regard, le Conseil de Genève fait un peu figure de parent pauvre, avec le seul Lukas Vischer. L'invitation romaine du 29 juin prévoyait un ou deux observateurs. La réunion de Paris du Comité central l'accueille favorablement, non sans débat. Le 21 août, Visser't Hooft annonce à Bea la nomination de Vischer, 'study-secretary of our department on 'Faith and Order'', et il ajoute: 'We would ask your permission to communicate the name of the second observer at a later date'[20]. Cette autre nomination ne viendra pas. Pourquoi? Rien dans les archives genevoises consultées ne permet de le dire. La raison avancée par Vischer ultérieurement est plausible, bien qu'il n'en apporte pas la preuve documentaire: pour des raisons d'équilibre interne au Conseil, le choix devait se porter sur un orthodoxe... au risque d'accroître l'imbroglio oriental; on a donc préférer surseoir. Nikos Nissiotis rejoindra Vischer lors de la seconde période, en 1963, malgré l'absence prolongée de Constantinople, et bien sûr d'Athènes[21]. La représentation de Genève paraît d'autant plus mince que Lukas Vischer, jeune pasteur réformé suisse de 36 ans, n'est pas encore très connu des sphères oecuméniques. Sa nomination est-elle, pour le Conseil, une manière élégante de participer sans trop s'engager? À la réflexion, il ne semble pas, car le secrétaire de 'Faith and Order', depuis 1961 certes, est un interlocuteur normal en la circonstance. Le choix ne tarde pas à se révéler excellent: Vatican II a joué un rôle décisif dans la carrière oecuménique de Vischer.

La répartition géographique et linguistique des observateurs de la première période n'est pas moins suggestive. Vingt-six d'entre eux proviennent des Iles britanniques ou des États-Unis d'Amérique, ce qui reflète assez bien le rapport des forces au sein du monde anglo-protestant après la Seconde Guerre mondiale. Viennent ensuite les seize Orientaux, d'origine à tout le moins; puis les douze Européens 'du continent': quatre Français (frères de Taizé inclus), trois Néerlandais, deux Suisses, un Allemand (seulement), un Danois et un Italien. Mais ils vont jouer au concile un rôle sans commune mesure avec leur faible poids numérique, car ils sont pratiquement les seuls à bien connaître le catholicisme du fait de leurs ouvertures oecuméniques antérieures. Il n'y a donc, en tout et pour tout, que deux représentants du tiers monde: un Indien dans la délégation anglicane et un méthodiste argentin.

20. Copie dans les Archives du C.O.E.

21. 'The Ecumenical Movement and the Roman Catholic Church', *The Ecumenical Advance. A History of the Ecumenical Movement 1948-1968*, Harold E. FEY ed., Londres, S.P.C.K., 1970, p. 329.

D'où la remarque de Willebrands à Visser't Hooft, le 8 janvier 1963: 'He said that it was regrettable that Asia and Africa had had so little representation among the observers. I promise that we would keep this in mind in making our choice'[22]. Un Indien et un Japonais ont été ainsi désignés par Genève pour la deuxième période... comme substituts il est vrai.

Le groupe des observateurs procure donc de la chrétienté non catholique une image passablement déformée par exagération du leadership anglo-protestant et européen, pourtant bien réel. Mais s'agit-il vraiment d'un groupe et non d'une collection d'individualités? Deux des témoignages recueillis par Caporale plaident la seconde hypothèse: 'Nous avons vécu ensemble, mais nous n'avons jamais tenté de former un groupe distinct'; 'Nous n'eûmes ni réunions ni discussions entre nous seuls, en vue de présenter, si l'on peut dire, un front commun. Cela nous aurait été difficile, à cause de nos perspectives théologiques diverses'[23]. Au contraire, les courriers de Vischer à Genève décrivent une tentative assez poussée de structuration du groupe. Sous l'impulsion de Schlink ('He thinks that we should not give the impression of being completely divided. This would be what integrists expect us to be', 1, 7 octobre), et à l'initiative de Pawley (2, 8 octobre), une première réunion d'organisation se tient le jeudi 11 octobre, jour même de l'ouverture du Concile. Malgré l'absence de six Orientaux, 'the group agreed quickly that we should meet regularly and they decided to appoint a small committee which would organize these meetings'. Ce comité comprend Pawley, Sarkissian, Schlink et Vischer, auquel échoit le secrétariat, ce qui confirme l'audience croissante de Genève dans les milieux non catholiques (7, 14 octobre). Mais cette organisation a-t-elle fonctionné? Les courriers de Vischer ne la mentionnent qu'une autre fois: 'To-night we had the second meeting of the observers. It was a good meeting and we discussed a number of important questions'; le quaker Ullmann y présente ainsi son projet d'intervention auprès des Pères conciliaires en faveur de l'objection de conscience (14, 22 octobre). Puis plus rien... Les structures mises en place se seraient-elles perdues dans les sables, justifiant ainsi le jugement pessimiste, et pourtant curieux, des interlocuteurs de Caporale? On peut le supposer, sans vraiment le prouver.

L'une des tâches du comité est de désigner les orateurs du groupe pour les cérémonies officielles. Une telle unité de parole n'allait pas de

22. 'Visit to Rome, January 8, 1963', note du secrétaire général du C.O.E., p. 2.
23. *Les hommes du Concile, op. cit.*, pages 196 et 197.

soi. Contre l'évêque anglican Moorman, Schlink en a obtenu le principe lors de la première réunion. Sarkissian devait répondre à Jean XXIII le 13 octobre, mais le protocole ne le lui a pas permis, ce que regrettent et Vischer et les observateurs réformés[24]. Le 15, lors de la réception par le Secrétariat pour l'unité, c'est Schlink qui répond à Bea. Pour celle du Conseil fédéral des Église protestantes en Italie, le 18, Cullmann et Skydsgaard s'emploient à désamorcer les critiques de son président, le pasteur Ermanno Rostan: 'Of course it is not the attitude of great openness but perhaps it was good that the observers were reminded of the existence of this attitude', conclut philosophiquement Lukas Vischer (11, 19 octobre). Au Circolo di Roma, le 14 novembre, Sarkissian peut cette fois s'acquitter de sa mission. A la réception donnée par les observateurs pour remercier le Secrétariat-Bea, 'Canon Pawley gave a brief address of thanks in English, on behalf of us all, and finished with a most amusing statement in latin, especially dedicated to the translators who have worked so hard for us', rapporte Douglas Horton[25]. Ceci se passait le 28 novembre; le 8 décembre, c'est Lukas Vischer en personne qui répond au cardinal Cicognani lors de la réception finale à la Secrétairerie d'État. Hormis l'intempérance verbale du père Troyanoff, les observateurs ont donc parlé publiquement d'une seule voix.

Ils ont aussi prié ensemble, à l'initiative des réformés, en 'intercession for the Vatican Council'. Des services réguliers prennent place le lundi et le vendredi matin dans la chapelle méthodiste proche du pont Sant'Angelo. Ils ne sont pas fermés: 'I have informed the staff members of the Secretariat for unity about this plan and I have invited them to join us if they feel free to do so', écrit Vischer dès le 14 octobre. L'offre a-t-elle été honorée d'une réponse favorable? Nous n'en savons rien. Douglas Horton en semble assez satisfait, bien qu'il se réjouisse de retrouver enfin, le 2 décembre, 'a Protestant communion': 'The leadership is passed about from person to person and, as often as possible, from country to country, so that we often hear English, less often French, and sometimes German, though none of the men of one Protestant kidney have seen fit to conduct the services in Latin as yet'[26]. Son témoignage semble bel et bien exclure de l'épure les Orientaux. Hébert Roux, en revanche, conserve de ces services un souvenir douloureux: 'ils furent plus significatifs d'une souffrance, d'une indigence,

24. 8, 14 octobre; rapport cité du 18 octobre, p. 2.
25. *Vatican Diary 1962, op. cit.*, p. 161.
26. *Ibid.*, p. 74.

d'une humiliation, que d'une réelle mesure de 'communion' entre chrétiens séparés de Rome'[27].

Un comité de coordination, des orateurs communs, des réunions de prière régulières: le bilan est loin d'apparaître négligeable. Mais suffit-il pour faire des observateurs un groupe homogène? Sans doute pas si l'on en croit le témoignage des intéressés eux-mêmes. Dès le 14 octobre, Vischer constate: 'there is also the difference between the Anglo-Saxon and the continental observers. Professor Schlink, Professor Skydsgaard, Pastor Roux have already the reputation of being to dogmatic'. La typologie la mieux articulée est celle du méthodiste américain Albert C. Outler, qui distingue les Hussites, toujours dans la crainte d'un retour de flamme, les sceptiques, les réalistes et les visionnaires, parmi lesquels il se range[28].

Incontestablement les divergences héritées d'expériences et de situations confessionnelles diverses comptent beaucoup; mais peut-être moins que la familiarité ou l'absence de familiarité du catholicisme, ainsi que du dialogue avec lui. Les protestants du nord-ouest de l'Europe et les théologiens russes de l'émigration, quelques anglicans aussi, maîtrisent mieux que d'autres la difficulté de la position d'observateur, car ils ont une connaissance vivante de l'Église catholique et une certaine habitude du débat sur ses positions. Mieux avertis des problèmes en suspens, ils ne sont pas disposés à s'en laisser conter, d'autant qu'ils se savent contestés jusque dans leurs propres communautés. Hébert Roux paraît en effet très représentatif d'un tel courant[29].

La plupart de leurs collègues ont fréquenté, au mieux, les instances du Conseil oecuménique. Nombre d'entre eux ne considèrent pas leur mission comme très différente d'une ambassade extraordinaire auprès d'une O.N.G. Douglas Horton, par exemple, consacre autant de place, dans son carnet, aux visites et excursions (bibliothèque et musées vaticans, Subiaco, fouilles de Saint-Pierre, Grottaferrata, Monte Cassino) qu'aux débats conciliaires. A le lire, on pourrait parfois croire que Vatican II n'est qu'un congrès comme les autres, un peu plus long toutefois: 'This is undoubtedly the worst news I have had since my arrival', écrit-il quand il apprend la probabilité d'une seconde session[30]! Quelques-uns avouent leur manque de préparation: 'It is true

27. *Détresse et promesse de Vatican II, op. cit.*, p. 15.

28. *Methodist observer at Vatican II*, New York, Newman Press, 1967, p. 162-163.

29. Son recueil, *Le Concile et le dialogue oecuménique, op. cit.*, répond pour partie aux objections de ses amis protestants.

30. *Vatican Diary 1962, op. cit.*, p. 116 (14 novembre).

that we were not even well prepared for the task in which we actually found ourselves involved', admet Sarkissian; et d'ajouter: 'our presence was taken much more seriously than we ever expected before going to Rome'[31]. Quant à Outler, le seul théologien catholique connu de lui était le jésuite Gustave Weigel; et il raconte avec humour sa première invitation, avec sa femme, par un évêque américain, après l'annonce de sa désignation[32].

Certains Orientaux et nombre d'anglophones, faute de bien apercevoir les enjeux, sont ainsi portés à admirer, sans réserve ou presque, tout ce dont ils sont les témoins à Rome. Douglas Horton est un bon exemple de cette attitude, qu'on pourrait baptiser piétiste, vis-à-vis du concile commençant. Non seulement il ne comprend pas la portée du discours inaugural du pape ni celle de l'incident Liénart, mais il s'émerveille de la ferveur des Pères... ou de la bonne organisation des débats, qu'il rapproche explicitement de son expérience des conventions protestantes. Son collègue méthodiste Outler témoigne: 'it was several days after the opening session before I understood the magnitude of the crisis of those very first fifteen minutes', écrit-il sur l'incident Liénart, dont Vischer a fort bien perçu l'importance[33]. Il faut d'ailleurs comprendre l'enthousiasme parfois un peu naïf de ces protestants américains brusquement plongés dans la plus imposante des manifestations du catholicisme romain. Ils apprendront vite: 'Then the dam broke', commente Horton après la Congrégation générale du 14 novembre au cours de laquelle le cardinal Ottaviani a présenté le schéma *De fontibus*[34]. Mais ils sont troublés au point de se demander quelle peut être l'influence, sur leur propre psychologie religieuse, d'un tel bain de catholicisme[35].

Là se situe le principal clivage qu'atténuera progressivement l'événement: entre des observateurs avertis, qui n'osent espérer des avancées substantielles, et des observateurs néophytes, prompts à se féliciter de la moindre découverte.

*

31. Rapport cité du 20 janvier 1963, p. 1.
32. *Methodist observer at Vatican II, op. cit.*, p. 10-11.
33. *Ibid.*, p. 14; 10, 16 octobre.
34. *Vatican Diary 1962, op. cit.*, p. 111.
35. 'Is this long period of being immerged in Catholicism (...) doing anything to me psychologically ?', se demande Horton, *ibid.*, p. 73 (début novembre).

Mais que font-ils au Concile? On pourrait répondre: ce que leur permet le règlement qui fixe leurs devoirs et leurs droits, voire un peu plus. Dans son chapitre IX article 18, ce règlement, du début septembre 1962, leur donne accès aux sessions publiques et aux Congrégations générales privées, mais pas aux réunions des commissions, sauf exception. Ils ne peuvent intervenir *in aula* ni bien sûr voter, et ils doivent respecter le secret des débats auxquels ils assisteront. Notons que le dernier alinéa les concernant est en net retrait sur les 'rules and regulations' jointes à l'invitation par le Secrétariat pour l'unité quelques semaines auparavant: celui-ci est bien 'chargé des rapports entre le Concile et les observateurs, afin qu'ils puissent suivre les travaux' de l'assemblée, mais les 'special sessions for the Observers' sous sa responsabilité ont disparu du texte officiel[36]. La pratique, toutefois, assouplira ces règles sur deux points essentiels: les 'special sessions' auront bien lieu; le secret, qui gêne les observateurs autant que les Pères, les experts ou les journalistes[37], ne survivra pas à la première période. Au nom de ses deux collègues, James Nichols demande ainsi plus de liberté en la matière à l'Alliance réformée mondiale, le 1er décembre[38]. Mais revenons aux tâches assumées par les observateurs.

La première et la plus élémentaire est naturellement d'assister aux assises de l'Église catholique. Leur seule présence dans Saint-Pierre est un fait majeur qui ne passe pas inaperçu. A l'image du père Congar, les oecuménistes catholiques en sont bouleversés: 'J'avais les larmes au bord des yeux quand j'ai rencontré les observateurs pour la première fois, ici!', écrit-il dans son bloc-notes pour les *Informations catholiques internationales*; mais son journal personnel est encore plus net: 'L'événement est là. 'Ils' sont à Rome, reçus par un cardinal et par un organisme voué au dialogue; et *Chrétiens désunis* est paru il y a 25 ans'[39]. Tous les témoignages prouvent qu'ils sont très satisfaits des conditions de leur installation *in aula*. Parce que Jean XXIII 'wanted the observers as close as possible to him', ils occupent une place de

36. *La Documentation catholique*, 7 octobre, col. 1229, à comparer avec les 'Rules and Regulations regarding Delegated Observers' du Secrétariat pour l'unité de juin.

37. 'Vu notre statut d'observateurs au Concile, nous nous refusons à évaluer publiquement son activité', répond ainsi Borovoj à une revue polonaise à la fin de la session (cit. dans *La Documentation catholique,* 17 mars 1963, col.389).

38. 'We feel that we should be free to 'assess the Council' in print as of these first sessions', lettre au secrétaire de l'Alliance.

39. *Vatican II. Le Concile au jour le jour*, Paris, Cerf, 1963, p.36; *Mon journal du Concile,* 15 octobre.

choix à droite de la tribune présidentielle et face aux cardinaux, sous la statue de saint Longin. 'The Anglican bishop (Moorman) was so moved that this privilege had been granted to us that he wanted to send a message of thanks to the Pope', ajoute Vischer; on doit l'en dissuader (5, 13 octobre). Et Vitalij Borovoj rappelle ce détail dans le rapport qu'il rédige début 1963[40]. Mais les observateurs ne sont pas seuls dans la tribune qui leur est réservée: ils sont accompagnés de 'traducteurs' du latin d'Église en quatre langues (allemand, anglais, français et russe) fournis par le Secrétariat. Pourquoi ces guillemets ? Afin de souligner l'euphémisme: le père Gregory Baum, le père Gustave Weigel et Mgr Francis Davis sont bien plus que des interprètes pour la langue anglaise: théologiens familiers du dialogue interconfessionnel, ce sont de véritables experts capables d'expliquer aux observateurs dont ils ont la charge tout ce qui se passe dans l'aula... et au dehors[41].

Sur la cérémonie inaugurale, les avis sont assez partagés. Certes, Vischer est à peine moins ébloui que Horton: 'I am once again full of admiration for the Roman capacity to organize such an occasion', concède-t-il; mais son esprit critique reprend d'autant plus vite le dessus, comme celui de George Lindbeck ou d'Hébert Roux, que des voix s'élèvent de l'intérieur contre ces fastes baroques: 'It is interesting that many Roman-catholics even some of the bishops disliked the ceremony thoroughly (...) They thought that it was too much a show. And it is true. It was the 'spettacolo' of which the Pope speaks all the time. As a spettacolo it was perfect' (5, 13 octobre). Ensuite, si l'on en juge d'après le carnet de Douglas Horton, les observateurs font preuve d'une remarquable assiduité, à peine lassée par l'enlisement du débat sur la liturgie, faute de procédure adéquate. Ils se montrent sensibles, notamment, à la diversité des liturgies matinales, qui nuance l'hégémonie latine des discours d'un parfum de catholicité. Ils sont aussi très émus que plusieurs Pères les saluent, avant de commencer à parler: Horton accompagne la deuxième de ces attentions d'un 'we are coming on' qui en dit long sur la conscience d'une importance croissante, bien que silencieuse, dans l'aula[42]. 'Many of the Council Fathers broke the rules of procedure by addressing their speeches not only to their collea-

40. *Op. cit.*, p. 7-8.

41. 'Among those assigned to the French-speaking Observers are Fathers Lanne and Dupré (sic), both theologians', ajoute le rapport réformé du 18 octobre, p. 1.

42. Après l'intervention d'un prélat égyptien le 31 octobre, *Vatican Diary 1962*, *op. cit.*, p. 69 (mentions voisines, p. 67, 93 et 140).

gues, the members of the Council, but also directly to the observers (Dilettissimi Fratres Observatores)', résume Borovoj[43].

Mais il ne s'agit encore là que d'atmosphère. Que pensent les observateurs des schémas en discussion et de la tournure que prennent les débats ? Comme nous l'avons laissé entendre, la différence est grande, sur ce point, entre les habitués du dialogue oecuménique et les autres. Ceux-ci évoquent peu les textes; ils se félicitent de la franchise d'interventions dont ils ne perçoivent ni la portée exacte ni le caractère bientôt répétitif: leurs yeux ne se dessillent vraiment que lors de l'ouverture du débat sur le *De fontibus*, le 14 novembre. Aucune illusion, en revanche, parmi les premiers. Certes, ce sont leurs interlocuteurs habituels qui font comprendre à Lukas Vischer, ou à Hébert Roux[44], la signification de l'allocution pontificale du 11 octobre: 'Most of the observers were not very impressed by it. But in the two last days I had the opportunity to speak with some of the ecumenical Roman-catholic theologians and they think that the address was remarkable in many aspects' (5, 13 octobre). Mais ils ne se trompent ni sur les schémas distribués ni sur la fronde qui les menace. Dès le 8 octobre, Vischer comprend que Willebrands 'n'est pas très content' du texte de la commission orientale sur l'unité; 'Even an integrist could have written something better', écrit-il le 9 du *De fontibus*, qualifié plus tard de 'very bad text' (20, 7 novembre). En revanche, son impression sur le schéma liturgique est celle de la majorité des Pères: positive en générale, bien que critique à certains égards. Et la fébrile mobilisation périconciliaire de la mi-octobre ne lui échappe pas: 'It is obvious that there is a great tension at the moment. Under the surface there is a nervous activity', écrit-il le 10. Ensuite, chaque incident de parcours est signalé avec une lucidité non dépourvue d'inquiétude: 'Lukas considers this a very bad symptom and it was significant, he says, that the announcement was received with hardly any applause from the bishops', rapporte Philippe Maury à Visser't Hooft après une communication téléphonique du 14 novembre annonçant l'introduction de saint Joseph au canon de la messe par décision pontificale[45]. Il n'est donc pas bien difficile de comprendre comment les observateurs les plus avertis, cornaqués de plus par des membres du Secrétariat pour l'unité, deviennent rapidement des supporters actifs, bien que silencieux, de la

43. Rapport cité, p. 8.

44. *De la désunion vers la communion, op. cit.*, p. 218-219 (Baum, Hamer...).

45. Oscar Cullmann est tout aussi perplexe selon le père Congar, *Vatican II. Le Concile au jour le jour, op. cit.*, p. 53-54.

tendance qui repousse les textes préparatoires et s'impatiente de l'enlisement des débats au début de novembre.

Car les observateurs ne se contentent pas d'assister aux Congrégations générales. Ils doivent aussi à leurs mandants une information aussi complète que possible sur l'événement en cours. A cet effet, il sont pris en charge de façon statutaire par le Secrétariat pour l'unité. Dès le 6 octobre, Bea a rassuré Schlink: non seulement les rencontres propres aux observateurs auront bien lieu, mais ces derniers pourront y exprimer des remarques qui seront transmises aux commissions conciliaires (Vischer 1, 7 octobre). Au cours de la première période, il y en eut huit, le mardi après-midi, puis le lundi, à l'hôtel Columbus, Via della Conciliazione: le 16 octobre, réunion de mise en route autour de Mgr Willebrands; le 23, exposé du père Hermann Schmidt, s.j., professeur à la Grégorienne, sur liturgie et oecuménisme; le 30, intervention de Mgr Volk, évêque de Mayence, sur liturgie et Parole de Dieu; le 6 novembre, commentaire du père Jérôme Hamer, o.p., sur le sacerdoce des croyants d'après la première épître de Pierre (chapitre 2, versets 4 à 9); le 13 novembre, présentation du *De fontibus* par le père Alexandre Kerrigan, o.f.m.; le 20, juste après le vote incertain sur le renvoi en commission du *De fontibus*, intervention du père Congar qui dépasse de beaucoup son objet théologique initial, la Révélation: 'Je leur explique avec une totale franchise, mais je l'espère avec discrétion et délicatesse, ce qu'il y a sous la tension qu'ils constatent depuis 5 jours au Concile'[46]. Le 26 novembre, Mgr Ignace Mansourati, procureur romain du patriarcat syrien d'Antioche, présente le schéma unioniste de la commission orientale; le 3 décembre enfin, après une brève introduction du chanoine Thils, le débat est largement ouvert aux objections des observateurs sur le *De Ecclesia*.

Très vite, une certaine déception se manifeste envers ces séances. 'Last Tuesday we had the second organized meeting with the whole Secretariat. It was again rather official and the results were not satisfactory', rapporte Vischer le 28 octobre (sur la rencontre du 23). Même réaction du presbytérien écossais Shaw: 'The talks have been welcomed by the observers but discussion which followed had been a little unsatisfactory'[47]. L'un des premières difficultés concerne l'identité des orateurs catholiques: d'emblée, les observateurs savent que leurs interlocuteurs du Secrétariat appartiennent à l'aile marchante du catholicisme: de ce fait, 'their opinions and interpretations may not

46. *Mon journal du Concile, op. cit.*
47. Second rapport réformé, s.d., p. 5.

always be representative'[48]. Congar, Hamer ou Volk sont des oecuménistes convaincus, en désaccord notoire avec les schémas de la commission théologique... 'Precisely because many of the observers felt that these talks had been given by men with a clear ecumenical and biblical interest, and therefore represented only one emphasis in Catholic doctrine, they have asked that the next talk, on Scripture and Tradition, be given by some expert not particularly sympathetic to the Protestant point of view and so representing the other face of Roman doctrine', explique Shaw[49]. D'où le recours au père Kerrigan puis, dans le même esprit, à Mgr Mansourati pour le *De Ecclesiae unitate*.

Les comptes rendus succincts de Douglas Horton donnent un aperçu des débats[50]. Des évêques membres du Secrétariat sont effectivement présents, comme Mgr De Smedt, le 6 novembre, ou Mgr Heenan, le 20, qui prend ses distances avec le père Congar sur l'infaillibilité. Les théologiens présents ne se gênent pas pour critiquer les schémas présentés par leurs rédacteurs: le père Tavard après Kerrigan, le 13 novembre ou le chanoine Thils après Mgr Mansourati le 26. Du côté des observateurs, quels sont les principaux intervenants ? Presque exclusivement des anglo-protestants, voire des protestants 'du continent'. Et quand un Oriental prend la parole, le résultat peut être surprenant: 'one of the delegates from the Russian Church made a somewhat passionate appeal to us to beware of the evil effects of biblical criticism. He saw nothing wrong with the schema as presented', comprend Horton le 20 novembre[51]. Parmi les principaux discutants, on repère Hébert Roux, Max Thurian, Lukas Vischer, mais plus encore Oscar Cullmann ou Edmund Schlink. Au total, ces rencontres fournissent aux observateurs une utile information complémentaire, mais un peu à sens unique: la solennité des séances et le nombre des participants sont autant d'obstacles à une discussion en profondeur sur les textes débattus *in aula*.

Aussi préfèrent-ils à ces réunions plénières des rencontres restreintes, par groupes linguistiques, que nous connaissons moins bien. L'initiative en revient-elle à Hébert Roux, du fait de ses liens antérieurs avec le chanoine Thils et dom Emmanuel Lanne, comme il l'écrit dans ses mémoires ? Aucun document ne nous permet pour le moment de

48. Premier rapport réformé, 18 octobre, p. 1.

49. Second rapport réformé, antérieur donc à l'intervention de Kerrigan le 13 novembre (p. 5).

50. *Vatican Diary 1962, op. cit.*, p. 46-47, 71-72, 82-83, 108-110, 132-133, 149-151, 176-179.

51. *Ibid.*, p. 133 (mais s'agit-il bien d'un Russe de Moscou, ou du Synode hors frontières ?).

confirmer ni d'infirmer son témoignage[52]. La date de démarrage elle-même n'est pas sûre: 'Last week some of the observers had the opportunity to meet in small groups with some members of the Secretariat for Unity. A Frenchspeaking group met with chanoine Thils and a Germanspeaking group with Bishop Volk (Mainz). We discussed in detail the Schema on the Liturgy. We had the opportunity to make some comments', écrit Vischer le 22 octobre. Manque de dimension pneumatologique et eschatologique, réduction de la liturgie aux sacrements par minimisation de la Parole de Dieu, fondement doctrinal insuffisant du renouveau liturgique, qui ne saurait être seulement pastoral: telles sont quelques-unes des principales critiques émises. 'Chanoine Thils and Bishop Volk promised to report our suggestions to the Secretariat (...) of course we cannot expect that our remarks will have great influence on the Council but at least it can be said that we have a real function in the Council', ajoute Vischer. Ainsi certains observateurs commencent-ils à sortir du rôle purement passif qui leur était assigné pour contribuer à l'oeuvre de l'assemblée. De ce point de vue, la synthèse de leurs critiques du *De sacra liturgia* par Hébert Roux, le 20 octobre, est sans doute une première dans la mesure où elle soumet à la commission compétente un texte à signature réformée[53]. Comme le fait remarquer le bulletin de presse des Églises protestantes italiennes... renseigné par Hébert Roux, la conférence de Mgr Volk sur liturgie et Parole de Dieu, le 30 octobre, possède la même origine[54].

Jugés bien plus profitables par Lukas Vischer, ces rencontres en petit comité doivent se poursuivre le 8 novembre (16, 28 octobre). Douglas Shaw les évoque ainsi: 'The Reformed and Lutheran observers and guests have been holding informal meetings from time to time with three groups of Catholic theologians French-speaking, English-speaking and German-speaking. These have been very frank and free, concerned with the substance of the Schemata on Liturgy and (so far as published) on Unity'[55]. Son rapport procure deux confirmations: il n'est question ni d'un groupe russe, ni même d'une participation orientale; un groupe de langue anglaise s'est ajouté aux deux premiers créés. Nous en avons d'ailleurs la confirmation, tardive, dans le journal de Douglas Horton, le 4 décembre: 'This afternoon we went on to the Waldensian College

52. *De la désunion vers la communion, op. cit.*, p. 221-222.

53. 'Observations on Schema No. 5 - de sacra Liturgia', 3p. dactyl. Mgr. Martimort nous a communiqué une réaction contemporaine de Max Thurian, non datée.

54. 'This subject had been suggested by Pastor Roux', No. 3, 12 novembre.

55. Second rapport réformé, p. 5.

for the fortnightly discussion between the English-speaking observers and the English-speaking experts of the Secretariat on the matters before the Council'[56].

Ainsi se nouent de véritables dialogues en marge du Concile... qui n'étaient pas prévus dans le cahier des charges initial. Et leurs résultats commencent à remonter vers les organes conciliaires: 'On monday afternoon (26 novembre) the observers had the opportunity to give their impression about it (schéma *De Ecclesiae unitate*) to the members of the Secretariat and I know that our remarks have been mimeographied and sent to the Commission', rapporte Lukas Vischer à Visser't Hooft (24, 28 novembre). La meilleure illustration de cette méthode de travail en commun qui se cherche n'est autre que la dernière séance plénière observateurs - Secrétariat, le 3 décembre: plutôt que de faire un long exposé introductif sur le *De Ecclesia*, Gustave Thils se contente d'ouvrir le débat. Au cours de celui-ci, Hébert Roux regrette la persistante identification Corps mystique du Christ - Église romaine; Vischer enfonce le clou en s'interrogeant sur le statut des baptisés hors catholicisme, tandis que le méthodiste Hildebrandt conteste les rebaptêmes; le congrégationnaliste Oberman s'inquiète des rapports Israël - Église, ainsi que de la place accordée à Marie; le laïc copte Tadros demande une clarification des rapports pape - évêques. Edmund Schlink constate que le schéma ne tient aucun compte des travaux ecclésiologiques récents au sein du catholicisme, puis il résume les critiques en se déclarant insatisfait sur les rapports Christ - Église, pape - évêques, clercs - laïcs, Église - État[57]. Tous les problèmes importants sont ainsi posés; et les théologiens catholiques présents y trouvent d'autant moins à redire qu'ils partagent nombre de ces reproches envers le texte de la Commission théologique... et que certains d'entre eux ont contribué au texte alternatif destiné à le remplacer. Cette méthode, qui évite bien sûr tout effort de rapprochement direct pour s'en tenir à l'ordre du jour conciliaire, engage peu à peu quelques observateurs, mais pas tous tant s'en faut, dans le vif du travail de l'assemblée, c'est-à-dire dans un style de participation assez différent du contrat de départ.

Mais ces ébauches de discussion organique, aussi importantes soient-elles, ne constituent pas le tout, ni même peut-être l'essentiel du rôle des observateurs en cette première période conciliaire. 'Many of us went to see bishops and spoke about the defects of the Schema', écrit Lukas Vischer le 28 novembre à propos du *De Ecclesiae unitate*.

56. *Vatican Diary 1962, op. cit.*, p. 182-183.
57. *Ibid.*, p. 176-179.

Pour la première fois souvent, des responsables non catholiques rencontrent des évêques catholiques, et réciproquement. On ne saurait sous-estimer le poids d'une telle découverte mutuelle lorsqu'on tente d'évaluer la portée de la présence des observateurs. A cet égard, tous les échos convergent. Rares sont les Pères qui avouent n'avoir jamais rencontré l'un ou l'autre de ceux-ci. Seuls, les évêques italiens se sont contentés des frères de Taizé, de loin les plus fréquentés. La location d'un petit appartement au coeur de Rome leur permet de tisser nombre de liens discrets. Ils sont 'invariablement mentionnés avec beaucoup d'admiration et d'affection, et avec ce sous-entendu implicite qu'ils étaient pratiquement considérés comme catholiques'; 'thoroughly catholic', confirme le congrégationnaliste Horton[58]. Les observateurs, de leur côté, se sentent de plus en plus sollicités: 'It is evident that the interest of the bishops in the observers is increasing' (Vischer 22, 19 novembre); 'The interest of the bishops in observers is still increasing. I am invited for almost every meal by groups of bishops and I have to speak about the World Council to most surprising people' (24, 28 novembre).

Il n'est pas question de reconstituer par le menu ces multiples contacts insaisissables. Deux chaînes personnelles, cependant, permettent d'entrevoir quelque chose de leur irremplaçable richesse. Prenons d'abord Hébert Roux: ses liens antérieurs lui permettent de rencontrer d'abord une quinzaine d'évêques français; en fin de session, le 5 décembre, il est l'hôte des évêques francophones d'Afrique pour une conférence sur Mission et unité. Mais entre temps s'est déroulée pour lui l'expérience dont il conserve le souvenir le plus cher: le 16 novembre, il est invité avec Lindbeck, Miguez Bonino et Vischer par une dizaine d'évêques espagnols, et non des moindres: les cardinaux de Arriba y Castro et Quiroga y Palacios ou Mgr Morcillo Gonzalez, sous-secrétaire du Concile. Ils peuvent enfin parler avec eux à coeur ouvert de cette écharde pour l'oecuménisme qu'est le statut du protestantisme en Espagne, et donc de la nécessité d'une vraie liberté religieuse. Certes, chacun des camps reste sur ses positions, mais un premier contact au sommet est néanmoins établi, qui sera ultérieurement renforcé[59].

Prenons maintenant Douglas Horton qui n'est pourtant pas, à la différence du pasteur réformé français, un familier du dialogue. Le 24

58. CAPORALE, *op. cit.*, p. 175; HORTON, *op. cit.*, p.69 (29 octobre).

59. VISCHER, 22, 19 novembre; et surtout Hébert ROUX, *De la désunion vers la communion, op. cit.*, p. 234-236.

octobre, il est invité par le cardinal de Boston Cushing, avec les autres observateurs de langue anglaise. Le 14 novembre, il fait partie du trio d'invités des évêques anglais, par l'entremise de Mgr Davis, le 'traducteur'. Puis le pauliste américain du Secrétariat Thomas Stransky prend le relais: le 4 décembre, rencontre entre trois observateurs et trois évêques d'outre-Atlantique; 6 décembre, rencontre plus solennelle des observateurs et d'un bon nombre d'évêques américains. Cette dernière laisse à Horton un tel souvenir qu'il y revient à plusieurs reprises: un prélat n'a-t-il pas suggéré une récitation commune du 'Notre Père'[60]? En quelques semaines, il a appris plus sur le catholicisme, y compris sur le catholicisme américain, qu'en toute une vie apostolique aux États-Unis.

Si une foule d'évêques découvrent, en la personne des observateurs, le problème de la division des chrétiens, bien théorique auparavant pour beaucoup d'entre eux, les observateurs découvrent, pour leur part, ou bien le catholicisme, ou bien des pans importants de celui-ci qu'ils ignoraient. Leurs réactions à chaud témoignent d'un accroissement quantitatif de leurs connaissances épiscopales; mais surtout d'un accroissement qualitatif qui les conduit à changer nettement d'opinion sur des épiscopats entiers. Les principaux bénéficiaires de ce retournement sont les Latino-Américains, jugés à tort plus conservateurs qu'ils ne le sont en réalité[61]. Tout ce processus de dissolution des préjugés par une découverte en profondeur est difficilement mesurable; mais on ne saurait l'oublier à l'heure du bilan de la présence des observateurs, dès 1962. Même les moins impliqués initialement, observateurs et évêques, n'ont pas pu ne pas en être marqués d'une manière ou d'une autre.

*

Ce bilan, il y a deux façons de le tirer. À chaud d'abord, comme l'ont fait certains des protagonistes avant même la fin de la session. Nombreux sont les témoignages sur la naissance d'un véritable climat oecuménique au concile, voulue par le pape et facilitée par la présence des observateurs. 'Now everybody in this Council wants to be ecumenical and against the traditional Roman-catholic use the term is always used to designate the relationship between the Roman-catholic and the

60. *Vatican Diary 1962, op. cit.*, p. 192-193, et 'Dramatic Moments at the Vatican Council', *Mid-stream*, Indianapolis, 1966, p. 79-81.
61. CAPORALE, *op. cit.*, p.194, 195, 201.

separate brethren', remarque Vischer le 22 novembre. Certes, il décèle plusieurs tactiques possibles dans cet engouement, de l'oecuménisme du sourire au désir d'un véritable dialogue, en passant par l'espoir jamais perdu du grand retour. Mais cet engouement lui-même, qui pouvait le prévoir ? D'autant qu'il n'est pas purement platonique: parmi les multiples raisons plaidant contre un examen du *De Beata Maria Virgine* en fin de session, la préoccupation oecuménique a joué son rôle. 'Professor Schlink even went to see Cardinal Bea about it', précise Vischer le 28 novembre. Quoi qu'il en soit de l'effet ponctuel d'une telle intervention, pouvait-on provoquer les observateurs et leurs mandants, juste avant l'interruption, avec un texte aussi controversé sur un sujet lui-même controversé ? Un des évêques italiens interrogés par Caporale regrette d'ailleurs la pression implicite des observateurs sur les travaux conciliaires[62].

Ceux-ci ne sont-ils pas mieux informés que la plupart des Pères grâce au Secrétariat pour l'unité en pleine phase d'ascension. 'It is amazing to see the growing importance of the Secretariat', s'étonne Lukas Vischer, pourtant bien placé pour en apprécier les raisons (24, 28 novembre). D'où les boutades amères qui circulent dans les milieux conservateurs et que lui-même ou Borovoj rapportent: 'And a Spanish monk said to me a few days ago 'if you want to get through with an idea in this Council you have to be either a Cardinal or an observer''; 'in order to have any weight here it is necessary to be a cardinal or an observer'[63].

Ces constatations ne sont certes pas dépourvues d'une exagération désabusée, mais elles traduisent bien l'indéniable succès de l'expérience. Celui-ci comporte aussi des risques pour les observateurs. Le principal n'est autre qu'une possible instrumentalisation au service d'un groupe de pression, quel qu'il soit. Signalons ainsi, comme curiosité, l'invitation de La Pira, maire de Florence, pour la Toussaint. Après en avoir accepté le principe, les observateurs finissent par la décliner sur pression de Bea: 'He was afraid that Giorgio La Pira would use the group of observers for his own political purposes and that this weekend could have bad repercussions' (Vischer, 17, 30 octobre). L'anecdote prouve que la dépendance du Secrétariat n'est pas seulement une chance pour les observateurs, mais parfois aussi une contrainte. D'ailleurs, Bea et les siens n'hésitent pas à faire de leurs hôtes des alliés dans certains de leurs combats intra-ecclésiaux: le Secrétariat invite les

62. *Ibid.*, p.115.
63. 25, 2 décembre; rapport cité, p. 9.

observateurs à la soutenance de thèse du jésuite allemand Norbert Lohfink, le 22 novembre à la Grégorienne, soutenance qui se veut une éclatante réhabilitation de l'Institut biblique pontifical durement attaqué, jusqu'en plein Concile, par les hommes du Latran; et ce, au lendemain du renvoi en commission mixte du *De fontibus* par le pape[64]...

Cette initiative ne fait que prolonger, sur un mode mineur, la conférence de presse du cardinal Bea, le 8 novembre, dont les échos ont suscité l'unique accrochage de la période entre observateurs et Secrétariat. A la question suivante: 'Les observateurs sont-ils satisfaits des possibilités qui leur sont offertes, de ce qu'ils ont vu et entendu ?', le cardinal répond, après quelques précautions: 'Cependant, parlant en général, j'ai l'impression - confirmée par d'autres - qu'ils sont vraiment satisfaits. Vous savez déjà que certains d'entre eux ont fait des déclarations à la presse dans ce sens; ils s'y montrent satisfaits, sinon même admiratifs'[65]. Ce que le *Messagero* du 9 traduit ainsi: 'I Cristiani delle 'chiese separate' sono molto soddisfatti del Concilio'. Sur le fond, la plupart des intéressés pourraient sans doute signer ce qu'écrit Douglas Horton dans son journal: 'Let me give the answer on behalf of the observers in a resounding affirmative'[66]. Mais les plus 'politiques' d'entre eux redoutent autant de publicité et d'amalgames. 'I went to see Mgr. Willebrands and said to him that this kind of publicity was most embarrassing to us. If it should continue some of the observers have to speak also', explique Lukas Vischer (21, 15 novembre). Déjà, Edmund Schlink a répondu, le 14, à une interview de Max Lackmann sur Radio-Vatican par un communiqué assez raide, destiné au protestantisme allemand[67]. Le Secrétariat comprend l'avertissement, au point de décommander une conférence de presse annoncée du père Weigel. Mais l'incident vient à bout de la réserve sur laquelle se tenaient auparavant les observateurs. Le 22 novembre, Oscar Cullmann y va aussi, en leur nom, de sa conférence de presse, véritable leçon de déontologie professionnelle aux journalistes: 'Si récemment les journaux ont parlé d'un certain malaise parmi les observateurs, ce n'est nullement, comme on l'a interprété à tort, que nous avons été mécontents du Secrétariat, mais de la manière simpliste dont certains journaux ont rapporté nos impressions, et cela d'autant plus que nous croyons de notre devoir de

64. Echo de cette séance dans Douglas Horton, *op. cit.*, p. 136-137.
65. *La Documentation catholique,* 2 décembre, col. 1550.
66. *Vatican Diary 1962, op. cit.*, p.90.
67. Service évangélique de presse de Bethel, près de Bielefeld.

nous imposer en tant qu'observateurs une certaine réserve'[68]. Ainsi, il contribue à calmer le jeu tout en écartant ce que Vischer appelait justement 'this Roman Catholic tendency of using the observers for propaganda'. Celui-ci déconseillait d'ailleurs à Visser't Hooft, pour la même raison, un bref voyage à Rome qui aurait déclenché des effets d'opinion contre-indiqués (22, 19 novembre). Mais ce nécessaire rappel au réalisme n'est-il pas la meilleure preuve de la réussite, au delà de tout espoir, de l'invitation des observateurs ?

L'incident a dénoué les langues qui se hasardent, dès le début décembre, à une estimation plus posée des acquis de la première période en voie d'achèvement. Il serait fastidieux de passer en revue ces réactions qui se superposent ou se recoupent fréquemment. Malgré le refus de toute inflation verbale, la première grande tendance est de satisfaction pour l'accueil reçu, dont les observateurs créditent bien évidemment le Secrétariat... lui-même satisfait des observateurs, comme le montrent et la correspondance Visser't Hooft - Bea et les entretiens Visser't Hooft - Bea - Willebrands du 8 janvier 1963 à Rome[69]. 'C'est un miracle' que la présence des observateurs, affirme Cullmann, pourtant peu porté sur l'hyperbole, reprenant là une formule de Bea dans la conférence de presse naguère incriminée[70]. La nature du miracle ? L''observation' prévue est devenue une quasi-participation bien supérieure aux espoirs les plus fous: 'Ici, nous sommes presque traités comme des Pères conciliaires', s'émerveille le copte Tadros dès avant la fin des travaux[71]. Et l'on convient début 1963, entre Rome et Genève, d'améliorer encore la situation des observateurs en leur faisant distribuer à l'avance les textes discutés, afin qu'ils puissent les étudier à loisir.

Sur le fond des choses prévaut un sentiment d'agréable surprise. L'Église catholique réunie en Concile fournit d'elle-même aux observateurs une image très différente des stéréotypes qu'ils pouvaient en avoir. Ils se montrent particulièrement sensibles à la très grande liberté du débat dans l'aula, qui met à mal l'image convenue de monolithisme largement partagée antérieurement: n'ont-ils pas entendu des cardinaux s'affronter sans beaucoup de ménagement sur des questions clés ? Or ces joutes dignes de certains parlements, bien qu'en latin, ont produit

68. *La Documentation catholique*, 16 décembre, col.1619.

69. Lettre de Bea du 14 décembre, réponse du 18, nouvelle lettre cardinalice du 24 et note citée sur la rencontre romaine du 8 janvier.

70. *La Documentation catholique*, 16 décembre, col. 1624.

71. *Ibid.*, 17 mars, col. 383 (interview dans *La Croix* du 12 décembre).

un véritable renversement de tendance par rapport à la ligne directrice du travail préparatoire, difficilement prévisible. D'où la remarque parfaitement justifiée de Lukas Vischer: 'The main result of the first period is not texts and decisions but rather a new atmosphere', autrement favorable au rapprochement entre chrétiens séparés. L'écart entre l'ampleur du changement de climat et la maigreur de l'oeuvre effectuée intrigue. Vischer y voit trois explications majeures: le choc différé de l'adresse pontificale; la prise en main du Concile par les évêques; le rôle croissant des tenants de la 'nouvelle théologie'[72].

L'apport strictement oecuménique est néanmoins considérable. Malgré les interprétations diverses qu'on peut en donner, le fait essentiel est le climat de bonne volonté dans lequel baigne l'assemblée en ce domaine. Certes, tous les Pères ne souhaitent pas avec la même résolution une véritable réforme de l'Église catholique; mais la première période prouve quand même que celle-ci peut se mettre en question de façon non négligeable. La prise au sérieux de la Bible comme référence est un test qui ne trompe pas les observateurs anglo-protestants. Or une telle évolution, si elle devait se confirmer, serait un défi de taille pour le Mouvement oecuménique d'obédience genevoise: 'we may be confronted surprisingly soon with a transformed Catholicism', écrit ainsi le luthérien Lindbeck[73]. Et Schlink répond à ce défi en termes de contre-offensive pour ne pas se faire doubler, sur le terrain de l'union, par un catholicisme rajeuni[74]...

Sans tomber dans un optimisme béat, les observateurs apportent un soutien ferme, sinon dépourvu de nuances, à la tendance majoritaire qui a vite émergé de l'assemblée. Cette position renforce l'impression d'une alliance objective entre les observateurs et le courant dominant: 'Without being presumptious, I can say that our sympathy and contact with such people will strengthen their so called 'progressist' position within the Roman Catholic Church', écrit on ne peut plus clairement l'Arménien Sarkissian[75]. Ce qui précède autorise même à être plus précis: le Secrétariat pour l'unité s'est servi de la présence des observateurs pour développer son influence en Concile; mais le rôle naissant des observateurs n'a été tel que parce qu'ils faisaient corps avec un

72. Report on the first period of sessions of the Second Vatican Council (au Comité exécutif du C.O.E.), février 1963, 11p. dactyl. (cit., p.1).

73. *Lutheran World Federation Press Service*, 17 janvier 1963, p. 4.

74. Lettre à Lukas Vischer, 1er février 1963.

75. Rapport cité du 20 janvier 1963, p. 2.

Secrétariat en pleine ascension conciliaire. Les deux forces montantes se sont appuyées l'une sur l'autre pour mieux se faire entendre.

Sur la portée et l'avenir du changement amorcé, les plus lucides, qui sont aussi les plus réservés, produisent des commentaires en forme de ni... ni... Ainsi Lindbeck ne souhaite-t-il ni surestimation ni sous-estimation; Hébert Roux ne veut ni scepticisme ni naïveté[76]. Rien n'est encore joué, bien qu'un pas décisif ait été franchi. Mais les conservateurs n'ont certainement pas dit leur dernier mot. Sur leurs chances de come-back, les avis divergent. Plusieurs observateurs réalisent tardivement l'importance discrète de Jean XXIII dans l'évolution à laquelle ils ont assisté: 'This is why Pope John's leadership is so crucial (...) This is his council and up to this point he his quite literally indispensable to it', souligne Albert Outler[77]. Or nul n'ignore plus sa maladie, qui a assombri la fin de la période. Que se passera-t-il s'il venait à disparaître, se demande Lukas Vischer[78] ?

Au delà de péripéties notoires, le fond du débat n'est pas tranché, comme le remarquent et Oscar Cullmann, dans sa conférence de Sorbonne du 31 janvier 1963, et Lukas Vischer dans son rapport au Comité exécutif du Conseil oecuménique, début février, rapport dont la version primitive a été quelque peu 'durcie' par les observations d'Edmund Schlink, qui trouvait parfois son jeune confrère trop indulgent envers l'événement romain[79]. La fine pointe de la position majoritaire admet un écart entre les vérités de foi tenues par l'Église, auxquelles on ne saurait toucher, et leurs formulations qui ont changé au cours de l'histoire. Telle est la ligne esquissée par le pape dans son allocution inaugurale; telle est la position des principaux experts de la majorité qui affirment que les nouvelles formulations proposées ne modifient en rien les contenus qu'elles réexpriment. Mais cette distinction est-elle tenable ? La foi catholique ne sortirait-elle pas profondément transformée d'une semblable opération de lifting ? Pour un protestant, rien n'est moins sûr. Et la Tradition romaine peut-elle courir ce risque ? D'où le poids capital des discussions à venir sur les rapports primauté - collégialité, desquelles peuvent sortir un nouvel équilibre ecclésiologique; ou de celles sur la place de Marie dans l'économie du Salut, qui touche de près à la christologie; d'où enfin le rôle de test de la bonne volonté catholique attribué à trois échardes du dialogue oecuménique:

76. *Le Concile et le dialogue oecuménique, op. cit.*, p. 10.

77. *A methodist observer at Vatican II, op. cit.*, p.32.

78. Rapport au Comité exécutif, p.4.

79. Lettre citée du 1er février.

la liberté religieuse; les mariages dits mixtes; les rivalités missionnaires[80].

Ces commentateurs avertis préviennent contre tout triomphalisme prématuré. Le bilan de la présence des observateurs n'en demeure pas moins pleinement positif, à leurs propres yeux, et justifie sans remords celle-ci. Les anglo-protestants, notamment, ont de quoi répondre à ceux de leurs coreligionnaires qui restent méfiants, pour ne pas dire plus. Laissons le dernier mot à deux d'entre eux, dont les aphorismes résument bien une opinion largement partagée au sein du groupe étudié: 'Il y a quatre ans, personne n'aurait osé tant espérer', témoigne Lukas Vischer; 'So far, surprisingly good', titre Lindbeck[81].

80. Rapport Vischer, p. 5 notamment; conférence Cullmann, *La Documentation catholique,* 7 avril 1963, col. 496-501, notamment.

81. *La Documentation catholique*, 17 mars 1963, col.391; *Lutheran World Federation Press Service,* janvier 1963, p. 1.

LE CATHOLICISME BRETON DEVANT LE CONCILE (1959 - 1962)

DOMINIQUE BELŒIL ET MICHEL LAGRÉE

Vouloir mesurer l'attitude du catholicisme breton avant et durant la première session du Concile est une vaste entreprise, qui supposerait, pour tendre à l'exhaustivité, l'inventaire systématique de la presse locale, le dépouillement de nombreuses archives, au demeurant pas toutes accessibles, et enfin une multiplicité, sinon une infinité de témoignages. L'essai proposé ici revêt donc un caractère partiel, en ce qu'il s'appuie pour l'essentiel sur des sources de presse et des documents d'Action catholique, avec une attention particulière aux diocèses de Nantes et de Quimper. Il est par ailleurs malaisé, à une époque où l'information est d'ores et déjà largement nationale, de déterminer ce qui, dans l'opinion, peut renvoyer à une spécificité bretonne. Comme le notent les aumôniers de la J.A.C. finistérienne en août 1958: 'autrefois 'le bout du monde', bien abrité des influences extérieures, le Finistère est maintenant largement ouvert aux courants d'idées modernes'[1].

*

1. Session des aumôniers J.A.C.-J.A.C./F., Le Nivot, 18-20 août 1958 (AEQL, 1 K). Sur les transformations de la société bretonne, Cf. J. SAINCLIVIER, *La Bretagne de 1939 à nos jours*, Rennes, 1989.
Abréviations:
AEQL: Archives de l'évêché de Quimper
EO: *L'Écho de l'Ouest* (Nantes)
OF: *Ouest-France* (Rennes)
PO: *Presse-Océan* (Nantes)
SRN: *Semaine Religieuse du diocèse de Nantes.*
SRQL: *Semaine Religieuse du diocèse de Quimper et Léon.*
SRR: *Semaine Religieuse du diocèse de Rennes.*

Durant les quatre années qui précèdent le Concile, l'opinion catholique, en Bretagne, est en effet aux prises avec des préoccupations qui occultent largement l'attente de l'événement. Pour reprendre la terminologie de la théorie de l'information, des 'bruits' opèrent un évident brouillage. Les uns relèvent en fait des préoccupations générales de la France de l'époque, avec au premier rang la guerre d'Algérie. Celle-ci est omniprésente dans les circulaires des mouvements d'Action catholique, en particulier la J.A.C. et la J.M.C. (Jeunesse Maritime Chrétienne): l'importance numérique de ces mouvements, surtout le premier, dans l'Ouest breton, les met en première ligne face aux répercussions du conflit, y compris, comme le souligne la session régionale de pastorale ouvrière à Rennes en décembre 1960, la difficile réinsertion religieuse après le service militaire en Algérie[2]. Les problèmes économiques, et en particulier les questions d'emploi industriel, qui se posent par exemple dans la Basse-Loire constituent un second cercle, à la mesure du dynamisme local d'une C.F.T.C. qui, après un essor retardé durant l'entre-deux-guerres, dispute désormais, surtout depuis les grandes grèves de 1955, la prééminence à la C.G.T[3]. Comme partout également, le thème de l'Église persécutée dans le monde communiste est récurrent dans les publications catholiques locales[4]. La condamnation par Jean XXIII de toute collaboration avec les partis communistes est rappelée avec

2. SRQL, 20.01.1961. Les bulletins paroissiaux du diocèse de Nantes comportent souvent un supplément consacré aux soldats en Algérie. On sait que Bernard Lambert, ancien responsable national jaciste, député M.R.P. de Loire-Inférieure, déclencha un beau tumulte à l'Assemblée Nationale le 9 juin 1959 (Cf. Y. CHAVAGNE, *Bernard Lambert, Trente ans de combat paysan*, Quimperlé, 1988, pp. 66 sq.).

3. Le 21 novembre 1962, au moment où la première session conciliaire bat son plein, Robert Caillot, directeur des études au centre Économie et Humanisme, vient présenter, à la résidence des jésuites de Nantes, 'Les principes directeurs de l'aménagement régional et de l'expansion économique'. On rappellera que Nantes constituait un pôle isolé, dans l'Ouest, du réseau Économie et Humanisme, centré essentiellement sur la grande région lyonnaise (Cf. D. PELLETIER, *Aux origines du tiers-mondisme catholique. De l'utopie communautaire au développement organisé: Économie et Humanisme et le Père Lebret (1944-1966)*, thèse de doctorat, Univ. de Lyon II, 1992, 2 vol. dactyl., p. 193).

4. A Rennes, la Semaine de l'Unité en 1959 est marquée par une allocution mélancolique d'un religieux belge, le P. Van de Waele, à propos de 'la belle Église d'Ukraine (...) dont il ne reste que silence et ruine' (OF, 28.01.1959). A Nantes, le 25 octobre 1962, une conférence est organisée à la résidence des jésuites sur 'La révolution cubaine et ses répercussions en Amérique Latine'.

force[5]. Ces dernières se font également l'écho des prouesses techniques du temps, spécialement en matière spatiale[6]. En même temps se développe, à la suite de la déclaration de l'Assemblée des Cardinaux et Archevêques, le 3 mars 1961 à propos de la 'propagande dangereuse' en la matière[7], le débat sur la régulation des naissances, par exemple dans le M.R.J.C. finistérien à l'hiver 1962-1963[8].

Il existe cependant des préoccupations tout à fait spécifiques au catholicisme breton, lesquelles ne contribuent pas peu à leur tour à confiner dans les marges l'attente du Concile. L'explosion paysanne de 1961, dans le Finistère, constitue un séisme de première grandeur, qu'on sent venir au demeurant. La J.A.C., en 1958 et 1959, reste dans la tradition des enquêtes sur les loisirs des jeunes, et spécialement les bals: le souhait de ne pas se couper, sur ce terrain, 'avec les gars de la masse' manifeste à tout le moins une rupture avec la légendaire 'choréophobie' de feu Mgr Duparc[9]. Mais c'est l'avenir professionnel qui retient l'attention des jacistes en 1960, et le congrès fédéral de Landerneau, en mai, débouche sur une adresse aux pouvoirs publics. Il est vrai que le problème est maintenant de 'décider s'il faut des barrages ou s'il ne faut pas en faire', comme le note une circulaire du M.F.R. finistérien en décembre 1959. Dans l'épopée paysanne de 1961, d'anciens jacistes, tel Alexis Gourvennec, ont été au premier rang, et les aumôniers du M.F.R. en tirent les conclusions: clairvoyants sur la 'réintroduction psychologique' des paysans bretons dans la nation, sur l'arrivée aux commandes d'une nouvelle génération et sur le déclin des notables, ils notent que les militants chrétiens ont partout 'maîtrisé une colère prête à tous les excès', quitte à se faire conspuer par les plus déterminés[10]. De même les évêques de la

5. SRN, 25.04.1959.

6. Ce qui fait soulever par un évêque, dans le cadre d'une commission préparatoire, 'la question de l'évangélisation des habitants vivant sur d'autres planètes' (EO, 29.04.1961)

7. Texte reproduit intégralement (SRN, 18.04.1961, EO, 18.04.1961).

8. Circulaires du M.R.J.C. (AEQL, 1 K). Sur la politique de l'Église en la matière, avec de nombreux aperçus sur la J.A.C. du Finistère: Cf. M. SEGALEN, ''Généreuse et raisonnable': l'Église et le contrôle de la fécondité dans les années 1950', *Populations et cultures. Études réunies en l'honneur de François Lebrun*, Rennes, 1989, pp. 127-136.

9. Dont on rappelle que ses obsèques, en 1947, furent célébrées en présence du nonce Roncalli (SRQL, 7.01.1959). Sur l'évolution de la J.A.C. en Bretagne, Cf. *J.A.C. et modernisation de l'agriculture de l'Ouest*, Rennes, INRA, 1981.

10. 'Après les manifestations paysannes', doc. M.F.R. (R. Poupry et abbé Templier, AEQL, 1 K).

province de Rennes, ne pouvant 'se taire' devant les événements, ont appelé à 'un effort de réflexion et de calme'. Mgr Fauvel (Quimper) a développé pour sa part, dans une lettre ouverte aux militants d'Action catholique, des réflexions sur la violence, un 'recours ultime' qui requiert une 'cause juste' et une 'raison grave', non sans engendrer, par nature, un risque de 'démesure et d'injustice'.[11]

Sans atteindre la brutalité du séisme paysan, l'achèvement, à la fin des années 1950, des enquêtes bretonnes de sociologie religieuse sur le mode du chanoine Boulard, révèle douloureusement que le catholicisme local n'est plus ce qu'il était. Le diagnostic est particulièrement affiné à l'occasion de la mission de Nantes en 1958[12], mais aussi dans le Finistère, avec un luxe remarquable de cartes et statistiques[13] qui transcrit une réalité suffisamment cruelle pour qu'il ne soit pas jugé opportun de publier tous les résultats chiffrés dans les bulletins paroissiaux 'sans discernement', sous peine de 'provoquer des commentaires inutiles ou même gênants[14]'. La lettre pastorale de carême de Mgr Fauvel, en mars 1961, se charge d'alerter les fidèles avec des images évocatrices. C'est aussi l'occasion de réaménagements institutionnels: découpage de la région apostolique de l'Ouest (dans laquelle Nantes renoue avec la Bretagne[15]), mise en place des zones pastorales.

Il est au moins un point qui procure des 'résultats consolants'[16], c'est celui de l'école, dont on sait l'importance cardinale pour le catholicisme breton depuis plus d'un siècle. La baisse de la pratique ne se répercute en rien sur l'essor de l'enseignement privé; partout l'on construit des écoles nouvelles, tandis que manquent le personnel et les locaux, en particulier pour l'enseignement technique. Si des inquiétudes ont été conçues par les évêques, réunis à Vannes le 31 mars 1958, concernant les projets législatifs de la IVe République agonisante[17], Mgr Fauvel peut saluer dans la loi Debré, un 'geste

11. SRQL, 30.06. et 7.07.1961.

12. *La pratique religieuse dans l'agglomération nantaise*, Commission de sociologie de la mission de Nantes, 3 vol. ronéotés, 1957-1958.

13. *Finistère 1958, Aspects religieux*, 1 vol., Quimper, 1958.

14. SRQL, 25.7.1958.

15. Cent ans avant, lors de la création de l'archevêché de Rennes, le diocèse de Nantes était resté dans la province de Tours.

16. SRQL, 7.01.1959.

17. 'graves dangers (...) étatisation de l'éducation (...) qui jetterait à la rue les 366.800 élèves de l'ouest (...) forfait attentatoire à la liberté inscrite dans la Constitution' (SRQL, 11.04.1958). Au début de l'année 1959, *l'Echo de l'Ouest*

d'équité et d'apaisement', et demander aux catholiques de ne pas participer au mouvement de pétition organisé par les forces laïques. À l'été 1962, la *Semaine Religieuse* de Rennes consacre de longs développements, non au Concile qui s'approche, mais aux problèmes d'échelles indiciaires, de charges sociales, tandis que la clôture de la première session, en décembre, coïncide avec la grande affaire de la signature des contrats. C'est un enseignement catholique rasséréné, et même en quelque sorte victorieux après des décennies de revendication de l'aide publique, qui peut envisager une approche de type pédagogique de l'événement conciliaire[18].

*

Il est vrai que cela semble particulièrement nécessaire, puisque, comme titre *l'Écho de l'Ouest* en décembre 1961, 'trois pratiquants sur quatre' ignorent le Concile en préparation[19]. Cette faible intensité dans l'attente, qui semble un phénomène général à l'échelle nationale, se vérifie localement. Outre l'existence des préoccupations concurrentes que l'on vient d'évoquer, les conditions de l'information durant la période anté- et préconciliaire y entrent sans doute pour une bonne part.

La grande presse locale n'a accordé à l'événement qu'une attention discontinue. *Presse-Océan*, à Nantes, a publié 9 articles entre les 26 et le 30 janvier 1959[20], mais n'en publie aucun autre avant le 15 juin suivant. Surtout, la grande presse a contribué à enraciner au départ l'idée que ce concile, à la différence du précédent, concernait moins l'évolution interne du catholicisme que l'ouverture vers les Églises orientales, qui étaient en même temps les Églises persécutées par le communisme[21]. Elle tendait donc à confiner l'événement dans les

développe une active campagne sur les mêmes thèmes.

18. On parlera du Concile à l'école en s'appuyant sur la télévision (qui se diffuse alors en Bretagne) et les actualités du cinéma, à la fois pour montrer que la pédagogie n'est pas coupée de la vie, pas purement livresque, et pour faire ressortir 'le caractère universel de l'Église, du salut'. Ce doit même être l'occasion, avec les plus âgés, en particulier dans les cours complémentaires, de faire plusieurs leçons sur l'Église (SRR, 13.10.1962).

19. EO, 16.12.1961, d'après un sondage IFOP, à l'échelle nationale.

20. *Ouest-France* se limite à deux articles: celui du 26, avec un brin de sensationalisme, annonce le Concile 'avant la fin de l'année'; mais un rectificatif paraît dès le lendemain: le Concile n'aura pas lieu avant 1961, et de rappeler que celui de Vatican I a requis cinq ans de préparation...

21. OF, 27.01.1959.

cercles, restreints, de l'oecuménisme. Dans le même ordre d'idées, il est significatif que le mandement de carême de l'évêque de Quimper, quinze jours après l'annonce du Concile, n'y fait aucune allusion; il répercute en revanche l'appel de Jean XXIII à prier pour les catholiques de Chine[22]. De son côté, la *Semaine Religieuse* de Rennes n'évoque pas l'annonce du Concile en janvier 1959, tandis que la lettre de carême du cardinal Roques, la même année, saisit l'opportunité du centenaire de la mort du curé d'Ars pour une méditation sur le sacerdoce.

Du côté des *Semaines Religieuses*, la discrétion a également été de rigueur, au long des années 1959 et 1960. Celle de Quimper mentionne le Concile pour la première fois en avril 1960. Celle de Nantes, si elle y a consacré 4 articles en 1959, n'en publie que deux sur le sujet en 1960. Il en va de même, semble-t-il, au sein de l'Action catholique, à en juger par l'extrême rareté des mentions du Concile dans les documents internes des mouvements[23]. Il ne semble pas que ces derniers aient par ailleurs été associés à la préparation des voeux des évêques, à l'été 1959[24]. Il conviendrait au demeurant de développer une quête de témoignages dans ces milieux pour reconstituer l'état exact des esprits avant le Concile. Une certaine densification intervient dans les bulletins diocésains en 1961, et surtout en 1962: celui de Nantes procure 29 articles durant les neuf mois séparant la bulle d'indiction et l'ouverture du Concile, soit 67 % de l'ensemble des articles parus dans les 182 numéros entre le 31 janvier 1959 et 6 octobre. Ces articles représentent 1,95 % de la pagination du bulletin diocésain nantais[25], lequel, par sa nature même, est plus attentif aux

22. Telle est toujours la perspective lors des voeux du Nouvel An à l'évêché de Quimper en 1961: dialogue avec les autres confessions chrétiennes et prière pour l'Église du silence, laquelle inclut, vue de Quimper, les pays communistes mais aussi Haïti, d'où vient d'être expulsé Mgr Mazé, finistérien d'origine (SRQL, 6.01.1961). Dans sa lettre demandant des prières publiques pour le Concile (25.08.1962), le cardinal Roques adjure les catholiques de ne pas rester indifférents, alors que le Conseil oecuménique des Églises, 'nos frères séparés', vient de proclamer que *nostra res agitur*.

23. Et encore plus pour leurs expressions externes: 4 articles à Nantes pour toute la période préparatoire (SRN, 10.01.1961, EO, 12.08, 7.10 et 28.10.1961)

24. Témoignage de Mgr Jacques Jullien (archevêque de Rennes), alors directeur du grand séminaire de Quimper, à M. Lagrée. La préparation du congrès international du M.I.J.A.R.C. (Mouvement international de la Jeunesse Agricole et Rurale Catholique, créé en 1953 et institutionalisé par Rome en 1958) ne donne lieu à aucun rapprochement avec le Concile oecuménique (circulaire J.A.C., diocèse de Quimper, 7.10.1959).

25. Cette proportion est à mettre en relation avec le pourcentage de l'ensemble

événements purement locaux, tel le jubilé de Mgr Villepelet en 1961[26].

L'information la plus approfondie sur la période préparatoire a été fournie, incontestablement, par un périodique non officiel, *l'Écho de l'Ouest*, hebdomadaire de huit pages, dont une partie générale de cinq pages rédigée à Paris par l'Association nationale de la Presse périodique de province. Les informations religieuses générales, issues en presque totalité de cette partie générale qui ne ressortit donc pas vraiment à l'information régionale, y constituent en moyenne 10 % de la pagination totale. Par rapport à la *Semaine Religieuse*, qui touche surtout les milieux du clergé et de l'enseignement catholique, *l'Écho de l'Ouest* semble avoir un lectorat plus diversifié, à dominante laïque et sans doute largement rurale. Pas moins de 195 articles sur le Concile y sont parus entre janvier 1959 et octobre 1962, totalisant 5636 cm/col. (contre 2046 cm/col. à la *Semaine Religieuse* de Nantes). Il est le seul, en 1959, à évoquer la constitution de la commission antépréparatoire, ainsi que ses diverses consultations, mais il est plus évasif sur les interventions du cardinal Tardini à l'hiver 1959-1960. En 1960, il publie 40 articles (contre 2 au bulletin diocésain), faisant le bilan de la commission antépréparatoire, annonçant le *motu proprio* '*Superno Dei nutu*'. Il rapporte assez largement les déclarations d'hommes qui commencent à vouloir influencer le déroulement du futur Concile, tels les cardinaux Bea et Montini. En 1961, il offre 50 articles (contre 8 dans la *Semaine Religieuse* de Nantes). Il présente par exemple la mise en place du bureau de presse et des deux premières sessions de la commission centrale préparatoire au Concile. C'est donc *l'Écho de l'Ouest* qui a joué, à plein, le rôle d'informateur sur la phase préparatoire. Il faudrait évidemment apprécier la diffusion de ce périodique, entre les bulletins diocésains et la grande presse, pour mesurer son influence réelle.

Les thèmes abordés permettent de suivre l'évolution des préoccupations. Le thème de l'unité, prédominant en 1959 (30 à 40 %), décline régulièrement jusqu'en 1962, à mesure que la perspective oecuménique se révèle en fait aléatoire. Les futurs thèmes majeurs de Vatican II n'occupent qu'une faible place, en particulier pour ce qui concerne une éventuelle réforme liturgique[27]. Le thème de l'apostolat

des actes et documents pontificaux, soit 4,77 % des articles.

26. Qui justifie jusqu'à un numéro spécial de 28 pages (21.10.1961).

27. EO: 5 articles, SRN, 1. On notera cependant que le congrès d'Angers sur 'Liturgie et vie spirituelle', tenu à la veille du Concile, a conclu à la nécessité de

des laïcs est traité en revanche plus largement[28]: il correspond probablement à une 'attente' plus explicite, même si l'importance des effectifs sacerdotaux, en ces lendemains de hautes eaux du recrutement ecclésiastique, ajoutée à une forte tradition 'cléricale' en Bretagne, masque encore pour quelque temps les difficultés pastorales[29]. Quant à la doctrine sociale, si largement présente durant les décennies précédentes, elle n'apparaît que très épisodiquement[30], avec un déplacement des centres d'intérêt vers les problèmes du sous-développement, à l'occasion de l'encyclique *Mater et Magistra*[31].

En contrepoint de la presse, il est plus difficile de mettre en regard les attentes du public, en dehors du public cultivé, tel celui qui a suivi les conférences du Centre de culture religieuse à Rennes, en 1961-62: une assistance moyenne de 80 personnes pour sept conférences sur le mystère du Christ, huit sur les Psaumes, huit sur l'évangile de Luc, cinq seulement sur les questions actuelles. Une enquête auprès des participants révèle une demande privilégiée pour deux types de thèmes: histoire de l'Église[32] et questions actuelles[33]. À Nantes ont été organisées deux conférences sur 'l'Église et l'unité' et sur 'l'Église à la veille du Concile'.[34]

*

réaménagements, sans 'se laisser prendre aux exclusives, aux outrances' et 'en s'attachant à l'essentiel' (SRR, 1.09.1962).

28. EO: 12, SRN: 5.

29. Une longue étude sur l'apostolat, dans le contexte difficile des Monts d'Arrée, pays d'obédience communiste, détaille à l'envi les réalisations de l'équipe sacerdotale centrée sur Huelgoat, mais est pratiquement muette sur les laïcs: 'notre souci majeur est d'en découvrir' (SRQL, 6.023.1959).

30. On peut évoquer ici l'importante figure du Nantais Émile Decré, président du Centre français du Patronat chrétien, lequel entend 'transformer l'enseignement social de l'Église en réalités économiques et sociales' (Cf. OF, 5.11.1962)

31. Cf. SRQL, 29.07.1961. Les conférences ecclésiastiques de Quimper, qui n'ont fait aucune place au Concile de 1959 à 1962, accordent en revanche un écho attentif à *Mater et Magistra* en 1962.

32. Les grandes époques, les Pères, les grands mystiques, les maîtres spirituels, la vie des saints, les missions, la Terre sainte (SRR, 22.09.1962). L'année suivante, les historiens rennais sont mis à contribution: Guy Devailly, Raymonde Foreville, Jean Delumeau.

33. La communauté paroissiale, le diaconat, la mission des laïcs, la franc-maçonnerie, le problème de la fécondité, la pédagogie de la religion (SRR, 22.09.1962).

34. 22.01.1961, à la résidence des jésuites et le 4.01.1962, au centre diocésain d'information, qui est inauguré à cette occasion.

À l'automne 1962, l'information sur la première session emprunte en Bretagne diverses voies, y compris évidemment celle des médias nationaux, où l'événement conciliaire doit au demeurant se frayer un passage parmi les sollicitations de l'actualité générale, aussi prégnantes en Bretagne qu'ailleurs: la censure du gouvernement Debré, le référendum français suivi des élections législatives, la crise de Cuba, le procès de Liège, la guerre sino-indienne. C'est la période où les premiers postes de télévision apparaissent dans l'Ouest breton[35]; ils sont encore suffisamment rares pour que des transcriptions écrites des grands moments télévisuels, telle la cérémonie d'ouverture, soient proposés aux lecteurs. Beaucoup de choses proviennent des sources connues: le bureau de presse du Concile, l'agence Kipa, la presse vaticane et italienne (*L'Italia*), la chronique du journal *La Croix*[36]. L'ensemble est complété par des sources plus directes, de différente nature, émanant de tel ou tel témoin, officiel ou officieux.

Mgr Villepelet envoie de Rome huit lettres, qui sont publiées à Nantes[37]. A Quimper, c'est l'abbé Jacques Jullien, alors directeur au grand séminaire, qui égrène dans la *Semaine Religieuse* une chronique souvent haute en couleurs[38]. Les envoyés spéciaux sont, pour *l'Écho de l'Ouest* et l'A.N.P.C.P. Jean Toulat, et pour *Ouest-France* Georges Daix, qui couvre en même temps l'événement pour *la France catholique*. Il n'est pas sans intérêt de relever que le grand quotidien régional a fait appel à une personnalité de sensibilité nettement conservatrice, dont les articles révèlent en plus d'une occasion d'évidentes réticences devant l'émancipation progressive de l'assemblée conciliaire, et devant la tendance de ses confrères à voir les choses 'à l'aide de catégories politiques[39]'.

Comme les autres, les délégations bretonnes prennent à Rome la mesure du caractère international de l'Église. Celle de Quimper en

35. 'Dans quelques mois, la télévision pourra pénétrer dans tous les foyers de Loire-Atlantique (...) 'Nous attendons de la télévision des résultats de la plus haute importance pour la révélation toujours plus lumineuse de la vérité aux intelligences loyales' (Pie XII, *Miranda Prorsus*)''(SRN, 18.07.1959).

36. Que la *Semaine Religieuse* de Rennes se contente souvent de démarquer.

37. Intégralement dans la *Semaine Religieuse*, en partie dans *l'Écho de l'Ouest*, une seule dans *Presse-Océan*.

38. Cf. en particulier l'évocation des trajets dans le *filobus* 44, qui témoigne de 'l'humble présence des évêques à la vie quotidienne du peuple romain'. A ce titre, les 'Échos de Rome' de l'abbé Jullien sont moins extérieurs que la chronique de l'abbé J. Pannetier dans la *Semaine Religieuse* de Rennes, qui renvoie le plus souvent à *La Croix* ou aux communiqués du Bureau de presse du Concile.

39. OF, 21.11.1962.

particulier, dirigée par Mgr Fauvel, lui-même assez proche du père Lebret et d'*Économie et Humanisme*, prend l'habitude de rencontres directes avec d'autres épiscopats nationaux: tour à tour les Italiens, les Espagnols, les Allemands, les Brésiliens, etc. Des contacts non institutionnels sont tissés à l'occasion de réceptions, sur le mode du 'jour', formule consacrée de la sociabilité cléricale en Bretagne[40]. Mais pour des Bretons, issus d'une région qui a fourni durant des décennies un grand nombre de missionnaires et d'évêques missionnaires[41], le Concile est aussi l'occasion des retrouvailles d'une diaspora bretonne quasi coextensive à l'oekoumène catholique: le seul diocèse de Quimper compte dans l'*aula* pas moins de huit évêques, quatre de métropole et huit d'outre-mer[42]. Il resterait à évaluer l'effet de ces retrouvailles dans la constitution d'éventuels groupes de pression. A l'inverse, Mgr Villepelet, étranger à la péninsule par ses origines - et sa province ecclésiastique - se tient en marge des autres délégations bretonnes.

La journée d'ouverture, où le directeur d'*Ouest-France* voit ce qui sera peut-être 'la journée du siècle', est ici comme ailleurs surreprésentée dans l'information: à hauteur de 1008 cm/col. dans *Presse-Océan*, sur un total de 2047 pour toute la première session. Le spectacle des pompes vaticanes flatte à l'évidence une région aux sentiments ultramontains enracinés depuis longtemps[43], alors que les premières difficultés, au contraire, sont présentées de façon biaisée. Ainsi les interventions des cardinaux Liénart et Frings, sont-elles dédramatisées dans la presse nantaise[44]. Quant à *Ouest-France*, G. Daix, déjà perplexe au moment de l'élection des commissions, laisse percer de plus en plus, à l'occasion des débats sur la liturgie, ses réserves devant la tournure prise par les événements: 'Si des manoeuvres tendaient à faire écarter les schémas qui ont demandé un

40. Témoignage de Mgr J. Jullien à M. Lagrée.

41. Cf. J. MICHEL, *L'activité missionnaire de la Bretagne*, thèse dactyl., Univ. de Rennes, 1946.

42. SRQL, 26.10.1962.

43. La *Semaine Religieuse* de Quimper espère cependant du Concile une réaffirmation du rôle de l'évêque, quelque peu occulté jusqu'alors par le pape: 'combien peu de commentaires de messe relèvent le nom de l'évêque au canon !' (SRQL, 21.09.1962).

44. 'Il n'y a pas lieu de dramatiser' (PO, 15.10.1962) 'Cela va permettre aux Pères de mieux connaître les candidats' (EO, 20.10.1962; thème repris par la *Semaine* de Rennes, 10.11.1962). Mgr Villepelet n'y fait pour sa part aucune allusion, à cause de 'l'obligation du secret' (SRN, 27.10.1962).

lourd travail de préparation, elles risqueraient d'introduire dans le Concile un élément humain plus propre aux assemblées politiques qu'à une assemblée religieuse, qui se réunit, non pour faire triompher telle ou telle opinion, mais pour rechercher le bien de l'Église[45]'. On est loin de la position de l'abbé Jullien, qui parle de débats, 'et le mot est exact, ce sont des débats', qui ne sont pas nouveaux dans l'Église (Cf. Actes 15)[46]. Au demeurant, l'allongement, jugé excessif, de la discussion sur un thème jugé peu mobilisateur pour le public[47], tarit l'information de façon parfois spectaculaire[48].

Le retour aux affrontements, à propos de la Révélation, permet de mesurer à nouveau les clivages dans l'information en Bretagne. Le chroniqueur de la *Semaine Religieuse* de Rennes, évoquant les 'discussions animées', les communiqués du Bureau de Presse sur les objections faites à la commission préparatoire, conclut qu'il est normal qu'il y ait des courants et des tendances et, citant un évêque, que 'ce serait un miracle si elles n'existaient pas ! Ce serait contre nature[49]'. *L'Écho de l'Ouest*, simplifiant la situation, suit une ligne médiane, entre l'acceptation du schéma et son rejet pur et simple. *Presse-Océan*, lui aussi surpris, ne consacre que neuf lignes, sans commentaire, à l'événement[50]. Une fois de plus, *Ouest-France* fait entendre un ton particulier, plus proche de la Curie que de l'assemblée conciliaire: la 'difficile' semaine a rendu 'plus fortement sensible la nécessité du magistère de l'Église[51]', tandis que les divergences 'ont été exploitées abusivement auprès d'une partie du public[52]'.

Devant la relative accélération de l'étude des trois derniers schémas (communication sociale, chrétiens orientaux, Église), la presse locale reprend confiance, mais aussi intérêt pour le Concile, comme en témoigne la multiplication des articles[53]. Fidèle à sa position, G. Daix

45. OF, 14.11.1962.

46. SRQL, 9.11.1962.

47. La *Semaine Religieuse* de Rennes combat l'idée que 'que c'est là un secteur en somme très limité et secondaire de l'activité du Concile' (SRR, 10.11.1962)

48. 30,9 cm/col. pour la semaine du 29 au 3 novembre 1962 dans *Presse-Océan*, contre plus de 1 000 trois semaines auparavant.

49. SRR, 24.11.1962. Mgr Villepelet, dans la *Semaine* de Nantes, recourt à la prétérition...

50. PO, 29.11.1962.

51. OF, 21.11.1962.

52. OF, 29.11.1962.

53. Multiplication en gros par trois du nombre des articles dans *l'Echo de l'Ouest*. *Presse-Océan*, en décembre, s'intéresse autant à la santé du pape qu'aux travaux de l'assemblée.

défend sans faillir, dans *Ouest-France*, le point de vue du cardinal Ottaviani et de la commission[54]. C'est le moment où les journaux font appel à de plus grandes voix pour témoigner sur le Concile: le cardinal Gerlier dans *Presse-Océan*[55], les cardinaux Feltin et Lefebvre dans *l'Écho de l'Ouest*[56], Jean Guitton et René Laurentin dans *Ouest-France*[57]. Le directeur d'*Ouest-France*, Paul Hutin-Desgrées, s'est lui-même rendu à Rome pour la phase finale[58] et publie un éditorial où l'enthousiasme du démocrate-chrétien semble tempérer les réticences égrenées durant tout l'automne dans le grand quotidien régional par Georges Daix[59]. Ensuite commence l'époque des retours des évêques, lesquels font des conférences, assez bien suivies selon les témoignages, donnent des interviews[60], rédigent des lettres pastorales[61]. Ce qui n'avait constitué qu'une perspective assez floue, dans les années précédentes, est devenu un événement majeur.

*

À la fin de décembre 1962, chacun est conscient que rien n'est désormais comme avant. Se livrant à l'exercice le plus traditionnel qui soit, le panégyrique annuel de saint Corentin, le curé de la cathédrale de Quimper conclut que l'illustre protecteur du plus breton des diocèses aurait 'senti palpiter la jeunesse de l'Église au Concile[62]'.

54. OF, 3.12.1992. Au reproche fait au texte d'ignorer la tradition orientale et les Pères grecs, G. Daix oppose qu'un des membres les plus en vue de la commission préparatoire a lui-même rédigé un important ouvrage d'ecclésiologie, où abondent les références aux Pères grecs (OF, 6.12.1962).

55. PO, 12.12.1962.

56. EO, 22.12 et 29.12.1962.

57. Respectivement 9.12 et 21.12.1962.

58. Il réunit à déjeuner tous les évêques de l'Ouest, sous la présidence du cardinal Roques, après la bénédiction pontificale du 5 décembre.

59. Evoquant 'Rome, à l'échelle divine', où le contraste est si grand entre les fastes de l'immense assemblée conciliaire et les 'douze hommes en sandales' dont la présence est partout évidente en ces lieux, le directeur-général d'*Ouest-France* salue dans le concile une 'grâce donnée à l'univers'. Le pape Jean XXIII, 'fils du vigneron de Bergame, s'est senti touché à l'épaule par le fils du charpentier'. Etablissant clairement le lien entre la tradition représentée par *Ouest-France* (et son prédécesseur, *L'Ouest-Éclair*), et les orientations conciliaires, il salue rétrospectivement tous les morts qui ont lutté 'dans l'Église ou dans l'esprit de notre Église, parfois sans le savoir', contre les totalitarismes.

60. Comme le cardinal Roques à *Ouest-France*, 17.12. 1962.

61. Celle du cardinal Roques est publiée par la SRR le 22.12.1962.

62. SRQL, 21.12.1962.

Ajoutons que s'il avait lu la lettre de son successeur, Mgr Fauvel, de retour de Rome, saint Corentin aurait pu aussi mesurer le renversement de perspectives entre 1959 et 1962: la question de l'unité, primordiale à l'origine, est alors citée en troisième et dernière position. L'Église catholique, en Bretagne comme ailleurs, primitivement tournée vers les autres confessions, se trouvait renvoyée à un travail sur elle-même.

La presse religieuse nantaise et le Concile, en cm/col par mois

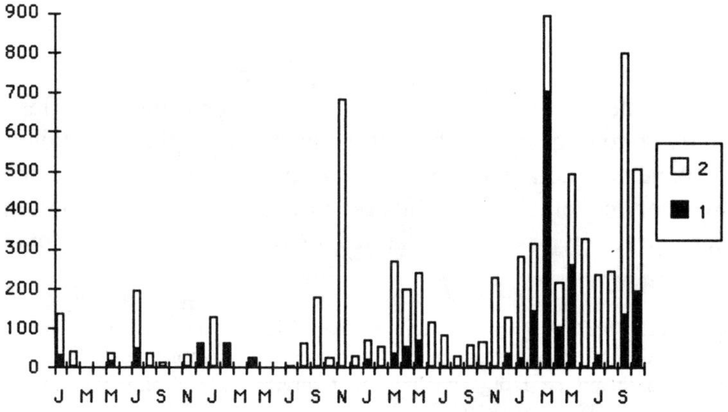

1959 1960 1961 1962
1. *La Semaine Religieuse.* 2. *L'Écho de l'Ouest*

LES INTELLECTUELS FRANÇAIS FACE AU CONCILE

PHILIPPE CHENAUX

C'est à deux intellectuels français, Jacques Maritain et Jean Guitton, que Paul VI à la clôture du Concile choisit de remettre son message 'aux hommes de la pensée et de la science'. Ce choix hautement symbolique ne pouvait manquer de nous éclairer sur le contenu à donner à cette notion commode mais assez floue finalement d''intellectuels'. Fallait-il par exemple limiter notre enquête aux seuls intellectuels catholiques? Devait-on, en ce cas, y inclure aussi bien les clercs que les laïcs? La limitation au plan hexagonal enfin se justifiait-elle au regard d'un espace intellectuel et culturel francophone aisément repérable? Nous avons examiné avec soin ces différentes définitions possibles de l''intellectuel français'. Si nous avons opté en fin de compte pour celle qui pourra paraître la plus restrictive, c'est d'abord par souci de donner le maximum de pertinence scientifique à nos conclusions.

Le premier critère retenu est donc celui de l'appartenance à l'Église catholique. Non pas bien sûr parce qu'il eût fallu absolument se reconnaître catholique pour se sentir concerné en 1962 par l'événement qui se préparait. Dans les faits pourtant, il semble que l'initiative de Jean XXIII ait peu retenu l'attention des milieux intellectuels non chrétiens. 'Quant aux incroyants, il serait à coup sûr excessif de prétendre qu'il accordent à l'événement une curiosité sympathique; notons cependant qu'il ne viendrait à l'idée de personne d'opposer à l'assemblée du Vatican un contre-concile, comme la Libre Pensée tenta de le faire à Naples en 1870'. Ces propos d'André Latreille dans *Le Monde* daté du 21 septembre 1962 suggèrent une certaine indifférence de l'opinion intellectuelle extérieure qu'il serait sans doute intéressant de vérifier par de plus longues recherches. Il n'est pas sûr toutefois que les résultats obtenus soient à la mesure de l'investissement consenti qui dépasse, nous semble-t-il, le cadre de cette modeste communication.

Le deuxième critère est celui de la laïcité. Réfléchissant à 'la responsabilité de l'intellectuel' devant le Cercle Saint-Jean-Baptiste en 1962, Henri-Irénée Marrou plaidait pour une revalorisation du rôle de l'intellectuel laïc dans l'Église. 'La santé de l'Église, déclarait-il, exige maintenant qu'à nouveau il y ait des intellectuels parmi les laïcs, que nous participions en tant que tels à la vie doctrinale de notre Église'[1]. Ceux-ci avaient-ils donc disparu de la scène depuis les temps reculés de 'l'époque carolingienne'? Toute l'histoire du catholicisme français en ce siècle invite plutôt à penser en sens contraire. On se souvient des 'théologiens laïcs des années trente' évoqués par Jacques Prévotat[2]. Le magistère intellectuel d'un Jacques Maritain, d'un Maurice Blondel, d'un Emmanuel Mounier, d'un Étienne Gilson entre les deux guerres souligne le poids des laïcs dans la vie doctrinale de l'Église en France. A en croire ce dernier, cette qualité de laïc aurait même été leur 'grande force': 'Religieux ou prêtres, écrivait Étienne Gilson au père de Lubac en avril 1964, ni Maritain ni moi n'aurions pu écrire la centième partie de ce que nous avons écrit. Nous aurions été, comme on dit ici, crucified'[3]. Des institutions comme les Semaines des écrivains catholiques lancées au début des années 1920 par Gaëtan Bernoville (sur lesquelles il n'existe hélas encore aucune étude) ou le Centre catholique des intellectuels français créé à la Libération[4], sans parler des Semaines sociales, attestent d'autre part de la vitalité de ce milieu intellectuel laïc auquel nous avons choisi de limiter notre enquête.

Nous aurions pu enfin élargir le propos à l'ensemble du monde francophone (Suisse romande, Wallonie, Québec). Le rayonnement international d'universités comme Fribourg et Louvain, le prestige de revues comme *Nova et Vetera* de l'abbé et futur cardinal Journet[5], ou *La Revue nouvelle* à Bruxelles, eussent à coup sûr légitimé cette dilatation du regard. Nous ne l'avons pas fait en raison précisément de

1. Texte d'une conférence donnée en 1962 dans le cadre du Cercle Saint-Jean-Baptiste, repris dans H.-I. MARROU, *Crise de notre temps et réflexion chrétienne (de 1930 à 1975)*, Paris, Beauchesne, 1978, p. 219.

2. Jacques PRÉVOTAT, 'Théologiens laïcs des années trente', *Les Quatre Fleuves*, No 17, 1983, pp. 49-69.

3. Lettre du 1er avril 1964, in *Lettres de Monsieur Étienne Gilson au père de Lubac*, Paris, Cerf, 1986, p. 54.

4. Sur ce dernier, la thèse de 3ème cycle de Jean TAVARÈS, *L'Église catholique et les intellectuels: le cas du Centre catholique des intellectuels français. Essai d'histoire sociale*, Paris, EHESS, 1980.

5. Sur ce dernier, voir la contribution de J.-P. TORRELL, 'Présence de Journet à Vatican II', in *Charles Journet (1891-1975). Un théologien en son siècle*, Fribourg-Paris, Éd. Universitaires/Ed. Mame, 1992, pp. 41-68.

ce parti pris de laïcité. On ne trouve dans ces pays en effet, pourtant largement sous influence culturelle française, aucun grand nom ni aucune institution susceptibles de répondre à cette notion d''intellectuels catholiques' au sens où nous l'avons défini.

Le problème de la méthode n'était pas moins épineux. Une première démarche possible eût consisté à choisir un certain nombre d'intellectuels reconnus et de suivre leur attitude avant, pendant et après la première période du Concile. Le choix forcément arbitraire et limité à certaines individualités n'eût pas rendu une image suffisamment nuancée de l'ensemble des réactions qui ne sont pas toutes individuelles. À l'inverse il n'était pas non plus satisfaisant de privilégier une approche de type purement institutionnel. La sensibilité des revues, au-delà même de la personnalité de leur directeur, méritait également d'être prise en compte. C'est pourquoi nous avons opté pour une démarche combinant ces trois niveaux de perception (individualités, institutions, revues) en nous efforçant de comprendre et d'analyser aussi bien les silences que les opinions exprimées. À cet égard il n'est pas certain que le découpage chronologique de ce colloque (1962) soit le plus adéquat à l'objet de notre étude. Il nous paraît en effet, et c'est là une hypothèse sur laquelle nous reviendrons dans la dernière partie de cette communication, que les intellectuels français 'entrent en Concile' bien après la première session. Cette remarque vaut également pour les intellectuels non catholiques si l'on songe par exemple au petit livre, tout à fait exemplaire à cet égard, de Roger Garaudy, *De l'anathème au dialogue. Un marxiste s'adresse au Concile*, paru à fin 1965 et qui ouvre un réel débat sur la collaboration avec les communistes. En 1962, ce qui prévaut, c'est une forme d'attente mêlée de curiosité et d'indifférence. Commençons donc par nous intéresser aux réactions des uns et des autres durant cette première année conciliaire.

1. Le Concile vient-il trop tôt?

La question est posée par Hans Küng dans un article paru dans les *Informations catholiques internationales* à l'ouverture du Concile. Pour le théologien suisse allemand, la réponse ne fait pas de doute: 'le deuxième Concile du Vatican ne vient pas trop tôt. Au contraire. On peut dire: le deuxième Concile du Vatican arrive quatre cents ans trop tard'[6]. Les intellectuels français partageaient-ils ce point de vue en

6. Hans KÜNG, 'Le Concile vient-il trop tôt?', *Informations catholiques*

1962? Étienne Borne, dans une réflexion sur 'la difficulté d'être des intellectuels catholiques' publiée trois ans plus tard à l'occasion des vingt ans du C.C.I.F., écrivait pour sa part:

> 'Le Concile qui vient d'attester si extraordinairement la vitalité de l'Église, est arrivé bien tardivement dans l'ordre pastoral, apostolique, oecuménique où les réponses étaient déjà prêtes, mais encore trop tôt pour apporter aux problèmes proprement intellectuels, théologiques, philosophiques une lumière suffisante'[7].

Tout en reconnaissant la signification prodigieuse de l'événement, le philosophe catholique dresse ici un constat de déficit dans l'ordre doctrinal[8]. L'orientation volontairement pastorale imprimée au Concile par Jean XXIII dès l'origine explique-t-elle une certaine désaffection des intellectuels à son égard? Force est de constater que ceux-ci se montrent bien discrets à la veille de l'ouverture de ses travaux. Le fait par exemple qu'un périodique comme les *I.C.I.* s'adresse à un théologien non français pour marquer l'importance de l'événement est en soi révélateur. Il n'est pas isolé comme nous le verrons. Parmi les grands de l'âge d'or du catholicisme français encore en vie, seul François Mauriac exprime des sentiments publics en cette période. Dans son bloc-notes du 11 mars 1962, il dit penser 'à ce Concile qui est en gestation à Rome, à ce mouvement encore timide et confus des brebis dispersées dans beaucoup de bergeries, pour se rejoindre enfin, elles qui se reconnaissent à la même marque sur leur laine, au même signe, à la même croix'[9].

Le thème du retour à l'unité (pour reprendre là encore le titre d'un ouvrage de Hans Küng très débattu à sa sortie en France[10]) est donc perçu par l'illustre écrivain comme tout à fait central. Dans son ouvrage sur Vatican II, *Le concile de Jean XXIII* (Paris, 1962), le seul à notre connaissance émanant d'un intellectuel de renom dans la floraison éditoriale des années 1960-1962, Daniel-Rops consacre une large part aux 'perspectives oecuméniques' de la future assemblée non

internationales, N° 178, 15 octobre 1962, p. 2.

7. Étienne BORNE, 'De la difficulté d'être des intellectuels catholiques', *Réflexion chrétienne et monde moderne 1945-1965*, Paris, Desclée de Brouwer, 1966, p. 34.

8. Constat partagé par René RÉMOND, 'Les intellectuels, leurs débats et l'Église', in *Le Concile, 20 ans de notre histoire*, sous la responsabilité de G. DEFOIS, Paris, Desclée, 1982, p. 152.

9. François MAURIAC, *Le Nouveau Bloc-Notes 1961-1964*, Paris, Flammarion, 1968, p. 116.

10. Hans KÜNG, *Concile et retour à l'unité*, Paris, Cerf, 1961.

sans faire remarquer au passage que 'la presse a insisté énormément sur cet aspect du projet en négligeant tous les autres'. Il cite le père Congar: 'Le Concile sera téléfinalisé à l'Unité'[11].

Le recours à l'autorité du théologien dominicain ne surprend pas. Il est l'expert de référence que l'on consulte pour en savoir plus sur la nature et les finalités du futur Concile. Son nom apparaît à tous les sommaires en cette période préparatoire. Il est le premier des catholiques à qui *Esprit* demande de faire connaître ses 'voeux pour le Concile' dans le numéro spécial que la revue consacre à l'événement en décembre 1961[12]. Il est le conférencier choisi à qui l'on confie le soin de conclure les journées d'études des *I.C.I.* sur le Concile organisées à l'Unesco à Paris en mai 1961[13]. Il est enfin le théologien par excellence à qui *Le Monde* ouvre ses colonnes pour tenter de dégager 'la signification théologique du Concile'[14].

Autre grande figure, côté romain cette fois-ci, de l'avant-scène conciliaire: celle du cardinal Bea dont le portrait fait la 'une' de *Témoignage chrétien* à l'occasion de sa venue en France en janvier 1962 pour la Semaine de l'Unité. Plus de quatre mille personnes se presseront à la Mutualité à l'invitation du C.C.I.F. pour l'écouter parler du 'Concile et de l'union des chrétiens'. Le C.C.I.F. connaîtra ce soir-là 'sa plus grande affluence'[15]. C'est pourtant là, à ma connaissance, sa seule réunion publique consacrée à l'événement en 1962. La traditionnelle Semaine des Intellectuels catholiques a pour thème...'Travail et condition humaine'. Le Centre se rattrapera par la suite en organisant 'dix débats' sur les travaux du Concile entre 1963 et 1966[16]. Du côté de la Paroisse universitaire, si l'on en juge par le contenu des *Cahiers universitaires catholiques* de cette période, l'intérêt pour l'événement qui se prépare n'est pas plus évident.

Un problème pourtant domine tous les autres: celui de la participation des laïcs. Dans le numéro spécial déjà cité d'*Esprit* de décembre

11. Henri DANIEL-ROPS, *Vatican II. Le concile de Jean XXIII*, Paris, Fayard, 1962, pp. 164 et 166.

12. *Esprit*, décembre 1961, pp. 691-700.

13. Yves CONGAR O.P., 'Une, sainte, catholique et apostolique', in *Un Concile pour notre temps. Journées d'études des Informations catholiques internationales*, Paris, Cerf, 1962, pp. 225-252.

14. *Le Monde*, 6 septembre 1962.

15. Selon Renée BÉDARIDA, 'Reflets d'une époque: 20 ans de débats', in *Réflexion chrétienne et monde moderne 1945-1965*, p. 63.

16. *Ibid.*, p. 64.

1961, son directeur Jean-Marie Domenach exprimait un sentiment de malaise à cet égard:

> 'Nous avons été invités à nous associer à la préparation de ce Concile dans un esprit d'humilité et d'espérance. C'est toute l'Église, a répété le Pape, qui doit se mettre en état de concile. Mais comment? Les laïcs éprouvent quelque gêne lorsque, après avoir été ainsi convoqués, ils s'entendent dire que la seule chose, ou à peu près, qu'ils aient à faire est de prier. Est-il possible, en même temps de mobiliser ce qu'il est permis d'appeler, après Bernanos, 'l'opinion catholique', et de la priver de tout débouché, de toute participation concrète?'[17]

L'éditorialiste avouait la difficulté où il s'était trouvé de faire entendre le témoignage de simples croyants: 'leur quasi-absence, écrivait-il, est un défaut de ce numéro spécial qui aurait voulu exprimer dans toute son ampleur la voix de ce peuple contemporain, de travailleurs, de techniciens, de savants'[18]. Un constat de carence semblable ouvre la 'grande enquête sur le Concile' que publie la *Chronique sociale de France* en juin 1962 sous le titre *Qu'est-ce que les laïcs français attendent du Concile?* 'Se mettre en état de Concile, cela ne signifie pas une passivité déférente, ou même une participation purement spirituelle. Cela veut dire être dans un état de sainte curiosité et d'attention active', peut-on lire en guise de présentation à une démarche qui a pour but 'de réveiller les laïcs catholiques, de France, par une enquête qui les amènerait à s'exprimer'[19].

Le questionnaire 'envoyé à un certain nombre de personnalités et de Groupes laïcs' indiquait huit champs de réflexion possible: le dogme, l'organisation intérieure de l'Église, la morale, la spiritualité et la liturgie, l'unité de l'Église et l'oecuménisme, l'apostolat, la doctrine sociale, la participation du laïcat. Parmi les intellectuels 'sondés', on trouve les noms de Jean-Pierre Dubois-Dumée, directeur adjoint des *I.C.I.*, Jean de Fabrègues, directeur de *La France catholique*, Georges Montaron, directeur de *Témoignage chrétien*, et de René Rémond, alors directeur d'études et de recherches à la Fondation nationale des sciences politiques. Le choix, on le voit, est sans a priori et reflète toutes les sensibilités du monde intellectuel catholique français.

A côté de la réforme interne de l'Église (et notamment de la procédure de l'Index) et, dans une moindre mesure, de l'unité des chrétiens,

17. J.M. DOMENACH, 'Voeux pour le Concile', *Esprit*, décembre 1961, p. 676.
18. *Ibid.*
19. *Chronique sociale de France*, No 3-4, 15 juin 1962, p. 211.

le thème du laïcat est sans conteste le plus discuté. Tous les intellectuels interrogés se prononcent avec conviction, à l'exception peut-être de Jean de Fabrègues estimant que 'si nous sommes tous l'Église, nous n'avons pas tous les mêmes grâces ni la même place', pour une meilleure définition de la place et du rôle des laïcs dans l'Église. Jean-Pierre Dubois-Dumée parle d''une compréhension plus grande', d''un soutien plus confiant' à l'écart d''une certaine 'laïcomanie'' bien stupide[20]. Georges Montaron est plus incisif lorsqu'il réclame un dialogue 'vrai' 'hiérarchie-laïcs' et demande 'de créer les structures qui permettront le développement d'une opinion publique dans l'Église'[21]. Une meilleure prise en compte de cette dernière est également souhaitable pour René Rémond qui estime qu'on ne peut plus gouverner les fidèles 'comme au XVIe siècle' et que l'Église n'a pas le droit de se priver d'un tel concours 'du seul point de vue de sa mission apostolique'[22].

Le thème du rapport au monde ou de ce que le questionnaire appelait 'la doctrine sociale', bizarrement, ne donne pas lieu à de longs développements. La parution récente de l'encyclique *Mater et Magistra* (1961) explique peut-être cette retenue chez certains sur un sujet où 'tout l'essentiel a été dit' (Jean Daujat). Déjà constatée chez les évêques, cette relative réserve à propos de l'engagement social de l'Église est plus surprenante s'agissant des intellectuels laïcs français dont on sait les combats menés en ce siècle au nom de la justice depuis les années trente jusqu'à la guerre d'Algérie[23]. N'est-ce pas Pierre-Henri Simon, grande voix de la conscience chrétienne contre la torture en Algérie, qui écrivait en avril 1962 dans son billet de la revue genevoise *Choisir*, qu'au fond les catholiques français se répartissaient en 'deux familles d'esprit':

> 'L'une pour qui c'est un malheur que la France, 'fille aînée de l'Église', soit la plus laïque des nations; l'autre pour qui c'est un scandale que l'Espagne catholique et cléricale soit aussi le pays d'Europe où la distance entre une poignée de riches et une masse de pauvres est la plus choquante; ou que le régime officiellement catho-

20. *Ibid.*, p. 224.
21. *Ibid.* p. 254.
22. *Ibid.*, p. 278.
23. A ce propos, l'étude d'Étienne FOUILLOUX, 'Intellectuels catholiques et guerre d'Algérie (1954-1962)', in *La guerre d'Algérie et les intellectuels français*, sous la dir. de J.-P. RIOUX et J.-F. SIRINELLI, Bruxelles, Éd. Complexe, 1991, pp. 79-114.

lique du Portugal soit aussi, en Afrique, le plus rigoureusement et l'un des plus cruellement colonialistes'[24].

Rescapé comme Pierre-Henri Simon de la génération 'humaniste' des années trente formé par Maritain, Blondel, Mounier et autre Berdiaev, Georges Hourdin est l'un des seuls à élever une voix prophétique à la veille du Concile. Ce qu'il demande aux Pères dans un éditorial des *I.C.I.* au titre prémonitoire 'L'Église des pauvres', ce n'est ni ni moins 'qu'ils rappellent l'Évangile face au monde moderne, qu'il fassent un devoir à tous de partager leurs biens et d'être collectivement aux côtés de ceux qui ont faim et soif'[25]. 'Je comprenais mieux que d'autres l'importance de l'événement, car j'avais beaucoup fréquenté la Rome de Pie XII', écrira-t-il plus tard[26].

L'explication est peut-être un peu courte, mais elle contient sans doute une part de vérité. La méconnaissance des milieux romains parmi les intellectuels français est source d'indifférence, sinon de méfiance par rapport à l'événement qui se prépare et dont on estime à tort ou à raison qu'il est d'abord l'affaire de la Curie, au mieux, on l'a vu, celle de la hiérarchie seule. La mise en garde du Saint-Office 'contre les dangers contenus dans les oeuvres du P. Teilhard de Chardin et de ses disciples' (*monitum* du 30 juin 1962) ravive chez certains le souvenir de douloureux précédents[27]. L'image de Jean XXIII, paradoxalement, ne donne pas encore le change tant il est vrai qu'elle n'a pas réussi à effacer totalement celle, plutôt brouillée, du nonce Roncalli. On est stupéfait par exemple de lire sous la plume de Jean Guitton, bien en cour à Rome pourtant à ce moment-là, ce jugement rétrospectif selon lequel 'deux schémas contraires se partageaient son esprit hardi' à l'ouverture du Concile: celui de la mise à jour et celui de la mise au pas. L'attitude résolue de 'plusieurs cardinaux' lors de la première session aurait eu raison de ses hésitations. 'Jean XXIII changea de cap. Il rejeta ses préférences secrètes; il accentua l'idée d'*aggiornamento*'[28].

24. *Choisir*, avril 1962.
25. *Informations catholiques internationales*, 1er octobre 1962.
26. Georges HOURDIN, *Dieu en liberté*, Paris, Stock, 1973, p. 302.
27. Voir la tribune de Jacques MADAULE, 'A propos de Teilhard. Batailles perdues', dans *Le Monde* du 12 juillet 1962.
28. Jean GUITTON, *Un siècle, une vie*, Paris, R. Laffont, 1988, p. 362.

2. *L'impact de la première période*

Il est intéressant de confronter cette analyse de Guitton avec le témoignage qu'il donnait le 14 janvier 1963 en l'église de Saint-Germain-des-Prés à Paris. La présence du nonce apostolique en France Mgr Bertoli conférait un tour quasi officiel à la manifestation organisée par l'abbé Berrar. Il avait été le seul intellectuel laïc à pouvoir suivre en tant qu'observateur les travaux de la première session. Ce privilège lui donnait une autorité certaine qu'il ne manquera pas de faire valoir tout au long du Concile et même au-delà comme on l'a vu. Ses liens d'amitié avec Paul VI accentueront encore ce rôle en quelque sorte 'pédagogique' de l'intellectuel Guitton auprès de l'opinion française.

Ce premier regard sur le Concile ne manque pas de pertinence[29]. Guitton observe que l'Église conciliaire s'est engagée dans un triple dialogue: dialogue avec elle-même, dialogue avec les Églises séparées, dialogue avec le monde. Les avancées sur ces trois plans ne sont pas d'égale importance, mais le bilan reste malgré tout positif: 'On peut dire que le Concile a *déjà* réussi'. Il parle d'*élan*: le mot résume selon lui 'l'essence de ces premiers mois'. Le Concile lui paraît avoir trouvé son 'axe' dans une nouvelle définition de l'Église venant compléter et achever ce qu'avait entrepris Vatican I:

> 'À divers signes, il peut apparaître que le Concile s'oriente vers une définition de l'Église, aperçue dans son mystère éternel d'amour divin communiqué à l'humanité sur cette planète; renouvelée par la reviviscence de plusieurs organes médiateurs, évêques, conciles, synodes, diacres, laïques; prenant conscience de la présence incomplète mais réelle en elle de chrétiens séparés; s'offrant enfin à l'humanité entière pour l'aider à résoudre les problèmes qui lui tiennent à la gorge: la paix, la faim, la justice sociale'[30].

Vieux routier de l'oecuménisme, le philosophe se félicite de la présence des observateurs non catholiques qui ont, dit-il, 'transformé l'atmosphère du Concile'. Et d'ajouter 'que le Concile n'est pas seulement un Concile oecuménique au sens ancien du mot, mais qu'il est le Concile de l'oecuménisme'[31]. Le troisième dialogue en revanche, 'si fermement voulu par Jean XXIII (le dialogue du Père commun avec tous les fils des hommes)', lui paraît être celui où les

29. ID., *Regard sur le Concile. Prophéties d'un observateur*, Paris, Aubier, 1963.
30. *Ibid.*, pp. 63-64.
31. *Ibid.*, p. 44.

plus grands progrès restent à accomplir. Guitton ne fait pas encore ce distinguo assez spécieux finalement entre les intentions supposées du pape et l'orientation effective prise par le Concile en direction de l'*aggiornamento*. Il serait d'ailleurs bien difficile de trouver dans les commentaires 'à chaud' de l'époque le moindre doute à propos de la volonté réformatrice de Jean XXIII.

Le discours d'ouverture de Jean XXIII apparaît même comme le principal événement de cette première session. 'Pour la première fois depuis ma jeunesse, l'Esprit se manifeste, du moins à moi, visiblement' va jusqu'à écrire François Mauriac dans son *Ce que je crois* qui paraît à la fin de l'année[32]. Du côté des principaux éditorialistes catholiques, les réactions vont dans le même sens. 'Le Concile a pris un bon départ', estime par exemple Georges Montaron dans *Témoignage chrétien* et cela avant tout grâce à Jean XXIII qui 'a donné le ton' dès la séance inaugurale et manifesté dans son discours 'un visage authentique de l'Église'[33]. Georges Suffert dans *France-Observateur* voit de son côté un lien entre 'l'aspect résolument tourné vers l'avenir de son exposé, le refus de réitérer les condamnations doctrinales déjà portées, la discrétion vis-à-vis des problèmes concernant l'Europe de l'Est' et la présence de représentants de l'Église orthodoxe russe[34]. 'Bien que peu apparent, ce qui a été accompli n'en est pas moins considérable', relève pour sa part l'éditorialiste du *Monde* dans un premier bilan, en constatant que 'le prestige du pape' sortait 'grandi' de la session[35].

La promulgation de l'encyclique *Pacem in terris* (avril 1963) très bien accueillie dans les milieux intellectuels catholiques, puis surtout l'agonie et la mort de Jean XXIII (juin 1963) achèvent de fixer à jamais l'image du pape aimé. Georges Hourdin exprime un sentiment assez général lorsqu'il écrit à sa disparition que 'nous nous sentons aujourd'hui un peu orphelins. Jean XXIII avait voulu être le père de tous. Il l'était vraiment'[36].

Peut-on pour autant affirmer que les intellectuels français à fin 1962 sont entrés en Concile? L'importance historique de l'événement est bien perçue, l'attachement à la personnalité de Jean XXIII grandissant, mais au-delà? De débat proprement intellectuel, point ou presque. La

32. François MAURIAC, *Ce que je crois*, Paris, Grasset, 1962, p. 185.
33. *Témoignage chrétien*, 19 octobre 1962.
34. D'après la revue de la presse hebdomadaire du *Monde*, 20 octobre 1962.
35. *Le Monde*, 9-10 décembre 1962.
36. *Informations catholiques internationales*, 15 juin 1963.

question de la participation et plus généralement de la mission des laïcs reste posée. Les *ICI* y consacrent des journées d'études en mai 1963, mais les principaux intervenants ne sont pas français: le Polonais Mazowiecki, l'Italien La Pira, l'Espagnol Sugranyes de Franch, le Belge Grootaers[37]. Le CCIF publie à la même période un cahier spécial sur le sujet[38]. Jean Guitton lui-même rédige un essai sur le même thème[39]. Mais que dire du silence d'un Maritain ou d'un Gilson, voire même d'un Gabriel Marcel? Il oblige à s'interroger sur la validité du cadre chronologique assigné à nos débats.

Le silence des deux maîtres thomistes a sans doute des raisons qui leur sont personnelles (mort de Raïssa Maritain, éloignement de Gilson) qu'il ne faut pas perdre de vue. Étienne Fouilloux avait déjà observé leur discrétion dans la conflit algérien[40]. A la différence de ce dernier, le Concile va pourtant à un moment donné les pousser l'un et l'autre à sortir de leur réserve. Ils le feront à peu près en même temps et dans le même sens. Cela seul intéresse l'historien: pourquoi les deux philosophes choisissent-ils de rompre le silence en 1965-1966 et pas en 1962-1963?

S'agissant de Maritain, il y a incontestablement une certaine attente de l'opinion catholique. On en veut pour preuve deux articles qui paraissent coup sur coup dans le courant de l'été 1965. Leur auteur n'est autre que Louis Salleron, ce qui ne manque pas de 'piquant' lorsqu'on sait que cet ancien admirateur du maréchal Pétain avait été de ceux qui avaient descendu en flammes le philosophe d'*Humanisme intégral* qualifié de 'marxiste chrétien' à la sortie de l'ouvrage en France en 1936... Le premier intitulé tout bonnement 'Qu'en pense Maritain?' (*La Nation française* du 29 juillet 1965) sommait ce dernier de donner son avis 'sur tout ce qui se passe présentement dans le catholicisme':

> 'Quand on s'est, pendant plus d'un demi-siècle, mêlé à toutes les batailles d'idées, qui ont agité le catholicisme, on ne se retire pas sous sa tente au moment où la dernière bataille va décider de tout'[41]

Le deuxième article publié deux mois plus tard dans *Le Monde* (21 septembre 1965) sous le titre 'L'heure de Maritain' proposait ni plus ni

37. *Ibid.*, 1er avril 1963.
38. *Les laïcs et la vie l'Église,* Paris, Desclée de Brouwer, 1963 (*Recherches et débats*, No 42).
39. Jean GUITTON, *L'Église et les laïcs*, Paris, Desclée de Brouwer, 1963.
40. Étienne FOUILLOUX, *op. cit.*, p. 94.
41. *La Nation française*, 29 juillet 1965.

moins que l'on confiât au philosophe thomiste le soin de réécrire le schéma sur la liberté religieuse alors 'dans une impasse'[42]. Ces réflexions n'auraient que peu d'intérêt pour notre sujet si l'on y trouvait comme un écho dans un bloc-notes de Mauriac du 3 novembre 1966 : 'Que de fois, pris dans les remous de Vatican II, je me suis demandé: 'Qu'en pense Maritain?' Eh bien, nous le savons maintenant', écrivait avec enthousiasme l'académicien à l'occasion de la sortie de presse du *Paysan de la Garonne* (Paris, 1966)[43]. L'ouvrage, on le sait, donnera lieu à un débat passionné que l'on cherche en vain en 1962.

L'entrée en scène d'Étienne Gilson, moins 'provoquée' si l'on peut dire, est tout aussi fracassante puisqu'elle prend la forme d'un article donné à *La France catholique* (2 juillet 1965) sous le titre 'Suis-je schismatique?', dans lequel l'académicien-philosophe protestait 'contre l'obligation où on nous met de chanter, dans le Credo français, que le Fils est de même nature que le Père'[44]. L'article là aussi souleva des vagues de protestations (mais lui valut des adhésions discrètes comme celle du père Congar) qui l'obligèrent à s'expliquer sur l'emploi 'purement rhétorique' à ses yeux du terme 'schismatique'[45].

Les prises de position des deux intellectuels thomistes, quoiqu'attendues avec une certaine impatience (surtout dans le cas de Maritain) ne furent pas comprises de tous, loin s'en faut. Elles ne firent qu'accentuer chez l'un comme chez l'autre un sentiment de 'solitude' qui contribua paradoxalement à les rapprocher comme le prouve la correspondance échangée entre eux pendant cette période[46]. Elles témoignent en tout cas d'une polarisation des opinions dans les derniers mois du Concile par rapport à des enjeux spécifiquement intellectuels ou de doctrine. Dans le même sens, on pourrait citer la parution en 1964 d'*Attente du Concile* de Maurice Blondel, recueil posthume d'écrits du philosophe d'Aix sur les grands thèmes de Vatican II (âme de l'Église, Tradition, oecuménisme, etc.).

*

42. *Le Monde*, 21 septembre 1965.

43. Voir le compte rendu également très favorable de Jean Guitton dans *Le Figaro* des 5-6 novembre 1966.

44. Lettre du 20 juin 1965, in *Lettres de Monsieur Étienne Gilson au père de Lubac*, p. 65.

45. Laurence K. SHOOK, *Étienne Gilson*, Milan, Jaca Book, 1991, p. 449.

46. Étienne GILSON, Jacques MARITAIN, *Correspondance 1923-1971*, Paris, Vrin, 1991.

Il est bien sûr difficile de tirer des conclusions tranchées d'une aussi brève analyse. On fera simplement observer que c'est à partir du moment où le Concile cesse d'être seulement un événement pour devenir aussi un acte du magistère de l'Église qu'il commence véritablement à mobiliser les intellectuels. Vécu par eux (Guitton excepté) de l'extérieur ou à distance, l'événement ne pouvait être perçu dans sa pleine mesure dans l'instant où il se produisait. L'absence d'un dessein clair à l'issue de la première période ajoutée au caractère finalement très théologique et très chaotique des débats n'était pas non plus de nature à stimuler des intelligences laïques. L'adoption des premiers textes, la discussion autour du schéma XIII et de la liberté religieuse, la controverse au sujet de la philosophie chrétienne, amèneront progressivement les intellectuels français (et pas seulement catholiques) à 'rentrer' dans le débat conciliaire. Vatican II deviendra alors vraiment, comme l'avait souhaité Jean XXIII, l'affaire de toute l'Église.

IV. LES DÉBATS

LES DÉBATS LITURGIQUES LORS DE LA PREMIÈRE PÉRIODE DU CONCILE VATICAN II (1962)

AIMÉ GEORGES MARTIMORT

Dans une assemblée parlementaire, un projet de loi (ou proposition de loi) doit être d'abord porté à la connaissance de l'assemblée, puis inscrit à l'ordre du jour des débats. Mais la discussion publique n'est que la suite ou le résultat de deux étapes préalables: des échanges informels entre les parlementaires avec ou sans réunions des 'groupes' correspondant plus ou moins aux partis représentés dans l'assemblée; une ou plusieurs réunions de la commission compétente composée de membres élus ou cooptés par leurs pairs.

Les mêmes étapes peuvent être distinguées dans le travail d'un concile moderne, où d'ailleurs se posent des problèmes beaucoup plus difficiles du fait des décisions à prendre, qui ne relèvent pas toutes des volontés humaines mais souvent du dépôt de la foi, du fait du grand nombre des votants (plus de deux mille à Vatican II), de l'exigence d'unanimité (un texte ne peut être adopté à moins de deux tiers de votes favorables) et de l'absence de 'partis'[1]. Cependant, à la différence des autres assemblées législatives, le travail des commissions conciliaires et sa présentation en assemblée plénière sont postérieurs au débat proprement dit: ce sont les commissions qui rapportent, favorablement ou défavorablement, les amendements proposés durant les débats en vue de les soumettre au vote des Pères. Ce n'est qu'après cela que le texte, dûment amendé, peut faire l'objet d'un vote décisif d'ensemble.

*

1. Cf. mon discours 'Le IIe Concile du Vatican, réflexions d'un témoin', paru dans *Chronique de l'Institut catholique de Toulouse*, 1968, n° 1, pp. 11-21.

Le projet ou *Schema Constitutionis De sacra Liturgia* fut envoyé avec six autres aux membres du futur Concile en un volume intitulé *Schemata Constitutionum et Decretorum de quibus disceptabitur in Concilii sessionibus, Series prima*, daté du 13 juillet 1962[2], où il occupe les pages 155-201.

Mais les évêques et les prêtres qui avaient participé aux travaux de la Commission préparatoire de liturgie du 15 novembre 1960 au 14 janvier 1962[3] remarquèrent aussitôt que le texte qu'ils avaient élaboré et qui, imprimé en cinq fascicules en février 1962[4], avait été présenté à la Commission centrale préparatoire, avait depuis lors subi des modifications sur les points qui leur paraissaient précisément être la base de la réforme liturgique.

Tout d'abord on lisait, p. 155, une note préalable: *'Huius Constitutionis mens est: tantum normas generales et 'altiora principia' generalem liturgicam instaurationem respicientia [...] proponere, relinquendo Sanctae Sedi singula executioni demandare'*, ce qui allait à l'encontre du principe posé à l'article 16 du texte primitif: *'Libri liturgici ex integro recognoscantur, peritis* EX UNIVERSO ORBE *adhibitis; et intra paucos annos edantur*[5].

2. Note du cardinal Secrétaire d'État en tête du volume.

3. Sur les travaux et incidents de la Commission préparatoire, on peut avoir une idée suffisante grâce à l'article essentiel de G. CAPRILE, *Cronistoria della Costituzione liturgica*, dans *La Costituzione sulla sacra liturgia ...*, Torino-Leumann, ElleDiCi, 1967, pp. 53-198 (que nous citerons désormais: CAPRILE, *Cronistoria*); ici, pp. 68-86; voir aussi, quoique plus succinct, et comportant quelques inexactitudes, A. BUGNINI, *La riforma liturgica (1948-1975)*, Roma, Edizioni liturgiche, 1983 (*Bibliotheca Ephemerides liturgicae, Subsidia* 30), pp. 26-36.

4. Pontificia Commissio centralis praeparatoria Concilii Vaticani II, *Quaestiones de sacra liturgia, Schema Constitutionis de sacra liturgia Commissione liturgica propositum ...*, Typis polyglottis Vaticanis, 1962: [fasc. 1], *Prooemium et Caput I ...*, 38 pp.; [fasc. 2], *Caput II, De sacrosancto eucharistiae mysterio ...*, 19 pp.; [fasc. 3], *Caput III, De sacramentis et sacramentalibus ...*, 24 pp.; [fasc. 4], *Capita IV et V, De officio divino, De anno liturgico ...*, 24 pp.; [fasc. 5], *Capita VI, VII et VIII, De sacra suppellectile, De musica sacra, De arte sacra*, 23 pp. Le tout a été reproduit dans *Concilio œcumenico Vaticano II apparando Acta et documenta*, Series II (*Praeparatoria*), vol. III, *Acta Commissionum et Secretariatuum praeparatoriorum*, Typis polyglottis Vaticanis, 1969, pars 2, pp. 9-68 et, précédemment, dans même coll., vol. II, *Acta pontificiae Commissionis centralis*, pars 2, 1968, pp. 26-46, 102-110, 275-285, 317-327, 460-471.

5. Il paraît cependant que c'est A. Bugnini lui-même qui a ajouté cette note pour rassurer contre les critiques: R. ROUQUETTE, *Vatican II, La fin d'une chrétienté, Chroniques*, Paris, Cerf, 1968, t. I, pp. 237-238; CAPRILE, *Cronistoria*, p. 112.

On constata aussi la disparition des *Declarationes* qui assortissaient les textes les plus importants d'explications historiques et théologiques, par lesquelles la Commission préparatoire estimait pouvoir éclairer les Pères conciliaires sur le bien-fondé, traditionnel et pastoral, des réformes envisagées.

Les pouvoirs que le *Schema* primitif attribuait aux Conférences épiscopales et qui paraissaient devenus nécessaires du fait du caractère mondial de l'Église disparaissaient du nouveau texte: au lieu de '*statuere, actis a Sancta Sede recognitis*', on lisait désormais qu'elles pouvaient seulement '*Sanctae Sedi proponere*'.

Les exceptions prévues à l'usage de la langue latine devenaient elles aussi de simples propositions susceptibles d'être présentées au Saint-Siège. Quant à la récitation de l'office en latin, aucune exception n'était plus prévue pour les prêtres.

La concélébration de la messe serait restreinte à la messe chrismale du jeudi-saint et aux grands rassemblements qui ne permettent pas de pourvoir aux célébrations individuelles. Et je passe sur les nombreuses modifications apportées tant à l'exposé doctrinal qu'aux aménagements proposés à la discipline et la pastorale des sacrements; notamment la possibilité de la communion sous les deux espèces recevait les restrictions les plus sévères[6].

De tous ces changements, les experts se hâtèrent de rédiger l'inventaire en vue d'avertir les Pères conciliaires[7]. Mais on se demandait anxieusement si l'on ne se trouvait pas devant une puissante offensive de certains milieux de la Curie romaine. Car le 22 février précédent, dans une cérémonie fastueuse, on avait fait signer à Jean XXIII la Constitution *Veterum sapientia*, apparemment pour couper court à toute démarche conciliaire favorable à la langue vulgaire en liturgie. Le cardinal Gaetano Cicognani, objet de fortes pressions, avait hésité presque jusqu'à la veille de sa mort pour signer le projet de la Commission préparatoire dont il était le président. Le pape lui avait donné pour successeur le cardinal Arcadio Larraona, un juriste que rien ne préparait à présenter à la Commission centrale préparatoire un texte qu'il ne connaissait pas et qui traitait de questions qui lui avaient

6. H. SCHMIDT, *La Constitution de la sainte liturgie, texte, genèse, commentaire, documents*, Bruxelles, Lumen vitae, 1966 (*Tradition et renouveau*, 3), pp. 75-76; CAPRILE, *Cronistoria*, pp. 113-115.

7. Moi-même ai signalé toutes ces fâcheuses modifications dans la longue liste d'*Observationes* (7 pages ronéotypées) que j'ai rédigées et distribuées à diverses Conférences épiscopales: cf. ci-après, pp. 298-299; et je possède dans mes dossiers plusieurs autres de ces documents.

été jusque là étrangères. Dans une lettre confidentielle au P. Gy du 29 mars, le P. Giuseppe Löw, le membre le plus actif de la Commission qui avait préparé les réformes publiées par Pie XII, disait à mots couverts: 'il clima di quel periodo preconciliare è diventato arroventato, i partiti prendono posizione; la liturgia, purtroppo, è una delle materie nelle quali si dividono i spiriti; non posso dire di più e non posso, per lettera, dare ulteriori particolari'.

Bien plus: lorsque les Pères conciliaires arrivèrent à Rome en octobre, ils apprirent avec quelque stupeur que M. Bugnini venait d'être écarté de l'enseignement qu'il donnait au Latran et qu'il était l'un des rares secrétaires des Commissions préparatoires à ne pas être reconduit comme secrétaire de la Commission conciliaire[8].

À qui donc fallait-il attribuer les altérations subies par le *Schema* ? Les débats de la Commission centrale, à laquelle pourtant Annibale Bugnini fut présent toutes les fois que fut discutée une partie du *Schema*, étaient couverts par un secret absolu. Leur enregistrement magnétique, imprimé par la suite en 1968[9], ne fut même pas consultable immédiatement à cette date[10]. À lire aujourd'hui tardivement ces comptes rendus, on est d'abord stupéfait de l'absence dans cette Commission d'une méthode de travail[11]: plusieurs Commissions préparatoires distinctes avaient préparé des textes concernant la liturgie sans s'en être informées mutuellement, et la Commission centrale n'en exigea pas la synthèse; on suivit pour les débats la pratique des Congrégations romaines, où chacun, en suivant l'ordre des préséances, émet successivement ses observations et son jugement; il n'y avait pas eu ensuite un véritable vote, car le rôle de la

8. À vrai dire, sans parler de deux secrétaires qui, devenus évêques entre temps, ne pouvaient plus remplir ce rôle puisqu'ils étaient désormais Pères conciliaires, un autre fut remplacé: le P. Cristoforo Berutti, o.p., dont la charge passa à Alvaro del Portillo, de l'*Opus Dei*. Cf. mon article 'La Constitution sur la liturgie de Vatican II. Esquisse historique', dans *La Maison-Dieu*, 157, p. 43. Je possède un *Promemoria* de Bugnini du 1er décembre 1962.

9. *Concilio œcumenico Vaticano II apparando Acta et documenta*, Series II (*Praeparatoria*), vol. II, *Acta Pontificiae Commissionis centralis praeparatoriae ...*, Typis polyglottis Vaticanis, 4 parties, portant respectivement les dates de 1965, 1967, 1968. Les débats sur la liturgie sont rapportés dans la pars 3, pp. 26-144, 275-368, 460-492.

10. CAPRILE, *Cronistoria*, p. 109: 'I relativi atti, pur essendo già stampati, per disposizione pontificia non sono ancora accessibili'.

11. Cependant il existait des *Normae* approuvés par Jean XXIII le 16 septembre 1961 (ci-après, note 16), donnant les règles à suivre dans les débats de la Commission centrale.

Commission était consultatif, non délibératif; la composition même de la Commission donnait aux cardinaux de Curie un poids que ne pouvait compenser la présence d'évêques missionnaires, peu habitués à ce genre de travail et au maniement de la langue latine.

Le cardinal Larraona, chargé de présenter chaque chapitre du *Schema*, ne s'intéressait visiblement qu'à sauvegarder en la matière la compétence des divers dicastères romains et rappeler le droit en vigueur. Des attaques véhémentes furent exprimées par les cardinaux Ferretto, Spellman, Ruffini, Siri, Ottaviani; en sens contraire, le cardinal Liénart intervint avec force pour défendre l'œuvre des liturgistes[12]; le *Schema* reçut les éloges des cardinaux Frings, Léger, Döpfner, Alfrink, König; le cardinal Montini présenta tout un rapport en faveur de la langue vulgaire.

Trois sous-commissions avaient été constituées le 7 novembre 1961 au sein de la Commission centrale. La seconde, *Per le materie miste*, devait unifier les *Schemata* rédigés sur la même matière par plusieurs commissions préparatoires: elle n'a, on a pu le constater souvent au Concile, jamais travaillé. La troisième sous-commission était chargée des amendements, c'est-à-dire qu'elle devait procéder à la correction des *Schemata* en fonction des résultats des débats: présidée par le cardinal Confalonieri, elle comprenait les cardinaux Micara, Copello, Siri, Léger et avait pour secrétaire Mgr Vincenzo Fagiolo[13]. Effectivement, dans sa réunion du 9 mai 1962, elle s'est occupée des amendements concernant la liturgie. Une intervention malveillante et grossière de forme du cardinal Ottaviani à la Congrégation générale du 30 octobre[14] amènera le cardinal Confalonieri à faire, le 5 novembre suivant, une mise au point:

> '... Au nom des cardinaux membres de la Sous-Commission pour les amendements, on juge opportun de rappeler aux Pères, et spécialement à ceux qui firent partie de la Commission centrale préparatoire, les points suivants:

12. *Concilio ... apparando*, Ser. II, vol. II, pars 3, pp. 292-293. Cf. aussi J. DÖPFNER, *ibid.*, pp. 301-302.

13. Cf. V. F(AGIOLO), *La Sotto-Commissione degli amendanti*, dans *L'Osservatore della Domenica*, 6 marzo 1966, pp. 30-31.

14. *Acta synodalia Concilii œcumenici Vaticani II*, vol. I, *Periodus prima*, pars 2, Typis polyglottis Vaticanis, 1970, pp. 18-20. Cf. G. CAPRILE, *Il Concilio Vaticano II*, vol. 2, Roma, Civiltà cattolica, 1968, pp. 103-104 (désormais cité: CAPRILE, *Concilio*).

a) Les tâches de la Commission centrale étaient celles qui avaient été définies dans le motu proprio *Superno Dei nutu*[15] et confirmées dans les *Normae* approuvées par le pape le 16 septembre 1961[16];

b) Le vote des Pères de la Commission centrale ne concernait pas les propositions, les amendements ou les suggestions émis au cours des débats et considérés un par un comme tels, mais seulement la convenance de présenter au pape le *Schema* ;

c) Par décret pontifical lu le 7 novembre 1961[17] à la session de la Commission centrale en présence du pape, était chargée des amendements la sous-commission créée à cet effet depuis peu;

d) Celle-ci s'est efforcée de remplir la mission qui lui était confiée en suivant les normes qui lui étaient précisées: 'Toutes les observations de la Commission centrale recueillies systématiquement seraient transmises au Cardinal Président de la Commission d'origine, afin que, consultant trois de ses membres, il évalue les arguments mis en avant et notifie ensuite à la Sous-Commission des amendements ceux qui devaient être accueillis et ceux qui devaient être repoussés';

e) Alors les Pères de la Sous-Commission (qui de cinq étaient passés à sept)[18] examinèrent soit les observations de la Commission centrale, soit les réponses de la Commission d'origine. Lorsqu'elles étaient concordantes, le texte fut d'office amendé; lorsqu'elles étaient en désaccord, la Sous-Commission, pesant les arguments sous tous leurs aspects selon le mandat reçu par elle du pape, fit un choix prudent et motivé des propositions qui lui semblaient les plus aptes;

f) La Sous-Commission a tenu plusieurs réunions pour mener à terme ce travail; ce sont les *Schemata* ainsi amendés qui, par ordre du pape, ont été envoyés aux Pères et doivent faire l'objet des débats conciliaires, non les textes anciens'[19].

Bugnini, dans ses mémoires, précise ce qu'il a pu faire: 'Il cardinale Confalonieri (...) chiese anzitutto una relazione sullo Schema, poi comunico' gli emendamenti richiesti dai Padri della Centrale. Ci fu uno scambio nutrito di spegazioni e di promemoria, ma su alcuni punti

15. 5 juin 1960, définissant entre autres la nature et la compétence de la Commission centrale: *Concilio ... apparando*, Series I (*Antepraeparatoria*), vol. 1, pp. 93-98; *AAS* 52, 1960, pp. 433-437; *Documentation catholique* , 57, 1960, pp. 706-710.

16. *Concilio ... apparando*, Ser. II, vol. I, pp. 424-425.

17. *Concilio ... apparando*, Ser. II, vol. II, pars 1, pp. 434-435.

18. Ces deux noms ne figuraient pas encore dans la 2e édition (25/11/1961) de la brochure *Pontificiae Commissiones praeparatoriae*.

19. *Acta synodalia*, vol. I, pars 2, pp. 106-108, Cf. CAPRILE, *Concilio*, vol. 2, pp. 113-114.

anche importanti la Segreteria [= Bugnini] dovette accettare le richieste della Sottocommissione'[20].

Or une activité souterraine travaillait parallèlement. Selon Bugnini, le texte du projet signé par feu le cardinal Cicognani n'avait pas plu au nouveau Président, le cardinal Larraona, qui avait, de son côté, constitué une petite commission secrète pour le corriger. De toute façon, son travail ne put être terminé ni remis en temps voulu au cardinal Confalonieri[21].

*

Le 16 octobre 1962, Mgr Pericle Felici, Secrétaire général du Concile, annonça au cours de la Congrégation générale que l'on commencerait dès la semaine suivante le débat sur le *Schema De sacra Liturgia*, selon la décision prise la veille par le Conseil de présidence[22]. Effectivement, d'après le procès-verbal de la réunion de ce Conseil, les Présidents avaient discuté sur l'ordre à suivre dans les débats: les cardinaux Gilroy, Caggiano, Spellman, Pla y Deniel étaient d'avis que l'on étudiât les *Schemata* dans l'ordre même où ils étaient présentés dans le volume qui avait été distribué; les cardinaux Tisserant, Liénart, Frings, Ruffini, Alfrink firent valoir que le *Schema* sur la liturgie ferait l'objet d'une discussion plus rapide (*expeditioris discussionis*): cet argument emporta la décision[23]. Il ne semble donc pas qu'il y eut, dans le choix de cette priorité, une intervention du pape[24]; à la Commission centrale, malgré les critiques acerbes dont il

20. A. BUGNINI, *La riforma liturgica,* p. 37. Dans un mémoire inédit daté du 1er décembre 1962 et dont je possède un exemplaire dans mes dossiers, il donne plus de précisions sur les incidents de cette procédure.

21. A. BUGNINI, *La riforma liturgica*, p. 38; CAPRILE, *Concilio*, vol. 2, p. 114, note 10; CAPRILE, *Cronistoria*, p.110, note 72.

22. *Acta synodalia*, vol. I, pars 1, p. 109; CAPRILE, *Concilio*, vol. 2, p. 43.

23. *Acta synodalia*, vol. 5, *Processus verbales*, pars 1, Typis polyglottis Vaticanis, 1989, pp. 17-18.

24. Quoi qu'on ait pu dire et écrire, par ex. G. GARRONE, *Le Concile. Orientations*, Paris, Ed. Ouvrières, 1966, pp. 32-33; H. FESQUET, *Le Journal du Concile*, Le Jas, R. Morel, 1966, p. 357. Moi-même, j'ai cru à tort que Jean XXIII eût été impressionné par les notes reçues à la Secrétairerie d'État durant l'été 1962, car la lettre d'envoi des *Schemata* (23 juillet) invitait les évêques à faire part d'ores et déjà de leurs remarques: de ces lettres, publiées depuis dans *Acta synodalia, Appendix*, 1982, tout ce qui concerne la liturgie avait été transcrit dans un fascicule cyclostylé par les soins du secrétariat de la Commission conciliaire de liturgie (dans mes archives, n°25): peu de réponses s'élèvent au-dessus des détails pour donner du

avait fait l'objet, le *Schema* avait été substantiellement approuvé; le cardinal Döpfner avait même dit: '*Vere hic habetur documentum Concilio œcumenico ... dignum*'[25]. Quant au Conseil de présidence, il n'y a pas d'apparence qu'il ait été influencé, comme on l'a prétendu parfois, par un document de 42 pages, diffusé en plusieurs langues à la veille du Concile, inspiré par plusieurs évêques hollandais et œuvre, paraît-il, du P. Edouard Schillebeeckx: *Animadversiones in 'Primam seriem schematum Constitutionum et Decretorum'*, dans lequel on lisait du *Schema* sur la liturgie: *Hoc schema et quoad rerum summam et quoad partes est documentum egregium maxime*'.[26]

L'annonce de la mise prochaine en discussion du *Schema* sur la liturgie provoqua un effort intense de la part des évêques pour s'informer sur son contenu et sa signification, pour réfléchir aux amendements qu'ils seraient amenés à proposer, surtout pour prévoir leurs éventuelles interventions dans le débat. C'est le travail qui, dans les assemblées parlementaires, se fait à l'intérieur des 'groupes', correspondant aux divers partis. Le règlement du Concile n'avait pas prévu l'éventualité de groupes, d'autant que chaque Père garde sa responsabilité personnelle de jugement et de vote. Mais en pratique les groupes existaient: la plupart des évêques d'un même pays étaient logés ensemble, soit parce qu'il y avait à Rome un collège ecclésiastique de leur nation, soit parce que la logistique du Concile avait réquisitionné pour eux des hôtels. Bien plus, la décision prise à la suite de l'intervention du cardinal Liénart du 13 octobre avait déjà rappelé l'existence des Conférences épiscopales et provoqué leur réunion en vue de préparer les élections aux diverses commissions conciliaires. Désormais, elles s'assembleront périodiquement pour entendre des experts leur présenter les *Schemata*, pour préparer les interventions, chercher la solution aux impasses qui se produiront.

Certains évêques n'avaient même pas attendu le 16 octobre pour se préparer au débat sur la liturgie. Les experts non plus: j'avais moi-même rédigé avant d'arriver à Rome une note de sept pages cyclostylée: *Observationes in schema Constitutionis de sacra Liturgia.*

Schema un jugement d'ensemble: Veuillot (*Acta synodalia, Appendix*, p. 330), Laravoire Morrow (pp. 239-240), Charue (pp. 140-143), Charles de Provenchères (pp. 166-167), Kervéadou (pp. 234-235).

25. *Concilio ... apparando*, Series II, *Praeparatoria*, vol. 2, pars 3, p. 72.

26. CAPRILE, *Cronistoria*, pp. 125-126; *Concilio*, vol. 2, pp. 43-44; R. ROUQUETTE, *Vatican II, La fin d'une chrétienté, Chroniques*, t. I, Paris, Éd. du Cerf, 1968, pp. 232-233; R.M. WILTGEN, *Le Rhin se jette dans le Tibre, le Concile inconnu*, Paris, Ed. du Cèdre, 1973, pp. 23-24.

Le 12, s'était déjà tenue à Saint-Anselme une assemblée des évêques d'Afrique sous la présidence de Mgr Scalais, archevêque de Léopoldville: j'y étais présent. Le 16, je rencontrai les évêques de l'Afrique francophone à l'instigation de Mgr Louis Durrieu, ancien supérieur général des Pères blancs; ce même jour, à la clinique *Mater Dei* s'inaugura une première réunion privée d'experts allemands, autour de Mgr Spülbeck, évêque de Meissen, et d'évêques de diverses nationalités. Le 19, je parlai à une assemblée d'évêques d'Amérique latine; le 25, à l'Hôtel Globo je rencontrai les évêques d'Argentine, qui firent ensuite circuler une liste de dix pages d'*Animadversiones* et d'amendements. Le Chili, le Japon et bien d'autres dressèrent aussi des libelles de même nature. Le 30, la Conférence épiscopale française me demanda un exposé, dont la presse a relevé une phrase, qui pour moi était précisément la plus significative[27]. Le 31, j'étais l'invité de la Conférence des Iles Philippines ... J'en passe.

La Conférence épiscopale italienne, forte de plus de 300 membres, n'avait jamais eu de réunion plénière jusque là, ses rencontres demeurant au niveau régional: elle s'assembla le 14 octobre, ce qui fut donc un événement[28]. Dès lors, les évêques italiens tinrent régulièrement séance durant le Concile; le 27 octobre, ils échangèrent leurs vues sur la liturgie; mais le cardinal Siri, qui présidait avec autorité, les dissuada, paraît-il, d'avoir contact avec les autres Conférences[29].

Pour les Conférences de langue anglaise, le professeur McManus n'arrivait pas à suffire à la tâche; Mgr Joseph Martin, archevêque de Rouen et président de la Commission épiscopale française de liturgie,

27. R. KAISER, *Inside the Council*, London, Burns & Oates, 1963, pp. 121-122; A. WENGER, *Vatican II, Première session*, Paris, Centurion, 1963, p. 82.

28. Cf. G.B. MONTINI, *Roma e il Concilio, Lettere dal Concilio*, Milano, Arcivescovado, 1963, p. 28.

29. C'est ce que me confia Mgr Gargitter, évêque de Bressanone, à la suite de la première rencontre que le chanoine Fernand Boulard put organiser avec des évêques italiens autour d'un repas chez Raineri le 9 octobre 1963. D'ailleurs la Conférence italienne opposa une fin de non-recevoir à la proposition qui lui fut faite de s'associer aux autres Conférences européennes pour établir des listes de candidatures aux élections: A. WENGER, *Vatican II, Première session*, p. 60. J'ai été cependant dès la première session en rapport personnel avec les cardinaux Montini et Lercaro, Mgr Carraro, évêque de Vérone, Mgr Florit, archevêque de Florence, Mgr Piazzi, évêque de Bergame, Mgr Carli, évêque de Segni. A la seconde session, M. Boulard organisa aussi un déjeuner avec des nonces chez "Archimede", 26 novembre 1963.

télégraphia le 18 octobre au P. Pierre-Marie Gy, du C.P.L., parlant couramment l'anglais, de venir immédiatement.

Même ordre impératif de la part de Mgr Morcillo, archevêque de Saragosse et Sous-Secrétaire du Concile, adressé le 16 octobre à dom Adalbert Franquesa moine de Montserrat et au professeur Ignacio Oñatibia du séminaire de Vitoria: 'Venga primer avión'. L'urgence était réelle, car la tendance générale des évêques espagnols était nettement conservatrice; déjà à la Commission centrale l'un d'entre eux avait dénoncé le 'panliturgisme'. Dès son premier exposé à la Conférence, le 18, dom Franquesa suscita des questions et objections qui laissaient présager bien des difficultés pour le *Schema*. Bien plus, raconte dom Franquesa, 'le 29 octobre, le cardinal Larraona réunit lui-même tous les évêques espagnols pour les exhorter à s'unir et faire bloc pour défendre Rome et ne pas se laisser séduire par la tendance Centre-Europe, trop exagérée et progressiste; il insista particulièrement sur le danger des conférences épiscopales. Certains évêques restèrent profondément impressionnés, d'autres profondément dégoûtés'[30].

*

Les débats en Congrégation générale occupèrent quinze séances de près de trois heures chacune, du 22 octobre au 13 novembre. La transcription intégrale des enregistrements, complétée même en note par la comparaison avec le texte écrit remis par les intervenants, est désormais accessible grâce à l'édition des *Acta synodalia*[31]. De bons résumés en ont été publiés[32], c'est pourquoi il ne sera pas nécessaire d'en faire ici un compte rendu détaillé.

Si les deux premiers jours l'attention des Pères fut captivée par les prestations des plus hautes personnalités et par les jugements d'ensemble qu'elles portaient pour ou contre le *Schema*, bien vite ils éprouvèrent un vrai découragement devant l'interminable longueur des débats, les redites et, parfois, les inutiles digressions qu'ils

30. A. FRANQUESA, *La labor del "Consilium" en la reforma del "Ordo missae"*, dans *Phase*, 155, 1986, pp. 377-378.

31. *Acta synodalia*, vol. I, pars 1, pp. 304-664; pars 2, presque entièrement, soit 784 pages in-4° publiés en 1970 par la Typographie vaticane.

32. Le résumé le plus complet, fait, semble-t-il, à l'aide de toute la documentation officielle, est celui de CAPRILE, *Concilio*, t. II, 1968, pp. 51 et suiv. Cf. un résumé plus succinct mais précis et fidèle dans CAPRILE, *Cronistoria*, pp. 127-139; C. BRAGA, dans *Mens concordet voci pour Mgr A.G. Martimort*, Tournai, Desclée, 1983, pp. 391-397.

entendaient. Ce Concile durerait-il cent ans ? Car le règlement laissait intact le droit de chacun des quelques 2300 Pères de prendre la parole pour l'ensemble et chaque partie des projets en discussion. Il fallait donc que le Concile trouvât lui-même enfin sa méthode de travail, et cela se fit de deux façons: plusieurs épiscopats prirent l'habitude de charger l'un d'entre eux de parler au nom de toute la Conférence ou même d'un ensemble plus vaste, et ce furent les Africains qui en donnèrent l'exemple dès le premier jour du débat: le cardinal Rugambwa annonça qu'il parlait au nom de tous les évêques d'Afrique, de Madagascar et des îles[33]. Puis le pape lui-même dissuada d'intervenir les membres de la Curie[34]; mais plus encore, il permit au Conseil de présidence de faire voter par les Pères la clôture des débats lorsqu'il estimerait que la matière examinée avait été suffisamment décortiquée, procédure accueillie avec joie et mise en pratique à partir du 6 novembre[35].

Les premières et bienfaisantes découvertes que faisaient un bon nombre de Pères au cours de ces longues séances, c'était la tradition de l'Orient, le témoignage des Églises persécutées et surtout le caractère désormais mondial de l'Église avec les problèmes nouveaux que cela suscitait et auxquels on ne pouvait pas faire face sans admettre de profondes remises en question. Ces remises en questions, certains pourtant les refusaient, tels les cardinaux Spellman, McIntyre, Ruffini, Siri, Ottaviani et quelques prélats de la Curie romaine, comme Mgr Dante, Mgr Parente, Mgr Staffa, voire même plusieurs évêques résidentiels. Les refus s'accompagnaient parfois d'accusations contre la Commission préparatoire, coupable d'admettre à la légère les prétentions du 'panliturgisme'[36], au point que les évêques qui en

33. *Acta synodalia*, I, 1, p. 333 (22 octobre); cf. Ramanantoanina, p. 419 (24 octobre), Thiandoum, pp. 526-527 (27 octobre); Van Cauwelaert, *Acta Synodalia*, I, 2, p. 94 (31 octobre). Mc Quaid, au nom de tous les évêques irlandais, I, 1, p. 414 et 2, p. 44 (24 et 30 octobre); Kobayashi, au nom de tout l'épiscopat japonais, I, 1, p. 525 (27 octobre); Perraudin, au nom de la Conférence du Rwanda-Burundi, I, 2, p. 122 (5 novembre); Bekkers, au nom de la Conférence hollandaise et des évêques d'Indonésie, I, 2, p. 129 (5 novembre); Lebrun Moratino, au nom de la Conférence du Venezuela, I, 2, p. 177 (6 novembre); Djajasepoetra, au nom de l'épiscopat indonésien, I, 2, p. 311 (7 novembre).

34. A la suite des interventions *controproducenti* de Dante, Parente et surtout Staffa: CAPRILE, *Concilio*, p. 79.

35. *Acta synodalia*, I, 2, pp. 159-161.

36. Card. Ottaviani, 23 octobre, *Acta synodalia*, I, 1, p. 350; García de Sierra y Méndez coadjuteur de Oviedo, 27 octobre, I, 1, p. 500; card. Browne, 30 octobre, I, 2, p. 27.

avaient été membres protestaient noblement, notamment Mgr Zauner[37]. Les défenseurs du *Schema* réclamaient d'ailleurs le retour au texte primitif avec ses *Declarationes* et sans les modifications qu'y avait introduites la Sous-Commission des amendements[38].

Parmi les points les plus débattus, il y eut d'abord la doctrine: certains Pères ne retrouvaient pas dans le texte la formulation scolastique[39]; Mgr Parente, du Saint-Office, allait jusqu'à dire que le *Schema* n'était pas digne d'un concile[40]. Mais on fut surpris d'entendre le cardinal Bea lui-même faire difficulté devant la formule 'paschale mysterium'[41].

Puis ce fut la fastidieuse discussion pour ou contre le latin. D'entrée de jeu, le cardinal Montini avait présenté un chaleureux plaidoyer appuyé sur I Cor 14[42]. Il était relayé par le patriarche Maximos, les cardinaux Tisserant et Gracias; les Pères découvraient la discipline sur ce point des rites orientaux et les problèmes linguistiques de l'Inde; Mgr Seper, archevêque de Zagreb, montrait que même le rite romain était traditionnellement célébré dans son pays dans une autre langue que le latin. Venaient aussitôt à la défense du latin les cardinaux McIntyre, Godfrey, Bacci ...: selon McIntyre, '*in saeculo IV° concilia eclesiastica formulaverunt doctrinam et Ecclesiae dogmata in praecisa theologia latina*'[43] !

Le chapitre de la messe provoqua des appréciations assez sévères de la liturgie des paroisses de Rome, que les évêques découvraient avec surprise. Mais toute l'attention fut focalisée sur l'opportunité ou l'inopportunité de la concélébration et de la communion sous les deux espèces. On entendit des arguments surprenants: le cardinal Ottaviani estimait qu'il suffisait d'interdire la perception d'un honoraire pour enlever aux prêtres l'envie de concélébrer[44]; quant à la communion au

37. 6 novembre, *Acta synodalia*, I, 2, pp. 151-153.

38. Card. Frings, 22 octobre, *Acta synodalia*, I, 1, p. 309; card. Döpfner, même jour, pp. 319-320; Méndez Arceo, 23 octobre, p. 359; Jenny, 27 octobre, p. 513; Spülbeck, 2 octobre, p. 578.

39. Vagnozzi, 22 octobre, *Acta synodalia*, I, 1, pp. 325-326; card. Ottaviani, 23 octobre, pp. 348-350; et 30 octobre, *Acta synodalia*, I, 2, pp. 18-20; card. Siri, 26 octobre, *Acta synodalia*, I, 1, pp. 440-441; card. Browne, 6 novembre, *Acta synodalia*, I, 2, pp. 164-165.

40. 24 octobre, *Acta synodalia*, I, 1, pp. 423-426.

41. 30 octobre, *Acta synodalia*, I, 2, p. 22.

42. 22 octobre, *Acta synodalia*, I, 1, pp. 313-315.

43. 23 octobre, *ibid.*, p. 369.

44. 30 octobre, *Acta synodalia*, I, 2, p. 20.

calice, plusieurs Pères s'inquiétaient du rouge aux lèvres des femmes[45]. Si la majorité des intervenants semblait apprécier l'ensemble des '*altiora principia*' proposés, notamment l'importance de la liturgie de la parole et l'*Oratio fidelium*, d'autres se perdaient dans les détails: plusieurs pressaient pour l'introduction du nom de saint Joseph au canon de la messe et furent satisfaits plus rapidement qu'ils ne l'auraient espéré: le 13 novembre, le cardinal Secrétaire d'État annonça que le pape le décidait aussitôt[46].

Pour les sacrements, l'unanimité se manifesta assez large autour de la langue vulgaire dans leur administration et sur l'adaptation pour les pays de mission des rites qui les entourent. On discuta surtout sur la confirmation et l'extrême-onction, ce qui montra au contraire une grande diversité d'opinions; et chaque intervenant ajoutait quelques suggestions de détail. On ne prêta pas une attention particulière à l'intervention de Mgr Carol Wojtyla, vicaire capitulaire de Cracovie[47].

L'office divin réveilla l'intérêt des Pères et ranima pendant quelques jours les débats: on remarqua l'exposé d'une belle profondeur spirituelle de Mgr Emilio Guano, évêque de Livourne et celui de Mgr Garrone, archevêque de Toulouse, d'une grande sagesse pastorale. Mais on fut surpris de la vive critique contre les psaumes imprécatoires de la part des cardinaux Ruffini et Bacci, des propositions radicales du cardinal Léger et de l'ouverture, cette fois, du cardinal Spellman pour la récitation de l'office en langue vernaculaire.

Sous-jacent à tous les chapitres du *Schema*, revenait le problème de l'autorité que le texte primitif attribuait aux Conférences épiscopales. Réclamée avec insistance par les évêques de la 'périphérie' (comme on disait à Rome), défendue avec force et clarté par le cardinal Döpfner[48], elle rencontrait le refus à la fois de ceux qui voulaient réserver les décisions au pape et de ceux qui voulaient la liberté, dans certaines conditions, pour chaque évêque diocésain.

Les derniers chapitres du *Schema* furent expédiés en trois jours. Sur l'année liturgique, les propositions de détail ne manquaient pas, parfois assez aberrantes Un point surtout attira l'attention et la discussion: la

45. Card. Godfrey, 30 octobre, *ibid.*, p. 11; Xenopoulos, 5 novembre, *ibid.*, p. 138.

46. *Acta synodalia*, I, 2, p. 644. Réactions à cette annonce: R. LAURENTIN, *Bilan de la première session*, Paris, Seuil, 1963, p. 108: H. FESQUET, *op. cit.*, pp. 104-105; A. WENGER, *op. cit.*, pp. 100-101.

47. 7 novembre, *Acta synodalia*, I, 2, pp. 314-315.

48. 9 novembre, *ibid.*, pp. 399-400.

question de la date de Pâques: je note l'intervention importante de Mgr Bafile, alors nonce en Allemagne fédérale[49]; mais l'opportunité d'une décision était liée à un accord avec les différentes confessions chrétiennes, accord qui, trente ans après, n'a pu être obtenu.

Le débat sur la liturgie était clos le 13 novembre. Après ces longues séances où l'on avait entendu tant d'avis et de propositions, quelle pouvait être la pensée du Concile ? Aucun vote n'avait eu lieu encore, sinon pour clôturer le débat sur chaque chapitre. Et combien de temps faudrait-il attendre avant que la Commission conciliaire de liturgie ait fait rapport sur les amendements ? Or le 14 novembre, au début de la 19e Congrégation générale, le Secrétaire général proposa, au nom du cardinal Tisserant qui présidait, de voter sur les propositions suivantes:

> '1) Le IIe Concile œcuménique du Vatican, ayant examiné le *Schema* sur la liturgie sacrée, en approuve les critères décisifs, puisqu'ils entendent favoriser, avec la prudence et la compréhension voulues, que les diverses parties de la liturgie soient de plus en plus de vraies sources de vie et de formation pour les fidèles, comme le réclament les exigences pastorales actuelles.
>
> 2) Que les amendements proposés au cours de la discussion conciliaire, dès que leur examen aura été fait et le rapport les concernant rédigé par la Commission conciliaire de liturgie, soient diligemment soumis aux suffrages de la Congrégation générale pour que ses votes permettent de procéder à la rédaction définitive du texte[50]'.

Le Secrétaire général précisa bien que l'initiative de ce vote venait du cardinal président (Tisserant) et non du Conseil de présidence[51]. J'ai su plus tard, en mai 1963, au cours d'une conversation avec le cardinal Confalonieri, que c'était celui-ci qui en avait rédigé le texte. La motion reçut un accueil triomphal: sur 2 215 Pères présents et votants, 2165 votèrent *Placet*, 46 *Non Placet*, un vote étant nul[52].

Le travail incombait désormais à la Commission: elle devait examiner le texte des 325 interventions prononcées *in aula*, celui de 360 remises simplement par écrit au Secrétariat[53].

49. 12 novembre, *ibid.*, pp. 593-596.

50. *Acta synodalia*, I, 3, pp. 10-11.

51. *Ibid.*, p. 13.

52. Commentaire de ce vote: H. SCHMIDT, *op. cit.*, p. 86; R. ROUQUETTE, *op. cit.*, p. 245.

53. Ces dernières, ainsi que les *Animadversiones* ajoutées au texte de leur intervention orale par ceux qui avaient pris la parole *in aula*, ont été publiées: *Acta synodalia*, I, 1, pp. 383-396, 607-664; pars 2, pp. 195-287, 341-386, 491-584, 679-768 et *Appendix* publié en 1983, pp. 353-366.

La Commission conciliaire de liturgie n'avait pas attendu la fin du débat pour se réunir: le cardinal Larraona, qui, nous l'avons vu, avait succédé au défunt cardinal Gaetano Cicognani pour présenter le *Schema* à la Commission centrale préconciliaire et avait été nommé le 26 septembre par Jean XXIII président de la Commission conciliaire, convoqua celle-ci dès le dimanche 21 octobre, veille du jour où devaient commencer les débats.

La composition de cette Commission était fixée depuis le jour précédent. Le 20 octobre, en effet, venait d'être proclamé le résultat des élections qui, selon le règlement, devaient fournir seize membres à chaque commission; et aussitôt après, avaient été rendus publics les noms des huit Pères que Jean XXIII désignait pour compléter la Commission de liturgie.

Les membres élus, énumérés selon le nombre de voix obtenues, étaient: Mgr Zauner, évêque de Linz (il avait eu presque l'unanimité: 2231 voix sur 2279 votants); Rossi, évêque de Biella (1945 voix); Calewaert, évêque de Gand (1919 voix); Jenny, auxiliaire de Cambrai (1792 voix); Spülbeck, évêque de Meissen (1553 voix); Grimshaw, archevêque de Birmingham (1515 voix); Hallinan, archevêque d'Atlanta (1347 voix); Van Bekkum, évêque de Rutteng en Indonésie (1388 voix); Malula, évêque auxiliaire de Léopoldville (1083 voix); le cardinal Lercaro, archevêque de Bologne (1082 voix)[54]; Pichler, évêque de Banjaluka en Yougoslavie (1023 voix); Rau, évêque de Mar de Plata en Argentine (1018 voix); Jop, évêque auxiliaire en Pologne (872 voix); Enciso Viana, évêque de Mallorca (835 voix); Martin, évêque de Nicolet au Canada (804 voix); D'Amato, abbé de Saint-Paul-hors-les-murs (795 voix). Onze de ces évêques étaient proposés par la liste des Conférences dites 'Centre-Europe', et six d'entre eux avaient fait partie de la Commission préparatoire; en dehors de la liste 'Centre-Europe', étaient élus: Hallinan (liste de la Conférence des États-Unis), Rau (liste de l'Argentine), Martin (liste du Canada), D'Amato (liste de la Conférence italienne). Aucune liste espagnole ne figure sur les *Patrum conciliariorum indices sicut a Conferentiis episcopalibus exhibiti sunt ad Commissiones s. Concilii eligendas* [55]et Mgr Enciso n'est nommé dans aucune autre liste.

54. Il commente lui-même: "coi voti degli stranieri", *Lettere dal Concilio*, Bologna, Ed. Dehoniane, p. 81. Il ne figurait pas sur la liste italienne, qui d'ailleurs n'avait présenté aucun cardinal.

55. *Acta synodalia*, I, 1, pp. 40-77.

Ont été nommés par le pape les cardinaux Giobbe, ancien nonce et qui avait dans le passé été maître de cérémonies, Jullien ancien doyen de la Rote, Albareda, bénédictin, ancien Préfet de la Bibliothèque vaticane; puis deux évêques qui figuraient sur la liste Centre-Europe: Bekkers, évêque de Bois-le-Duc et Masnou Boixeda, évêque de Vich; ensuite Mgr Fey Schneider, rédemptoriste français, coadjuteur de l'évêque de Potosí (Bolivie), dom Prou, abbé de Solesmes, qui était dans la liste des Supérieurs généraux et le P. Schweiger, supérieur général des Clarétains (la Congrégation religieuse à laquelle appartenait le cardinal Larraona). Ce n'est que le 29 octobre qu'à ces huit noms Jean XXIII ajouta un neuvième: Mgr Dante, Secrétaire de la Congrégations des Rites; il fit de même d'ailleurs pour les autres commissions[56].

De son côté, le cardinal Larraona, suivant le règlement du Concile, avait nommé comme secrétaire de la Commission le P. Ferdinando Antonelli, franciscain, qui avait présidé la Commission de réforme liturgique de Pie XII. Le secrétaire serait assisté du lazariste Carlo Braga, qui avait collaboré avec Bugnini à la Commission préparatoire, et du franciscain Rinaldo Falsini, ancien élève de l'Institut de liturgie de Paris.

Parmi les experts conciliaires nommés par le pape à la date du 28 septembre, le cardinal Larraona en choisit 25 pour sa Commission. 12 d'entre eux avaient fait partie de la Commission préparatoire: I. Anglès Pamies, A. Dirks, o.p., J. Jungmann, s.j., A.G. Martimort, F. McManus, G. Martínez de Antoñana (clarétain), J. Nabuco, J. O'Connell, M. Righetti, C. Vagaggini, o.s.b., J. Wagner et même A. Bugnini qui cependant affecta de demeurer muet durant toutes les séances[57]. Les autres étaient soit des représentants des Congrégations romaines: N. Ferraro, A. Frutaz, P. Cechetti; soit des canonistes: I. Bonet Muixu, C. De Clercq, J. Fohl, o.s.b., A. Stickler, salésien; soit des théologiens romains: R. Gagnebet (Angelicum), R. Masi (Latran),

56. Il paraît que Mgr Dante s'était plaint vivement au pape d'avoir été laissé de côté: cf. ROUQUETTE, *op. cit.*, t.1, p. 229.

57. Il intervint cependant une fois pour rectifier d'un mot une erreur émise sur un point de procédure de la Commission préparatoire. D'autre part, il me téléphonait parfois pour m'avertir des manœuvres dont il fallait se méfier: c'est ainsi qu'il me prévint le 11 octobre au soir que l'on préparait des listes de noms en vue d'orienter le choix des Pères pour les élections des membres des Commissions, information que je transmis aussitôt à l'épiscopat français. Plus tard, Mgr Staffa confia au card. Suenens, au cours du Synode de 1969, que cette initiative ne venait pas des Congrégations, mais de Mgr Felici.

D. Van Den Eynde (Antonianum); enfin Mgr Overath, au titre des musiciens, dom P. Salmon, abbé de San Girolamo in Urbe et le P. abbé Carlo Egger, spécialiste de la latinité. Le professeur A. Chavasse, de l'Université d'État de Strasbourg, ne put répondre à sa convocation comme expert.

Dans cette première réunion de la Commission[58], le cardinal Larraona commença par procéder, selon le règlement du Concile, au choix de deux vice-présidents: ce furent les cardinaux Giobbe et Jullien, membres nommés par le pape, ce qui fut aussitôt interprété comme un affront à l'égard du cardinal Lercaro, élu par le Concile. Le rapport introductif qui devait être présenté le lendemain à la Congrégation générale au nom de la Commission pour introduire les débats, ne pouvait évidemment faire l'objet d'un examen: le cardinal Larraona en avait confié la rédaction au P. Antonelli, qui, n'ayant pas lui-même participé à la Commission préparatoire, s'est sagement limité à situer le *Schema* dans le mouvement liturgique et la suite des décisions des divers papes depuis saint Pie X[59]. Puis le cardinal Larraona occupa le reste de la réunion et celles des jours qui suivirent à d'interminables palabres, commentant de façon confuse ce que l'*Ordo agendi* attendait des Commissions. Obéissait-il à des consignes des ennemis du Concile pour empêcher le travail ? Enfin un des membres de la Commission, Mgr Malula, fit un éclat violent, protestant contre cette perte de temps; de mon côté, je rédigeai un mémoire à l'usage de quelques évêques qui firent de vaines démarches auprès du cardinal Larraona; le 11 novembre, le cardinal Lercaro envoya à la Secrétairerie d'État une note qui décrivait exactement la situation[60]. Dès le 12, nous trouvions en arrivant à la réunion l'*Ordo agendi* de la séance du jour, et ainsi désormais chaque jour; et je dois rendre hommage à la loyauté que manifesta dès lors le cardinal Larraona, donnant même aux experts toute liberté de parole, ce qui ne fut pas le cas dans certaines autres commissions.

58. Les débats de la Commission furent tous enregistrés sur bande magnétique, mais ils n'ont jusqu'à présent pas été publiés ni même, à ma connaissance, déchiffrés. Je ne puis donc utiliser que mes dossiers personnels, forcément lacunaires.

59. *Acta synodalia*, I, 1, pp. 304-308. Le P. Antonelli m'avait demandé de lui faire un bref mémoire informatif sur les travaux de la Commission préparatoire.

60. *Lettere dal Concilio* (cf. note 28), pp. 104-105. Un des experts, le légendaire Mgr Joaquim Nabuco, Brésilien, n'hésita pas à intervenir, fréquemment même, pour invoquer le *ius parlamentarium*.

En réalité, le travail collégial de la Commission ne pouvait guère commencer que lorsque le débat serait terminé *in aula*. Mais entre temps, au fur et à mesure qu'il se déroulait, les textes des interventions des Pères étaient, par les soins du P. Antonelli et de ses adjoints et avec l'aide d'un couvent de religieuses franciscaines, répartis suivant les articles du *Schema*, dactylographiés et multipliés, soit 12 fascicules, totalisant 988 pages, auxquels s'ajouteront par la suite trois volumes d'appendices. Chaque membre ou expert de la Commission les reçut: ce n'est qu'avec ces matériaux que l'on pourrait vraiment travailler.

D'autre part, Mgr Bonet et moi proposâmes de rédiger, en accord avec le cardinal Jullien, une *Ratio procedendi Commissionis*, destinée à éclairer les Commissaires sur la méthode et l'ordre à suivre, selon l'esprit de l'*Ordo Concilii celebrandi* : ce document pourra servir ensuite aux autres commissions[61].

Les membres et experts de la Commission ayant été répartis en 11 sous-commissions[62], celles-ci commencèrent leur travail au fur et à mesure qu'elles recevaient les fascicules de textes les concernant. Ainsi, la Sous-Commission doctrinale, présidée par le P. Gagnebet, tint à l'Angelicum de nombreuses réunions à partir du 6 novembre, dans une atmosphère de grande cordialité. Pareillement, le cardinal Lercaro faisait étudier les observations générales, Mgr Martin appréciait avec son équipe les critiques et amendements du *Prooemium* et des articles doctrinaux du *Schema* (nn. 1-9, devenus dans la Constitution 5-13); Mgr Grimshaw, avec sa Sous-Commission, débattait des articles 10-15 et 32-36 (Constitution, nn. 14-20, 41-46).

Dès le 12 novembre, le cardinal Lercaro pouvait soumettre au jugement et au vote de la Commission son rapport sur les observations générales que les Pères avaient formulées dans les Congrégations des 22-23 octobre. Il reçut aussitôt l'avis favorable et il présentera ce rapport à la Congrégation générale du 17 novembre[63].

Le 12 novembre encore, à la Commission, on entendit sur le *Prooemium* les rapports de Mgr Martin, du P. Gagnebet et, du point de vue juridique, de Mgr Bonet. Celui-ci dit notamment, au sujet de la fameuse *Nota* qui avait fait si fâcheuse impression: '*Nullum habet valorem iuridicum, ideoque potest omitti absque praeiudicio ipsius schematis*'; on n'en entendit plus parler. Tenant compte des remarques qui furent faites, Mgr Martin relut le lendemain son texte remanié. Là

61. Publié dans CAPRILE, *Concilio*, t. 2, pp. 98-100.
62. Liste dans CAPRILE, *Cronistoria*, pp. 122-123.
63. *Acta synodalia*, I, 2, pp. 116-119.

encore, l'avis de la Commission fut largement favorable; dès le 16, le fascicule imprimé des *Emendationes* sur le *Prooemium* put être distribué aux Pères et, le 20, Mgr Martin le présenta à leur suffrage qui fut presque unanime[64]. Il n'y eut pas davantage de difficulté sur le bref rapport de Mgr Grimshaw concernant les articles 9-15 du *Schema* (Constitution, nn. 14-20).

Le 14 novembre, Mgr Martin fit rapport à la Commission des amendements sur la partie doctrinale du *Schema*, c'est-à-dire les nn. 1-9 (Constitution, nn. 5-18), intégrant les observations de la Sous-Commission théologique. C'était évidemment matière à ample débat: la discussion se prolongea à la réunion du 16; il y eut notamment des difficultés soulevées par les latinistes, plus habitués au langage de Cicéron qu'à celui des Pères; à la longue Mgr Martin demanda qu'on en finît avec ces '*latinitatis nugacitates*'[65]. Et il fut décidé que désormais on remettrait aux Pères les *Declarationes* du *Schema* primitif au fur et à mesure qu'on imprimerait les fascicules des *Emendationes*. Enfin Mgr Martin lut et fit approuver le 19 par la Commission son texte amendé. Cependant les amendements qu'il proposait ne furent distribués aux Pères que le 28 novembre; le surlendemain 30 novembre, il présenta sa *Relatio* en Congrégation générale: parlant avec aisance et clarté, il fit une vive sensation sur les Pères[66]; tous les amendements furent votés, cette fois encore à la quasi-unanimité[67].

C'est la Sous-Commission présidée par Mgr Calewaert qui avait à résoudre les questions les plus fondamentales du *Schema*: le caractère hiérarchique et communautaire de la liturgie, son aspect didactique et pastoral, et surtout les questions les plus brûlantes, celles qui avaient déjà provoqué, à la suite des débats de la Commission centrale préparatoire, une édulcoration du texte qui risquait d'annihiler la réforme liturgique: le pouvoir des Conférences épiscopales, la langue vernaculaire: c'étaient les articles 16-32 du *Schema*, qui deviendront

64. *Acta synodalia*, I, 2, pp. 119-121. Une fois pour toutes, je signale l'excellente comparaison entre le texte primitif du *Schema*, ses états intermédiaires et le texte voté définitivement présentée par P. JOUNEL, dans *La Maison-Dieu*, 155-156, 1983 (l'ensemble des deux cahiers).

65. Il faut cependant dire que désormais les latinistes nous assurèrent leur collaboration positive et cordiale; personnellement j'ai toujours bénéficié, depuis lors, des amicaux services du P. abbé Egger.

66. *Acta synodalia*, I, 2, pp. 693-707.

67. Sauf deux qui firent hésiter: l'un (*sacrificium et sacramenta*) 150 Pères, l'autre (*culmen et fons*) 101 Pères.

les nn. 21-40 de la Constitution. Les interventions des Pères en Congrégation générale sur ces divers thèmes étaient rassemblées en un fascicule de 145 pages.

Mgr Calewaert n'avait, que je me souvienne, fait aucune intervention à la Commission préparatoire, dans laquelle les grands rôles étaient confiés aux experts. Mais il aimait passionnément la liturgie: il suivait de loin les publications des abbayes belges; je fis sa connaissance au Congrès liturgique allemand de Munich en 1955; il fut également présent au Congrès international d'Assise en 1956. Il est vrai, sa vénération pour le culte chrétien était plutôt dans la ligne de dom Guéranger et des premières Semaines liturgiques du Mont César: il goûtait, pour sa méditation personnelle et sa prédication, les textes de ce qui était pour lui '*Ecclesia orans*'; il présidait avec joie les cérémonies pontificales. Certes, il appréciait les réformes accomplies sous le pontificat de Pie XII et admirait pour cela le P. Antonelli. Cependant on le considérait en Belgique comme un 'conservateur'[68].

Faisaient partie de sa Sous-Commission: Mgr Fey Schneider, qui, jeune évêque missionnaire sur les hauts plateaux de la Cordillère des Andes, était très ouvert; le P. Martínez de Antoñana, dont les évêques espagnols appréciaient l'autorité de rubriciste; Don Alfons Stickler, salésien, qui sera nommé en 1964, président de l'institut *Latinitas* nouvellement fondé; et moi-même, à qui Mgr Calewaert demanda aussitôt de remplir la tâche de secrétaire.

La Sous-Commission se réunit une premier fois le 15 novembre: j'avais préparé un mémoire proposant, selon la suggestion faite en Congrégation générale par Mgr Vielmo[69], un remembrement plus logique de la matière traitée dans la partie du *Schema* qui nous était départie, ce fut approuvé sans difficulté.

Nouvelle réunion de la Sous-Commission le 18. Réservant, pour le moment, les points les plus délicats, c'est-à-dire les *Normae ex principiis de aptatione ad ingenium et traditiones populorum* (nn. 20-22, qui deviendront ensuite 37-40) et l'article 24 (qui deviendra 36), *Lingua liturgica*, nous nous mîmes d'accord sur les amendements concernant les autres articles, tenant compte également des corrections

68. Sa nomination à la Commission préparatoire était-elle due à une confusion romaine entre lui et le célèbre liturgiste de Bruges Camille Calewaert ? L'évêque de Gand fut le premier surpris de sa nomination et avait conscience du quiproquo. Mgr Leo De Kesel, qui fut l'auxiliaire de Mgr Calewaert, et Mgr Albert Prignon, qui pendant le Concile dirigeait le Collège Belge de la Via del Quirinale, ont bien voulu me faire part de leurs souvenirs dont je leur suis reconnaissant.

69. *Acta synodalia*, I, 1, p. 555 (27 octobre).

de détail demandées par la Sous-Commission théologique, qui s'était réunie la veille sur ce sujet: les rapports avec cette Sous-Commission étaient facilités par le fait que j'en faisais moi-même partie. La Sous-Commission juridique avait également travaillé sur ces articles le 16 novembre; notamment, c'est elle qui, à notre demande, rédigea le texte sur le pouvoir des Conférences épiscopales (qui avait disparu de l'art. 28 du *Schema* primitif par le fait de la Sous-Commission de la Commission centrale, et qui sera, dans la Constitution, le paragraphe 2 de l'art. 22).

Le 20 novembre, la Sous-Commission étudia les amendements concernant les *Normae ex principiis de aptatione* ... Enfin le 22, elle se consacra à l'art. 24 (qui deviendra 36) sur la langue liturgique. Chacun des participants avait été prié d'en proposer une rédaction; j'ai sous les yeux les *vota* de Mgr Calewaert, de Mgr Fey et de dom Stickler: si ce dernier avait, par le fait de sa spécialité, manifesté quelque réticence dans la discussion, il ne la retint pas dans son texte écrit. Quant à Mgr Calewaert lui-même, c'est à tort qu'on s'est étonné de son attitude favorable: il avait déjà exprimé dans son intervention en Congrégation générale une position timide, mais plutôt positive et équilibrée, qui peut-être fut mal comprise, surtout de la part de ses collègues les évêques belges[70]. Sur cette position, nous fûmes en effet tous d'accord: le Concile n'aurait voté ni l'exclusion radicale de la langue vulgaire, ni l'oubli du latin pour les manifestations internationales et pour la sauvegarde de certains chants liturgiques: le texte devait exprimer, d'une façon ou d'une autre, les deux aspects[71]. Ce n'était pas facile, et le texte sera ensuite remanié plusieurs fois en Commission plénière.

Dès le 21 novembre, en effet, Mgr Calewaert commença de présenter à celle-ci une *Relatio de novo ordine proponendo novaque serie materiae in hac sectione contentae congerenda*. Il aborda le 23 la *Relatio* des amendements que proposait sa Sous-Commission et l'on discuta notamment l'addition ou plutôt le rétablissement à l'article 28 (devenant 22) du paragraphe concernant les Conférences épiscopales, rédigé, nous l'avons vu, par la Sous-Commission juridique. Le débat

70. *Acta synodalia*, I, 1, pp. 474-476. Il a pourtant lu intégralement son texte écrit à quelques mots près; mais il avait insisté d'abord très longuement sur les avantages du latin et avait été plus concis sur la place à faire aux langues vernaculaires. Par la suite, il remit au Secrétariat général une note, non lue en Congrégation, très restrictive sur la communion sous les deux espèces et évoqua le problème de l'office capitulaire des cathédrales: *Acta synodalia*, I, 2, p. 504.

71. Mgr Bonet me fit remettre également un essai de rédaction de cet article, dont nous nous sommes beaucoup inspirés.

continua les 24, 26 et 27 novembre: *Normae ex indole hierarchica et communitaria liturgiae; Normae de aptatione*. Le mercredi 28, ce fut le grand débat sur l'article 24 (devenu 36) concernant la langue vulgaire, précédé d'une relation particulière de 8 pages présentée par Mgr Calewaert: j'ai sous les yeux le texte de l'article avec les corrections nombreuses qu'il subit au cours de la discussion. La première difficulté concernait l'énoncé des parties de la liturgie qui pourraient être traduites: après hésitation, on revint au texte proposé par la Sous-Commission à quelques détails de style près. La seconde difficulté fut soulevée de façon insistante par le cardinal Larraona à propos de la nature de l'autorité en la matière des Conférences épiscopales. La clause '*actis ab Apostolica Sede recognitis*' avait été empruntée par la Commission préparatoire au canon 291 du Code de 1917 sur les décisions des Conciles provinciaux; le cardinal Larranoa prétendit qu'il fallait mettre '*actis ab Apostolica Sede probatis seu confirmatis*': on finit par accepter, mais en demandant que, pour éviter toute équivoque, la clausule soit expliquée dans la *Relatio ad Patres*.

Le jeudi 29 novembre, au Collège belge, la Sous-Commission passa toute la journée à préparer cette *Relatio*, s'octroyant tout juste après le repas de midi une brève pause. Le soir, après le souper, Mgr Calewaert n'en pouvant plus et les autres commissaires ayant pris congé, je restai seul à revoir les textes: plusieurs évêques belges vinrent m'aider, tapant à la machine chaque page dès que j'en avais fini la mise au net; vers minuit, le recteur du Collège me reconduisit en voiture à ma résidence.

Enfin le lendemain 30 novembre, Mgr Calewaert lut à la Commission conciliaire sa *Relatio ad Patres*. Le cardinal Larraona me demanda d'y adoucir certaines formules: le soir même, à la veillée, Mgr Wagner, expert allemand avec qui nous avons constamment travaillé, vint m'aider à faire ces corrections. Or le temps pressait: le samedi matin, 1er décembre, le P. Antonelli me fit remettre de bonne heure un billet, rappelant que le texte de la *Relatio* devait lui être apporté avant midi pour que la Typographie vaticane pût l'imprimer le lundi et qu'on le distribuât *in aula* le mardi 4, car la clôture de la session conciliaire était fixée au 8 décembre. Dès l'arrivée à Saint-Pierre du cardinal Larraona, je lui offris de relire la *Relatio* : il refusa, se fiant à moi; toutefois, pendant la messe du Saint-Esprit, Mgr Bonet, Mgr Wagner et moi revîmes encore l'explication que la *Relatio* donnait de '*actis ab Apostolica Sede probatis seu confirmatis*'.

Une fois le texte imprimé et distribué, Mgr Dante fit dans la Commission une violente et inutile protestation: il ne pouvait se résigner à admettre les facultés octroyées aux Conférences épiscopales ... Cependant, la Commission continuait son travail: elle entendait le rapport préparé par Mgr Grimshaw sur les articles 41-46 (anciennement 32-36), puis commença l'étude des amendements concernant la messe, présentés par Mgr Enciso au nom de sa Sous-Commission (30 novembre, 3 et 4 décembre): la suite fut renvoyée à la future réunion de la Commission, indiquée pour le mois d'avril.

Le mardi 4 décembre fut distribué en Congrégation générale le IVe fascicule des *Emendationes* de la Commission liturgique. Il comportait 30 pages contenant: les 11 amendements proposés sur les articles 16-31 (actuellement 21-40), la *Relatio* de Mgr Calewaert, la mise en parallèle du texte complet primitif et amendé, enfin les *Declarationes* de la Commission préparatoire le concernant et les notes[72]. L'évêques de Gand lut sa *Relatio* le lendemain, dans la 34e Congrégation générale, devant un auditoire extrêmement attentif. Puis les votes commencèrent: huit ce même jour, 3 le jeudi 6 décembre. L'amendement sur les Conférences épiscopales (l'actuel n. 22, § 2) recueillit 2037 *Placet* ; les 4 amendements concernant la langue liturgique (les 4 paragraphes de l'actuel n. 36) obtinrent respectivement 2033, 2011, 2016, 2041 voix; celui sur l'adaptation et le rôle qui revient en ce domaine aux Conférences épiscopales (les actuels nn. 37 et 39) 2083 et 2044 voix[73]. Le nombre des votes négatifs était infime: il ne dépassa jamais 5 *Non Placet*.

Lorsque, un an plus tard, Mgr Calewaert sera rappelé à Dieu, sa notice nécrologique dans le journal *La Croix* évoquera ce 'rapport remarquable qui restera sans doute dans les actes du Concile comme une pièce maîtresse'[74].

Après cela, le second rapport de Mgr Grimshaw sur *De vita liturgica in dioecesi et in paroecia fovenda* (les actuels nn. 41-46) et le vote des deux amendements qu'il proposait passèrent presque inaperçus[75].

Enfin le 7 décembre, au cours de la 36e et dernière Congrégation générale de la première période, le *Prooemium* et tout le chapitre Ier du

72. *Acta synodalia*, I, 4, pp. 266-290.

73. *Acta synodalia*, I, 4, pp. 315-316, 319-320, 360-361.

74. Ce bref entrefilet, publié dans *La Croix* des 29-30 décembre 1963 et non signé, doit avoir été rédigé par le P. A. Wenger, A.A., alors rédacteur en chef, qui avait été présent au Concile. Cf. Y. CONGAR, *Informations catholiques internationales*, n° 183, 1er janvier 1963, p. 2.

75. *Acta synodalia*, I, 4, pp. 323-326, 361 (5 et 6 décembre 1962).

Schema amendé furent proposés au vote global des Pères. Sur 2118 présents, 1922 votèrent *Placet*, 11 *Non placet* et 180 *Placet iuxta modum*. Vu l'écrasante majorité de cette approbation ('*ab amplissimo coetu approbata sunt*'), Mgr Felici déclara: '*Non est necesse ut mittantur modi*'[76]. On en recueillit cependant quelques-uns aussitôt, d'autres furent envoyés par la suite; tous furent examinés par la Sous-Commission, et il en sera rendu compte, avec tous ceux qui concernaient le *Prooemium* et la partie doctrinale, par Mgr Martin de Nicolet à la Congrégation générale du 18 novembre 1963: le rapporteur estimera, approuvé par 2065 voix contre 20, ne devoir en introduire que deux, et encore de pure forme[77].

Après ces deux mois de travail conciliaire, on aurait pu être tenté par la déception: ancun *Schema* n'avait pu faire l'objet d'un vote favorable en dehors du *Schema* liturgique; et de celui-ci, seul le chapitre Ier était définitivement approuvé. Mais il contenait l'essentiel des orientations de la réforme et engageait par conséquent jusqu'à un certain point l'approbation future des autres chapitres; un évêque missionnaire, Mgr Louis Durrieu, me disait qu'il repartait content, car il tenait l'essentiel.

76. *Acta synodalia*, I, 4, p. 384 (7 décembre).
77. *Acta synodalia*, II, 5, pp. 496-526, 545 (18 novembre 1963).

LA DISCUSSIONE SULLO SCHEMA CONSTITUTIONIS DOGMATICAE DE FONTIBUS REVELATIONIS

DURANTE LA I SESSIONE DEL CONCILIO VATICANO II

GIUSEPPE RUGGIERI

La discussione sullo *schema constitutionis dogmaticae de fontibus revelationis* si ebbe dal 14 al 21 novembre 1962. Non è esagerato, e del resto l'affermazione è comune, dire che questo periodo risulta decisivo per il futuro del concilio stesso. Tuttavia spesso non ci si rende effettivamente conto di quello che è accaduto. Colpisce ad esempio che gli autori che si sono cimentati nel commento allo schema, e tra di essi vanno ad esempio annumerati Betti[1] e Ratzinger[2], nella loro ricostruzione si concentrino sugli aspetti più 'classici' della discussione: rapporti tra scrittura e tradizione, la lettura della scrittura nella chiesa, risultati dell'esegesi contemporanea sulla comprensione tradizionale della storicità e dell'inerranza. Sfugge ad essi il fatto che più salta agli occhi ad una tranquilla analisi degli interventi: l'argomento principe durante il dibattito sul *De fontibus* non fu questo o quell'aspetto dei rapporti tra scrittura e tradizione, o della

1. U. BETTI, *Storia della Costituzione dogmatica «Dei Verbum»*, in *La Costituzione dogmatica sulla divina Rivelazione*, Torino-Leumann [4]1967, 11-68. Nel più recente *La dottrina del concilio Vaticano II sulla trasmissione della rivelazione*, Roma 1985, nel riportare gli 'Interventi contro lo Schema', pp. 45-50, non fa nemmeno cenno del richiamo alla pastoralità della dottrina e del magistero della chiesa, anche se vi aveva accennato riportando la presentazione che, dello schema, aveva fatto il card. Ottaviani.

2. LThK, *Das zweite vatikanische Konzil*, II, 498-503. Un esempio ulteriore della ricostruzione del dibattito conciliare solo all'interno della controversia teologica tradizionale è quello di E. STAKEMEIER, *Die Konzilskonstitution über die göttliche Offenbarung. Werden, Inhalt und theologische Bedeutung*, Paderborn [2]1967.

interpretazione della scrittura, della sua inerranza, storicità ecc., ma quello dello statuto della dottrina in quanto tale nella chiesa, e cioè, con i termini di papa Roncalli, della sua 'pastoralità'.[3]

Un uomo attento come Ottaviani se ne era reso conto[4]. Nella breve presentazione che fece dello schema in aula, preannunciando lucidamente l'obiezione principale, aveva a modo suo dato il là alla discussione: *Vos audietis multos loqui de defectu toni pastoralis in schemate proposito* (AS I/III, 27). 'Molti'[5] erano stati infatti coloro che, già nell'estate precedente gli inizi dei lavori conciliari, avevano

3. E, con grande lucidità, un vescovo come D. HURLEY (AS I/III, 198-200) dirà che il 'peccato originale' della preparazione del concilio, lo stesso che minava alla base lo schema in discussione, era il non chiarimento della domanda sulla 'indole pastorale'.

4. In *Mon Journal du Concile* (in seguito cit. come '*J*'), 137-138, il padre Congar riporta la discussione della Commissione teologica conciliare il 13 Novembre, così come gli era stata riferita da mons. Garrone e da mons. McGrath, e dove già Tromp espone il nocciolo di quella che sarebbe stata la presentazione dello schema: 'Il partait des réactions reçues par les évêques le 15 septembre et les récusait: on parle d'un homme moderne: cela n'existe pas! On veut être pastoral. Mais le premier devoir pastoral est la doctrine. Ensuite les curés adaptent' (ivi 137). Da sfumare quindi l'osservazione di PH. LEVILLAIN, *La mécanique politique de Vatican II,* Paris 1975, 248: 'Il est remarquable que l'ensemble des arguments développés par la card. Ottaviani étaient extrinsèques au fond du débat et qu'ils étaient de deux ordres: d'ordre affectif et d'ordre juridique.' Se è giusto parlare di 'estrinsecità', occorre tuttavia intenderne il motivo, per capire al tempo stesso il nesso fortissimo dell'intervento di Ottaviani con il nodo che il Concilio si trovava ad affrontare in quel momento preciso, di fronte alle posizioni già emerse dei vescovi per un verso e di fronte all'atteggiamento del papa per altro verso.

5. Cf. AS Appendix (Città del Vaticano 1983). Basti qui ricordare in tal senso i cardinali Frings, Gerlier, Richaud, Silva Henriquez e i vescovi Ancel, Bekkers, De Provenchères, De Vet, Elchinger, Garrone, Gouyon, Guerry, Hendriksen, Jaeger, Kampe, Kempf, La Ravoire Morrow, Marty, Mazerat, Ménager, Moors, Nierman, Pailler, Renard, Reuss, Schröffer, Simons, Van Cauwelaert, Van den Hurk, Van Dodewaard, Van Steene, Weber; da segnalare anche l'intervento dell'abate Butler (122-123). Questo elenco, che non è completo, mostra già come, in questa fase, il tema della pastoralità sia stato fatto proprio dal blocco tedesco-olandese-francese con significative adesioni latino-americane e di vescovi 'missionari'. Questo non significa che fossero già chiari i termini del problema. Sarà la *Gaudet Mater Ecclesia* a offrire, come vedremo, i riferimenti per una comune concezione della 'pastorale', almeno nella prima sessione dei lavori conciliari.

manifestato la loro reazione negativa agli schemi dottrinali distribuiti[6], rifacendosi proprio alla carenza di pastoralità.

Nonostante la coralità di questa critica, limitata tuttavia sostanzialmente agli episcopati dell'Europa centrale, e nonostante la centralità del riferimento alla pastorale, non sembra che già arrivando a Roma per il Concilio i vescovi avessero 'chiaro' tutto. Ciò che avviene durante la settimana del dibattito sulle fonti, per essere compreso, deve quindi essere scomposto in una serie di elementi che, solo nel loro confluire, possono spiegare come proprio questi giorni abbiano potuto 'svelare', per così dire, il senso e lo scopo del concilio ai suoi stessi protagonisti. E' infatti a partire da questa settimana che il concilio si è definitivamente 'appropriato' di se stesso. Ma i fatti che hanno preparato questa 'appropriazione' definitiva sono molteplici.

Una notizia del P. Congar nel suo *J* riferisce di una visita di H. Küng il 27 settembre 1962, dalla quale appare già chiaro come, nell'ambiente tedesco, si sia concretizzata una strategia del 'rifiuto' degli schemi dottrinali. Questa strategia, che sarà portata avanti dietro le quinte del dibattito sulla liturgia durante il primo mese dei lavori conciliari, non è tuttavia ancora articolata. Si ha l'impressione che ognuno cammini per conto proprio e che non manchino sospetti e rivalità 'nazionali'. Il progetto tedesco di riunificazione dei documenti dottrinali in un solo schema, redatto sostanzialmente da Rahner con la collaborazione di Ratzinger, e dove viene ripreso l'argomento del *De fontibus*, nonostante il padre Congar sia stato invitato a scrivere un 'proemio' che poi non sarà contenuto nel testo ciclostilato in 3000 copie, suscita perplessità negli ambienti francesi. I vescovi francesi sembrano preferire una strategia più morbida, non vogliono un testo 'alternativo', ma uno strumento per la discussione che aiuti i singoli vescovi a formulare un rifiuto[7]. I vescovi brasiliani che cercano di

6. Il 13 Luglio 1962 erano stati inviati ai vescovi 7 schemi (*De fontibus revelationis, De deposito fidei pure custodiendo, De ordine morali christiano, De castitate matrimonio familia virginitate, De sacra liturgia, De instrumentis communicationis socialis, De ecclesiae unitate)*, cf. *Schemata constitutionum et decretorum de quibus disceptabitur in Concilii sessionibus, Series I*, Typis Polyglottis Vaticanis 1962. Di questi schemi i primi quattro erano stati preparati dalla commissione teologica.

7. Il lavoro sarà coordinato dal Daniélou e prevedeva la collaborazione di Alonso Schökel, Congar (per il capitolo sulla tradizione), Lyonnet e lo stesso Daniélou. Sorprende l'esclusione recisa dei tedeschi, mentre questi, almeno inizialmente, avevano voluto la collaborazione di Congar. La ricostruzione di queste vicende è ancora sostanzialmente affidata al Journal di Congar, il quale ne ha pubblicato ampi

raccogliere '1.500' firme per sostituire gli schemi dottrinali preparati dalla commissione teologica, sembrano seguire una strada parallela a quella dei tedeschi e sarà cura del P. Congar metterli in contatto con Mons. Volk (*J*, 10 Novembre). Gira inoltre un'analisi dello schema *De fontibus* redatta dal P. Schillebeeckx e presto tradotta in inglese che viene anch'essa confusa e scambiata con uno schema alternativo (cf. *J*, 138). Infine c'è tutto il lavoro del Segretariato per l'unità che ha preparato uno schema ad hoc.

Una funzione di 'rodaggio', rispetto all'appropriazione che il concilio farà di se stesso e del suo scopo, fu certamente rappresentata da altri tre momenti chiave del primo periodo: il *nuntium* iniziale, la procedura adottata per la elezioni delle commissioni che fece saltare la strategia curiale in proposito e, soprattutto, la discussione sulla costituzione liturgica. E questo non solo perché essa verificò in un terreno che appariva più tranquillo un orientamento che potremmo chiamare pastorale-innovativo, fondato sui progressi degli studi e sulla evoluzione del movimento liturgico nella prima metà del secolo. Ma anche perché permise accanto alle sedute conciliari una serie di contatti, di scambi in tutte le direzioni che danno concretezza sperimentata al significato dell'evento conciliare.

Il modo in cui il p. Congar dà importanza ad alcune notizie sul 'cambiamento' dei vescovi americani, grazie ai contatti che essi hanno con alcuni teologi[8], ci fa capire infatti come le prime settimane del concilio abbiano offerto ad alcuni episcopati l'occasione per un 'ricupero' che è più esatto chiamare 'recezione': molti pastori hanno cioè l'occasione di rendersi conto del cammino che ha operato nella chiesa un certo modo di avvicinarsi alla scrittura, gli effetti del nuovo approccio alla Bibbia che tra i cattolici era diventato sempre più comune.

Il discorso di una 'evoluzione' non va riferito solo ai vescovi, ma va esteso anche ai teologi. Questo è riprovato dalla consapevolezza-rimorso di un uomo come Congar: egli durante la fase preparatoria non si era reso conto, e lo confessa candidamente, di che cosa fosse effettivamente possibile fare. Per un verso si vedeva 'bloccato' dal

stralci: *Erinnerungen an eine Episode auf dem II. Vatikanischen Konzil*, in *Glaube im Prozess. Christsein nach dem II. Vatikanum. Für Karl Rahner*, Freiburg - Basel Wien 1984, 22-32.

8. Cf. J 166 e 170. Dapprima è R. Brown, poi 'deux prêtres américains théologiens d'évêques', che gli parlano di questo cambiamento e sottolineano soprattutto il ruolo delle conferenze che il passionista (esegeta) Ahern ha tenuto ai vescovi americani.

consenso che i 'vota' antepreparatori dei vescovi sembravano manifestare. Così a proposito del testo del *De beata Maria virgine* discusso il 22 XI 1961, nota che esso contiene di fatto 'le minimum possible... étant donné que tant d'évêques ont demandé même la définition de la corédemption de Marie Médiatrice, Marie Reine etc...!' (*J*, 51). Per altro verso le ripetute notazioni del suo *J* sull'importanza del milieu (94), sul mutamento decisivo del 'climat général' tra fase preparatoria e concilio (118-119), non sono riferiti solo ai vescovi, ma valgono in primo luogo per lo stesso Congar: 'Le climat général fait beaucoup: climat pastoral, climat de liberté, climat de dialogue, climat d'ouverture. Alors c'était le climat du 'Saint Office' et des chaires de collèges romains. On était neutralisé par un code tacite mais puissant, par une pression sociale très forte et contre laquelle on ne réagissait pas jusque'au point où il eût fallu tout mettre en question' (la nota è della domenica 4 Novembre).[9]

Bisogna quindi mettere in conto, per la carburazione in qualche modo accelerata che si ha nel primo periodo, il fatto stesso dell'evento conciliare nella sua materialità. E' quanto Mons. Marty confessava già nell'aprile precedente (*J*, 29): 'On a beaucoup perdu, depuis de décades, à ne pas se voir. On devrait avoir des rencontres régulières. Et Mgr Marty pense que nous entrons dans une ère conciliaire'. Questa conciliarità, questo convenire che i teologi amano spiegare nel suo spessore come una presenza privilegiata dello Spirito, agisce nei fatti liberando come da un senso di frustrazione. Tutto lascia pensare ad esempio che alcuni teologi (Congar e De Lubac) rappresentassero, nella fase preparatoria, degli ostaggi di cui la curia poteva farsi forte contro le accuse di unilateralità. Ottaviani è orgoglioso nel poter dire che alla elaborazione dello schema 'adstiterunt theologi et exegetae ex universo orbe diversarum scholarum'. Ma una lettura del diario del P. Tromp fa emergere con assoluta esplicitezza che di fatti i lavori erano limitati ai membri 'Romae degentes'. Come diceva il P. Congar, era il *climat des chaires romaines* che tutto dominava, e certamente le eccezioni di uomini che, come Cerfaux, alloggiavano per ampi periodi a Roma non intaccavano per nulla questo dato di fatto.[10] E, proprio lo

9. Un capitolo inesplorato è costituito, in questo contesto, dall'atteggiamento dei lovaniensi come Cerfaux e Philips. Fin dall'inizio Tromp si preoccupa che essi facciano parte dei lavori di preparazione. E non sembra che essi abbiano manifestato una qualche opposizione di fondo nella fase preparatoria. Ma già diverso è il loro atteggiamento nel primo periodo conciliare.

10. E' lo stesso Cerfaux che, del resto, scrivendo in data 11 Ottobre al P. Dupont, usa parole estremamente efficaci per dire i suoi sentimenti 'Je vous avoue

stato di effettiva costrizione ed emarginazione, nella quale si erano trovati non solo alcuni teologi, ma altresì alcuni cardinali e vescovi durante la fase preparatoria ed i quali lo denunceranno apertamente durante la discussione sul *De fontibus*[11], grazie al clima conciliare, si trasformerà in volontà di rinnovamento tanto più deciso.[12]

Questa volontà di rinnovamento avvertiva, con consapevolezza più o meno chiara, di essere sostenuta dall'atteggiamento del papa. A monte c'era il suo martellante richiamo alla pastoralità del concilio e alla sua preoccupazione per la riunione dei cristiani. Giovanni non voleva precisamente un concilio di unione. Ma per lui pastoralità[13] ed ecumenicità erano connesse, giacché 'una volta che avremo stabilito, convenuto, indicato le soluzioni migliori, anche in rapporto alle esigenze dei tempi, potremo indicare ai fratelli separati la via sicura per quella unità alla quale essi stessi anelano'.[14] Coerentemente con questi obiettivi espressi dal papa, i richiami alla pastoralità e all'ecumenicità furono i riferimenti principali delle risposte critiche dei vescovi ai documenti dottrinali loro inviati già nell'estate del 1962. Ma un influsso costante e discreto del papa nel favorire questi atteggiamenti è chiaramente ravvisabile durante gli stessi lavori conciliari, anche se non può essere ancora verificato con completezza (ché per questo occorrerebbe per esempio poter conoscere i nomi dei vescovi effettivamente ricevuti da lui lungo tutto il primo mese dei

que je suis plus que déçu, blessé au fond de mon âme par ces manoeuvres romaines qui veulent marier ceux qui savent à ceux qui ne savent pas et croient tout savoir. Il n'est pas étonnant que l'on enfante des monstres.': Fondo J. Dupont, Centre *Lumen Gentium*, Louvain-la-Neuve.

11. Cf. soprattutto gli interventi di Döpfner e Hurley.

12. Questa impossibilità da parte di alcuni, presenti nella Commissione Centrale preparatoria, di intervenire sul lavoro predisposto sostanzialmente dalla curia, è più rilevante nei documenti dottrinali: A. INDELICATO, *Difendere la dottrina o annunciare l'evangelo*, Genova 1992, mostra tra l'altro come si desse una sostanziale impenetrabilità della commissione teologica agli emendamenti proposti dalla Centrale. Del resto il diario del p. Tromp documenta a sufficienza, nonostante alcune distinzioni nominalistiche, il ruolo di surrogazione del S. Uffizio, che il card. Ottaviani assegnerà alla Commissione teologica preparatoria. Saranno respinte tutte le proposte di creare degli ambiti 'misti' di lavoro con le altre commissioni, e in particolare con il Segretario per l'unità, mentre si pretenderà il diritto (confermato 'viva voce' dal papa, ma non altrimenti documentato) di esaminare per la parte teologica tutti i documenti prodotti dalle altre commissioni.

13. Sui principali richiami alla pastoralità del concilio, cf. A. e G. ALBERIGO (a cura di), *Giovanni XXIII. Il concilio della speranza*, Padova 1985, 46-50.

14. CF. G. ALBERIGO, *Giovanni XXIII e il Vaticano II*, in IDEM, *Papa Giovanni*, Bari 1987, 211-243, spec. 216.

lavori conciliari[15]). Se il *J* in data 24 Ottobre riferisce come alla riunione dei vescovi francesi giri la voce che 'le pape veut que le point de vue pastoral domine', evidentemente esistono delle persone che nei contatti diretti con il papa ricevono per così dire questa consegna. E' sempre il P. Congar che nel suo *J* (in data 4 Novembre, p.119) annota ancora le reazioni all'omelia tenuta dal papa per la festa di S. Carlo Borromeo: 'Il a vanté le caractère pastoral de S. Charles. Il a prôné la variété des rites. Certains voient en tout cela des indications discrètes pour le concile. C'est possible.'[16]

L'intervento decisivo del papa, quello a cui attingeranno a piene mani quanti interverranno per una 'pastoralità' della dottrina è tuttavia l'allocuzione di apertura *Gaudet Mater Ecclesia* (= GME)[17]. Il papa vi aveva ribadito la sua concezione del concilio, della sua natura e dei suoi compiti. In particolare per quanto riguarda la pastoralità, rivendicata come nota primaria del magistero della chiesa, la GME insisteva sul fatto che nei confronti della dottrina, l'atteggiamento della chiesa non può essere di pura custodia, ma di promozione. Il motivo della insufficienza di una mera custodia della dottrina è martellante e ritorna almeno 5 volte (ll. 502-503; 513;; 653ss.; 759; 801ss.): non si tratta di ribadire questo o quel punto dottrinale, ma 'occorre un balzo innanzi verso una penetrazione dottrinale e una formazione delle coscienze, in corrispondenza più perfetta della fedeltà all'autentica dottrina'. Proprio l'autenticità della dottrina richiedeva il balzo innanzi. Questo significava porre la pastorale, non come momento di un adattamento successivo della dottrina già formulata, ma come momento costitutivo della dottrina stessa della chiesa. Infatti occorre distinguere tra la sostanza della dottrina e la formulazione che la riveste. E' del rivestimento che 'un magistero a carattere prevalentemente pastorale' deve tener gran conto. La storia attuale con

15. Il caso più risaputo, in cui il papa ha espressamente chiarito le sue intenzioni e il suo dissenso dai testi preparati dalla Curia, è quello dell'udienza del 20 Novembre al Card. Léger. Su questa udienza cf. in particolare la testimonianza indiretta di Congar, J 182.

16. Su questa 'vigilanza' discreta del papa durante i lavori conciliari, cf. ALBERIGO, cit. 226ss.;

17. Cf. l'edizione critica di A. MELLONI, in G. ALBERIGO, A. MELLONI, G. BATTELLI, S. TRINCHESE, *Fede tradizione profezia. Studi su Giovanni XXIII e sul Vaticano II*, Brescia 1984, 239-283; per un'analisi dell'allocuzione cf. G. ALBERIGO, *Formazione, contenuto e fortuna dell'allocuzione*, *ivi*, 187-222; G. RUGGIERI, *Appunti per una teologia in papa Roncalli*, in ALBERIGO, *Papa Giovanni, 245-271.*

le sue esigenze diventa il luogo in cui deve essere infatti colto un 'postulato' essenziale alla dottrina della chiesa: la dottrina deve essere studiata ed esposta *ea ratione quam tempora postulant nostra*': ll. 802-808. La connotazione pastorale è, in questa visione, inserita all'interno, come esigenza intrinseca alla dottrina perché se ne renda presente la sostanza nel tempo: pastorale come ermeneutica storica della verità cristiana.

E' difficile dire se, oltre che essere in macroscopica contraddizione con questa visione, la dicotomia della dottrina e della pastorale che invece difendeva Ottaviani nella presentazione dello schema *De fontibus,* il 14 Novembre, fosse anche presa di distanza consapevole, voluta, intenzionale. In ogni caso, lo schema che egli presentava era un tipico prodotto della concezione scolastica. Lo schema era infatti frutto della sottocommissione omonima *(De Fontibus revelationis)* e rispecchiava le posizioni 'classiche' della controversistica cattolica. Un primo capitolo era dedicato alla 'duplice fonte della rivelazione'. Il termine 'fonte', dal concilio Tridentino applicato all'evangelo, veniva qui invece riferito alla scrittura e alla tradizione, contrapposte come le due sorgenti originarie della rivelazione. Inoltre si affermava che solo la tradizione è la via attraverso cui diventano manifeste e sono conosciute alcune verità rivelate. Il secondo capitolo era dedicato ai problemi riguardanti l'ispirazione, l'inerranza e la composizione letteraria della scrittura. Si precisava il carattere personale e non collettivo dell'ispirazione, l'inerranza di ogni singola affermazione sia religiosa che profana. Il capitolo III era dedicato all'AT, ne sottolineava la relazione al Nuovo e, per quanto riguarda la determinazione degli autori storici, affermava che, quando questa questione tocca la fede, compete solo alla chiesa dirimere ultimamente i problemi. Il cap. IV era preoccupato di difendere la verità storica dei 'fatti' raccontati nei vangeli, nonché la fedeltà sostanziale delle parole di Gesù in essi riportati. Il cap. V concludeva con la 'Sacra scrittura nella vita della chiesa', per difendere il carattere di 'testimonianza autentica della fede' che possiede la Volgata e per dare i criteri della lettura della scrittura da parte dei fedeli e degli esegeti che debbono attenersi 'all'analogia della fede, alla tradizione della chiesa e alle norme della Sede apostolica sull'argomento'.

Il *De fontibus* seguiva nella discussione conciliare lo schema liturgico. Ciò aveva deciso il Consiglio di Presidenza in data 15 Ottobre[18].

18. Cf. AS V/1, *Processus verbales*, 17-18. Il Consiglio di Presidenza aveva

Rileggendo gli interventi, colpisce in primo luogo la sostanziale genericità della discussione. Lo stesso problema delle 2 fonti, che apparentemente è il più ricorrente, non sembra che costituisca il vero nodo. Dopo la precisazione di Frings (esistere due fonti solo *in ordine cognoscendi*, ma propriamente, *in ordine essendi* solo il vangelo o rivelazione è *fons*), che interviene 2 volte (AS I/III, 34-35 e 139) per precisare il suo pensiero, molti di quella che sarebbe diventata la minoranza non sono alieni dall'accettare la terminologia proposta dall'arcivescovo di Colonia, essere cioè il vangelo o la rivelazione l'unica fonte della scrittura e della tradizione. Sull'effettiva estensione della tradizione gli interventi si mantengono, almeno da parte della maggioranza, sulle generali. Tattica astuta o preminenza di un altro interesse che in questo momento è giudicato prioritario? Solo Parente si impegna in una esegesi accurata di Trento ripetendo in sostanza la critica di Lennerz a Geiselmann[19], essere cioè irrilevante il cambiamento del *partim* ... *partim* nel tenore originario del decreto tridentino, ai fini dell'interpretazione dei rapporti tra scrittura e tradizione (AS I/III, 132-135). Dalla maggioranza ci si limita a ribadire che è una questione dibattuta legittimamente tra i teologi.

I principali contenuti specifici del dibattito (rapporto tra scrittura e tradizione - inerranza biblica - le nuove posizioni esegetiche sulla storicità di alcune parti della Bibbia) sono quindi il luogo di verifica di problemi più ampi, in primo luogo di quello dello scopo stesso del concilio. Su 85 interventi orali ben 61 intervengono, in misura più o

discusso dell'opportunità di seguire nella discussione l'ordine degli schemi 'ut in libro'. In tal caso si sarebbe già dovuto iniziare con il *De fontibus*, prima ancora della Liturgia. A favore dell'ordine come da pubblicazione erano Gilroy, Spellman, Pla y Deniel. A favore dell'anticipazione della liturgia erano Tisserant, Liénart, Frings, Ruffini, Alfrink. Prevale quindi la posizione di questi ultimi. La differenza delle posizioni di costoro sembra escludere, almeno come la stessa in tutti, un'astuzia strategica. Ma senza ulteriori riscontri siamo costretti alle ipotesi. In base al protocollo adesso pubblicato del Consiglio di presidenza del 15 Ottobre, dovrebbero però cadere alcuni degli interrogativi emessi da PH. LEVILLAIN, *La mécanique politique de Vatican II*, Paris 1975, 234. Ovviamente il voto dei vescovi africani trasmesso al Consiglio di Presidenza in data 26 Ottobre 1962, al quale egli accenna, e nel quale si chiedeva di passare allo schema sulla chiesa, ignorava questa decisione del Consiglio di Presidenza, anche perché l'annuncio fu fatto in Concilio solo l'8 novembre dal segretario Mons. Felici.

19. Cf., anche per indicazioni sulle principali voci del dibattito, J. R. GEISELMANN, *Die Heilige Schrift und die Tradition*, Freiburg 1962. Di H. LENNERZ, basti qui rimandare soprattutto a *Scriptura sola?*, in *Gregorianum* 40 (1959) 38-53.

meno estesa, ma sempre esplicita, sullo statuto della dottrina[20]. Senza pretendere inoltre un'assoluta precisione, giacché a volte i riferimenti non sono del tutto chiari, un'analisi della discussione mostra come ben 22 interventi facciano esplicito riferimento alla GME accogliendone i punti centrali e 11 ne propongano il contenuto senza riferimento esplicito. 22 saranno gli interventi che invece difenderanno la concezione che possiamo chiamare 'manualistica' e scolastica della dottrina della chiesa e 6 interventi lo faranno cercando di interpretare strumentalmente la stessa GME.

Si può affermare che, durante la settimana della discussione sul *De fontibus*, il concilio si appropria del proprio scopo nei termini in cui lo aveva proposto la GME. Si delinea così la tappa decisiva di un processo che viene addirittura scandito nell'intervento di Bea: a) il papa ha proposto al concilio uno scopo pastorale; b) il concilio l'ha già fatto suo nel *nuntium* iniziale; c) si tratta adesso di ratificare consapevolmente questo scopo respingendo uno schema che gli è contrario. La lucidità su ciò che era effettivamente in gioco, quale traspare dall'intervento di Bea, non deve far dimenticare la passione del dibattito di quei giorni. H. Schauf, affettivamente dalla parte della Commissione teologica preparatoria, riferisce della riunione dei teologi tedeschi tenutasi il pomeriggio del 14 Novembre in termini quanto mai drastici: 'Es war mehr eine Verschwörung und eine politische Sammlung als ein theologisches Gespräch '.[21] E parecchi vescovi, durante la discussione, saranno preoccupati di trovare un modo per non spaccare il concilio e per arrivare ad una soluzione accettabile dalle parti. Questa esigenza di unanimità trovava espressione forte soprattutto nell'intervento dell'abate Butler (AS I/III 10-108), ma veniva ripresa significativamente non solo da uomini come Zoa (148-149), Pourchet (149-151), Ancel (203-205), ma anche da esponenti di diverso orientamento (si veda ad esempio l'intervento di Griffiths (181-183).

Forse anche in questa direzione bisogna leggere un tentativo di compromesso, quale fu espresso soprattutto da parte spagnola. Morcillo Gonzalez, il 15 Novembre, proponeva infatti di andare incontro alle esigenze sulla pastoralità con un proemio adeguato 'quod desideratur et

20. Analogo l'equilibrio degli interventi scritti. Tra questi, notevole per acutezza quello di Volk (AS I/III 364-365).

21. H.SCHAUF, *Auf dem Wege der dogmatischen Konstitution über die göttliche Offenbarung 'Dei Verbum' N. 9ª 'Quo fit ut ecclesia certitudinem suam de omnibus revelatis non per solam sacram scripturam hauriat'*, in *Glaube im Prozess* 66-98, cit a p.67.

sine dubio suo tempore proponetur' (AS I/III, 61). In questo senso aveva già il giorno prima parlato Quiroga y Palacios (39: 'exordium generale ... quo intentio pastoralis Concilii indicetur'), e poi lo faranno ancora De Arriba y Castro (163), Martinez Gonzalez (261 s.), gli italiani Ruotolo (200-201: proprio per raggiungere quella 'concordia che alcuni in qualche modo hanno auspicato'), Carli (232), il polacco Klepacz (che sembra riprendere l'idea a volo, nell'intervento detto in aula, giacché essa manca nel testo preparato per iscritto: 215 e 218), il dalmata Franic (246).[22] Ma questo voleva dire ignorare la portata della questione sulla pastoralità della dottrina. La giustapposizione di un proemio 'pastorale' ad una trattazione scolastica della dottrina, equivaleva infatti a introdurre ancora una dicotomia, come pretendevano d'altra parte quanti tentavano di rifarsi al modello tridentino che distingueva chiaramente i decreti dottrinali da quelli 'de reformatione'[23].

Nel determinare la natura della dottrina pastorale, la maggioranza non ha invece ambiguità. Essa infatti può tranquillamente appellarsi, e con autorevolezza, ai punti ribaditi dalla GME. Occorre infatti che la dottrina sia recepita 'his temporibus nostris ab omnibus novo studio': essa quindi deve rivolgersi agli uomini di oggi e non alle scuole teologiche (Bea). Occorre rinnovare la vita e confortare la testimonianza dei fedeli nel mondo di oggi (Soejijapranata). Con riferimento alla medicina della misericordia, invocata da papa Roncalli nella GME, Silva y Henriquez distingueva tra la mentalità del giudice e quella del pastore; Guerry era uno dei più lucidi nell'articolare una critica allo schema ispirandosi alla GME: 'Primum officium pastorale nostrum in hoc est: doctrinam integralem et puram populum nostrum doceamus, ita tamen possit audire verbum Dei, intelligere, accipere in fide ac tandem in universum vitae suae spatium in actum deducere... Adaptanda est non ipsa doctrina, sed praesentatio ipsius doctrinae.' Erano i termini di Giovanni XXIII parafrasati. Un teologo forse avrebbe qualcosa da ridire su questa netta distinzione tra presentazione della dottrina e dottrina stessa. Ma era in ogni caso la posizione della GME. Garrone affermava ancora che 'la sollecitudine per la verità è tale che ci impedisce di astrarre dagli uomini di oggi ai quali è stata

22. Questa proposta deve essere accuratamente distinta da quanti chiedevano invece un proemio che trattasse della natura della rivelazione in quanto tale, prima ancora di passare ai rapporti su scrittura e tradizione. In tal senso cf. tra gli altri Bea (49-5), Reuss (92), Garrone (189ss.), Ancel (204).

23. Cf. ad esempio il card. Garibi y Rivera (17 Novembre: AS I/III, 122-124).

inviata la parola di verità'. Il già citato Hurley, forse il vescovo più consapevole della necessità di affrontare e chiarire, proprio dal punto di vista dottrinale, il nodo della pastoralità[24], distingueva tra quanti pensavano che il concilio era pastorale nella misura in cui custodisce la verità (erano i termini della questione rifiutati dalla GME) e quanti non si contentavano di custodire, ma volevano altresì predicare e seminare. Persino un vescovo favorevole allo schema come Garcia Martinez (AS I/III 214) capiva che bisogna superare lo scoglio della pastoralità così come veniva concepita dal papa: 'unde iuxta haec Pontificis verba non sufficit ad hoc magisterium pastorale ut doctrina tradita sit vera, etsi haec veritas fundamentum primum sit omnis authentici magisterii, sed requiritur insuper ut modus tradendi vere pastoralis sit, seu magis aptus ad animos captandos et efficaciter movendos'. Qui, pur svilendo l'ermeneutica pastorale della verità alla dimensione affettiva, si coglieva tuttavia il nesso inscindibile tra contenuto e presentazione della dottrina.

Sulla scia di Ottaviani, e della relazione ufficiale di Garofalo che ne riprendeva in maniera più distesa la sostanza, quella che poi apparirà come minoranza favorevole allo schema, ci terrà invece a dividere il momento della proposizione dottrinale e quello dell'adattamento pastorale. Qualcuno ricorrerà a curiose analisi linguistiche: 'pastorale' è un aggettivo e non un sostantivo: la dottrina è quindi la sostanza con cui nutrire il popolo di Dio, mentre la pastorale è una qualità che designa tutte le attività dei pastori nella chiesa (card. Santos e il maestro generale dei domenicani Fernandez). Enrique y Tarancon assegnava la chiarezza alla definizione della verità, l'adattamento alla mentalità dell'ascoltatore e quindi la pastorale al momento della spiegazione. Altri dicevano che il compito principale dei pastori è quello di allontanare dagli errori e condurre alla verità evangelica (Del Pino Gomez).

La GME appare quindi l'effettivo catalizzatore della discussione sullo schema *De fontibus*. Il suo influsso sembra estendersi non solo alla determinazione del carattere pastorale della dottrina, ma altresì alla determinazione del carattere ecumenico. Dopo Bea, sarà il vescovo De Smedt che si assumerà il compito di spiegare cosa significa ecumenicità, sostanzialmente negli stessi termini. Ma a guardar bene le cose, la definizione che egli dava della ecumenicità della dottrina, non differiva molto dalla pastoralità, con la variante che in questo caso il

24. Ormai a dibattito chiuso, Hurley il 29 Novembre chiederà a Congar un contributo 'qui définisse la 'pastoralité' d'un texte': J 182.

destinatario è il fratello separato. Infatti l'ecumenicità per lui consiste nell'adempiere a quelle condizioni che permettano 'quod expositio nostra a non-catholicis exacte intelligi possit.' (AS I/III, 184-186).

I contenuti del dibattito furono quindi in primo luogo quelli 'formali': pastoralità ed ecumenicità dello schema. Sui contenuti effettivi non c'è molto da aggiungere alle ricostruzioni che ne sono state già fatte, in primo luogo a quella già citata di Betti. Si ha tuttavia l'impressione che, in questa fase del dibattito conciliare, si avesse una certa resistenza ad affrontare problemi sostanziali troppo tecnici che, almeno per adesso, appartenevano piuttosto al 'concilio dei teologi'[25] anziché a quello dei vescovi. Oltre tutto questi problemi, in quel momento, erano abbastanza resi più difficili e confusi dalla feroce polemica che alcuni ambienti romani avevano scatenato contro il Pontificio Istituto Biblico.[26]

Gli interventi in aula non permettevano di comprendere quale fosse l'effettivo orientamento del concilio. Il 19 Novembre il Consiglio di Presidenza, subito dopo la Congregazione generale, si riunì e arrivò alla determinazione di proporre un voto all'assemblea sul quesito che originariamente suonava 'an disceptatio circa praedictum schema continuanda sit necne'[27]. Il verbale della riunione porta tuttavia in nota che la formula fu cambiata in un'altra: 'utrum disceptatio interrumpenda sit'. Il cambiamento fu deciso e comunicato al segretario generale dal presidente di turno, card. Frings, dopo un intervento del card. Ruffini.[28] L'indomani Felici comunicò la decisione del Consiglio di Presidenza in aula, suscitando momenti di

25. LEVILLAIN, 237-238.

26. La polemica fu scatenata da un articolo di A. ROMEO, *L'enciclica 'Divino afflante Spiritu' e le opiniones novae*, apparso in *Divinitas* 4 (1960) 387-456; per la risposta del Pontificio Istituto Biblico, cf. *Pontificium Institutum Biblicum et recens libellus Rev.mi D.ni A. Romeo*, in *Verbum Domini* 39 (1961) 3-17; su questa vicenda cf. di recente G. P. FOGARTY, *American Catholic Biblical Scholarship: a history from the early Republic to Vatican II*, San Francisco 1989, 291-295

27. AS V/I, 19-20.

28. Questa nota del verbale concorda con quanto dice G. CAPRILE, *Il concilio Vaticano II*, II , Roma 1968, 176, anche se egli riporta basandosi su un appunto di mons. Kempf, uno dei sottosegretari, una formula più ampia in cui si spiegava che il placet alla proposta di interruzione era finalizzato alla preparazione di un nuovo schema. Questa esplicitazione tuttavia, sempre secondo Kempf, ma questa volta in una conferenza stampa ai giornalisti di lingua tedesca, non sarebbe stata letta in aula, a causa di una dimenticanza di Frings. Giustamente Caprile nota la contraddizione di questa affermazione di Kempf, giacché il testo del quesito non fu letto in aula da Frings bensì dal segretario Felici.

confusione (AS I/III, 219-223). Evidentemente molti non capivano il senso della votazione o alcuni si preoccupavano che molti non capissero. Si ebbe quindi un primo chiarimento del segretario, un secondo chiarimento di Ruffini che chiaramente spiegò come 'interrumpatur' significa 'renovetur', 'reficiatur', e dopo un intervallo di 11 minuti in cui si deve supporre che già la maggioranza dei vescovi avesse espresso il proprio voto, una ulteriore precisazione di Felici.[29] L'esito della votazione, prima annunciato per l'indomani e poi invece comunicato in aula, fu, come è noto, chiaro senza che tuttavia si raggiungesse il quorum dei 2/3 richiesto. Per l'interruzione erano 1368, per la continuazione 822. La maggioranza richiesta era invece di 1473 su 2209 votanti. Per la mancanza di 105 voti, un numero irrisorio rispetto alla quantità dei voti espressi, sembrava che il concilio dovesse ingolfarsi in una crisi irreversibile. Da questa crisi sarà liberato attraverso l'intervento di Giovanni XXIII. Ma le circostanze di esso sono ancora da ricostruire.

29. E' difficile stabilire il perché di questa formulazione del quesito. Il regolamento era sostanzialmente carente sulla eventualità di una votazione che potesse interrompere la discussione o addirittura respingere uno schema proposto alla discussione, anche se prevedeva che ognuno si potesse esprimere a riguardo. Ma in precedenza a proposito della discussione del cap. II della costituzione liturgica, il papa aveva concesso al consiglio di presidenza la 'faculté de proposer à la congrégation générale la clôture d'une discussion lorsque l'objet de cette discussion aura été, au jugement du conseil de présidence, suffisamment exposé et élucidé.' (AS I/II 159). Si deve supporre quindi che la decisione del consiglio di presidenza abbia fatto semplicemente uso di questa facoltà e che, proprio per questo, sia stata eliminata la parte del quesito che esplicitava la riformulazione dello schema?

THE INITIAL DEBATE ABOUT THE CHURCH

JOSEPH A. KOMONCHAK

After all the dramatic events that had already taken place during the first Period of Vatican II, the discussion of the schema *De Ecclesia* had a distinctly anti-climactic character. The major scenes in the drama had already been played out: Pope John XXIII had outlined his vision of the Council in his opening address; the bishops had taken responsibility for the composition of the conciliar commissions; an overwhelming majority had declared themselves in favor of major liturgical reform; and the first of the dogmatic constitutions, *De fontibus revelationis*, had been subjected to criticisms so devastating that it was removed from consideration and assigned to a Mixed Commission for major revision.

By December 1st, when the draft *De Ecclesia* began to be discussed by the Fathers, even cardinal Ottaviani knew that the game had been lost. The cardinal, head of the former Preparatory Theological Commission and now chairing the Council's Doctrinal Commission, had the ungrateful task of presenting to the bishops a text which only three days earlier he had tried to prevent being discussed in the conciliar hall. He began his brief remarks with a half-hearted and somewhat ritualistic description of the work that had gone into its preparation. He then listed the criticisms he knew he would soon hear – 'the usual litanies of the Council Fathers ('*rident Patres et etiam orator*'): 'It's not ecumenical, it's scholastic, it's not pastoral, etc.'' ('*rident Patres et etiam orator*'). He also knew what tactics these critics were preparing:

> 'Indeed I have a confidence to share with you. I think that the reporters and I will be speaking in vain because the matter has already been prejudged. Those who regularly say, 'Take it away! Take it away! Substitute this text!' ('*rident Patres*') are already prepared for this battle. I have a revelation to make to you: before this schema was

> distributed – Listen! Listen! – before it was distributed, a substitute schema was already being written. This schema, therefore, was already judged *ante praevisa merita*! (*'rident Patres et etiam orator'*).
> There is no point, then, in my continuing to speak. For as Scripture says, '*Ubi non est auditus noli effundere sermonem*' (*'rident Patres et Plausus magnus'*).'[1]

Ottaviani's somewhat bitter humor expressed his resignation to the inevitable. His predictions proved true over the next four days of discussion of *De Ecclesia*. The litany of complaints was chanted again, and appeals were made to consign the text for radical revision by another Mixed Commission. But most of the drama seemed to have dissipated.

A review of the comments on the official draft articulated in the Council hall discloses that there is not much point in rehearsing here the summaries of the conciliar debate that have already been published.[2] The bishops criticized the lack of a complete and organic vision of the Church, its over-emphasis on the institutional dimensions to the neglect of the Church's mystical aspects, the Procrustean identification of the Mystical Body of Christ with the Roman Catholic Church, its over-emphasis of the papacy and lack of consideration of the collegiality of the episcopate, its treatment of the laity and the religious, its neglect of the presbyterate, its anachronistic treatment of the question of Church and State, etc. What may be more useful for the historiography of the first period of the Council will be a review of the efforts undertaken, right from the first days of the Council, to prepare for the debate *De Ecclesia*, and particularly to have an alternate text available when that debate began. It will be my hypothesis that it was these efforts, and not statements made by bishops in the aula, that in fact had a crucial effect on the history that would result, two years later, in the promulgation of the final text of the Council on the

1. *Acta Synodalia Sacrosancti Concilii Oecumenici Vaticani Secundi* (hereafter: *AS*), vol. I, tome IV (Typis Polyglottis Vaticanis, 1971), 121. I have added the indications of laughter and applause that are given in the stenographic report of Ottaviani's speech but are omitted in the *Acta Synodalia*.

2. See Francesco Geremia, *I primi due capitoli della 'Lumen Gentium': Genesi ed elaborazione del testo conciliare* (Rome: Ed. 'Marianum', 1971), 35-49; Antonio Acerbi, *Due ecclesiologie: Ecclesiologia giuridica ed ecclesiologia di comunione nella 'Lumen Gentium'* (Nuovi Saggi Teologici 4; Bologna: Ed. Dehoniane, 1975), 151-59; Umberto Betti, *La dottrina sull'episcopato del Concilio Vaticano II: Il capitolo III della Costituzione dogmatica Lumen gentium* (Spicilegium Pontificii Athenaei Antoniani 25; Rome, 1984[2]), 63-69.

Church, *Lumen gentium*. I will concentrate on the preparation of the alternate schema drawn up by Msgr. Gérard Philips, both because it was to prove the most influential of the many alternate texts that would be proposed and because the incomplete documentation available to me throws most light on its preparation.

1. The Preparatory Schema 'De Ecclesia'

The text which cardinal Ottaviani presented to the Council contained eleven chapters.[3] The first two chapters discussed the nature of the Church, its necessity for salvation, and membership. Two chapters on the episcopate followed, the first affirming its sacramental character and the second discussing residential bishops, with a single paragraph on the presbyterate. Chapters 5 and 6 treated the states of evangelical perfection and the laity. Hierarchical themes returned in the next two chapters, on the magisterium and on authority and obedience in the Church. The final three chapters took up the themes of Church and State, the missionary rights of the Church, and ecumenism.

This first draft *De Ecclesia* had been elaborated within the PTC by a subcommission chaired by Fr. Rosaire Gagnebet that began its work in November, 1960. Although individual chapters were written by various members of the subcommission, the whole process was closely monitored by the Secretary of the PTC, Fr. Sebastian Tromp, and was finally approved by the entire Commission. The PTC's text was brought before the Central Preparatory Commission (CPC) in two parts, the first five chapters in May, 1962 and the remaining chapters in June, 1962. The many criticisms of the text offered by members of the CPC were then referred to its Subcommission on Amendments. The PTC was given an opportunity to reply to these criticisms, accepting some but refusing others, at times rather arrogantly.[4] The final

3. *Schemata Constitutionum et Decretorum de quibus disceptabitur in Concilii sessionibus, Series secunda: De Ecclesia et de B. Maria Virgine* (Typis Polyglottis Vaticanis, 1962); see *AS*, I/IV, 12-91.

4. The PTC's reply to the Central Commission's criticisms was prepared by Tromp, Gagnebet, and Schauf. Tromp was so convinced of the 'supreme' character of the PTC that he included in his reply a denial of the Central Commission's 'juridical and practical competence. Although it has complete freedom to criticize, it has no doctrinal authority'; Pontificia Subcommissio Centralis de Schematibus Emendandis Praeparatoria Concilii Vaticani I, *De emendatione Schematis Constitutionis De Ecclesia* (Typis Polyglottis Vaticanis 1962), 12. Relying on the minutes of the meeting of the Subcommission on Amendments held on July 17,

revisions of the text were made, not always in accord with the wishes of the PTC, at a meeting of the Subcommission on July 17, 1962. After further review by Vatican Latinists, the text that would be presented to the bishops was sent to the Vatican printer early in November. On November 10 Pope John approved its distribution to the Council Fathers who received the text *De Ecclesia*, along with the schema *De Beata Maria Virgine*, in the Council hall on November 23.

For the greater part of the first period, then, neither the bishops nor their *periti* had the final version of the preparatory draft before them.[5] They could not have known, therefore, what changes had been introduced into the text as a result of the criticisms of the CPC and the revisions made by the Subcommission on Amendments. On the other hand, they would also have known that the other texts prepared by the PTC and revised after the discussions in the CPC had not been substantially altered, and they could reasonably have expected that no major changes had been made in the schema *De Ecclesia*.[6] In any case, as Ottaviani pointed out, many bishops and theologians did not wait for the revised official text to be distributed to the bishops before they began to plan opposition to it and indeed to compose alternate texts.

2. *The Search for a Unifying Direction*

The alternate text that was to prove the most successful, the one prepared by Philips, had a head-start on the others because it formed part of an effort to give the whole work of the Council a coherent and unifying direction.

During the first period, one of the most frequently stated criticisms of the preparation of the Council was its lack of coordination. The ten preparatory Commissions and two Secretariats produced seventy-five documents which, as a result of the review by the CPC, could be combined into twenty-two schemata.[7] The lack of coordination in the

1962, Acerbi, *Due ecclesiologie*, 109n, says that cardinal Confalonieri, chair of the Subcommission, protested against this attitude of the PTC.

5. This is also true of members of the PTC who were quite close to Ottaviani and Tromp. Heribert Schauf, who had been the chief author of the chapters on bishops, did not see the final revised text until November 10, while Joseph Fenton received it on November 23, the day it was distributed at the Council.

6. In fact, some important changes had been made in the text, some willingly seconded by the PTC's small committee on revisions (Tromp, Gagnebet, and Schauf), others in spite of its vigorous opposition.

7. See Vincenzo Carbone, 'Gli schemi preparatori del Concilio Ecumenico

preparatory process and the disparate character of the texts it was producing had already been observed during the meetings of the CPC. One of the members of the Central Commission, cardinal Suenens, complained of this in a conversation with Pope John XXIII in March, 1962. At the Pope's request, Suenens reviewed the prepared schemata and submitted an ordering plan by which some material could be dropped completely and the remaining material could be integrated into a pastorally oriented conciliar project. Suenens discussed his ideas with several other cardinals and reported the consensus to the Pope on July 4, 1962. Everyone agreed that the Council should begin with a doctrinal section leaving to later periods the consideration of pastoral questions. 'Everyone wanted this doctrinal section,' Suenens went on, 'to start with a study of the Church, '*De Ecclesiae mysterio*,' that is, the Church in its essence, in its specific components.' With this letter, Suenens included a detailed plan for the whole Council that organized the materials around a consideration of the Mystery of the Church, dividing the topics by distinguishing between the '*Ecclesia ad intra*' and the '*Ecclesia ad extra*.' It is worth noting that while Suenens' plan proposed putting some order into the prepared material, it made as much use as possible of the already written schemata. As he put it:

> 'These themes allow maximum use of the prepared schemata: a massive and important work has been done which we must take advantage of, while removing its fragmentary and mosaic character and breathing a soul into it. In general these schemata are lifeless skeletons because of their juridical, canonical and sometimes repressive approach. We will try in our plan to give them some breath and spirit and to make them contribute to an overall whole.'[8]

While Suenens' plan may have had some influence on the speech which Pope John gave a month before the Council opened,[9] it had no effect upon the Council's agenda. Not only was the schema *De Ecclesia* not included in the volume of drafts sent to the bishops in July 1962;[10] its revision after the Central Commission discussion was not

Vaticano Secondo', *Monitor Ecclesiasticus*, 96 (1971) 51-86.

8. For all this, see cardinal L.-J. Suenens, 'Aux origines du Concile Vatican II', *Nouvelle Revue Théologique*, 107 (1985) 3-21; E.T. as 'A Plan for the Whole Council', in *Vatican II Revisited by Those who were There*, ed. A. Stacpoole (Minneapolis: Winston Press, 1986) 88-105.

9. *Acta Apostolicae Sedis*, 54 (1962) 678-85, where the Pope made use of the distinction between the Church *ad intra* and *ad extra* and appealed to the biblical text of Mt 28:19-20, which Suenens had proposed as an ordering guide.

10. *Schemata Constitutionum et Decretorum de quibus disceptabitur in Concilii*

yet finished. On the other hand, it was bishops opposed to the orientation of the official doctrinal texts, it seems, who secured the decision of the Council Presidency on October 15th, that the conciliar discussions would begin, not with the schema *De fontibus*, printed first in the booklet sent to the bishops, but with the fifth of its texts, the one on the Liturgy.[11]

Two days after this announcement, cardinal Montini saw this decision as confirmation of the lack of 'an organic, thought-out and logical programme for the Council.' In a letter to cardinal Cicognani, Montini recalled the discussions of Suenens' plan by a few cardinals and urged that their conclusions be followed by making the Council's work center around a single theme, the Church. After a solemn confession of the Lordship of Christ over the Church and an act of homage to the Pope, the Council should concentrate on the mystery of the Church, devoting the first session to what the Church is, the second to the Church's mission, and a possible third session to the Church's relationship to the world.[12]

In the first six weeks of the Council's work, neither Suenens nor Montini gave any public expression to their vision of the Council's program, perhaps because Pope John had told Suenens that he would decide when to make the plan public. It was only towards the end of November, when Suenens became alarmed at the state of the Pope's health, that he obtained permission to propose his plan. On December 4, in the course of the discussions on the text *De Ecclesia*, he made it known to the other Council Fathers and was seconded a day later by Montini.[13] If on the next day Lercaro echoed the views of Suenens

sessionibus. Series prima (Typis Polyglottis Vaticanis, 1962). This volume contained seven texts: on the sources of revelation, on the defence of the deposit of faith, on the Christian moral order, on chastity, marriage, the family, and virginity, on the liturgy, on the communications media, and on the unity of the Church. The first four of these texts had been prepared by the PTC.

11. See *AS*, I/I, 214. This had been the recommendation made by Edward Schillebeeckx in his critical commentary on the first volume of schemata for the first period. Yves Congar's manuscript of his 'Journal du Concile', at p. 81, contains a letter from Hans Küng, September 27, 1962, setting out plans to obtain support for this procedure from bishops at the Council should more official steps prove unsuccessful.

12. Translations of Montini's letter of 18 October 1962 may be found in Suenens' article, cited above; the Italian original is printed in *Giovanni Battista Montini Arcivescovo di Milano e il Concilio Ecumenico Vaticano II: preparazione e primo periodo. Colloquio internazionale di studio Milano, 23-24-25 settembre 1983* (Pubblicazioni dell'Istituto Paolo VI, 3; Brescia 1985) 420-23.

13. *AS*, I/IV, 222-27, 291-94. See also Montini's remarks on the lack of an

and Montini, he also departed from them by proposing that the theme of the Church of the poor should be the guiding principle for all the Council's work, a proposal for a far more radical restructuring of the conciliar agenda.[14] Perhaps one of the reasons why Lercaro's proposal was to have little effect on the elaboration of *Lumen gentium* was that Suenens had not only proposed a general program for the Council but had also commissioned a revision of the *De Ecclesia* that would reflect it.

3. The Preparation of Alternate Texts on the Church

Cardinal Suenens did not wait until early December to set in motion the preparation of a text on the Church that would be more in line with the reorientation of the conciliar agenda he envisaged. Soon after the Council opened, he commissioned Philips to revise the schema *De Ecclesia*. On October 18, Philips visited Yves Congar and told him that Suenens wished him to 'complete and amend' all the texts on the Church, a task for which Philips was seeking the help of Congar and Karl Rahner. Congar agreed to cooperate in the effort, suggesting as collaborators also Joseph Lécuyer and Henri de Lubac.

In his Council Journal Congar made a careful note of Philips idea of a revised schema *De Ecclesia*:

> 'Mgr Philips verrait la suite des chapitres De Ecclesia ainsi:
> 1) L'Église Peuple de Dieu, Mystère, Corps mystique.
> (introduire le pouvoir des évêques dans le schéma Lattanzi, où il ne figure pas)....
> 2) De membris. Nécessité de l'Église.
> Aménager le schéma Tromp.
> 3) Les évêques. Les présenter comme successeurs du collège des apôtres, selon le schéma:

organic preparation of the Council in the letter he sent to his people on December 2, 1962, when he probably knew that Suenens had received permission to make his statement, in *Discorsi e scritti sul Concilio (1959-1963)*, ed. A. Rimoldi (Quaderni dell'Istituto 3; Brescia: Istituto Paolo VI, 1983) 196.

14. *AS*, I/IV, 327-30; see the translation and notes provided in *Per la forza dello Spirito: Discorsi conciliari del card. Giacomo Lercaro*, ed. Istituto per le Scienze Religiose (Bologna: Dehoniane, 1984), 113-22. Unfortunately, I am not able to throw much new light on the group of people who promoted the centrality of the Church of the poor during the first period.

Pierre	=	*pape*
Autres apôtres		évêques

Ce chapitre comporterait les paragraphes suivants:
- évêques successeurs des apôtres
- épiscopat sacrement
- pouvoirs des évêques résidentiels enseignement: leur infaillibilité (réunis en concile, dispersé)
  introduire ici des morceaux du chapitre De Magisterio et une explication du *ex sese*
- gouvernement (reprendre texte Pie IX, 1875)
  pouvoir cultuel
- rapport avec la primauté
- responsabilité collégiale des évêques

4) Les laïcs
5) La perfection évangélique (proposée à *tous* les chrétiens). Les religieux.
6) Oecuménisme
   Seulement après ces chapitres, qui concernent l'être chrétien, le dedans du christianisme, les chapitres préparés sur Église et État, Tolérance, etc...[15].

This outline reflects the plan for the Council's work that Suenens had proposed to the Pope. The cardinal seems to have wanted it ready as soon as possible, perhaps in the hope that the discussion *De Ecclesia* could be moved up in the conciliar agenda.[16] This hope was shared by many other bishops who, because of the central importance of the text, wished to see a discussion of the Church, or at least of the chapters on bishops, follow the discussion of the liturgy. Proposals to this effect were brought before the Secretariat for Extraordinary Affairs, of which Suenens was a member, but Archbishop Felici argued that this was impossible since the official schema *De Ecclesia* had not yet been printed.[17]

15. Yves Congar, 'Mon Journal du Concile,' 96-97 (78-79); the first number refers to the pages of Congar's manuscript of his journal, the second to the typescript of it. Both are to be found in the Archives of Le Saulchoir, Couvent Saint-Jacques, Paris.

16. On October 22, Mgsr. Glorieux told Henri Denis that he thought that 'le Schéma *de fide* sera repoussé purement et simplement et remplacé par une vue d'ensemble sur l'Église. Mgr Suenens aurait fait un projet assez satisfaisant, traitant simplement de l'Église, mais selon tous ses aspects;' 'La petite histoire de Vatican II,' I, 37. I thank Fr. Denis for allowing me to consult and copy his diary.

17. Relying on information from Msgr. Villot, Henri Denis noted in his diary on

Meanwhile, as his Journal reveals, Yves Congar was also hearing expressions of dissatisfaction with the official text. On October 20, Maximos IV expressed the wish that the Council address the chapter on bishops as soon as possible, since the patriarch saw this as 'la clef d'une ecclésiologie équilibrée et un présupposé à un bon traitement des problèmes d'union.'[18] The following day, during a visit to the Brazilian College, Congar learned that the Brazilian bishops wished to discuss the chapter *De Episcopis* after the text on the Liturgy, but for different reasons: many of the bishops did not intend to come back for the second session, the text was needed to balance Vatican I and was required also by the schemata on the liturgy and on ecumenism. Congar agreed to prepare 'un schéma un peu ample et satisfaiant,' now adding to the list of possible collaborators the names of Joseph Ratzinger and Carlo Colombo.[19]

On October 22, Congar wrote to enlist the cooperation of Rahner and Lécuyer. After noting the desire that the text on bishops be

October 26: 'L'existence de la commission ou plutôt du secrétariat pour les *affaires extraordinaires* est comme un 'coin enfoncé' dans le conseil de présidence. C'est voulu par Jean XXIII pour maintenir un certain équilibre. Ce secrétariat a reçu beaucoup de pétitions tendant à faire passer immédiatement après la liturgie, le schéma sur l'Église. Mais Mgr Felici s'arrache les cheveux: ce schéma n'est pas encore imprimé...'; 'La petite histoire,' I, 48. Earlier (October 17; I, 26) Denis reported on a conversation between Villot and Felici: 'La commission des affaires extraordinaires (Suenens etc.) a émis plusieurs avis (ordre dans l'assemblée, tenue pendant la messe, majorité absolue...) qui outrepassent quelque peu son rôle. Cela irrite Felici. Car cette commission ne semble pas rester dans les limites de ses fonctions.'

18. Congar, 'Mon Journal du Concile,' 104 (85). On April 24, 1962, Maximos IV had written to Congar expressing his criticism of the chapter on residential bishops: '...ce Schéma propose une théorie, à notre sens inadmissible, du 'Pape source dernière de tout pouvoir dans l'Église.'' Congar replied on April 27, agreeing with the patriarch and explaining some of the history of the chapter in the Subcommission on the Church (Archives Congar, Dossier 3).

19. Congar, 'Mon Journal du Concile,' 107-108 (87-88). Congar does not mention a small meeting of French bishops on October 17, attended by Denis, at which Daniélou, Gagnebet and Lécuyer talked about the draft *De Episcopis*. Referring, it seems, to Gagnebet's presentation, Denis commented: 'Mais il apparait évidemment que les catégories mentales théologiques de certains théologiens romains ne peuvent pas aborder certains problèmes (et même tous) sans les défigurer. Ce schéma sur l'évêque est d'une pauvreté (de théologie et de méthode) tout à fait déconcertante. Pauvre théologie qui est ramenée au rang de connaissable du 'définissable.' La réunion de ce matin m'a montré la distance entre les écoles théologiques. Cela parait assez grave pour l'oeuvre pastorale du concile;' ('La petite histoire,' I, 15).

discussed immediately after the schema on the Liturgy,[20] Congar outlined what he had in mind:

> 'Les évêques brésiliens et les évêques melchites m'ont demandé de préparer avec des amis compétents, un schéma de Episcopis qui assume les deux chapitres préparés par la Commission théologique, mais en développant mieux les pouvoirs des évêques et leur collégialité, en assumant aussi, pour cela, tel paragraphe du schéma De Magisterio, déjà préparé'.

Congar explained that he hoped for the collaboration of Rahner, Lécuyer, Ratzinger, and Carlo Colombo and was asking the ones who had not taken part in the preparatory work to review the draft texts and to take part in a small working-group, the first meeting of which he planned for October 25th.[21]

Rahner replied immediately that while the German bishops agreed that the texts on bishops should be discussed next and would represent a more logical order than that found among the texts printed in the first booklet, cardinal Döpfner was not sure that the text *De Episcopis* was yet ready for discussion. Until this could be determined, Döpfner thought it necessary to concentrate on counter-proposals to the first four doctrinal schemata, although this did not preclude work on the text *De Episcopis*. Rahner said that he would attend the meeting, bringing Ratzinger and Semmelroth as well. Lécuyer also agreed to collaborate and asked that Philips be invited since he had been given a similar charge by the bishops of Belgium.[22]

On October 24, Congar received from Philips a text *De Episcopis* that took up 'les textes déjà préparés, mais dans une autre perspective.'[23] Congar typed Philips' text for use at the meeting the

20. Congar told Rahner and Lécuyer that this request came not only from a dozen Brazilian bishops and the Melchite Bishops but also from dom Helder Camara and the bishops of Germany, France, Belgium, Holland, and from a great number of bishops in Africa, the USA, and from a good many others.

21. Copies of the letters to Rahner and Lécuyer are found in the manuscript of Congar's Council Journal at p. 109.

22. The letters from Rahner and Lécuyer are found at the same place in Congar's Journal.

23. That same day Congar attended a meeting of the French bishops at Saint-Louis where Daniélou gave a 'very superficial and banal' talk on questions concerning the episcopate and Lécuyer gave an 'excellent' exposition of the content of the prepared schemata, adding his own remarks and proposals. According to Henri Denis, at the same meeting 'Edelby (auxiliaire de Maximos IV) a fait un exposé remarquable sur la mentalité des orientaux et leurs difficultés propres. Quant au schéma sur l'unité,

following day to which he also invited Archbishop Marcos McGrath who had also expressed concern about the texts on bishops. Unfortunately Congar gives little information about the meeting of his small group (Congar, Rahner, Semmelroth, Ratzinger, Lécuyer, Colombo, Philips, McGrath) on October 25.[24]

Three days later Philips informed Congar that his text, corrected after the meeting on the 25th, had been shown to the Bea Secretariat which made only minor corrections in it while also indicating its view on how to deal with the question of membership:

> 'Mgr Philips me dit que le Secrétariat est d'avis, pour le chapitre De membris que bloquera l'entêtement du p. Tromp, de ne pas parler de *membres* et de se contenter de faire une description entièrement positive, en ordre dégradé, des façons de participer à la vie de l'Eglise: en plénitude et selon tous les éléments chez les catholiques saints, de façon incomplète chez les catholiques pécheurs, etc.[25]'

While Philips, it appears, was doing most of the work on the revision of the schema *De Ecclesia*, other theologians were working to undermine the other doctrinal schemata and to prepare alternate texts. On October 28th, Congar attended a meeting of French and German bishops and theologians at which he expressed his view that while it was necessary to prepare 'des solutions de rechange,' he thought it 'pratiquement impossible de si peu tenir compte du travail déjà fait et où il y a du bon et de l'utile.'[26] A week later, knowing of Philips work for Suenens, some German bishops asked Congar to inquire of the Belgians how they intended to proceed in order to have Philips'

il l'aurait fortement critiqué (en disant qu'il fallait d'abord laisser tomber les 11 premiers numéros)'; ('Petite histoire du Concile,' I, 44).

24. 'On lit et on discute la rédaction Philips *De episcopis*, qui s'étend même, au moins comme plan, à l'ensemble des schémas *De Ecclesia*'; Congar, 'Mon Journal du Concile,' 118-19 (98-99).

25. Congar, 'Mon Journal du Concile', 121 (101).

26. Congar, 'Mon Journal du Concile', 122 (102). A week later he expressed a similar view: 'Je trouve un peu naïve l'idée qu'on pourra *substituer* les schémas que Rahner et Daniélou ont préparés, à ceux de la Commission théologique. Je subodore un peu d'esprit de revanche chez ces théologiens qui ne faisaient pas partie de la commission théologique préparatoire. Il est vrai que les schémas préparatoires sont superficiels, scolaires, trop philosophiques, trop négatifs: c'est comme s'il n'y avait pas eu 40 ans de travail biblique, théologique et liturgique. Je crois qu'on aura facilement deux cinquièmes, sinon même trois cinquièmes de l'assemblée pour les rejeter. Mais je crains que la question ne soit alors renvoyée à la Commission: c'est-à-dire qu'on demande à Brutus de corriger Brutus...' (139 [118]).

text substituted for the official text. Congar consulted Suenens who told him that his idea was 'to introduce the revised text at the same time as the official text, by way of the Commission for Extraordinary Affairs.'[27]

On November 7, Congar brought Philips' corrected text *De Episcopis* to Carlo Colombo. On November 10, Heribert Schauf saw the revised version of the official chapters on the bishops for the first time.[28] On November 12, Philips gave Tromp a copy of his alternate text *De Ecclesia*.[29] At the end of the month Philips also gave Tromp a seventeen-page summary and commentary on his alternate text entitled 'Ce que nous attendons et espérons de la Constitution dogmatique sur l'Eglise.'[30]

On Tuesday, November 13, the discussion on the Liturgy came to an end, with the discussion *De fontibus* set to begin the next morning. The evening of the 13th, the Doctrinal Commission met for the first time. At this stormy meeting Ottaviani, Tromp, and Parente passionately argued that the Commission must defend the official text. Parente made wild accusations about the substitute text on revelation that had been prepared by Rahner and Ratzinger and about the analysis

27. Congar was not optimistic: 'Cette commission, composée de quatre cardinaux italiens (dont Siri, Confalonieri) et quatre non italiens, a pour rôle théorique d'être un peu, au moins au niveau du concile, l'organe régulateur de la marche du concile. Mais on ne voit pas jusqu'ici qu'elle ait été très efficace. Bref, je suis fort déçu'; ('Mon Journal du Concile', 143-44 [122]).

28. See Heribert Schauf, 'Zur Textgeschichte grundlegender Aussagen aus 'Lumen Gentium' über das Bischofskollegium,' *Archiv für Katholisches Kirchenrecht*, 141 (1972), 5-147, at p. 36.

29. See Umberto Betti, *La dottrina sull'episcopato*, 72-73. Tromp himself, in a report he drew up in June, 1963, thus described Philips' draft: 'Lucem vidit iam ante primum Schema officiale *de Ecclesia* typis editum et iam ante medium mensem novembrem 1962 oblatum fuit Secretario Commissionis dogmaticae, non tamen modo officiali'; 'Relatio de Observationibus factis a Patribus Concilii circa primum schema Constitutionis *De Ecclesia*' (CFM 14/63:2; Archives of the Archdiocese of New York (=AANY), Bishop Griffiths Papers, Box L2, Folder 27). The text of Philips' first draft of his alternate schema can be found in *Constitutionis Dogmaticae Synopsis Historica*, ed. Giuseppe Alberigo and Franca Magistretti (Bologna: Istituto per le Scienze Religiose, 1975).

30. The Catholic University of America Library contains a bound volume, *Opuscula, Circulares Litterae Aliaque Id Genus Distributa in Aula Conciliari sine Permissione Consilii Praesidentiae. Exemplaria photostatica*, in which this text is the eleventh document. On the first page there is a hand-written note by Tromp: 'Notae factae a Mons. Philips cum suis, instigantibus imprimis Episcopis Belgiae. Distribuitur etiam(?) Episcopis qui exemplar desideraverunt'. Another note says: 'Mihi obtulit Mons. G. Philips die 29 Nov. 1962, Seb. Tromp SJ.'

of the doctrinal texts which Schillebeeckx had written. Betti reports that there was also a reference to the substitute text *De Ecclesia* prepared by Philips.[31]

While the debate *De fontibus* raged in the Council hall, preparation for a possible debate on the Church continued.[32] On November 15th, Congar wrote to Rahner and Daniélou proposing that theologians meet together in groups to discuss the *De Ecclesia* text.[33] Quite independently, it seems, another group of French theologians met on November 22 to discuss the question of collegiality.[34] For his part, or so de Lubac told Congar, cardinal Ottaviani had sought the help of '*ses* hommes,' Fenton, Schauf and Lio.[35]

Meanwhile, as the first period neared its end, a struggle began over whether the text *De Ecclesia* would be brought before the Fathers for discussion. On November 23, Felici announced that after discussing the text on the communications-media, the Fathers would take up the texts *De Beata Maria Virgine* and *De unitate*. But only three days later, he announced that instead the *De unitate* text would be discussed first and after it the text *De Ecclesia*.[36] On that same day, Philips told Congar

31. Betti, *La dottrina*, 73, where Betti reflects some of the resentment that Philips had prepared an alternate text: 'Se il nuovo Schema poteva sembrare a prima vista una manovra insidiosa da franco tiratore, considerato che ne era autore un membro della Commissione preparatoria, va tuttavia precisato che esso era stato richiesto da più Padri. Inoltre aveva, come primo intento, non tanto di sostituire quanto da perfezionare ed unificare gli elementi validi del vecchio Schema.'

32. On November 16, Villot told Denis of his concerns about how to proceed in dealing with the text: 'D'autre part il faut penser à l'avenir. Si l'on arrête la discussion sur 'de fontibus', alors on passe à 'de deposito fidei' — la réaction sera encore pire. Ne faudrait-il pas gagner du temps, jusqu'à ce qu'on ait le De Ecclesia' (Denis, 'Petite Histoire,' II, 9).

33. A copy of this letter may be found in the manuscript of Congar's Journal at p. 198. Congar listed the following as possible participants: Rahner, de Lubac, Daniélou, Martelet, Schillebeeckx, Labourdette, Camelot, Cottier, Congar, Ratzinger, Philips, Thils, Lécuyer, and Colson.

34. Denis, 'La petite histoire,' II, 23, who speaks of Moubarac, Colson, Pin(?), Laurentin, and Frisque. 'Nous avons soulevé un certain nombre de problèmes et tracé des pistes. Un 'papier' doit en sortir.'

35. Congar, 'Mon Journal du Concile', 155 (179). Fenton's Council Diary reports on a meeting held on November 17 at St. Martha's: 'It turned out to be a gathering of the faithful members of the old theological commission's corps of theologians. Present were Tromp, Schauf, Salaverri, De Lio [*sic*], Lattanzi, Trapé, Gagnebet, and I. There were a couple of others whose names I have forgotten. They were waiting for Garofalo, but he did not show up. They did not invite Philips.'

36. Denis, 'La petite histoire,' II, 29, attributes this decision to an intervention of Msgr. Villot with Felici, 'lui expliquant qu'il était mauvais de terminer par la

that he thought that his revised text *De Ecclesia* had a chance of being taken up, since Ottaviani had seen it, had it copied, and thought that the official schema could be revised in this sense. That evening Philips repeated his hope at a meeting at the Belgian College attended by Rahner, Daniélou, Ratzinger, Onclin, Lécuyer and Congar.[37]

On November 28, cardinal Ottaviani made a last-ditch effort to prevent the *De Ecclesia* from coming up for discussion when he interrupted the debate on the *De unitate* text to argue that it was ridiculous to begin a discussion of the long text *De Ecclesia* with so little time left. He proposed instead that the Council discuss the 'appendix' to that text, the schema on the Blessed Virgin. He noted that this seemed to have been agreed upon three days earlier when the Secretary of State had told him to be ready to present the text on the Blessed Virgin and expressed astonishment that a different plan had been adopted in the meantime. He ended with some pious reflections on the spectacle of unity the Council could give by uniting in praise of the Blessed Mother.[38]

At the end of the session Felici announced that the Council of Presidency would consider Ottaviani's request. The Presidents met immediately after the session. A vehement discussion took place during which cardinal Ruffini asked that Ottaviani's proposal be submitted to a vote of the assembly. Others argued that the Presidents had the authority to decide the issue, and in the end all except Ruffini voted not to take up the schema on the Blessed Virgin.[39]

With the decision made to discuss the text *De Ecclesia*, efforts were made to prepare for the discussion. At a general meeting of the French bishops on the 28th, Gagnebet summarized the history and intentions of the schema *De Ecclesia*, doing so, Congar notes, 'avec objectivité, clarté, et d'une façon qui, sans aucun doute, prépare bien les évêques à un abordage positif du schéma.'[40] Congar was then asked to suggest

Vierge...pour les raisons que je lui avais données hier soir.' The day before Denis had told Villot: 'avec le De Beata, on risque d'avoir une 'inflation' mariale très désagréable pour les observateurs. Plusieurs centaines d'évêques ont en effet demandé 'la corédemption' sans trop savoir ce que cela voulait dire' (II, 27).

37. Congar, 'Mon Journal du Concile,' p. 198 (172).

38. *AS*, I/III, 657-58. One wonders if the cardinal did not propose discussing this schema because he knew that his opponents were not likely to be as well prepared to attack it as they were the schema *De Ecclesia*.

39. Denis, 'La petite histoire,' II, 36; Congar, 'Mon Journal du Concile,' 180 (206).

40. Schauf, 'Zur Textgeschichte', 41-43, refers to a twelve-page 'Schematis 'De

the main points to consider in a general judgement of the text and the theological teams that might consider them.[41] There was also a series of other meetings of French bishops and theologians, which, it seems, were to result in the alternate text proposed by the French bishops during the first intersession.[42]

Unfortunately I have only the sketchiest information on the following actions taken in late November with regard to the text on the Church:

1) a critique of the official text prepared by Edward Schillebeeckx and dated November 30, 1962;[43]
2) an 84-page critique of the first schema prepared by Giuseppe Dossetti in late November, 1962;[44]
3) a critical commentary on the draft by Karl Rahner, distributed in 1300 copies in early December;[45]
4) the outline of an alternate text, perhaps also prepared by Rahner, which Alberigo says was written in December, 1962.[46]

Ecclesia' Presentatio' prepared by R. Gagnebet and dated December 2, 1962. I have not been able to find a copy of this document, but Congar, 'Mon Journal,' 186, (212-13), says of Msgr. Florit's official *relatio* in the Council hall on December 1: 'Il donne pratiquement en latin ce que le P. Gagnebet a donné mercredi dernier aux évêques français.'

41. Congar, 'Mon Journal,' 181 (206-207), where Congar outlined the work to be done, and p. 189 (215) for the outlined agenda of meetings of these teams that took place on December 1. Out of Congar's team's work came a draft of an intervention on the Body of Christ by Bishop Boillon; see *AS*, I/IV, 426-28.

42. For example, Denis, 'La petite histoire,' II, 38, describes an impromptu meeting on November 29 of Daniélou, Laurentin, Colson, Pin, and Msgr. de Provenchères, devoted to the schema *De Ecclesia*.

43. 'Animadversiones in 'Secundam Seriem' Schematum Constitutionum et Decretorum de quibus disceptabitur in Concilii sessionibus, De Ecclesia et De Beata Maria Virgine,' a copy of which can be found in the above-mentioned volume in the CUA Library.

44. See Giuseppe Dossetti, *Con Dio e con la storia: Una vicenda di cristiano e di uomo*, ed. Angelina and Giuseppe Alberigo (Geneva: Marietti, 1986), 132-33, with extracts on pp. 146-51.

45. See Herbert Vorgrimler, *Understanding Karl Rahner: An Introduction to his Life and Thought* (New York: Crossroad, 1986), 159.

46. The first version of this outline was published as 'Adumbratio schematis constitutionis dogmaticae De Ecclesia a quibusdam Patribus et Peritis linguae Germanicae proposita,' in *Synopsis Historica*, 381-91.

4. The Conciliar Discussion

The public discussion of the official text *De Ecclesia* took place on December 1-7.[47] Although Suenens had been unsuccessful in having Philips' alternate text distributed at the same time, he did present his general plan for the conciliar agenda and with it he submitted an outline of a possible way of writing the Constitution on the Church that exactly follows the schema that Philips had prepared.[48] The criticisms of the bishops made it so clear that a majority of them were opposed to the official text that a general vote of the sort that had taken place with regard to the text *De fontibus* was considered superfluous, particularly since on December 6th it was announced that Pope John had appointed a Coordinating Commission to review all the prepared texts and to decide which of them to retain and what orientations these were to be given in order to bring them into conformity with the pastoral orientation the Pope wished the Council to reflect.[49] When the open discussion ended on December 7, Archbishop Felici announced that any bishops who wished might submit written comments on the official text by February 28, 1963.[50]

5. The Coordinating Commission

A brief look at the activities of the Coordinating Commission is necessary in order to complete our story. Cardinal Suenens had been appointed to this Commission and entrusted with the review of the document on the Church. A meeting was held at Louvain on January 12-13, 1963, to discuss a plan for Suenens to propose in the Commission and to improve Philips' draft.[51] Ten days later, on January 23, the Coordinating Commission adopted an outline of a schema *De Ecclesia* submitted by Suenens that exactly followed the structure of Philips' text:

47. *AS*, I/IV, 121-393.
48. *AS*, I/IV, 222-27.
49. See *AS*, I/I, 96-98.
50. *AS*, I/IV, 366. The written comments on the official text are published in *AS*, I/IV, 397-639, II/I, 467-604. Unfortunately, no indication is given as to when these comments were submitted.
51. Congar, 'Mon Journal du Concile,' 236-37 (210). Congar does not indicate who was present at this meeting except by indicating that he had been invited by Gustave Thils.

'*Ad Cap. I (De Ecclesiae mysterio)*

1. Strenue affirmetur nexus inter Ecclesiam et Christum
   – caput invisibile Ecclesiae
   – caput corporis mystici, fons totius vitae in Ecclesia
2. Apte determinetur locus qui Ecclesiae competit in consilio Dei salvificantis mundum. Deus vult salutem omnium hominum et Ecclesiam instituit ut medium universale salutis pro mundo.

Ad Cap. II (De institutione hierarchica Ecclesiae et in specie: De Episcopis)

En partes in quibus Cap. II subdividi poterit:

1. *De institutione Duodecim Apostolorum*:
   Exponitur institutio apostolorum et collegii apostolorum.
2. *De Romano Pontifice ut successore Petri et de Episcopis ut successoribus apostolorum*
   Exponitur principium successionis, et in Pontifice, et in corpore episcoporum.
3. *De episcopatu ut sacramento*
   De episcopatu ut supremo gradu ordinis, et de eius effectibus.
4. *De hierarchia ordinis*
   Quaedam dicantur de presbyteris et de diaconis.
   De presbyteris, cum episcopo et ut cooperatores [*sic*] ordinis episcoporum.
   De diaconis, et de eorum munere in genere.
5. *De episcoporum munere docendi*
   Exponitur eorum ministerium docendi eorumque magisterium. Illud magisterium etiam potest esse infallibile, sub quibusdam conditionibus, quae etiam supponuntur in casu definitionis pontificalis.
6. *De episcoporum munere sanctificandi*
   Exponitur munus episcoporum sanctificandi.
7. *De episcoporum munere regendi*
   Indicantur caracteres eorum muneris regendi, necnon relationes cum iurisdictione universali et ordinaria Summi Pontificatus.
8. *De episcoporum corpore*
   Exponitur conditio corporis episcopalis:

a) relate ad caput Collegii;
b) relate ad Ecclesiam universalem, quoad regimen, quoad sollicitudinem, quoad caritatem;
c) aliquid de fundamento ecclesiologico auctoritatis territorialis episcopalis.

Ad Cap. III (De Laicis)
Componatur cum textu schematis 'de Apostolatu laicorum.'[52]

It will be noted that the adoption of this outline *preceded* by more than a month the last date on which bishops were free to submit criticisms of the first draft. Indeed that date had not yet been reached when a Subcommission within the Doctrinal Commission met on February 26 to decide which alternate text to use as a basis for the revision of the *De Ecclesia* text, the one prepared by Philips or one of the other alternate texts that had by then been submitted: a German text, a 'Roman' text written by Parente, a text submitted by some French bishops, or another submitted by the bishops of Chile, and a text prepared by Msgr. Elchinger.[53] By a vote of 5 to 2, Philips' text was chosen over Parente's. When cardinal Ottaviani tried unsuccessfully to challenge the Subcommission's vote, the future of the Philips' text was secured.

52. Letter of Cicognani to Ottaviani, January 20, 1963 (copy); AANY, Griffiths Papers, Box L3, Folder 3. (Although Suenens had proposed that the text on the Blessed Virgin constitute a fourth chapter, the Coordinating Commission was of the view that it should be a distinct document). On January 7, 1962 ([*sic*] = 1963), Ottaviani had written to Cicognani asking for guidance on how the Doctrinal Commission was to proceed in its work on the Church. With the letter the cardinal included a summary of the suggestions for revision that had been received so far. This anonymous text bears the unmistakeable mark of Sebastian Tromp. With regard to Suenens' statement in the hall about organizing the Council around the themes of the *Ecclesia ad intra* and the *Ecclesia ad extra*, Tromp remarked: 'Iure merito monuit Em.mus Card.lis BEA contra constructiones artificiales'; (AANY, Bishop Griffiths Papers, Box L2, Folder 29).

53. For the text of the German bishops, see *AS*, I/IV, 610-39; for the Chilean, Roman, and French texts, see Alberigo-Magistretti, *Synopsis Historica*, 393-428; for Elchinger's text, see *AS*, II/I, 503-18. For summaries of some of these texts, see Acerbi, *Due ecclesiologie*, 177-91, and Betti, *La dottrina*, 76-80. Both Parente's and the German bishops' text made some use of Philips' alternate text. Perhaps it should also be noted that Parente's draft was prefaced by a 'Synthesis doctrinae definitae,' which appears to be a last-ditch effort to salvage the 'Nova formula professionis fidei' which the PTC had prepared but which had not been used at the beginning of the Council; see A. Indelicato, 'La 'Formula nova professionis fidei' nella preparazione del Vaticano II,' *Cristianesimo nella Storia*, 7 (1986), 305-40.

Conclusion

I have permitted myself this brief excursion into the first intersession because it was necessary in order to understand the full significance of what happened at the first period of the Council with regard to the *De Ecclesia* text. For it appears, in fact, that the crucial decisions that were made were not taken in response to the discussion of the first schema in the Council hall, but followed from efforts that were undertaken even before that schema was known to the bishops and were assured of success before all the written opinions of the bishops had been submitted and before all the alternate texts had been received.

In making this argument, I am not implying that the decision to take an alternate text such as that of Philips represented a 'plot' to oppose the will of the bishops. In fact, the majority of bishops had declared themselves strongly against the official text and in favor of the kind of orientation embodied in the Philips' text (except, that is, for Lercaro's suggested reorientation). Moreover, from beginning to end, Philips' text had been outlined and written with the intention of preserving as much as possible from the official text. I am not, then, indulging in a variation of the view that this history illustrates a 'hijacking' of the Council by a group of Rhenish conspirators.[54]

But it does seem to me that the elements of the story that I have told need to be taken into account for the full history of the first period of the Council and of the redactional process that led to *Lumen gentium*. For example, as useful as it is, the *Synopsis Historica* prepared by Alberigo and Magistretti, places the first draft of Philips' alternate schema after the official text distributed to the bishops on November 23, when in fact it had been prepared before that draft was known to Philips – which helps to explain otherwise puzzling aspects of his draft.

Secondly, as we have seen, there was considerable disagreement among critics of the official texts as to how best to resist them. In composing alternate texts Suenens and Philips chose to make as much use as possible of the prepared schemata, an option with which Congar seems to have agreed. Ratzinger and Rahner, on the other hand, prepared an alternate text on revelation that represented a quite

54. This is the conclusion which very conservative American Catholics are now drawing from the book by Ralph M. Wiltgen, *The Rhine Flows into the Tiber* (Rockford, IL: TAN Books, 1985).

different approach from that in the official texts *De fontibus* and *De deposito fidei*, and this option was also reflected in the alternate schema *De Ecclesia* prepared by a group of German theologians. Still a third option was reflected in the lengthy schema prepared by Chilean theologians. Finally, cardinal Lercaro's proposal to make the Church of the poor a directing theme for all the conciliar texts required a far more radical revision of the idea of a constitution on the Church and, indeed, of the whole conciliar program.

Thirdly, therefore, the selection of the Suenens-Philips text, while indeed an alternative to the official schema *De Ecclesia*, represented only one of several possible options for the future even among those who were most critical of the first draft. People in the Lercaro-circle, for example, were quite critical of the new draft that was prepared on the basis of the Philips' text during the Spring of 1963.[55] These and other criticisms of both the substance and the method of the type of revision represented by the Philips' draft need to be taken into account in any adequate judgement on the history that led to *Lumen gentium*. The differences and tensions among the so-called 'progressive' majority at the Council remain one of the least explored areas of the history of Vatican II, but one that is absolutely necessary in order to understand not only the Council but its reception in the decades that have followed.

APPENDIX
THE ALTERNATE TEXT OF MSGR. GERARD PHILIPS
November 1962

Msgr. Philips had completed his text before November 12, when he sent a copy of it to Tromp. This 'Schema Constitutionis De Ecclesia'

55. The sort of revision required if Lercaro's project were taken up is revealed in the severe comments of Dossetti on this new draft: 'Il nuovo schema *De Ecclesia* non è il risultato di un ripensamento in radice della materia, ma è invece, nella parte prevalente, un frutto tipico del sistema forbice-colla, cioè è stato ottenuto operando una scomposizione in piccolissimi pezzi (spesso di una frase sola e persino di una metà di frase) dello schema vecchio, e quindi l'eliminazione di molti pezzetti e l'incastro (talvolta persino fraseologicamente stridente) degli altri. Ne è venuto un insieme piu tollerabile, ma non concettualmente piu sicuro e piu forte: piu che una visione coerente e ispirata del mistero della chiesa, una catena di equilibri tattici fra opposte correnti, e questo non nella misura media pressochè inevitabile in ogni humana cosa e non evitata neppure in precedenti concili, ma in una misura supererogatoria che rischia di fare apparire questo testo già superato prima ancora che esso venga alla luce...'; cited in Lercaro, *Per la forza dello Spirito*, 184n.

was a fourteen-page mimeographed text. Philips also prepared and distributed a seventeen-page summary and commentary in French: 'Ce que nous attendons et espérons de la Constitution dogmatique sur l'Eglise.' Philips introduced his text by explaining that it had been written at the request of several Council Fathers by 'a group of theologians from different countries (Germany, Austria, Belgium, France, Italy, etc.)' It revised the official draft in order to give it greater structure and to adapt it to the norms set out by the Pope in his opening address. In the Latin text, Philips set out three such norms: 1) the presentation should not be a simple repetition of the classic doctrine but should take account of recent scholarship and set out 'the principal topics for a more intense life of the Catholic Church' in such a way as to move people; 2) its orientation should be positive and constructive and not merely defensive and condemnatory, providing the 'medicine of mercy' by presenting Catholic doctrine in such a way as to provide non-Catholics a better understanding of it; 3) it should present the Church as 'the very loving Mother of all, kind, patient, and merciful and good towards the children separated from her, whose light and unity advance the whole human family.' These norms have special implications for a discussion of the Church:

> 'In particular with regard to the *Schema De Ecclesia*: Its eleven chapters are not well integrated so that their general structure and coherence are not apparent. They need to be given a clearer unity within a single perspective and to be written as much as possible in the same style, keeping the many solid and acceptable elements found in the first redaction, but expressing them in a more biblical and pastoral style'.

Philips then set out what the whole revised text would look like. It would have four sections: I. Quid sit Ecclesia. II. Quibusnam constet Ecclesia. III. Quomodo vivat Ecclesia. IV. De relationibus Ecclesiae. Of these Philips' draft would set out only the first two sections, moving material on the magisterium of bishops into the second Section.

The most important differences between the official text and Philips' text may now be briefly discussed. The new orientation of the presentation is indicated by the replacement of the title of the first draft, 'De natura Ecclesiae Militantis,' by that of the first Section: 'De Mysterio Ecclesiae.' Where the first text had hastened on to the establishment of a structure of authority by Christ, Philips engages in a meditative review of the inner spiritual nature of the Church, introducing two paragraphs on the People of God and the presence of Christ to his Church. Philips also provides a far more biblical exposition of the idea of the Body of Christ than was found in the first draft; he then includes a paragraph on the Bride of Christ and on the heavenly Church. The last paragraph of the first chapter also identifies the Church with the Roman Catholic Church, but it adds a reference to the other Apostles where the first draft had spoken only of Peter.

After a paragraph on the Church's necessity for salvation, the second chapter of Section I considerably expands the first draft's discussion of membership in the Church. Where the first draft had spoken of Catholics as alone being 'true and proper' members of the Church and had lumped everyone else under a relationship *ex voto* to the Church, Philips' draft insists on the differences in circumstances of non-Catholics who cannot all be placed under the same rubric. Separate paragraphs are thus devoted to Catholics, non-Catholic Christians, and non-Christians. In his French commentary, Philips provided an important clarification of the underlying theology:

> 'La division du chapitre semble claire. C'est à dessein que le texte proposé fait abstraction de la controverse théologique sur l'appellation '*membre* de l'Église'. Faut-il dire que les chrétiens dissidents sont privés totalement de la qualité de membres? Ou peut-on les appeler 'membres imparfaits'. À titre incomplet, inchoatif ou partiellement entravé. Tous les théologiens sont d'accord sur les données objectives du problème et sur la situation réelle des diverses catégories envisagées. Mais les uns soutiennent que la qualité de membre est indivisible et ne comporte pas de degrés. D'autres préfèrent parler de membres au sens plein et de membres au sens réduit. Les derniers veulent souligner davantage l'efficacité ecclésiale du baptême et marquer plus nettement la différence de situation ecclésiologique entre le non-catholique baptisé et le païen même justifié mais n'ayant pas le voeu du baptême [*sic*]. En toute hypothèse il convient d'écarter l'opinion d'après laquelle on pourrait appartenir au Christ ou se rattacher à lui, sans appartenir ou se rattacher dans la même proportion à son Église.
>
> Les Conciles n'ont pas l'habitude de trancher les différends entre théologiens catholiques. Cette réserve semble s'imposer d'autant plus que l'appellation 'membre' se base au fond sur l'emploi d'une comparaison, notamment avec le membre du corps humain. Or, aucune comparaison ne saurait s'appliquer à la lettre aux réalités spirituelles.'

The second section of Philips' draft began with a chapter 'De institutione hierarchica Ecclesiae et in specie de Episcopis,' which gathered material that in the first draft had been divided among three chapters (Chs. 3, 4, and 7). The intention at once of reconfirming and of completing the work of Vatican I was stated in an introductory paragraph. The first paragraph established the institution of the twelve as an apostolic college which the next paragraph established was continued in the episcopal body. The third paragraph undertook, as had the first draft, to teach the sacramental character of the sacrament of orders, thus setting aside the medieval position that episcopal consecration represented only the conferral of jurisdiction.[56]

Paragraphs 4-6 discussed the three roles of the bishop. The first of these introduced important clarifications of the bishops' magisterial role and of the meaning of the '*ex sese non autem ex consensu Ecclesiae*' phrase of Vatican I. The paragraph on the bishop's governing role removed the heavy emphasis on his coercive power found in the first draft and included an appeal to Leo XIII's text on bishops as '*vicarii Christi*' and to Pius IX's confirmation of the German bishops' interpretation of Vatican I.

The last two paragraphs of the chapter discussed the collegial character of the episcopate. Paragraph 7 drew a parallel between the relation between Peter and the other apostles and the pope and the other bishops. The final chapter followed the official text closely in the assertion of the parallel between the pope's role as principle and visible foundation of unity for the whole Church and the bishop's role as center of unity in his own Church. But while insisting on the subordination of the college to its head, Philips' text removed the statement that the college's supreme power could only be exercised in extraordinary ways. After noting the duty of the bishops to have a *sollicitudo* for the whole Church, his text also encouraged regional associations of bishops as for example in episcopal conferences.

The last two chapters of Section II in Philips' text would be devoted to the People of God, particularly the laity, and to those who observe the evangelical counsels. Philips proposed no new text here, being content for the first, which he had written during the preparatory period, to change its title and to provide, in his commentary, an explanation of the purpose of each number. Similarly for the chapter on the counsels, his draft had only a few suggestions to offer apart from insisting that it should come after the discussion of the hierarchy and of the laity.

56. But it should be noted that Philips here follows the draft as it had been presented to the Central Commission and not the draft presented to the Council. His statement of the relation between episcopal consecration and the powers of the bishop is actually, therefore, less strong than the official conciliar text, for on this point Cardinal Confalonieri had obtained an important change within the Subcommission on Amendments.

Philips offered no text for the third and fourth Sections of his proposed revision of the official text. But he did provide an outline of what themes it would take up:

Sectio III: Quomodo vivat Ecclesia:

6. De vita doctrinali Ecclesiae et munere Magisterii
7. De spiritu auctoritatis et obedientiae in Ecclesia
8. De nuntio evangelico spargendo

Sectio IV: De relationibus Ecclesiae

9. De unione omnium christianorum fovenda (Oecumenismus)
10. De relatione Ecclesiae ad Civitatem terrenam.

VATICAN II

DERNIERS PRÉPARATIFS ET PREMIÈRE SESSION

ACTIVITÉS CONCILIAIRES EN COULISSES[1]

JAN A. BROUWERS

Après avoir annoncé le deuxième concile du Vatican le 25 janvier 1959, le pape Jean XXIII érigea, le lundi de Pentecôte 5 juin 1960, dix commissions préparatoires et deux secrétariats pour composer, sous la direction d'une commission centrale, des schémas qui seraient discutés au Concile.

Le 13 juillet 1962, le pape Jean donna son accord pour l'envoi de la première série de sept schémas aux évêques et autres participants au Concile[2]. En même temps, une lettre d'accompagnement du cardinal-secrétaire d'État Amleto Cicognani les invitait à envoyer d'éventuelles observations ou critiques avant la mi-septembre au secrétariat général du Concile[3]. C'est au début août que les évêchés reçurent ces schémas. Aux yeux de nombreux évêques, c'était trop tard pour étudier à fond les documents et en parler avec les autres membres des épiscopats. Un grand nombre d'évêques missionnaires étaient même déjà en route vers leur pays d'origine, pour s'acheminer de là vers Rome. Ils reçurent les documents seulement à leur arrivée dans la Ville Éternelle, juste avant l'ouverture du Concile.

Aux Pays-Bas également, les évêques ne trouvèrent plus l'occasion de discuter ensemble les schémas conciliaires. Ils pourraient du moins s'informer mutuellement des réactions qu'ils enverraient au secrétariat

1. Traduction du néerlandais par J. Famerée.

2. *Schemata Constitutionum et Decretorum de quibus disceptabitur in Concilii sessionibus, Series prima, Typis Polyglottis Vaticanis*, 1962.

3. *Katholiek Archief* 17 (1962), p. 689-690. Cf. aussi HEBBLETHWAITE, P., *Joannes XXIII, de paus van het Concilie*, Haarlem, 1985, p. 492.

du Concile à Rome[4]. Du fait que l'évêque Bekkers de 's-Hertogenbosch, avec son staff, douta très vite de la valeur conciliaire des schémas, on invita les théologiens E. Schillebeeckx o.p., J.A.A. van Laarhoven et L.A.H. Smits ofm. cap. à donner sur ceux-ci un avis solidement fondé[5]. Ces théologiens aussi estimèrent que les schémas - excepté celui sur la liturgie - n'apportaient pas la moindre contribution positive au renouveau de l'Église visé par le pape.

Leurs remarques furent condensées dans un commentaire bref mais précis, que l'évêque Bekkers envoya à Rome le 12 septembre[6]. Une copie alla à ses collègues néerlandais.

Le 31 août 1962, en sa résidence de 's-Hertogenbosch, Mgr Bekkers eut une rencontre avec Mgr Tarcisius van Valenberg ofm. cap., qui, en tant qu'archevêque émérite de Pontianak, était consulteur près la Congrégation *de Propaganda fide* et avait fait partie de la commission conciliaire préparatoire des missions. En raison des mauvaises expériences, également, que Mgr van Valenberg avait faites à la commission, ils étaient tous les deux d'avis qu'il fallait d'urgence mener une action de manière à modifier fondamentalement les schémas ou à les rejeter complètement[7].

Puisqu'il n'était plus possible d'en parler avec les autres évêques néerlandais, je me suis informé auprès du bureau national des Oeuvres missionnaires pontificales à La Haye pour connaître le nom et l'adresse des évêques missionnaires qui étaient déjà aux Pays-Bas. Après concertation téléphonique avec eux, je pus organiser le 17 septembre une réunion à l'évêché de 's-Hertogenbosch, où, aux côtés des évêques Bekkers et Bluyssen, étaient présents 16 évêques missionnaires. Mgr van Valenberg était venu spécialement de Rome[8]. Après un exposé critique sur les sept schémas conciliaires par les trois théologiens déjà consultés précédemment, tous estimèrent que l'acceptation de ces documents serait fatale pour le Concile et l'Église, et qu'il fallait donc l'empêcher. La proposition de faire rédiger par des experts des

4. J.Y.H.A. JACOBS, *Met het oog op een andere kerk*, Baarn, 1986, p. 143-148.

5. 's-Hertogenbosch, bisdomarchief, Vaticanum II, A2: lettre de Mgr Bekkers à E. Schillebeeckx, J. van Laarhoven et L. Smits, du 24 août 1962.

6. 's-Hertogenbosch, bisdomarchief, Vaticanum II, chemise 'diverse opmerkingen': lettre de Mgr Bekkers au cardinal Cicognani, du 12 septembre 1962.

7. Cf. J.A. BROUWERS, *Vreugde en hoopvolle verwachting, Vaticanum II*, Baarn, 1989, p. 22.

8. Cf. J.Y.H.A. JACOBS, *Met het oog op een andere kerk*, Baarn, 1986, p. 154-155.

modifications et des amendements pour les envoyer ensuite au secrétariat général à Rome n'inspirait que peu de confiance à la majorité de ceux qui étaient présents. Le délai avait d'ailleurs pratiquement expiré. Mais on craignait surtout qu'ils ne reçoivent une attention insuffisante et ne disparaissent sous les tables de la Curie romaine. On préféra contacter directement l'épiscopat mondial et le mettre au courant de l'inquiétude qui prédominait. A cette information devait être joint un commentaire de fond et circonstancié sur les schémas, de sorte que, selon toute probabilité, les documents soient appréciés critiquement et ne soient pas acceptés sans plus par le Concile.

On demanderait au professeur E. Schillebeeckx o.p. de Nimègue d'écrire ce commentaire[9]. Si cette requête était satisfaite, je prendrais sur moi le soin de la traduction, de la polycopie et de la diffusion du document parmi tous les participants au Concile. Fin septembre, Schillebeeckx m'envoya un volumineux rapport, une sorte de schéma alternatif, d'environ 50 pages, avec pour titre 'Op- en aanmerkingen op de Prima Series van de Schemata constitutionum et decretorum, de quibus disceptabitur in Concilii sessionibus'[10]. Pour ne pas mettre inutilement en difficulté l'auteur et ceux qui l'avaient commissionné, leurs noms furent retirés du document. Entre temps, j'avais embauché quelques professeurs de séminaire, qui, immédiatement après réception du texte, commencèrent à le traduire et à le taper sur stencil. Vu le manque de temps, le texte ne put être traduit qu'en latin et en anglais et il ne put y avoir de correction. Après quelques jours de labeur continu, le travail était achevé et Mgr van Valenberg put emporter les stencils à Rome, où ceux-ci - grâce à quelques sponsors - furent immédiatement imprimés de main experte. Lorsque le Concile commença à Rome le 11 octobre 1962, il y avait au collège néerlandais au moins 2600 exemplaires, de 56 pages chacun, prêts pour la diffusion parmi tous les Pères conciliaires[11].

*

9. Cf. J.A. BROUWERS, *Vreugde en hoopvolle verwachting*, Baarn, 1989, p. 23 et 24.

10. KDC, bisdomarchief Rotterdam, nr. 158, contient un exemplaire de 'Op- en aanmerkingen' en néerlandais. On trouvera des exemplaires des éditions latine et anglaise dans les archives privées de J. Brouwers à Rosmalen.

11. Cf. J.Y.H.A. JACOBS, *Met het oog op een andere kerk*, p. 155.

À l'ouverture du Concile, le pape Jean prononça un discours détaillé sur les finalités de l'assemblée conciliaire, qui produisit une profonde impression sur tous les assistants et fit renaître l'espoir d'une issue favorable du Concile.

Un deuxième événement qui donna du courage jusqu'à l'optimisme, ce fut le déroulement de la première congrégation générale du 13 octobre. À l'agenda figurait l'élection de 160 membres pour les 10 commissions conciliaires. Le secrétaire général Mgr P. Felici s'était attendu à ce que ce soit seulement une formalité et que les membres des commissions préparatoires soient évidemment réélus.

Ce serait de ce fait, de manière hautement exceptionnelle, non pas une réunion secrète mais publique, où la presse, la radio et la télévision aussi furent invitées. Ce devint en fait une réunion historique. Arriva ce à quoi personne n'avait osé s'attendre. Les Pères conciliaires laissèrent apparaître clairement qu'ils n'étaient pas venus à Rome pour accepter servilement ce que voulait la direction vaticane du Concile, mais qu'ils voulaient aller leur propre chemin. Ils détermineraient eux-mêmes quels étaient les candidats les plus aptes pour les commissions conciliaires. Lorsque les cardinaux Liénart et Frings proposèrent une motion en vue de différer provisoirement le vote et de donner aux Pères conciliaires l'occasion de s'orienter dans le choix de candidats appropriés, cette proposition fut accueillie par des applaudissements chaleureux et quasi généraux. On n'estima plus le vote nécessaire. Immédiatement après cette assemblée, courte mais vraiment historique, on assista au déclenchement d'une activité fébrile. Ce furent surtout les conférences épiscopales d'Europe centrale et septentrionale (Allemagne, Autriche, Belgique, France, Pays-Bas, Pologne, Suisse, Yougoslavie et pays scandinaves) qui se mirent à discuter entre elles pour aboutir à une liste commune de candidats les plus aptes, non seulement de leur cercle, mais de toutes les parties du monde. Les secrétaires des conférences y ont joué un grand rôle. Ils veillaient aux contacts mutuels, à l'information sur les candidats appropriés et à l'échange des listes provisoires. Cela conduisit finalement à une liste définitive d'Europe centrale et septentrionale, sur laquelle toutes les conférences participantes tombèrent d'accord. Avant le vote du 16 octobre, cette liste fut distribuée à tous les Pères conciliaires[12]. Sur les 160 membres élus des commissions, plus de

12. Les archives privées de J. Brouwers, Rosmalen, contiennent quelques exemplaires de cette liste de candidats 'Conferentiae nationales Europae Centralis et Septentrionalis (Austriae, Belgii, Galliae, Germaniae, Helvetiae, Hollandiae,

cent avaient été proposés par les conférences épiscopales d'Europe centrale et septentrionale. Quant au doute que j'avais au départ — la diffusion du rapport Schillebeeckx serait-elle bien utile? rencontrerait-elle de l'intérêt? n'était-ce pas une manière irrespectueuse d'influencer les mentalités? —, il fut vite apaisé par le discours d'ouverture du pape Jean, qui indiquait clairement la direction, et les événements qui entourèrent l'élection des commissions conciliaires.

En outre, j'avais été encouragé par le bon résultat et l'expérience de la campagne d'élection. Cependant, je me trouvais devant une mission presque impossible. Les Pères conciliaires étaient dispersés presque partout dans Rome, dans des hôtels, des collèges, des couvents et chez des particuliers. La seule aide dont je disposais pour la diffusion des documents était une liste alphabétique de tous les participants établie par le secrétariat du Concile, sur laquelle figurait également leur adresse[13]. Cependant, il me semblait impossible de contacter plus de 2500 Pères conciliaires un par un. Avec la collaboration d'évêques, notamment des évêques missionnaires néerlandais, de théologiens et de collaborateurs du Centre de documentation néerlandais, j'essayai de repérer ceux qui, à l'intérieur des épiscopats nationaux, seraient pour moi des relais importants en ce qui concerne la diffusion des remarques de Schillebeeckx sur les schémas conciliaires. Avec une liste provisoire de quelques noms et adresses ainsi qu'un exemplaire latin et anglais, je me suis mis en route. Si j'étais reçu avec bienveillance, je commençais la plupart du temps, à titre de renseignement explicatif, par présenter l'auteur, la genèse du document et sa portée. Lorsque se manifestaient un intérêt et une disposition à collaborer pour la diffusion, je notais le nombre d'exemplaires souhaités, qui, le plus souvent, égalait celui des membres de l'épiscopat concerné. Les jours suivants, je les portais, généralement en taxi, aux adresses indiquées, d'où la diffusion ultérieure avait lieu[14] (annexe I).

Dans la plupart des cas, c'était frappant, on réagissait favorablement à l'offre. Il semblait exister un grand besoin d'une bonne information, solidement fondée, sur les schémas, qui avaient été souvent mal étudiés. En outre, beaucoup d'évêques étaient arrivés à la conviction

Joegoslaviae, Poloniae, Scandinaviae) commendant...'.

13. Un exemplaire de la liste nominale alphabétique avec adresses des participants au Concile 'Peregrinatio Romana ad Petri Sedem', 1962, Rome, se trouve dans les archives privées de J. Brouwers, Rosmalen.

14. La liste originale 'Aantal exemplaren 'Animadversiones Schillebeeckx' verspreid onder het wereldepiscopaat, samen met de namen van de contactpersonen', existe dans les archives privées de J. Brouwers.

qu'ils n'étaient pas des auditeurs passifs, mais pouvaient exercer une influence effective sur les événements conciliaires. À côté de la plupart des conférences épiscopales européennes, c'étaient surtout les épiscopats américain et africain qui montraient de l'intérêt pour l'information proposée.

Cependant, tous ceux à qui je rendis visite, n'étaient pas intéressés, loin de là, ou n'avaient pas beaucoup d'enthousiasme et de temps pour collaborer, comme relais, à la diffusion. Ainsi arriva-t-il que, debout dans le hall du Collège irlandais à la Via 4 Santi 2, j'essayais d'expliquer le sens de ma visite à un secrétaire épiscopal. Là-dessus, il fit venir un des évêques qui résidaient à cet endroit; celui-ci me signifia avec aigreur qu'ils n'étaient pas au service d''écrits modernistes'. Deux minutes plus tard, j'étais de nouveau dans la rue. Quelques jours après, un des évêques irlandais, Mgr O'Connell, vint au Collège néerlandais me demander de bien vouloir procurer 33 exemplaires aux évêques d'Irlande. A peu près la même chose m'arriva au Collège polonais à la Piazza Remuria 2. Le même soir je reçus encore un appel téléphonique du directeur du Collège polonais, Mgr J. Gawronski, qui me demanda poliment de bien vouloir apporter 63 exemplaires pour les évêques et les periti polonais. A son immeuble de la Piazza Adriana, haut de huit étages, j'essayai, via Mgr Mackeefry, d'entrer en contact avec l'épiscopat australien. Il voulait bien un exemplaire pour lui personnellement mais n'était pas très chaud pour collaborer à la diffusion parmi ses collègues australiens. Ensuite je reçus une lettre de Mgr Young, professeur à l'Angelicum, dans laquelle il me commandait 40 exemplaires pour la conférence épiscopale australienne, 6 pour les évêques néo-zélandais et 12 pour les évêques missionnaires d'Océanie[15] (annexe II).

Après un déplacement inutile à plusieurs adresses, je pus finalement établir des contacts avec les conférences épiscopales d'Italie, d'Espagne et du Portugal, les Églises catholiques orientales ainsi que les épiscopats du Japon, de Corée, de Formose, du Vietnam et de Thaïlande. Chez eux aussi, je trouvai beaucoup d'intérêt pour le texte de Schillebeeckx. Pourtant, ce ne sont pas seulement des évêques que j'ai pourvus des exemplaires nécessaires. Un grand nombre d'observateurs des autres Églises chrétiennes et de théologiens étaient aussi très intéressés par le texte.

15. La lettre de Mgr G. Young, datée du 11 novembre 1962, se trouve dans les archives privées de J. Brouwers, Rosmalen.

Entre temps, il était arrivé aussi à la connaissance du secrétariat général du Concile qu'une action était menée contre les schémas conciliaires. Au cours de la onzième congrégation générale du 31 octobre, le secrétaire général Mgr P. Felici communiqua qu'il était strictement interdit de répandre des documents particuliers relatifs aux textes conciliaires sans l'accord du secrétariat[16]. Vu que les évêques néerlandais n'avaient pas été directement impliqués dans la composition et la diffusion des 'animadversiones', ils n'avaient aucune peine non plus à approuver en silence. Le 13 novembre eut lieu une réunion de la commission théologique, à laquelle assistait aussi l'évêque J. van Dodewaard de Haarlem. Après la réunion, il me raconta que le document de Schillebeeckx se trouvait sur la table et que le cardinal Ottaviani avait réagi violemment contre cela. On avait l'autorisation d'utiliser seulement les textes officiels, pour lesquels on ne pouvait enfreindre le secret obligatoire. 'Il est inouï', disait-il, 'que soient en circulation des documents qui osent proposer une critique destructrice des textes officiels'[17]. Le lendemain, en congrégation générale, on entama la discussion sur le schéma *De fontibus*. Le cardinal Ottaviani commença son introduction par quelques mots d'avertissement. 'Il y a', disait-il, 'quelques documents en circulation qui vont à l'encontre du schéma conciliaire officiel, celui que je vais maintenant introduire auprès de vous. Mais cette manière de faire est contraire au règlement. La présentation d'un schéma revient au pape uniquement; aussi cette manière de faire manifeste-t-elle peu de respect pour ses droits. Seul le concile a le droit de présenter des modifications, et encore seulement dans un schéma qu'on est en train de discuter et dans aucun autre'[18]. Dans son livre *Brieven uit Vaticaanstad*, X. Rynne note ici: 'Le cardinal faisait allusion à trois propositions différentes de théologiens français, allemands et néerlandais, dont la dernière était la plus radicale. Ces schémas circulaient depuis plus de deux semaines déjà et avaient suscité le mécontentement de la direction du concile'[19]. Effectivement, deux autres textes accompagnés de remarques étaient en circulation. L'un était du théologien Karl Rahner et l'autre de quelques

16. *Acta Synodalia Sacrosancti Concilii Oecumenici Vaticani II*, Vol. I, Pars II, Typis Polyglottis Vaticanis, 1970, p. 56. Cf. X. RYNNE, *Brieven uit Vaticaanstad*, I. Utrecht, 1963, p. 134.

17. Note dans mon journal, première session du concile Vatican II, 13 novembre 1962.

18. *Acta Synodalia Sacrosancti Concilii Oecumenici Vaticani II*, Vol. I, Pars III, T.P.V., 1971, p. 27.

19. X. RYNNE, *Brieven uit Vaticaanstad*, deel I, Utrecht, 1963, p. 143.

théologiens français, dont Yves Congar. Cependant, ils n'étaient pas si complets et étaient seulement diffusés dans un cercle très restreint[20]. La mise en garde d'Ottaviani eut un effet de boomerang. A l'issue de la congrégation, je reçus un grand nombre d'appels téléphoniques, où on me commandait encore plus d'exemplaires. Lorsque, le 20 novembre, se tint la vingt-troisième congrégation générale, il ne restait plus rien de la réserve. Au cours de cette congrégation, on procéda à un vote sur une proposition du conseil de présidence. Ceux qui étaient pour la fin du débat sur le schéma *De fontibus* devaient voter 'placet' (oui), et ceux qui étaient favorables à un prolongement de la discussion, 'non placet' (non). Cette formulation malheureuse fit régner parmi les Pères une grande confusion. A la fin de la congrégation, le secrétaire général fit connaître le résultat du vote. '2209 Pères conciliaires étaient présents', communiqua Mgr Felici, '1368 placet; 19 nuls et 822 non placet. La majorité des deux tiers (1473) n'étant pas atteinte, nous continuerons la discussion du premier chapitre'.

Le lendemain, la congrégation générale s'ouvrit par une communication du secrétaire, selon laquelle le pape avait ordonné de retirer le schéma entièrement. A la demande du pape, le schéma devait être complètement revu dans une commission spéciale présidée par les cardinaux Bea et Ottaviani et où siégeraient des membres de la commission théologique et du secrétariat pour l'unité.

Il est difficile de déterminer dans quelle mesure les 'animadversiones' de Schillebeeckx ont exercé une influence sur cette décision dramatique du pape, qui fut écoutée par les Pères conciliaires dans un silence recueilli.

Il est en tout cas certain que ce geste a beaucoup contribué à un plus grand intérêt des participants pour les événements conciliaires, à des contacts plus fréquents entre évêques, épiscopats, théologiens et secrétaires, ainsi qu'à l'érection de nouvelles conférences épiscopales, dont le nombre, au cours du Concile, passa d'environ 40 à plus de 70.

Le vendredi 23 novembre, au cours de la vingt-cinquième congrégation générale, on distribua les schémas sur l'Église et sur Marie. Immédiatement après, le professeur Schillebeeckx se mit à écrire un commentaire sur les deux documents. Avant même que, le 1er décembre, ne commence l'examen de ces schémas dans l'aula, ces observations furent à peu près de la même manière stencilées et diffusées parmi les Pères conciliaires, les théologiens et les personnes

20. J.A. BROUWERS, *Vreugde en hoopvolle verwachting*, Baarn, 1989, p. 48.

intéressées[21]. Au cours des sessions et intersessions suivantes également, les schémas furent commentés par Schillebeeckx et d'autres experts. Grâce à des intermédiaires, ces observations furent ensuite procurées aux membres du Concile. Qu'on en prit connaissance avec grand intérêt, en témoignent les nombreuses réactions positives que je pus recueillir dans la suite.

*

Grâce aux activités qui entourèrent l'élection des membres des commissions conciliaires et la diffusion des 'animadversiones Schillebeeckx', il y eut un contact épisodique entre un certain nombre de secrétaires et d'intermédiaires de conférences épiscopales et d'épiscopats, qui étaient surtout chargés de tâches pratiques.

Ces entretiens se déroulèrent le plus souvent en un lieu et un temps librement choisis, à l'occasion de discussions ou d'événements particuliers du Concile. Cependant, bien vite germa, chez certains d'entre eux, le désir de se rencontrer plus régulièrement et de collaborer de manière plus systématique. Dans la seconde moitié de novembre 1962 eut lieu la première réunion officielle au secrétariat général des épiscopats d'Afrique et de Madagascar à la Via della Traspontina 21. Ce secrétariat avait été mis en place le 25 octobre et pourvut à des besoins de toutes sortes.

À cette première réunion, on convint de se retrouver régulièrement, à peu près toutes les deux semaines, au secrétariat africain, sous le nom de 'Vinculum caritatis pro concilio - Lien de charité pour le concile'[22]. Là, on décida d'employer aux réunions le français comme langue véhiculaire, Roger Etchegaray prendrait la direction, tandis que je serais chargé — à cause de ma connaissance insuffisante des langues — du travail pratique. On se mit d'accord sur les finalités suivantes des réunions. Tout d'abord: information mutuelle sur les discussions et décisions à l'intérieur de l'épiscopat de chacun et échange des documents les plus importants, comme les textes d'interventions qui ont été faites, des remarques sur les documents conciliaires et des propositions de modifications de ces documents. Un autre point était

21. Un exemplaire du commentaire de Schillebeeckx 'Animadversiones in Secundam Seriem Schematum Constitutionum et Decretorum, de quibus disceptabitur in Concilii sessionibus: de Ecclesia et de Beata Maria Virgine', décembre 1962, existe dans les archives privées de J. Brouwers, Rosmalen.

22. J.A. BROUWERS, *Vreugde en hoopvolle verwachting*, Baarn, 1989, p. 47.

d'augmenter l'efficacité de la procédure des travaux conciliaires; entre autres, il s'agissait d'inciter les évêques à être brefs et concis dans leurs interventions et à éviter autant que possible les répétitions et les choses secondaires. A ce propos, les Pères conciliaires qui souhaitaient s'exprimer sur un même sujet devraient être invités à laisser l'un d'entre eux parler au nom de tous. Tous reconnurent, comme un point très important, que non seulement la théorie de la collégialité épiscopale mais aussi la pratique devraient être confirmées et renforcées par des assemblées communes et des contacts entre les conférences épiscopales ou leurs représentants. À cette première réunion, prirent part les secrétaires et les intermédiaires de 15 conférences épiscopales[23] (annexe III). Ensuite le nombre des participants s'est encore accru, mais c'est en raison de problèmes linguistiques surtout que l'accroissement resta limité et que d'autres abandonnèrent à nouveau. Jusqu'à la fin du Concile, le groupe est resté actif et a exercé une influence positive pour un déroulement plus fluide du Concile. C'est surtout pendant l'examen des importants schémas sur l'Église, l'œcuménisme, la liberté religieuse, les religions non chrétiennes et le judaïsme, l'Église dans le monde de ce temps, mais aussi au cours des intersessions, qu'ils ont produit un travail d'une grande valeur.

Cependant, ils étaient d'avis que des réunions de ce genre devaient être organisées également entre représentants des conférences épiscopales et épiscopats eux-mêmes. Ceci accroîtrait encore l'influence, la combativité et la collégialité. Sur les instances du groupe de secrétaires 'Vinculum caritatis pro concilio', la première assemblée de ces représentants se tint le 25 octobre 1963 dans le cloître de Domus Mariae, Via Aurelia 481. A cette réunion se retrouvaient des représentants de 22 conférences épiscopales[24] (annexe IV). Avant tout, on fit une évaluation de la première session conciliaire de 1962, qu'on avait vécue comme une sorte de 'noviciat'. Malgré les résultats obtenus, beaucoup étaient quand même aussi déçus, surtout à propos du déroulement lent et pénible du Concile. La direction ne semblait pas en mesure de combiner la sauvegarde de la libre expression avec une discussion et une prise de décision rapides, efficaces, au cours des congrégations générales. En outre, on chercha la cause de cette

23. Des procès-verbaux de réunions et des listes de participants figurent dans les archives privées de J. Brouwers, Rosmalen.

24. On trouvera le procès-verbal de la réunion et la liste des participants dans les archives privées de J. Brouwers.

déception dans les textes conciliaires eux-mêmes, qui la plupart du temps étaient trop longs et disparates, trop peu centrés également sur l'essentiel, dans les interventions sans fin et trop vastes des Pères conciliaires, qui pour cette raison ennuyaient souvent par leurs répétitions et détails, mais aussi dans les commissions conciliaires, qui en leur sein se trouvaient fortement subdivisées et travaillaient avec peu de coordination. Ici, un changement devrait intervenir rapidement, si le Concile voulait atteindre réellement le but fixé, l''aggiornamento' de l'Église, et répondre à l'espoir et aux attentes des croyants.

La direction du Concile devait ainsi parvenir à un meilleur planning et à une plus grande maîtrise des congrégations générales. Aux Pères conciliaires on devrait demander de se limiter à l'essentiel dans leurs interventions orales et de présenter par écrit des choses plus accessoires, comme des modifications de texte. En outre, ils devraient être incités à se concerter sur les sujets qui valaient la peine d'être discutés et, dans ce but, à désigner autant que possible un porte-parole.

Les réunions devraient gagner en précision et efficacité si de bonnes communications s'établissaient entre activités des commissions et congrégations générales. Il pourrait s'avérer important ensuite d'introduire une certaine classification dans les textes utilisés précédemment en vue des interventions orales et d'en faire une sélection correspondante pour améliorer le niveau des réunions. Enfin, plusieurs assistants firent des propositions en vue d'une meilleure synergie et de procédures de travail dans les commissions conciliaires, entre autres par l'élargissement ou même de nouvelles élections. Les présidents des dicastères romains ne devraient pas être automatiquement présidents des commissions correspondantes, parce qu'ils exerceraient une pression trop forte sur les discussions et y seraient trop partisans. Au contraire, ces présidents de commission devraient être élus parmi et par les membres des commissions eux-mêmes.

Que le concile, durant la deuxième période, se soit déroulé de manière beaucoup plus coulante, plus efficiente et plus productive, il faut l'attribuer partiellement à l'influence et aux avis qui sont remontés de ces réunions vers la direction, les commissions et les Pères conciliaires. Un certain nombre de leurs propositions se virent également prises en compte en tout ou en partie et traduites dans les faits. Parce que ce groupe répondait à un besoin tout à fait réel, les participants ont continué à prendre part aux réunions à Domus Mariae, régulièrement cela va de soi, presque chaque semaine jusqu'à la fin du Concile.

Lorsque le concile fut terminé, cette organisation informelle a reçu un prolongement dans le Conseil des Conférences épiscopales européennes (C.C.E.E.).

A NNEXE I

Liste des exemplaires distribués des Animadversiones Schillebeeckx avec les noms des conférences épiscopales et des intermédiaires

Nombre d'exemplaires	*Intermédiaires*	*Conférences épiscopales*
42	Rév. R. Fuller Mgr. D. Worlock	Angleterre
33	Mgr. O'Connell Rév. M. Daly	Irlande
63	Mgr. J. Gawronski	Pologne
121	Mgr. Tarancon Mgr. Gonzales Moralejo Rév. M. Eguaras-Iriarte Mgr. Pedro	Espagne et Portugal
50	Mgr. v.d. Ouwelant	Philippines
12	Mgr. van Miltenburg	Pakistan
247	Mgr. Emenegger Rév. P. Martin s.j. Rév. P. Trisco	États-Unis
212	Mgr. Guano Mgr. J. Giuliano Rév. P. Barauna o.f.m.	Italie
200	Archimandrite A. Chacour	Églises catholiques d'Orient
300	Mgr. Blomjous Rév. P. Greco s.j. Rév. A. Scholten o.p. Rév. Ch. Bodet Rév. P. Goossens	Afrique

	Rév. L. Manga	
107	Rév. P. Baum o.e.s.a. Mgr. J. Carly Rév. Ch. Mathieu	Canada
600	Rév. Alfredo Trusso Mgr. Mendosa Guerrero Mgr. Larrain Errazuriz Mgr. Helder Camara Rév. P. Barauna	Amérique du Sud et Amérique Centrale
58	Mgr. G. Young	Australie Nouvelle-Zélande Océanie
83	Rév. Dr. Gruber Rév. P. Grillmeyer s.j. Rév. P. Hirschmann s.j.	Allemagne Autriche Pays de langue allemande
27	Mgr. R. Ceuppens	Belgique
119	Mgr. G. Gouet Mgr. R. Etchegaray	France
75	Rév. P. Pfister s.j.	Formose Corée Japon Vietnam Thaïlande
83	Mgr. Fernandes	Inde
30	Mgr. van Valenberg Rév. P. Smulders s.j. Rév. P. van Leeuwen o.f.m.	Indonésie
15	Rév. J. Brouwers	Pays-Bas
75	Rév. J. Brouwers	Observateurs des autres Églises chrétiennes Théologiens

ANNEXE II

Lettre de Mgr Young, professeur à l'Angelicum
Via Pelagio Primo 13

Roma, ...
Salita del Grillo, 1 - Tel. 673.400 - 670.818

ANGELICUM

EPISCOPAL CONFERENCES OF AUSTRALIA, NEW ZEALAND, OCEANIA.

1. AUSTRALIAN EPISCOPAL CONFERENCE . (40 copies)

Secretary : His Lordship, Most Rev. John TOOHEY,
Bishop's House,
MAITLAND.
New South Wales . AUSTRALIA.

Rome Address: Pensione Baldone,
Piazza Adriana, 15,
Roma. tel . 655-974.

2. NEW ZEALAND EPISCOPAL CONFERENCE (6 copies)

Secretary : His Grace. Archbishop P. McKeefry,
Catholic Cathedral,
WELLINGTON, NEW ZEALAND.

Rome Address : HOTEL COLUMBUS,
Via del Conciliazione, 33,
Roma. tel. 653-013 .

3. MISSIONARY BISHOPS OF OCEANIA. (12 copies.)

Secretary : His Lordship, BISHOP COPAS,
Catholic Mission,
Port Moresby
Papua . via Australia.

Rome Address: Collegio del Missionari del Sacro Cuore,
Via Aventina, 3 . tel. 573-949.

ANNEXE III

Liste de la première réunion
des représentants des conférences épiscopales
à 'Domus Mariae'

Afrique (pays de langue française)	Mgr. J. Zoa
Afrique (pays de langue anglaise)	Mgr. J. Blomjous
Canada	Mgr. M. Baudoux
CELAM	Mgr. M. Miranda y Gomez
	Mgr. Helder Camara
	Mgr. Mac Grath
États-Unis	Mgr. E. Primeau
Birmanie	Mgr. V. Bazin
Ceylan	Mgr. Th. Cooray
Inde	Mgr. A. Fernandes
Philippines	Mgr. A. Olalia
Japon	Mgr. Satoshi Nagae
Angleterre	Mgr. G. Beck
France	Mgr. P. Veuillot
Allemagne	Mgr. J. Hoeffner
Espagne	Mgr. P. Cantero
Italie	Mgr. Mojaisky-Perelli
Yougoslavie	Mgr. J. Oblak
Pays-Bas	Mgr. P. Moors
Australie - Nouvelle-Zélande - Océanie	Mgr. B. Foley
Églises catholiques d'Orient	Mgr. N. Edelby

A NNEXE IV

Liste de la première réunion des secrétaires des conférences épiscopales

Afrique et	Rév. P.J. Greco s.j.
Madagascar	Rév. P.A. Scholten o.p.
Afrique orientale	Rév. L.Manga
Afrique occidentale	Rév. Ch. Bodet
Congo-Léopoldville	Rév. P. Goossens
Canada	Mgr. J. Carly
	Rév. Ch. Mathieu
CELAM	Mgr. J. Mendoza Guerrero
	Rév. Trusso
États-Unis	Mgr. Emenegger
	Rév. P. Trisco
Indonésie	Rév. P. Smulders s.j.
	Rév. van Leeuwen o.f.m.
Allemagne	Rév. Dr. Gruber

	Rév. M. Luthe
Angleterre	Mgr. D. Worlock
Espagne	Rév. J. Eguaras-Iriarte
France	Mgr. J. Gouet
	Mgr. R. Etchegaray
Irlande	Rév. M. Daly
Italie	Mgr. J.Giuliano
Pays-Bas	Rév. J. Brouwers

VI. UNE VUE RÉTROSPECTIVE

REGARDS D'UN HISTORIEN SUR VATICAN II TRENTE ANS APRÈS

RENÉ RÉMOND

Si j'ai bien compris ce que les organisateurs attendent de cette intervention, c'est une contribution qui requiert de l'historien un exercice insolite: accoutumé de longue date à se défier des impressions personnelles, entraîné par profession à contrôler sa subjectivité, le voici invité à se dédoubler et à se muer en témoin, nécessairement impliqué dans sa communication, engagé à la recherche de ses sentiments, tentant d'oublier un instant tout ce que la suite lui a appris et qui a peu à peu modifié son appréciation première.

Je serais mal venu de récuser le principe même de cet exercice: j'ai trop longtemps et trop souvent plaidé pour que les historiens se définissent contre la propension à reconstituer a posteriori l'enchaînement des événements, à partir de leur terme, comme si ceux-ci avaient dû nécessairement aboutir à l'issue qui fut la leur, au risque de méconnaître les hasards de toute sorte, les faits contingents, les malentendus, les surprises de l'histoire qui compliquèrent le parcours et le firent parfois dévier de sa ligne principale; ou contre la tentation d'induire les intentions des acteurs à partir des conséquences de leurs décisions. Rien n'est plus important méthodologiquement que d'effacer, provisoirement, tout ce qui s'est passé entre la période que l'on se propose de restituer et notre temps; la tentation est si forte pour l'historien d'abuser de l'avantage que lui confère, sans qu'il y ait le moindre mérite, la connaissance de ce que par définition les contemporains ne pouvaient ni prévoir ni même concevoir. L'exercice qui vise à retrouver quels pouvaient être au début des années soixante les sentiments d'un témoin à l'annonce du Concile Vatican II est donc une opération de l'esprit légitime et même particulièrement utile.

L'histoire de Vatican II s'est en effet étirée dans le temps sur une période relativement longue: de l'annonce par Jean XXIII, quelques mois à peine après son élection, en janvier 1959, à la clôture, en décembre 1965 de la dernière session, presque sept années se sont écoulées, au cours desquelles on est allé de surprise en surprise, où toute sorte de questions ont surgi dont la réponse est parfois restée en suspens un temps appréciable. Et rien que de l'annonce à l'ouverture de la première session — encore ne savait-on pas alors si on pouvait parler de première session dans l'ignorance où l'on était d'une éventuelle prolongation — près de quatre années ont passé pendant lesquelles on n'était pas totalement sûr que l'intention se traduirait en acte.

Je vais donc essayer de retrouver la fraîcheur de mes impressions du moment devant la nouveauté et l'inattendu de l'initiative. Je le ferai en acceptant sans trouble de conscience ma subjectivité, bien conscient des lacunes et des incertitudes de la mémoire trente ans plus tard et dûment averti des contingences qui limitent la portée de mon témoignage, mais dans cet ordre aussi la compréhension ne varie-t-elle pas en raison inverse de l'extension ? Limité, le témoignage n'en a peut-être que plus de signification. C'est le témoignage d'un Français — première limitation — conditionné par l'expérience de sa génération, qui a vécu tour à tour la fin de l'entre-deux-guerres, les années tragiques de la Seconde Guerre, les espoirs et les déceptions de l'après-guerre. Troisième et dernier déterminant qui obère mon objectivité, je m'inscris, à l'intérieur du catholicisme français, dans la mouvance d'une famille d'esprit: grossièrement celle qui associait l'expérience de l'Action catholique spécialisée avec tout ce que ses mouvements impliquaient de postulats sur la société et la relation de l'Église avec l'histoire, et la tradition d'un catholicisme social ouvert sur le monde et acquis à la modernité. Dans un second temps, plus bref, je m'essaierai à porter sur le Concile un jugement plus distancié et visant à l'objectivité avec le recul du temps et la connaissance des suites.

*

Quels pouvaient bien être mes sentiments en apprenant, en janvier 1959, que le nouveau pape, dont j'avais cru sur le moment pouvoir interpréter le choix comme celui d'un pontife de transition en raison de son âge, se proposait de convoquer un Concile œcuménique ? Je dois avouer à ma courte honte que je n'avais pas su deviner chez cet homme, que j'avais cependant approché à plusieurs reprises, qui était venu à ma demande célébrer au cours d'une session de la JEC internationale, le futur Jean XXIII. À vrai dire je n'étais pas le seul à avoir manqué de perspicacité: le père Rouquette, dans un article des *Études* qui fit en son temps quelque bruit, devait parler d'un mystère Roncalli. Plus généralement quelles pouvaient être à l'annonce de ce grand événement les réactions d'un catholique personnellement impliqué dans l'existence de l'institution et la vie de la communauté, qui en était à la fois un observateur intéressé comme historien et un acteur responsable pour avoir exercé des responsabilité étendues dans des institutions d'Église à des moments décisifs ?

Pour bien comprendre ce que fut ma réaction spontanée il faut remonter quelque peu en amont: car elle fut en partie conditionnée par ce qui s'était passé auparavant. Je dois préciser ce qu'étaient mes dispositions d'esprit: de cette Église j'étais membre à part entière, mais attaché à préserver ma liberté de jugement et aussi d'expression, ce qui m'avait valu d'attirer sur mes propos, par deux fois au moins à ma connaissance, l'attention soupçonneuse du Saint-Office. Etant laïc, je n'avais jamais eu à choisir entre l'obéissance à l'autorité ecclésiale et la fidélité à ce que me dictait ma conscience. J'avais toujours eu le souci de ne prononcer de parole que responsable. J'appartenais à une génération qui avait dû en 1943-1944 apprendre à se décider seule sur des questions temporelles et à distinguer entre les matières où elle reconnaissait à la hiérarchie le droit de définir l'orientation et la compétence pour le faire et celles où le catholique dispose de sa liberté d'appréciation. Observons au passage que cette dissociation à laquelle nous avons été contraints par l'attitude de l'épiscopat a sans doute amorcé une première fêlure dans la cohésion et la discipline du peuple fidèle qui est à l'origine, lointaine, de la crise de l'autorité dans l'Église. Mais nous n'en avions pas pris argument pour contester cette autorité dans les domaines où elle s'exerçait légitimement.

Après m'être senti en étroite harmonie avec les grandes orientations du catholicisme français telles qu'elles se dessinèrent au lendemain de la Libération, notamment dans la grande lettre pastorale du cardinal Suhard, *Essor ou déclin de l'Église*, qui est un document majeur de ce temps: préoccupation missionnaire, volonté de présence au monde, acceptation de la modernité dans tout ce qu'elle avait de positif, avec l'enseignement des grands théologiens français, jésuites et dominicains, Congar, Chenu, de Lubac, de Montcheuil tragiquement disparu, Daniélou, j'ai commencé à me trouver en désaccord avec certaines interventions romaines dans la vie de l'Église de France. Je puis dater avec précision le moment où la divergence a commencé de se dessiner grâce à un souvenir personnel: la concomitance en août 1950 entre la publication de l'encyclique *Humani generis* et ma participation à une Semaine intellectuelle qui se tenait à Cîteaux; cette institution, qui s'inspirait de l'exemple des Semaines sociales, réunissait chaque été un petit nombre d'intellectuels, clercs et laïcs, qui appartenaient à la même mouvance: il y avait à cette rencontre Mgr Bruno de Solages, le recteur de l'Institut catholique de Toulouse, Maurice Vaussard, sans doute aussi Alfred Michelin; des autres je ne me souviens pas ou je ne suis pas certain de leur présence. Nous devions être vingt ou vingt-cinq et les commentaires allèrent bon train sur le document pontifical qui venait tout juste d'être promulgué et qui censurait sans les nommer les théologiens français. Ce fut le premier coup de semonce de Rome au catholicisme français.

Jusque là, il convient de le souligner, rien n'était venu altérer notre confiance dans la sagesse de Rome ni notre admiration pour la personne de Pie XII. Depuis le milieu du XIXe siècle le catholicisme français nourrissait à l'égard du Saint-Siège une dévotion extrême: l'attachement à la papauté était devenu l'élément central et le critère de l'orthodoxie, la pierre de touche de la fidélité à l'Église. De surcroît la famille de pensée à laquelle je me rattachais avait souvent trouvé dans la référence à la pensée des papes une caution pour ses engagements, une protection contre la mauvaise volonté ou l'entêtement de certains évêques; le toast au pape concluait rituellement les congrès de l'ACJF. La condamnation de l'Action française avait renoué et scellé l'alliance entre Rome et l'aile marchante des catholiques de France, ceux qui voulaient croire à la possibilité de réconcilier l'Église avec la société moderne. Au lendemain de la guerre, le prestige de la papauté était au plus haut: on avait vu dans l'élection de Pie XII la promesse de la continuation de son prédécesseur, le grand Pie XI. Personne n'avait encore songé à lui faire reproche de ne pas avoir pendant la guerre dénoncé solennellement les crimes du IIIe Reich: ce ne sera pas avant le début des années 1960 qu'on instruira son procès, notamment avec la pièce de Hochhuth, *Le Vicaire*. La question du génocide n'était pas encore devenue la pierre de touche des attitudes et des comportements pendant le conflit mondial. On se souvenait des messages radiophoniques de Pie XII, de son éloge de la démocratie. Du point de vue religieux on lui savait gré d'avoir entrepris l'internationalisation du Sacré Collège: pour la première fois les Italiens n'étaient plus en majorité et la promotion qui avait suivi la fin de la guerre avait manifesté avec éclat l'universalité de l'Église. On lui était reconnaissant d'avoir promulgué des encycliques libératrices, telle *Divino afflante spiritu* (1943) qui fermait la malheureuse parenthèse de la crise moderniste et de la répression dans l'Église, ouvrant la voie au renouveau de l'exégèse. Il avait aussi favorisé le renouveau liturgique, restauré la Veillée sainte, remis au centre des célébrations le mystère pascal.

Tel était notre état d'esprit au début de 1950: le choc provoqué par *Humani generis* fut d'autant plus fort. Chaque année ensuite ou presque apporta son lot de condamnations et de sanctions; l'intervention de Rome dans l'affaire des prêtres-ouvriers eut un retentissement sans commune mesure avec le nombre très limité des intéressés; l'opinion tout entière s'enflamma à leur sujet. Les catholiques furent particulièrement heurtés par la manière du procédé: l'injonction comminatoire formulée par le nouveau nonce et le refus de Pie XII d'entendre les trois cardinaux français. Il y eut aussi les mesures de suspension et de transfert de la Mission de France, les sanctions contre quelques-uns des plus illustres dominicains, la condamnation du catéchisme dit progressif et de sa pédagogie qui se voulait attentive aux âges et à la réceptivité des catéchumènes. C'était en somme toutes les innovations, les plus originales et les plus directement inspirées de la préoccupation de se faire entendre de la société moderne, qui étaient ainsi frappées, sur tous les plans, doctrine, catéchèse, apostolat. On n'oubliera pas que, dans le même temps, des crises opposaient aussi une partie des mouvements à la hiérarchie en France: celle qui aboutit à la disparition de l'ACJF en 1956, celles qui entraînèrent en 1957 la démission collective des équipes nationales de la JEC et de la Route. L'ensemble de ces mesures m'avaient profondément meurtri et mon attachement de fond à l'Église ne m'empêchait pas d'estimer que ces décisions étaient malencontreuses, prises dans des conditions discutables, que de tels comportements étaient contraires à la vérité et au droit et risquaient d'avoir des conséquences désastreuses.

*

C'est sur ce fond de sentiments qu'éclata soudain la nouvelle d'une convocation prochaine d'un Concile. Sur le moment ai-je accordé à cette annonce toute l'attention que lui valait l'importance de l'événement ? Je ne saurais dire: mes souvenirs sur ce point ne sont pas assez précis. Mais ce dont je me souviens fort bien, c'est de mes réactions comme historien: ce sont elles que j'aimerais vous faire comprendre.

Et tout d'abord l'effet de surprise joyeuse et presque jubilatoire, pour l'historien, de voir resurgir une institution qu'il ne connaissait que par les livres et qu'il avait toute raison de croire à jamais révolue. C'était en effet une idée reçue, professée, enseignée même, que depuis la proclamation par le Concile du Vatican (qu'on ne désignait pas encore par un numéro d'ordre) du dogme de l'infaillibilité pontificale les assemblées conciliaires n'avaient plus de raison d'être: Vatican avait irrévocablement fermé le cycle des conciles œcuméniques. À preuve, Pie XII n'avait pas convoqué les évêques avant de proclamer le dogme de l'Assomption de Marie pour conférer par leur présence autour de lui une plus grande solennité à cet acte du pontife. Qui savait alors que Pie XI et Pie XII avaient envisagé un nouveau Concile ? Qui se souvenait que celui de 1870 n'avait pas été terminé mais seulement suspendu en raison des circonstances, l'entrée des troupes piémontaises dans Rome et la chute du pouvoir temporel ? On s'accordait à penser que le mouvement qui tendait à faire prévaloir sans contrepartie dans le gouvernement de l'Église le pouvoir monarchique, secondé par l'effort de centralisation administrative de la Curie, l'avait emporté sans retour sur l'autonomie des Églises locales et la diversité des modes d'organisation et d'expression du catholicisme.

Or l'initiative de Jean XXIII venait soudain infirmer cette conviction. Elle rouvrait une possibilité d'évolution et d'infléchissement. Le dernier mot n'était donc pas écrit: Vatican n'était pas la fin de l'histoire; l'Esprit Saint pouvait encore se faire entendre par d'autres voix que celle du pape. Double satisfaction pour un historien de voir la résurrection d'une institution et du démenti administré à une vision qui croyait pouvoir fixer un terme définitif à l'évolution de l'Église. Le succès du mot *aggiornamento* avait cette signification.

À partir de cet instant j'ai suivi avec une attention grandissante l'approche de l'événement. D'aucuns soutiennent aujourd'hui que la préparation du Concile aurait laissé le peuple fidèle indifférent: il est vrai qu'elle s'est étirée sur près de quatre ans et qu'elle a comporté une succession de phases dont les lecteurs de journaux n'ont pas tous bien perçu le sens et la raison d'être. Je ne souscris pas pour autant à cette appréciation négative. Assez vite les périodiques religieux ont fait écho aux préparatifs, commencé de sensibiliser les fidèles et l'opinion, en leur représentant que la chose intéressait tout un chacun et que tous les catholiques avaient un rôle à jouer. Les catholiques de France étaient plus particulièrement disposés à entendre ce langage; ils y avaient été préparés par l'insistance mise depuis des années sur l'idée que l'Église était l'ensemble du peuple et que les laïcs avaient une responsabilité qui, pour être différente de celle des clercs, n'en était pas moins capitale.

Puis-je rappeler que l'éventualité du Concile soulevait tout un éventail de questions qui ne reçurent de réponse que progressivement et parfois tardivement ? Et tout d'abord le Concile se réunirait-il ? Parviendrait-on à lever tous les préalables et à remplir toutes les conditions de sa réussite ? En second lieu quelle serait sa durée ? On n'envisageait guère qu'il se prolongeât au-delà d'une session: le précédent de Vatican I pesait en ce sens: n'avait-il pas duré seulement quelques semaines ? On oubliait aisément qu'il n'avait été que suspendu sans atteindre son terme normal ni remplir tout son programme. Ensuite quel serait son objectif ? Le terme 'œcuménique' brouillait les esprits et nourrissait l'équivoque en laissant croire qu'il se consacrerait essentiellement à rapprocher les confessions chrétiennes. On annonçait aussi qu'il serait plus pastoral que dogmatique, comme s'il était concevable de dissocier ces deux aspects, parce qu'on ne se souciait pas de retomber dans les anathèmes. Surtout on ignorait tout de ce que serait le rapport des forces au sein de cette grande assemblée composée de plus de deux mille évêques qui ne se connaissaient pas, entre les conservateurs qui souhaitaient que l'on touche le moins possible au statu quo et ceux qui désiraient mettre fin aux malentendus qui avaient faussé les relations entre l'Église et le monde. Aussi l'incertitude était-elle extrême sur la nature et la portée des enjeux qui domineraient les travaux du Concile.

Je me souviens mieux de mes sentiments, de mes inquiétudes comme des motifs de satisfaction à partir de la réunion des Pères. Sans tomber dans le défaut de refaire sans le dire l'histoire du Concile, qu'il me soit permis de rappeler quelques-uns des traits qui en firent l'originalité et concoururent à en faire un grand événement médiatisé. Pour la première fois l'information en suivit le déroulement au jour le jour, tenant la planète entière au courant des travaux et des incidents qui en ponctuèrent la progression. Ce fut une grande nouveauté que ce déroulement sous le regard de l'opinion: à travers les articles des envoyés spéciaux que dépêchèrent à Rome les grands journaux, à travers les livres écrits par les mêmes et qui composèrent bientôt une vraie bibliothèque, à travers les comptes rendus de toute nature. Un souvenir personnel à ce sujet: chaque année après la clôture de la session, le Centre catholique des intellectuels organisait dans la grande salle de la Mutualité pleine à craquer une séance d'information assurée par le père Congar, qui donnait par ailleurs aux *Informations catholiques internationales* un billet bi-mensuel. Faisant partie depuis 1963 de la petite équipe qui animait le Centre - avant d'en exercer la présidence avant la fin du Concile - j'ai présidé plusieurs de ces réunions. Elles étaient déjà troublées par des commandos intégristes qui dès ce moment soupçonnaient le Concile de trahir la vérité et de rompre la tradition: comme président de séance, j'eus plus d'une fois affaire à forte partie et dus user de toute mon autorité pour permettre au père Congar d'aller jusqu'au terme de son intervention. Signe prémonitoire des discussions ultérieures et preuve qu'elles n'ont pas attendu la fin du Concile pour soulever les passions. Nous organisions aussi des réunions dans un cadre plus restreint, rue Madame: je me souviens entre autres d'un soir où Mgr Garrone présenta le schéma *Lumen gentium* et en dévoila la richesse et la nouveauté. J'ai su depuis par ses confidences que, le jour même, le nonce lui avait appris que Paul VI avait décidé de l'appeler à Rome dans le cadre de l'internationalisation de la Curie et qu'il ne lui avait pas été facile de ramener sa pensée au sujet à traiter.

Parmi les moments qui me laissent - comme à d'autres - un grand souvenir, je mentionnerai l'homélie de Jean XXIII à l'ouverture de la première session, pour son ton comme pour le contenu qui rompait avec un langage traditionnel; la fronde des Pères contre les désignations faites par la Curie qui manifesta dès la première séance de travail la volonté de l'assemblée de délibérer en toute indépendance: elle ouvrait un vaste champ à l'initiative: dès lors tout était possible, mais rien non plus n'était assuré. Et de fait l'inquiétude le disputa souvent à l'espérance: à propos de textes essentiels, sur les sources de la foi, sur le schéma XIII, sur la liberté religieuse. Gardons-nous à trente ans de distance de croire que l'issue du Concile était programmée. La première grande épreuve fut la mort de celui qui en avait pris l'initiative: Jean XXIII avait acquis pour des motifs différents une popularité incomparable et son agonie fut suivie dans le monde entier, pendant le week-end de la Pentecôte, heure par heure, à travers les radios. Sa disparition serait-elle aussi la fin du Concile qu'il avait imposé à une Curie réservée sinon hostile, alors que celui-ci n'avait encore eu le temps de rien mener à bien ? Tout était commencé, rien n'était achevé, tout était en suspens.

Je me rappelle comme au premier jour l'immense allégresse que suscita l'élection de Paul VI: c'était l'assurance que l'impulsion serait poursuivie. J'avais eu l'occasion d'approcher Jean-Baptiste Montini au temps où il était substitut, à l'occasion d'un voyage à Rome en avril 1947 pour présenter la JEC dont j'étais le secrétaire général et j'étais resté depuis sous le charme d'un entretien de quelque trois quarts d'heure où j'avais été frappé par l'ouverture d'esprit de l'homme, sa connaissance de la situation française et le sentiment, peut-être naïf mais si fort, d'être compris. De fait sa première décision fut pour confirmer le Concile, bien qu'il fût plus difficile de conduire un Concile à son terme que de l'ouvrir.

Un dernier souvenir se rapporte à un moment bien postérieur à la période qui fait l'objet de votre colloque: la cérémonie de clôture retransmise par télévision à travers le monde entier: pour une fois l'expression de village planétaire recevait une application religieuse. La beauté symbolique de la cérémonie était à elle seule une catéchèse en images: célébrée en plein air sur la place, elle manifestait que l'Église sortait à la rencontre du monde: une liturgie dépouillée de ses fastes monarchiques, un pape qui avait déposé la tiare et répudiait le souverain pour redevenir le pasteur et ne plus être que le serviteur des serviteurs de Dieu, d'une Église servante et pauvre, la succession des messages adressés au monde qui magnifiaient les réussites de l'humanité, tout concourait à donner l'image d'une Église rajeunie, réconciliée avec son temps et l'histoire. Tout inspirait un sentiment de plénitude; l'initiative de 1959 avait comblé les attentes et atteint tous ses objectifs. Le Concile était un accomplissement, un renouveau dans la fidélité, souvent par un retour aux traditions les plus authentiques. J'ajouterai — ce qui n'était pas sans importance pour les catholiques de France si éprouvés par les mesures de condamnation et qui avaient vécu douloureusement les années 1950 — que le Concile validait les intuitions et les expériences auxquelles ils étaient attachés, dont ils étaient fiers, et consacrait en quelque sorte leur réflexion et leurs initiatives.

Trente ans plus tard, si je juge l'œuvre du Concile, non plus en témoin de son déroulement, mais en historien qui a fait de l'observation des phénomènes politiques l'objet de ses recherches, familier du fonctionnement des institutions délibérantes, je m'étonne et j'admire que cette assemblée de dimension insolite, composée d'hommes qui n'avaient guère d'expérience de la délibération collective, ait pu, en quatre sessions seulement de quelques semaines chacune, mener à bien une tâche d'une telle ampleur, toucher à tant de sujets divers et aboutir à un ensemble de textes dont la qualité est certes inégale, mais dont quelques-uns sont remarquables et d'une exceptionnelle densité. Le plus étonnant est peut-être leur cohérence. Le Concile n'a pas été seulement pastoral, même si le souci pastoral a inspiré ses travaux: il a fait œuvre doctrinale, en particulier dans les trois grands textes dont il faut faire une lecture synoptique: la constitution *Lumen gentium* sur l'Église, le texte *Gaudium et spes* sur l'Église dans le monde et *Dignitatis humanae* sur la liberté religieuse. De surcroît leur concordance avec l'enseignement de Paul VI, notamment dans son encyclique sur le dialogue *Ecclesiam suam*, achève de faire de l'œuvre de ces années un temps de grâce dans l'histoire contemporaine de l'Église.

INDEX DES NOMS DE PERSONNES

druk acco leuven - 016 / 29.11.11